신선한

중국어학개론

现代汉语总论

xiàndài hànyǔ zǒnglùn

Mandarin Linguistics

강식진 · 이수진 편저

신아사

이 책을 펴내는 까닭

중국인들과 중국 물건이 온통 이 지구를 뒤덮고 있다.

세계는 미국과 중국의 양 대국 시대로 재편되었다.

우리는 중국과의 무역거래에서 오는 흑자로 살고 있는 실정이다.

이제 중국어는 우리에게 꼭 필요한 외국어이다.

다른 나라 말을 배운다는 것은 그 나라 말의 소리, 어휘, 문법, 문화, 그리고 중국어의 경우는 문자까지 익힌다는 뜻이다. 외국어는 듣고, 말하고, 읽고, 쓰기 위해 배우는 것이지만, 외국어에 관련된 전반적인 지식 없이는 그 외국어를 완전히 이해하였다고 할 수는 없다. 중국어에 대한 철저한 이해는 중국어를 배우는 것 이상으로 중요하다.

이 책은 중국어와 관련된 모든 것에 대해 안내하기 위해 출판되었다. 다만 중국어의 문법은 분량이 많기 때문에 따로 분리하여 출판하였다.

중국어에 대한 전반적인 이해를 도모하기 위한 중국언어학을 공부하기 위해서는 우선 말이 무엇인지 알아야 할 필요가 있다. 말과 인간, 말과 소리에 대해 공부한 다음, 중국어의 음성과 음운, 한자, 중국어의 어휘, 중국어의 역사, 중국언어학의 역사에 대해 기술하였다. 특히 한자에 대해서는 형(形) · 음(音) · 의(義), 육서(六書), 자체(字體)와 변천, 표준화, 정보 처리 등에 걸쳐 설명하였고, 어휘에 대해서는 형태소, 낱말, 낱말의 의미, 숙어 등으로 나누어 해설하였다.

중국어학개론과 같은 종류의 책은 자칫 서술이 고루하고 내용이 어렵게 느껴지기 쉽다. 필자는 이러한 종래의 책에 대한 반성으로 이 책을 집필하게 되었다. 쉽고 평이하게 설명하되 명확하고 간략하게 서술하기 위해 노력하였다. 혼자서도 이 책으로 중국언어학에 대해 이해할 수 있도록 여러 가지를 배려하였으며 종래의 이런 부류의 책에서는 볼 수 없는 내용도 많이 추가하였다.

이 책은 원래 학생들을 가르치면서 틈틈이 입력해 두었던 파일을 최근 몇 년간 정리하여 교재로 쓰다가 몇 분의 권유가 있어 출판하게 된 것이다.

특히 중국어 중등교사 임용고사 등의 시험에 마땅한 수험서가 없어 고민하던 중 이 책을 활용하여 많은 효과를 본 것이 이 책을 출판하는데 용기를 주었다.

이 책이 독자들에게 도움이 된다면, 이런 책은 회사의 적자를 증가시킬 수도 있을 터인데 출판을 결정한 신아사에 그 공을 돌리고 싶다.

2013년 10월 부산대학교 연구실에서 씀

각종 형식의 한국어, 영어, 중국어 등의 표기 규칙

(1) 인명, 지명의 표기

한국인과 한국 지명은 한국어만 표기하며, 외국인 혹은 외국 지명은 한국어와 원문을 병기한다. 이 때 원문은 기본적으로 ( )속에 표기하지만, 중국의 경우 한국 한자와의 구별을 위해 그 원문을 [ ]속에 표기하였다.

파이크(Kenneth Lee Pike)
마건충[马建忠]
주덕청[周德清]
산동성[山东省] 창락현[昌乐县]

(2) 서명, 논문의 표기

우리나라에서 출간된 책은 《제목(한국한자)》로 표기하고, 외국의 서명과 논문은 한글 병기 없이 각각 《원문》, 〈원문〉으로 표기하였다. 다만 중국 고대 문헌의 경우 우리나라와의 오랜 문화적 교류로 인해 관습적으로 한국한자음으로 자주 불려왔다는 점에서 한국한자음을 병기하였다. 또 고서명과 함께 서문이나 편명을 표기할 때는 '·'으로 넣고 병기하였다.

서명: 《동국정운(東國正韻)》
《Tone Languages》
《说文解字·叙(설문해자·서)》
논문: 〈声调究竟有没有用处〉

(3) 각주 문헌 표기

중국의 저서는 '저자[원문], 《저서명 원문》(출판지역:출판사, 출판년도)'로 표기하고, 논문은 '저자[원문], 〈논문제목〉, 《논문집명》(권호수, 출판년도)'로 표기하고, 한국어나 서양의 저서는 '원문저자명, 《저서명 원문》(출판지역:출판사, 출판년도)로, 논문은 '저자(원문), 〈논문제목〉, 《논문집명》(권호수, 출판년도)'로 표기하였다.

곽금부[郭锦桴], 《汉语声调语调阐要与探索》(北京:北京语言学院出版社, 1993)

후각[后觉], 〈声调究竟有没有用处〉, 《国语月刊》(第一卷 第八期, 1922)

Avram Noam Chomsky, 《Aspects of the Theory of Syntax》(Cambridge, MA:The MIT Press, 1965)

(4) 학술용어의 표기

각종 학술어는 제일 먼저 쓰인 경우는 가능한 한 한국어, 영어, 중국어 용어를 병기하여 용어의 정의를 명확하게 하고 이후 등장할 때는 한국어 용어를 주로 사용하였다. 학술 용어의 각국 병기 방식은 아래와 같다.

①한국어만 쓰는 경우
형태소
형태론
②한국어에 한국 한자나 영어를 병기하는 경우
형태소(形態素)
형태론(morphology)
③한국어에 한국 한자와 영어를 함께 병기하는 경우
형태소(形態素: morpheme)
형태론(形態論: morphology)
④한국어에 한국 한자와 중국어를 함께 병기하는 경우
형태소(形態素) [语位]
형태론(形態論) [构词法]
⑤한국어에 한국 한자와 영어 및 중국어를 모두 병기하는 경우
형태소(形態素: morpheme) [语位]
형태론(形態論: morphology) [词法/构词法]
⑥같은 의미의 용어가 여러 가지 있을 때는 '/'로 표시하였다.
형태소(形態素: morpheme) [词素/语素/语位]
형태론(形態論: morphology/morphemics) [词法/构词法]

(5) 중국어의 표기

중국어를 그대로 인용할 때는 인용 부호를 써서 간체자로 표기하였으며, 특별히 필요할 때는 번체자로도 표기하였다.

'这个椅子'는 확정적인 것이며, ……
'南头儿', '北头儿'은 복합 방위사가 아니라, ……

목 차

第一编 중국어학 서설 ······ 9

第一章 말이란 무엇인가? ······ 11

第二章 중국어란 무엇인가? ······ 42

第二编 중국어의 음성과 음운 ······ 77

第一章 중국어의 음소와 음절 ······ 79

第二章 중국어의 음운 변동 ······ 96

第三编 중국어와 문자 ······ 109

第一章 한자란 무엇인가? ······ 111

第二章 한자의 변천 ······ 129

第三章 한자의 구조와 형(**形**)·음(**音**)·의(**义**) ······ 144

第四章 한자의 형성 원리 — 육서(**六书**) ······ 160

第五章 한자의 표준화 ······ 166

第六章 한자의 정보 처리 — 중국어와 컴퓨터 ······ 174

第四编 중국어와 어휘 ······ 183
第一章 형태소 ······ 185
第二章 낱말과 낱말의 구조 ······ 192
第三章 낱말의 의미 ······ 210
第四章 숙어 ······ 220

第五编 중국어의 역사 ······ 231
第一章 시기 구분 및 운서의 구성과 관련 명칭 ······ 233
第二章 음운의 변천 ······ 242
第三章 어휘와 문법의 변천 ······ 254

第六编 중국언어학의 역사 ······ 261
第一章 중국의 중국언어학 ······ 263
第二章 조선시대의 중국언어학 ······ 282

第一編

중국어학 서설

第一章 말이란 무엇인가?
第二章 중국어란 무엇인가?

第一章

말이란 무엇인가?

모든 동물들은 살아남기 위해 육체적 진화를 하는데, 인간은 말을 할 수 있도록 진화하였다고 할 수 있다. 인간은 직립하면서 성대가 하강하고, 두뇌 용적이 증대되어 말을 할 수 있는 능력을 가지게 된다. 따라서 언어야 말로 인간과 다른 동물을 구별하는 가장 기본적인 요건이라고 할 수 있다.

어떤 동물에게도 간단한 표현 수단은 있지만 인간의 언어와 같지는 않다. 말을 아직 습득하지 못한(신체적 문제로 말을 하지 못하는 경우가 아닌) 아이를 스왈리히어(Swahili)에서는 'mu-tu(사람)'라 하지 않고 'ki-tu(사물)'라고 한다거나, 영어에서는 이러한 아이를 'she'나 'he'가 아닌 'it'이라고 지칭하는 현상 등은 말의 습득이 이루어지지 않은 인간을 완전한 사람으로 보지 않는다는 관념의 반영이라고 할 수 있다.

이와 같이 말은 사람만이 가지는 도구이지만 실제 '말이란 무엇인가?'라는 질문에 '소리를 매개로 한 의사 전달의 체계'라는 사전적 정의 외에 쉽게 대답하기 힘들다. 따라서 말의 습득, 말의 수행, 말의 기원, 말의 자질 등 말을 여러 측면에서 다양하게 살펴봄으로써 보다 정확하게 '말'에 대해 이해하도록 한다.

1 사람과 말의 관계

다른 동물이 가지지 않은 인간의 속성으로 흔히 '직립(直立)', '불과 도구의 사용', '웃음', '이성(理性)' 등을 열거하지만, 날개가 새의 전유물이고 지느러미가 물고기의 전유물인 것처럼 언어는 인간의 전유물이다. 그러나 날개나 지느러미가 단순한 신체적 특성에 불과하다면 언어는 인간 고유의 정신적 능력이란 점에서 크게 차이가 난다. 따라서 언어는 인간과 다른 동물을 구별하는 가장 원초적인 요건이라 할 수 있다.

공기가 인간에게 필수불가결의 중요한 요소라는 것을 잘 이해하면서도 우리가 그것에 큰 관심을 기울이지 않는 것처럼, 언어의 중요성에 대해서도 충분히 이해하지만 역시 그것에 별다른 관심을 기울이지 않는다. 이는 공기가 무엇인지 몰라도 호흡을 잘 하듯이 언어가 무엇인지 몰라도 말을 잘 할 수 있기 때문이다. 또한 이는 언어를 배울 수 있는 특별한 능력이 인간에게 있고 또 언어 역시 그것을 가능하게 하는 특성을 가지고 있기 때문일 것이다.

1. 언어의 습득과 수행

사람은 태어난 후 2-3년이 지나면 자신의 모국어를 습득하게 되는데 언어습득과 관련된 장애가 없는 한 아이들은 비슷한 수준의 말을 할 수 있게 된다. 사람이 이렇게 언어를 습득할 수 있는 것은 언어를 습득할 수 있는 능력을 가지도록 진화하였고, 그 능력을 유전적으로 전달받아 태어나기 때문이다. 이러한 유전적 능력에 의지하여 언어를 습득할 때 나타나는 특징을 살펴보면 다음과 같다.

1)언어의 특징

①선천성

말을 습득하고 있는 2-5세 어린이는 지적 능력이 거의 없는 상태이지만, 언어를 통해 자기의 의사를 표현하게 된다. 즉, 다른 지적 활동에 비해 언어활동을 가장 먼저, 가장 빠르게 익힌다는 것에서 말을 습득하는 능력은 선천적으로 타고난다는 점을 유추할 수 있다.

②균일성

언어습득은 종족, 문화, 계층, 빈부, 성별, 노력, 부모 등의 차이에 아무런 관계없이 균일하게 이루어진다.

③통달성

언어습득은 환경, 개성, 소질, 지능 등의 차이에 상관없이 완전히 통달하게 된다.

④단기성

언어습득은 극히 짧은 기간에 이루어진다. 문법 학자들은 수 세기 동안 문법에 관한 연구를 해도 그에 관한 완벽한 기술을 할 수 없는 반면에, 지적 능력이 성숙되지도 않은 어린이가 복잡하고 추상적인 언어를 예외 없이 4-5년의 단기간 내에 말을 구사할 수 있게 된다.

⑤천부적 문법성

사람은 하등의 문법적 훈련이나 학습 없이도 무한히 많은 올바른 문장을 만들어 낼 수 있다. 이러한 능력은 결코 학습에서 오는 것이라고 볼 수 없으므로 '천부적 문법성'이 있음을 인정하지 않을 수 없다.

2) 언어의 습득과 수행

이처럼 인간이 단기간에 한 언어를 구사할 수 있게 되는 과정을 살펴보면, 인간은 언어를 학습하는 것이 아니라 유전적으로 전해오는 어떤 능력의 작동에 의해 습득하는 것이라고 볼 수 있다. 인간이 어떠한 학습 과정도 거치지 않고 한 언어의 모든 규칙을 습득하게 되는 현상은 이러한 언어 습득 능력이 두뇌에 내재한다는 가설 없이 설명하기 힘들 것이다.

(1)언어습득장치

인간이 말을 하게 되는 것은 어른들의 말을 모방하거나 연습함으로써 '학습'한 것이 아니라, 인간에게 전달된 유전자 프로그램에 의해 '습득'되었기 때문이라는 견해가 있다. 아이가 이렇게 짧은 기간에 쉽고 완벽하게 언어를 습득하는 것은 이를 위한 모종의 장치가 두뇌에 유전적으로 전달되어 있기 때문으로 보고, 이를 촘스키(Chomsky)는 '언어습득장치(Language Acquisition Device:LAD) [语言习得机制]'라 하였다.[1] 인간이 호흡으로 체내에 산소를 공급하는 일은 허파가 담당하고, 산소를 실은 피를 순환 시키는 것은 심장이 담당하듯, 말을 가능하게 하는 기능이 인간의 두뇌에 있다고 하여 언어습득장치의 존재를 가정하지만 이런 장치가 있다는 것을 해부학적으로 증명할 방법은 아직 없다.[2] 하지만 이런 장치

---

1) Avram Noam Chomsky, 《Aspects of the Theory of Syntax》(Cambridge, MA:The MIT Press, 1965) 31-32쪽

2) 아이는 누가 가르치지 않았음에도 태어나는 즉시 울음을 터트려 폐를 통해 산소를 공급받고, 젖을 찾아 빨고, 때가 되면 기고, 서고, 걷게 되듯이 언어습득장치도 그것이 작동하는 시기가 정해져 있고 그 시기가 지나면 더 이상 작동하지 않게 된다고 한다. 인간의 언어습득장치가 작동하는 기간은 대개 생후 6개월에서 사춘기인 12-13세까지라는 가설

를 인정하지 않고는 어린아이가 단시일 내에 말을 습득하는 과정을 합리적으로 설명하기 어려울 것이다.

촘스키가 가설한 언어습득장치 이론에 따르면, 사람은 '구체적인 문법지식'을 가지고 태어나는데, 예를 들면, '동사구 → 동사와 목적어의 결합'과 같은 보편적인 문법 규칙은 이미 두뇌의 언어습득장치에 내재되어 있으며, 자극 받는 특정 언어의 종류에 따라 '동사+목적어'형이나 '목적어+동사'형으로 자리 잡게 된다고 한다.

(2)언어능력과 언어수행

사람이 어떤 말을 할 수 있다는 것은 그 말에 관계된 모든 규칙이 머릿속에 영구적으로 기억되어 있기 때문이다. 어느 한 언어가 가능하도록 머릿속에 장착되어 있는 능력을 촘스키는 '언어능력(linguistic competence)[语言能力]'이라고 하였으며, 이 능력에 의해 실제로 말하는 행위를 '언어수행(linguistic performance)[语言表现]'이라고 하였다.[3)]

언어능력은 모든 인간에게 유전적으로 전달된 것이기 때문에 근본적으로 모든 언어에 통하는 보편적 특성을 가지고 있으며, 언어학자가 문법을 기술한다는 것은 곧 언어능력을 기술하는 것을 의미한다. 실제로 언어학자의 연구 목표는 이러한 추상적이고 잠재적인 언어지식을 밝혀내는 데 있다.

이 일반적이며, 습득장치는 3-4세 전후에 가장 활발하게 작동하는데, 이 시기를 '언어민감기'라고 한다. 언어습득 능력은 10세 전후부터 쇠퇴하게 된다.

짐승들 틈에서 자란 야생아들은 인간 사회로 귀환된 후 언어 습득에 상당한 어려움을 겪게 된다. 1920년 인도에서 발견된 아말라는 인간과 같은 생활습관들을 결국 익히지 못하고 1년 내에 죽었고, 동시에 발견된 카말라는 4년 동안 말을 가르쳤지만 45개의 낱말을 배우는 수준에 그쳤다고 한다. 감금된 생활을 했던 고립아들의 언어 습득 또한 흥미롭다. 이사벨라(6세, 미국, 1937년, 어머니가 감금)와 제니(14세, 미국, 1970년, 부모에 의해 감금)도 발견 당시 말을 할 수 없었으나, 세상으로 나온 후 이사벨라는 언어 습득이 완전하였고, 제니는 영어가 모국어임에도 불구하고 외국어를 배우는 과정과 같았다고 한다. 이사벨라는 언어 습득이 완전하였던 반면, 제니의 언어 습득이 불완전하였던 것에 대해 학자들은 이사벨라는 발견 당시 언어 습득 능력이 아직 남아 있는 연령이었고, 제니는 언어 습득 능력이 사라진 후의 연령이었기 때문으로 보고 있다.

3) Avram Noam Chomsky, 《Syntactic Structures》(The Hagne/Paris: Mouton & co, 1957). 이와 유사한 개념으로 페르디낭 드 소쉬르(Ferdinand de Saussure: 1857-1913)의 랑가쥬, 랑그, 파롤을 들 수 있다. 소쉬르는 인간이 천부적으로 가지고 태어난 인간 고유 능력으로서의 언어를 랑가쥬(langage)라고 하고, 일정한 역사적·사회적 환경에서 체계화된 한 언어, 예를 들면, 영어·불어·독어·중국어와 같은 언어를 랑그(langue: language)라고 하였다. 그리고 이 랑그를 바탕으로 실제로 실현된 언어를 파롤(parole: speech)이라고 하였다. 실제로 랑가쥬는 추상적이고 관찰이 불가능하며 직접 다룰 수 없는 능력이다. 따라서 언어학자들의 목표는 랑가쥬가 실현된 구체적 언어인 랑그를 연구함으로서 랑가쥬의 본질과 그 작용에 도달하는 것이라고 할 수 있다.

언어수행은 사람이 실제로 말하거나 남의 말을 이해하는 것으로, 구체적인 상황에서 실제로 사용된 것이다.

촘스키가 말하는 언어능력에는 '문법적 능력(grammatical competence)'과 '화용적 능력(pragmatic competence)'이 있다. 문법적 능력이란 구사하는 언어의 통사, 의미, 음운에 대해 적격 여부를 판단할 수 있는 문법적 지식으로, "그는 등소평이 아직 살아 있다고 생각한다."라는 문장에서 '그'와 '등소평'이 같은 사람이 아니란 것을 알게 하는 능력과 같은 것이다. 화용적 능력이란 비언어적 정보를 활용하여 주어진 문장이 사회 문화적 상황이나 문맥에 적합한 문장인가 아닌가를 판가름하고 그 문장을 해석할 수 있는 능력으로, 예를 들면 "이번엔 망쳤어!"라고 할 때 그 상황에 따라 낚시, 강의, 연애 등등 실제로 무엇을 망쳤는지 추론해 낼 수 있는 능력과 같은 것이다.

2. 인류의 진화와 말의 기원

언어는 소리와 의미가 각각 분리되어 독립적 체계로 이루어져 있다는 점에서 다른 동물의 신호와 근본적인 차이가 있다. 따라서 인류의 진화 과정 중 음성체계와 의미체계를 모두 갖추게 된 때를 인간이 말을 할 수 있게 된 시점으로 볼 수 있다.[4] 실제로 필립 리버만(Philip Lieberman)은 언어의 기원이 인간에게 음성체계와 의미체계가 갖추어지도록 진화한 시점일 것이라는 생각에서 생리학적, 고고학적, 인류학적 방법으로 언어의 기원을 밝혔다.[5]

1) 발성기관의 진화와 언어

인간과 원속류(猿屬類) 동물 발성기관의 가장 큰 차이점은 인간의 성문(聲門:glottis)이 동물보다 훨씬 아래쪽에 있다는 것이다. 구체적으로 원속류의 성문은 네 번째 목뼈의 윗부분에 있는데 반해 인간의 성문은 원속류보다 훨씬 아래쪽인 다섯 번째와 여섯 번째 목뼈 사이에 있다. 따라서 원속류는 성대가 후두개(喉頭蓋) 바로 밑에 붙어 있어 인두강(咽頭腔)의 공간이 없는 일관형 기관(one-tube tract)인데 반해, 인간은 성대 위의 인두강이란 공간이 확보되어 그 발성기관은 'ㄱ'자 모양의 이관형 기관(two-tube tract)으로 이루어져 있다.

---

4) 앵무새는 음성체계가 다소 발달해 있지만 의미체계를 구비하지 못하였기 때문에 언어를 구사할 수 없으며, 침팬지는 어느 정도 의미체계는 가지고 있지만 음성체계를 갖추지 못하여 결국 언어를 구사할 수 없다. 이를 통해 언어에는 이 두 가지 요소가 필수적임을 알 수 있다.

5) Philip Lieberman, 《On the Origin of Language》(New York:Macmillan, 1975)

원숭이의 발성기관　　우랑우탄의 발성기관　　사람의 발성기관

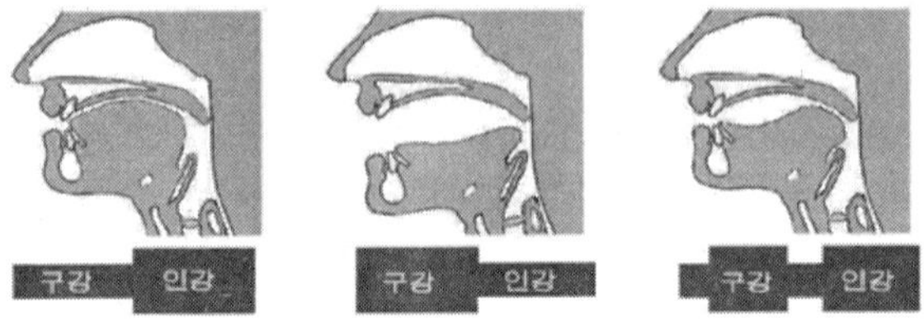

모음 이[i]를 발음할 때　　모음 아[a]를 발음할 때　　모음 우[u]를 발음할 때

이 이관형 기관은 구강과 인두강의 크기를 다양하게 조절할 수 있도록 하기 때문에 인간은 위의 그림에서 보듯 구강과 인두강의 크기와 모양을 조절하여 '이〔i〕', '아〔a〕', '우〔u〕' 등의 여러 소리를 낼 수 있지만 원속류는 이것이 불가능하다.

이와 같은 인간의 이관형 발성 기관은 언어를 가능하게 하는 생리적 구비 조건이라고 할 수 있다. 그렇다면 인간의 성대는 원속류와 달리 언제 어떻게 하강하게 되었을까?

개구리가 알에서 올챙이로, 올챙이에서 개구리로 변화하는 과정을 통해 개구리가 난생동물에서 어류로, 다시 양서류로 진화하였음을 유추할 수 있는데, 이를 에른스트 헤켈(Ernst Haeckel)은 '개체 발생은 계통발생을 반복한다.'[6]라고 하였다.

갓 태어난 영아가 '앙앙', '잉잉'하고 우는 것이 아니라, '앵앵'이라는 울음소리를 낼 수밖에 없는 것은 아직 성대가 하강하지 않은 원속류와 같은 모습이기 때문이다. 아이가 성장하면서 성대는 차츰 하강하게 되는데 인류의 진화 과정도 이와 같았을 것임은 쉽게 짐작할 수 있다. 인간이 네 발로 기어 다닐 때 앞으로 향했던 눈, 코, 입 등이 직립 상태에서도 앞을 주시하기 위해서는 얼굴과 그 아랫부분이 전반적으로 하강할 수밖에

---

6) 에른스트 헤켈(Ernst Heinrich Philipp August Haeckel: 1834－1919)이 1866년에 발표한 학설로 '생물발생법칙(biogenetic law)' 혹은 '반복발생설(recapitulation)'이라고 한다. 이 가설은 개체가 발생 혹은 성장하는 동안 진화의 제반 단계를 반복한다는 것이다. 예를 들면, 태아는 어머니 자궁에서 10개월간 난생동물, 어류, 양서류, 포유류 등 인류 조상의 진화과정을 거치면서 성장한다고 보는 학설이다.

없었을 것이며, 이에 따라 성대도 하강하여 마침내 이관형 구조의 발성기관을 가지게 되었을 것으로 추측할 수 있다.

인간의 직립은 호모 에렉투스(Homo erectus)에 이르러 완성되므로 이때에 비로소 말을 할 수 있는 생리적 조건을 갖추게 되었다고 할 수 있다.

2) 두뇌의 진화와 언어

성대의 하강으로 이룩한 발성기관의 진화와 아울러 인간이 말을 할 수 있게 하는 다른 필요조건은 의미체계를 수용할 수 있는 두뇌의 진화이다.

인간이 언어를 구사하거나 도구를 사용하려면 추적적인 기억 능력이 필수적이다. 추적적이라는 것은 뒤를 밟아 쫓거나 사물의 자취를 더듬어 간다는 뜻으로 항상 지나온 과정이나 생략된 요소를 기억하고 있어야 가능하다. 예를 들면, 인간이 A지점에서 B지점으로 일직선 이동을 한다면 단순히 전진만 하면 되지만, A지점에서 임의의 C지점을 거쳐 B지점에 도달하거나 혹은 A, B지점을 포함하는 원을 그리면서 걷는다면 항상 자기가 지나온 궤적을 추적하여 기억하고 있어야만 가능하다. 언어를 구사하는데도 이러한 추적적 기억력이 필요하다는 것이다.

> ⓐ수미는 점심에 라면을 먹고 저녁에 국수를 먹었다. 윤미도 그랬다.
> ⓑ국수를 수미는 점심에, 윤미는 저녁에 먹었다.

위 문장 ⓐ에서는 말을 듣는 사람이 '점심에 라면을 먹고 저녁에 국수를 먹었다'라는 내용을 추적적으로 기억하지 못한다면 뒤에서 말하는 '그랬다'의 의미를 전혀 알아들을 수 없을 것이며, ⓑ에서도 마찬가지로 '국수를'을 추적적으로 기억하지 못한다면 대화가 불가능할 것이다. 따라서 인류가 추적적 행위를 할 수 있는 지적 능력을 가지게 되었을 때 비로소 말을 할 수 있었을 것으로 추정할 수 있다.

인류가 추적적 행위를 할 수 있었던 시기는 그들이 남긴 기물을 통해 유추할 수 있는데, 호모 에렉투스가 제작한 석기가 바로 그 예이다. 호모 에렉투스의 단계에 이르면 인류는 소프트해머를 이용한 제작기법과 아울러 '르발루아기법(Levallois technique)'이라고 하는 획기적인 가공법을 개발한다. 이 공법은 준비된 몸돌(prepared core)을 미리 특정 형태로 제작한 다음 여기에서 일정한 형태의 박편(剝片)을 계속 떼어 낸 후, 이것을 가공하여 원하는 석기를 만드는 방법이다. 이 공법은 몇 단계의 연속적인 도구 제작과정이 필요하다. 타격할 지점의 원석 모양으로부터 떨어질 박편의 모양을 '추적'하면서 타격하여야 필요한 박편을 얻을 수 있다는 점에서 계획적이고 규칙적인 석기 제작법이라 할 수 있다. 인류가 이런 르발루아기법으로 석기를 제작한 시기는 약 50만 년 전인 구석기 중엽이라고 한다.[7] 따라서 인류가 추적적 사고를 할 수 있었던 때는 50만 년 전이라고 할 수 있을 것이며, 이때는 마침 인류가 직립하여 성대가 하강한 시기와 일치하므로 인간이 언어를 가지게 된 시기는 약 50만 년 전이라고 할 수 있을 것이다.

加油

인류는 진화에 따라 원인(猿人)→ 원인(原人)→ 구인(舊人)→ 신인(新人)의 4단계로 나눈다. 원인(猿人)은 호모 오스트랄로피테쿠스(Homo Australopithecus:100－400만 년 전)인데, 도구를 만들어 쓴 최초의 원인으로 현대인의 직계 선조로 보는 견해가 많다. 다음 단계의 원인(原人)은 호모 에렉투스(Homo erectus:160만 년 전－25만 년 전)이다. 서서 걷는 사람이라는 뜻으로 이들은 집단적, 반복적으로 사냥을 하였는데, 이를 위해서는 의사소통이 절대적이었을 것이므로 이 시기에 언어가 발달했을 가능성이 매우 높다. 다음은 호모 사피엔스(Homo Sapiens:약 3만 년 이전), 네안데르탈인(Neanderthal man) 및 이와 유사한 화석인류들의 구인(舊人) 단계이다. 높은 이마, 작은 이빨과 턱 등의 신체적 특징, 특히 언어와 문자 같은 상징들을 사용했다는 점에서 다른 초기 인류와 구별된다. 마지막 단계가 신인(新人)으로 호모 사피엔스 사피엔스(Homo Sapiens sapiens:3만 년 전부터 현대까지)이다. 이러한 과정 속에서 두뇌의 진화와 발성기관의 발달이 서로 맞아떨어지는 호모에렉투스 시기에 언어 사용이 시작되었을 것으로 유추하는 것이다.

2 언어의 구성 자질

1) 언어와 신호

인간이 언어를 통해 의사를 전달하는 것처럼 동물도 의사를 전달하는 수단을 가지고 있다. 의사를 주고받는 방법에는 여러 가지가 있을 수 있으며, 의사를 실어 보내는 신호도 여러 가지 형태가 있을 수 있다.

동물의 의사전달 행위를 연구한 학자들에 의하면 어류는 약 10－15, 조류는 15－25, 포유동물은 20－40가지 신호를 쓴다고 한다.[8] 인간의 언어에는 적어도 수만에서 수십만 낱말이 있으니 동물의 의사전달 수단과는 양적인 면에서도 비교할 수 없을 정도이지만, 더욱 중요한 것은 동물의 의사전달 수단과 인류의 언어는 그 자질이 근본적으로 다르다는 것이다. 따라서 동물의 의사전달 수단과 언어를 서로 비교하면 보다 쉽게 언어

7) 김진우, 《언어》(서울:탑출판사, 1991년) 47쪽.
8) 김진우, 《언어》(서울:탑출판사, 1991년) 20쪽.

고유의 특징을 이해할 수 있을 것이다.

加油

꿀벌의 신호 전달

동물들도 그들 나름대로 의사전달을 하고 있지만, 그 행위는 고정적이고 본능적이며, 아주 한정된 폐쇄신호에 불과하다. 진화론적으로 인류와 가장 가깝다고 알려진 침팬지, 원숭이, 고릴라 등의 의사전달 모습은 음성, 몸짓, 후각, 촉각 등으로 위협, 분노, 순종 등 여러 가지를 교신함이 관찰되었으나 이러한 수단은 불과 20-40가지 정도로 극히 제한적이며, 그 때 그 때의 감정을 노출시키는데 불과하여 설사 뜻밖의 상황에 직면한다 해도 새로운 신호로 표현할 수 없다.

동물의 의사전달 형태를 연구한 것으로 가장 유명한 것은 동물학자 칼 프리슈(Karl von Frisch:1886-1982, 1973년 노벨생리의학상)가 30여 년간 4천여 회 연구한 꿀벌의 의사전달 방식이다. 이 연구에 의하면 꿀벌도 사람과 마찬가지로 어떤 상황을 부호화할 수 있을 뿐만 아니라 이것을 해석할 수 있는 능력도 있다고 볼 수 있다. 꿀벌은 꿀이 발견되면 꿀이 있는 위치와 꿀의 품질에 대한 의사를 전달하기 위해 8자 춤을 추게 된다. 그림의 화살표 방향을 따라 8자형으로 돌게 되면 가운데 선은 항상 일정한 방향을 지향하기 때문에 꿀이 있는 방향을 나타낼 수 있게 된다. 춤의 속도가 빠를수록 가까운 거리를 나타내는데, 약 15초에 10바퀴를 돌면 약 100m, 6바퀴 돌면 500m, 4바퀴 돌면 1,500m 정도의 거리를 나타내고, 최대 11km까지 상당히 정확하게 표현할 수 있다고 한다. 또 꿀의 품질이 좋을수록 더욱 활기찬 춤을 춘다. 벌이 꿀의 위치를 확인하고 벌통으로 돌아 간 후 꿀의 위치를 더 멀리 혹은 더 가까이 두어도 신호를 받고 나타난 벌은 원래의 위치에서 꿀을 찾았으며, 벌집에서 수직으로 50m 위에 꿀을 두었더니 꿀의 위치를 전달하지 못했으며, 꿀을 확인한 후 걸어서 벌통까지 가게 했더니 25배로 오산하였다고 한다.

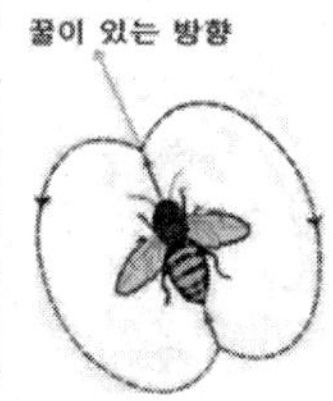

사람을 포함한 동물이 외부의 자극을 감지할 수 있는 감각은 시각, 청각, 촉각, 후각, 미각 등의 다섯 가지이다. 동물들은 오감(五感) 중 하나의 방법으로 서로 의사를 교환하게 된다. 어떤 동물이 소리와 냄새 등의 형태로 정보를 보내고 다른 개체가 감각기관을 통해 그 정보의 내용을 읽으면 이들 간의 의사 전달이 이루어진다. 동물의 빛깔·형태·움직임 등은 시각적 정보이다. 신체의 표면이나 깃털의 빛깔·무늬 등을 보고 같은 종류라는 사실을 알아차리고, 발정(發情) 등의 생리적 상태를 전한다. 그러나 이러한 시각신호는 반드시 빛이 있어야 하며, 분별 가능한 거리 내에 있어야만 의사를 주고받을 수 있고 또 단위 시간 내에 필요한 만큼의 신호를 만들어 낼 수 없기 때문에 원활한 소통이라기에는 적당하지 않다.

후각 정보나 촉각 정보도 있다. 신호 전달 작용을 하는 체외 분비 물질인 페로몬으로 후각을 자극하여 수컷을 유혹하거나, 포유류들이 분비물을 남기거나 피지선의 분비물을 비벼대는 행동 등이 후각으로 신호를 전달하는 경우이며, 새가 날기 위해 날개를 가다듬거나 포유류의 끌어안는 행동, 또는 발과 입으로 털을 깨끗이 하는 몸짓 등은 촉각에 의한 의사 전달이라고 할 수 있다. 이와 같은 후각이나 촉각 신호는 시간적 · 공간적 제약과 아울러 필요한 신호를 때에 맞추어 바로 만들 수 없기 때문에 적극적으로 의사를 주고받기에는 부족하다.

청각신호는 공기만 있으면 전달되는 소리로 만들어진 신호이다. 인간이 청각, 시각, 촉각, 미각, 후각 등을 모두 가지고 있지만 의사를 전달하기 위한 수단으로 청각신호를 택하게 된 것은 청각신호만이 자기 의사를 완벽하게 나타낼 수 있는 장점이 있기 때문이다. 인간은 이러한 청각신호를 활용하여 커뮤니케이션을 할 수 있도록 뇌와 발성기관이 진화하였다.

인간이 청각신호를 의사전달의 가장 적절한 수단으로 선택하게 된 것은 청각신호는 다른 신호에는 있을 수 없는 신호의 제작, 전달, 해독상의 장점과 분절성이 있기 때문이다. 미국의 구조주의 언어학자인 호케트(Hockett)가 지적한 언어의 구성자질(Design features of language)[9]과 마르띠네(Martinet)[10]가 지적한 이중분절(double articulation)에 입각하여 언어 고유의 특징을 살펴보면 다음과 같다.

2)분절성과 창의성

언어가 동물의 신호와 대비되는 가장 두드러진 특징은 분절성(分節性:articulation)과 창의성(創意性:creativity)이라고 할 수 있다.

인간은 연속적으로 이루어진 아날로그(analogue)적인 시계(視界) 현상을 분절적인 디지털(digital) 방식으로 표현하는 수밖에 없다. 예를 들면, 무지개는 가시광선 내의 파장에 따라 무한대의 색깔로 이루어져 있지만, 인간은 이것의 색깔을 빨강, 주황, 노랑, 초록, 파랑, 남색, 보라와 같이 분절하여 표현하게 된다.

이렇게 연속적인 사물을 불연속적인 것으로 쪼개어 표현하는 것을 '개념의 분절'이라고 한다. 이러한 개념의 분절은 언어에도 그대로 적용된다. 예를 들면, '개구리가 황소를 삼켰다.'라는 문장은 음성의 단위별로 '개구리+가+황소+를+삼켰다'로 나눌 수 있으며, 각 음성의 단위는 다시 'ㄱ+ㅐ+ㄱ+ㅜ+ㄹ+ㅣ'와 같이 분절할 수 있다. 이와 같이 신호가 나누어지는 것을 '기호의 분절'이라고 한다. 하나의 문장은 위와 같이 1차적으로 의미를 가진 소리의 덩어리, 즉 형태소(形態素)로 나눌 수 있으며, 이 소리

---

9) Charles Francis Hockett, A Course in Modern linguistics(New York:Macmillan, 1958)
10) André Martinet, Eléments de linguistique Générale(Paris:Librairie Armand Colin, 1961)

의 덩어리는 2차적으로 한 언어의 체계 내에서 변별의 기능을 하는 소리, 즉 음소(音素)로 나누어 질 수 있다. 이 분절성은 말이 아래와 같은 계층적 구조로 이루어져 있음을 나타낸다.

문장(sentence)
1차 분절 ↓
형태소(morpheme)
2차 분절 ↓
음소(phoneme)

말은 이렇게 분절적으로 구성되어 있으므로 말에 대한 연구 역시 말의 분절 층위에 따라 나누어 수행하게 된다.

말은 이렇게 분절적인 방법으로 30개 전후의 음소를 부려서 무한대의 문장을 만들 수 있으며, 이런 문장은 이전에 들어보지 못했던, 완전히 새로운 것을 얼마든지 만들 수 있다. 말의 이런 특징을 창의성이라고 한다.

3) 이원성과 임의성

말은 음성(형식)에 의미(내용)를 실어 전달하는 신호체계이다. 이렇게 말은 소리 영역과 의미 영역으로 나누어져 있는데 이러한 특성을 이원성(二元性:duality) 혹은 분리성이라고 한다.[11] 따라서 '사람', '인간', '인류'와 같은 서로 다른 소리로 동일한 하나의 의미를 지칭할 수도 있고, '말'이라는 소리로 '말(斗)', '말(馬)', '말(言)' 등 여러 가지 의미를 나타낼 수도 있다. 반면에 동물의 의사전달 수단은 소리와 의미가 한 덩어리로 되어 있어 둘을 분리시킬 수 없다. 만일 '깨갱'하는 소리가 강아지의 '아프다'라는 신호를 나타내고, '낑낑'거리는 소리가 '배고프다'라는 신호를 나타낸다면 이들은 각각 소리 전체의 덩어리와 의미가 일대일로 대응할 뿐 '깨갱'과 '낑낑'을 다시 분리하고 다른 소리와 조합하는 등의 행위는 있을 수 없다.

말은 형식(음성)과 내용(의미)으로 구성되어 있지만, 정작 형식과 내용의 관계는 임의적이며 관습적일 뿐 이들 사이에는 하등의 필연성이 없다. 이런 특성을 임의성(任意性:arbitrariness)이라고 한다. 예를 들면, '머리'라는 동일한 의미를 한국어에서는 '[məri](머리)', 영어에서는 '[hed](head)', 중국어에서는 '[t'ou](头)'로 각기 관습적, 역사적으로 만들어진 서로 다른 음성형식으로 나타내게 된다. 또한 음성형식은 사회적 환경이나 사람들의 합의에 따라 완전히 다른 형식으로 변할 수도 있다.

---

11) 소쉬르는 음성형식을 'signifiant'(시니피앙:signifier) [能指]라고 하고 음성형식을 지칭하는 사물을 'signifié'(시니피에:signified) [所指]라고 하였다. 시니피앙은 표현(expression)이고, 시니피에는 지시물(designatum)이라고 할 수 있을 것이다. 예를 들면, '머리'는 시니피에(의미)이고 한국어에서 '[məri]'는 시니피앙(음성형식)이다.

3 말과 언어 연구

언어 연구는 크게 두 가지 관점을 기준으로 나누어 생각해볼 수 있다. 첫 번째 관점은 언어 현상을 연구하는 방법과 관련이 있다. 한 사회의 공동체에서 사용하는 언어는 그 사회가 용인하고 받아들이는 언어 규범에 맞추어 사용되어야 하므로 어떤 것이 규범적이고 어떤 것이 규범적이지 못하느냐의 관점에서 언어 현상을 설명하는 경우이다. 이를 규범문법(prescriptive grammar)이라고 하는데, 이 문법에서는 어떤 표준이 될 규범 규칙을 정하고 그에 부합하지 않는 것은 오류로 취급하게 된다. 일반적으로 학교에서 이루어지는 문법 수업인 학교 문법(school grammar)이 여기에 속한다. 이러한 규범문법과 달리 언어 사용의 오류에 대한 판단은 유보하고 사람들의 언어 현상을 있는 그대로 해석하고 분석하여 기술하는 관점이 있는데 이를 기술문법(describe grammar)이라고 한다. 일반적으로 언어학자들이 설명하는 학술 문법이 여기에 속하며 소쉬르가 말하는 구조주의언어학, 촘스키의 생성문법 등이 이 기술 문법의 범주에 속한다. 두 번째 관점은 언어현상을 연구하는 시점과 관련 있다. 어느 한 시점의 언어 현상을 기술하는 방법을 공시언어학(共時言語學:Synchronic linguistics)[共时语言学]라 하고, 변천하는 과정을 연구하는 방법을 통시언어학(通時言語學:Diachronic Linguistics)[历时语言学]이라고 하는데, 주로 역사 비교언어학이 여기에 해당한다.

1. 언어학의 연구 분야

언어는 문장에서 음소에 이르기까지 두 차례 분절하게 된다. 하나의 문장은 1차적으로 의미를 가진 소리의 덩어리, 즉 형태소(形態素)로 나눌 수 있으며, 이 소리의 덩어리는 2차적으로 한 언어의 체계 내에서 변별의 기능을 하는 소리, 즉 음소(音素)로 나눌 수 있다.

말은 이렇게 분절적으로 구성되어 있으므로 말에 대한 연구 역시 말의 분절 층위에 따라 아래와 같이 나누어 수행하게 된다.

음성(音聲:voice)[语音] → 음성학(phonetics)[语音学]
음소(音素:phoneme)[音位] → 음소론(phonemics)/음운론(phonology)[音位学/音韵学/声韵学/音系学]
형태소(形態素:morpheme)[词素/语素/语位], 낱말/단어(word)[词] → 형태론(morphology/morphemics)[词法/构词法]
문장(文章)/문/글월(sentence)[句子/句] → 통사론/통어론(syntax)[句法/造句法/句子结构学]

말을 할 때 발음기관에서 만들어 낸 소리를 음성(音聲)이라고 한다. 음성은 연속적인 음파의 집합으로 이루어져 있어 물리학적으로 동일한 것이 절대 있을 수 없는 무한대의 가짓수이다. 이렇게 동일성이 없는 소리임에도 불구하고 인간의 두뇌는 한 언어 체계 내에서 서로 구별되어지는 소리로 존재하는 음소(音素)를 인식할 수 있도록 훈련되어 있다. 따라서 말은 무한대의 음성에서 30개 내지 40개 정도의 변별 기능을 가진 음소를 바탕으로 다시 무한대의 문장을 만들어 낼 수 있는 신호 체계라고 할 수 있다.

말의 소리는 자음이나 모음, 무기음이나 유기음, 유성음이나 무성음, 파열음, 파찰음, 마찰음 따위의 음소로 분절하여 이해할 수 있으며, 이러한 음소들은 일정한 규칙에 따라 낱말을 형성하고 낱말 역시 일정한 규칙에 따라 문장을 형성한다.

언어의 음성 구조를 연구하는 분야로는 음성학(音聲學)과 음운론(音韻論)이 있으며, 낱말의 구조를 연구하는 분야를 형태론(形態論), 문장의 구조를 연구하는 분야를 통사론(統辭論)이라고 한다.

1) 음성학(phonetics)

음성학은 말에 쓰인 음성(voice)[12]이 어떻게 만들어지고 전달되며 어떤 작용을 하는지 연구하는 분야이다. 화자는 의사소통을 위해서 소리를 만들어 청자에게 전달하고 청자는 화자가 만들어내는 소리, 즉 음성을 듣고 화자의 생각이나 의미를 이해하게 된다. 그리고 화자와 청자의 중간에는 그 소리가 공기를 통하여 전달되는 과정 또한 있어야 한다. 음성학에서는 화자의 음성이 인체의 어떠한 발음기관을 어떻게 움직여 실현되는지, 그 소리가 어떻게 청자에게 전달되고 청자는 그 소리를 어떻게 인식하고 의미를 파악하는지를 물리적 측면에서 연구하는 것이다. 다시 말해 소리로 의사를 전달하기 위해서는 화자의 발성, 공기를 통한 전달, 청자의 청취 과정을 통해야 하며 이들에 대해 연구하는 방법에 따라 조음음성학(articulatory phonetics), 음향음성학(acoustic phonetics), 청취음성학(auditory phonetics)으로 나눌 수 있다. 조음음성학은 음성이 만들어지

---

12) 인간의 발성기관으로부터 나오는 소리를 음성(音聲:voice/speech sound)[语音]이라고 한다. 음성은 후두(喉頭) 속의 좌우 대칭으로 갈라져 있는 성대가 허파에서 나오는 공기에 의해 진동되어 만들어지는데 이런 원초적인 음성을 후두원음(喉頭原音)이라고 한다. 후두원음은 울림이 거의 없는 잡음에 가까운 소리이지만, 기관(氣管)·폐·후두내강(喉頭內腔)·인두(咽頭)·비강(鼻腔)·구강(口腔) 등에 의해 수식되고, 혀·입술·입천장·구강(口腔) 등의 형태 변화에 따라 파형이 변하면서 말의 소리가 된다. 음성의 높이는 성대의 진동수에 따라 결정되고, 사람이 낼 수 있는 목소리의 높이는 80Hz에서 1280Hz의 4옥타브 정도이다.

는 과정을 연구하는 것으로 조음위치나 조음방법 등에 대해 설명하게 된다. 음향음성학은 소리가 공기를 통해 전달될 때의 물리적 특성을 연구하는 것이며, 청취음성학은 청자가 소리를 듣고 그 의미를 파악하는 과정을 연구하는 것으로 귀의 여러 구조와 신경에 관해 연구 분석하는 학문이다. 음향음성학은 물리학에서, 청취음성학은 신경학이나 의학 등에서 주로 관심을 가지고 연구하고 있으며 언어학에서는 음운과의 연관성으로 인해 조음음성학 위주로 연구하고 있다.

2) 음운론(phonology)

음운론은 사람의 음성이 단지 '소리'가 아니라 언어사용자들에게 의미를 전달하기 위한 체계가 되기 위해 필요한 구조와 규칙을 연구하는 학문이다. 어느 한 언어 안에서 음절의 의미를 다르게 인식할 수 있게 하는 음성적 요소가 무엇인지, 혹은 언어 사용자들 개인마다 크고 작은 발음상의 차이가 있음에도 불구하고 동일한 의미로 인식하는 원인은 무엇인지 등을 연구하는 것이다. 예를 들면, 한국어의 '불[pul]'과 '뿔[p'ul]'에서 'ㅂ'과 'ㅃ'은 의미를 구분해주는 변별 요소가 되지만 중국어의 '帮'은 '[paŋ]'으로 발음하든 '[p'aŋ]'으로 발음하든 의미상의 차이를 유발하지 못하는데, 이는 각 언어마다 음운의 결합 구조와 규칙의 차이에서 비롯하는 것이다. 음운론에서는 음운의 이러한 구조와 규칙, 그로 인한 각종 변별 자질 등을 연구하게 된다.

加油

음운론과 음성학의 차이

예를 들면, 음성학에서는 한국어의 'ㄱ', 'ㄲ', 'ㅋ'이나 중국어의 한어병음방안 'z'와 'j' 등의 조음방식과 조음위치 즉, 발음할 때 필요한 근육과 긴장도 혹은 공기의 흐름에 장애가 일어나는 위치 등을 연구한다. 만약 이를 음운론에서 연구한다면 이들이 나타나는 음절의 구조적 환경으로 결합하는 자음이나 모음의 종류, 혹은 그들 간의 상보적 분포 관계 등을 살펴보게 된다.

3) 형태론(morphology)

형태론을 의미하는 'morphology'는 옛날 그리스어의 'morphe(shape: 모양/형태) + logy (logos/study: 학문)'에서 비롯된 것으로써 한 언어에서 실현되는 낱말의 형식적 구조 및 내부 구조를 연구하는 학문이다. 형태론의 출현은 미국 구조주의자들의 언어학 연구와 관련 있다. 그들은 낱말에 복잡한 내부구조가 있다는 점을 인정하고 낱말을 더 작은 문법적 단위인 형태소로 분석할 수 있다는 점을 보여주었다. 이 형태소는 낱말의 구성요소로서 낱말보다 더 작은 단위, 즉 의미를 가진 최소의 문법 단위이다. 예를 들면, 영어의 'unacceptability'는 'un-', 'accept', 'abil-(-able)', '-ity'

로 나눌 수 있다. 이렇게 문법적 기능이나 의미를 지니는 최소의 단위를 형태소라 한다. 중국어의 "他去北京了"라는 문장에서 '他', '去'는 개념적 의미를 표현하는 형태소이자 낱말이고, '了'는 문법적 기능을 나타내는 형태소이다. 또 낱말 '学校'는 '学'와 '校'라는 두 개의 형태소로 이루어져 있다. 이런 형태소들이 낱말을 만들기 위해 어떻게 배열, 결합, 변형, 대치 등의 형식적 과정을 거치게 되는지를 설명하는 것이 형태론이다.

형태론은 대체로 낱말의 굴절만을 다루는 좁은 의미의 형태론과 굴절, 파생, 합성과 같은 조어(造語)의 영역까지 다루는 넓은 의미의 형태론으로 나눌 수 있다. 굴절은 낱말이 취하는 문법적 형태로서 'sing-s', 'sing-ing'과 같이 한 낱말 내에서 일어나는데 고립어인 중국어에는 없는 요소이다. 파생은 하나의 형태소 혹은 낱말이 다른 형태소와 결합하여 또 다른 낱말을 만드는 것으로 예를 들면, 영어의 'singer'나 중국어의 '歌星'과 같은 경우이다. 형태론은 이러한 굴절과 파생에 관련된 형태소의 형식과 규칙 체계에 대해 연구하는 것이다. "他好多人还不认识"가 형태론의 연구대상이라면 개별 낱말 즉, '他', '好', '多', '人', '还', '不', '认识'를 각각 연구하게 될 것이며 각 낱말의 품사와 형태, 그리고 '认识'와 같은 이음절 낱말의 경우 형태소 '认'과 '识'의 결합과 그 내부 구조에 대해 분석한다.

4) 통사론(syntax)

통사론은 낱말들이 어떻게 결합하여 구(句)와 문장을 이루는지 그 구조와 기능을 연구하는 학문이다. 구문론 혹은 문장론이라고도 한다. 'syntax'의 어원은 'putting together'라는 의미의 그리스어 'suntaxix'에서 나온 것이다. 통사론에서는 형태소나 낱말들이 완결된 의미를 나타내기 위해 어떻게 선적(線的:linear) 순서로 배치되며, 또 어떤 상호관계가 있는지를 설명하게 된다. 이는 곧 낱말이 구 또는 문장을 구성하기 위해 결합하는 방식, 즉 구 및 문장 내부구조를 연구하는 분야이다. 예를 들면, "他好多人还不认识"라는 구문을 통사적으로 연구한다면, 각 낱말들이 어떠한 조합원칙에 따라 이러한 문장을 만들게 되었는지 설명하게 된다. 문두의 성분 '他'가 다른 성분들과 가지는 관계가 무엇인지, '好多人'은 문장 내에서 어떤 역할을 하는지, 이 어순이 규정하는 것이 무엇인지, 부사 '还'와 '不'가 문장 내의 어디에 위치해야 하는지 등에 대해 살피는 것이 통사론적 관점에서 분석하고자 하는 내용이 된다.

5) 의미론(semantics)

의미론은 형식과 의미의 관계를 체계적으로 파악하고 설명하는 것으로 언어를 통해 전달되는 의미를 다루는 분야이다. 이는 구체적 연구대상에 따라 다시 어휘적 의미론(lexical semantics)과 통사적 의미론(syntactical semantics)으로 분류할 수 있는데, 전자는 어휘론(lexicology)의 관점에서, 후자는 통사론(syntax)의 관점에서 연구하는 것이다. 어휘적 의미론에서는 낱말들의 의미소 및 그 구조와 체계를 분석하여 낱말 의미의 유사성과 다의성 등을 연구한다. 통사적 의미론에서는 표현된 문장들이 기저구조에서 나타내는 의미가 무엇인가를 분석함으로써 문장의 동의(同義) 관계와 중의(重義) 관계를 연구하거나, 함의(含意)와 전제(前提) 분석을 통해 문장 사이의 의미 의존관계를 연구한다. 예를 들면, "他好多人还不认识"를 의미론적으로 연구한다면 '他', '好多人', '还', '不', '认识'가 나타내는 의미, 이들 낱말이 포함하고 있는 의미소와 의미장을 연구하게 될 것이며, 또한 이들이 조합하여 만들어내는 문장 "他好多人还不认识"가 나타내는 의미가 무엇인지, 이처럼 기본 어순을 위배할 경우 그 의미는 무엇인지 등을 분석하게 된다.

6) 텍스트언어학(text linguistics)

텍스트언어학은 의사소통을 가능하게 하는 구(句)나 문장보다 더 큰 집합의 텍스트를 연구하는 것으로 텍스트 문법이라고도 한다. 형태론이 낱말의 형성과 구조에 관련된 문제를 다루고 통사론이 문장의 형성과 구조에 관련된 문제를 다룬다면, 텍스트언어학에서는 문장을 넘어서 여러 문장으로 이루어진 텍스트와 관련되어 있는 문제를 다룬다. 텍스트를 구성하고 있는 문장들은 상호 긴밀한 접속관계를 유지하고 있는 것이므로 이러한 텍스트를 분석할 경우, 접속된 문장들의 논리관계나 문장 접속의 규칙을 도출할 수도 있고 이로 인해 개별적인 문법 단위가 텍스트를 유형화시키는데 어떻게 기여하는지도 찾아낼 수 있다. 문장을 연결하는 개별적인 문법 단위는 접속사가 될 수도 있고, 앞 문장의 대상을 후속 문장에서 대명사와 같은 '대치어'를 사용하여 지시함으로써 앞뒤 문장을 연결하기도 한다. 그 외 통일된 어휘적 성질, 시제 구조의 통일성, 관점이나 분류 기준의 공통성 등이 문장의 연쇄체로서의 텍스트 구조를 분석하는 도구가 되기도 한다.[13)]

2. 언어학의 연구 방법

1) 비교언어학(comparative linguistics)

공통된 조어(祖語)를 재건하고, 여러 언어 간의 역사적 관계를 연구하

13) 이러한 작업을 담화분석이라고도 하며 텍스트언어학의 하위분야이다. 텍스트언어학은 텍스트 문법론, 담화 분석론, 문체론 등 여러 분야를 아우르는 큰 분야이다.

는 학문으로 역사비교언어학이라고도 한다. 19세기의 가장 큰 언어학적 업적은 여러 개별 언어들의 음성체계, 문법구조, 어휘들에 대해 체계적으로 비교함으로써 그들이 계통적으로 서로 관련되어 있음을 알게 된 것이다. 이로 인해 프랑스어 · 이탈리아어 · 포르투갈어 · 루마니아어 · 스페인어가 라틴어를 근원으로 하고 있으며, 라틴어 · 그리스어 · 산스크리트어 · 켈트어 · 게르만어 · 슬라브어 및 아시아의 몇몇 언어가 인도유럽 조어(祖語)에서 나왔다는 것 또한 밝히게 되었다. 초기에는 이렇게 인구어의 친족관계 및 조어(祖語)의 재구(再構)에 주력하였으나 후기에는 언어의 음성체계는 모두 통시적 규칙에 따르는 음성 변천 법칙의 적용을 받는다는 학설을 정립하기도 하였으며, 이에 힘입어 음성학과 방언학도 발달하게 되었다. 구체적인 연구 대상에 따라 음성 변천, 형태론적 체계의 변천, 통사적 변천, 어휘 변천 등으로 세분화하여 기술할 수 있다.

역사비교언어학은 규범문법 연구에서 벗어나 언어 현상을 보다 학문적 입장에서 기술하였으며, 언어학 발전에 영향을 미치는 몇 가지 개념을 정립하였다. 그 중 훔볼트(Humboldt)의 '내적 형식'과 '외적 형식'이 비교적 중요하게 여겨진다. 외적 형식은 음성적인 재료를 포괄하게 되므로 언어들 간의 서로 다른 모양을 말하며, 내적 형식은 심리적인 내용 전반을 가공하는 것으로 언어들을 서로 다르게 만드는 문법과 의미구조를 말한다. 이러한 내적 · 외적 형태의 구분은 소쉬르에게도 영향을 미쳤으며, 촘스키가 20세기 중엽에 이것을 재강조하여 다시 한 번 그 영향력을 발휘하게 된다.

2)구조주의언어학(structural linguistics)

구조주의는 19세기에 널리 유행하였던 역사비교언어학의 통시적 연구를 20세기 초 공시적 연구로 전환시키는 계기가 된 연구 방법론이다.

구조주의언어학에서 언어는 그것의 구성단위로 분해되어 있는 상태에서는 아무런 의미를 지니지 못하기 때문에 전체 문장의 구조 속에서 그 체계적 기능을 가진 하나의 단위로 파악한다. 이는 마치 교통 신호등의 빨간 등 하나만으로는 신호체계로서의 가치를 인정받을 수 없지만, 노란 등, 초록 등과 대립 관계를 형성하여야만 신호 체계를 이룰 수 있음과 같은 이치라고 할 수 있다. 따라서 구조주의언어학에서는 개별적인 단위보다는 그들이 결합하여 하나의 구조 혹은 체계를 형성할 때 그들 간의 대립적 특질, 의미를 생성해내는 대립적 형태 혹은 요소들의 배열 등이 주요 연구대상이 된다. 이러한 구조주의언어학의 형성과 발전에 주요한 역할을 했던 학자들로 소쉬르(Saussure), 사피르(Sapir), 블룸필드(Bloomfield)가 있다. 소쉬르는 1916년 《Cours de Linguistique

Générale(일반언어학 강의)》에서 이전과는 전혀 다른 관점으로 언어학의 연구 대상과 연구 방법을 인지하고 새로운 분석 모델을 제시하였다. 그가 말하는 구조주의는 두 가지 용어의 대립으로 집약될 수 있는데 랑그와 파롤, 시니피앙과 시니피에가 그것이다. 또한 그는 언어의 통시태보다는 공시태의 우위성을 주장하였다. 미국의 구조주의언어학자 사피르는 언어형(linguistic pattern)이라는 개념을 도입하여, 사람은 모두 언어 조직의 기본적 도식을 머릿속에 가지고 있으며 이 언어형에 따라 현실적 언어자료를 사용하여 의사소통을 한다고 주장했다. 블룸필드는 관찰할 수 있는 언어 행동의 양상만을 언어학 연구의 대상으로 삼았기 때문에 음운론적이고 형태론적인 양상에 대한 연구에 치중하는 반면 의미를 배제하는 원칙을 공식화시켰다. 이들은 언어재료를 수집하여 이를 객관적, 기계적으로 분석하고 정리하여 어떤 법칙 혹은 공식을 찾아내고자 노력한 것이다.

3) 생성문법(generative grammar)

생성문법의 근본적인 목적은 언어능력의 메커니즘(mechanism)을 밝히는 것이라고 할 수 있으며 1965년 촘스키(Chomsky)의 《Aspects of the Theory of Syntax》에 처음 도입되었다. 촘스키는 언어는 후천적인 학습에 의해 습득되는 것이라는 경험주의적 언어이론을 비판하고, 언어능력을 선천적으로, 유전적으로 갖추고 있는 것으로 보았다. 생성문법은 자연어의 구조를 명시적으로 표현하는 형식적 수단으로써 수학공식처럼 적용할 수 있는 명확하고 엄격한 언어이론을 지향하고 있다. 이 명확하고 엄격한 언어이론은 결국 인간의 언어능력을 기술하는 것으로 이어진다.

加油

구조주의언어학과 생성문법의 차이점

구조주의의 경우 언어의 형식에 대한 분석에 집중함으로써 언어적 제반 현상을 정확하게 기술하는 데 치중한 반면, 현상에 대한 원리를 분석하는 데는 소홀하였다고 할 수 있다. 따라서 언어의 창의성을 고려하지 않았다고 할 수 있다. 그러나 생성문법은 언어현상 혹은 언어특징을 공식화하고자 애쓰고 그 공식에 근거하여 수많은 새로운 문장이 생성될 수 있음을 보이고자 하였다. 즉 언어의 창의성을 설명하고자 하였던 것이다. 언어적 창의성을 풀어내게 될 공식은 여러 개별 언어에서 공통적으로 나타날 수 있는데, 생성문법에서는 이를 바탕으로 어느 언어에나 존재하는 보편 문법(universal grammar)을 추구하고자 하였다. 이는 인간의 언어능력과 결부되는 것으로 생성문법의 궁극적 목적은 보편문법의 연구를 통해 인간의 언어능력을 규명하고자 하는 것이다.

4) 인지언어학(cognitive linguistics)

인지언어학(認知言語學)은 인지과학(cognitive science)의 원리로 언어의 의미 문제를 연구하는 학문이다.

1950년대 후반 촘스키 언어학에서는 인간의 뇌에는 언어를 관장하는 언어기관(language faculty)이 다른 인지적 기능과는 별개로 독립적으로 존재하고, 언어기능의 요소들인 논리 형식(logical form), 음성 형식(phonological form), 통사(syntax) 등도 서로 간섭하지 않는 독립된 형식인 것으로 가정하였다. 이러한 언어 기능이나 요소가 각기 독립적으로 존재하는 현상을 단원성(modularity)이라고 한다. 언어는 인간이 가진 다른 인지기능과는 관계없는 별개의 독립적 모듈이며, 이러한 언어에만 적용되는 보편적 규칙을 보편문법(universal grammar)이라고 한다. 인지언어학자들은 위와 같은 생성문법의 단원성을 인정하지 않고 언어능력 역시 인간의 일반적 인지능력(general cognitive faculty)과 구별되지 않으며, 인간의 모든 인지능력이 언어에 그대로 활용된다고 보았다. 아울러 음운론, 통사론, 의미론 등도 촘스키의 주장처럼 각 층위별로 각기 독립적으로 존재하는 것이 아니라 명확한 경계가 없는 연속체(continuum)라고 여겼다. 따라서 인지언어학은 구조주의나 생성주의 언어학이 지나치게 형식적이고 추상적이라는 점을 비판하고 언어의 구조가 인간의 개념적 지식, 신체적 경험, 담화의 의사소통 기능 등과 밀접하게 관련되어 있으므로 심리학, 인류학, 철학과 같은 분야의 다양한 견해를 수용하여 개방적이고 사고의존적인 시각으로 의미의 문제를 밝히려고 하는 학문이다.

5) 화용론(pragmatics)

화용론은 의사소통이 진행되는 맥락 속에서 언어의 사용에 대해 연구하는 학문이다. 'pragmatics'는 그리스어의 'practikos(actions, condition for actions)'에서 나온 말로 언어의 실제 행위나 행위를 위한 조건, 즉 언어의 사용 원리를 연구하는 것이다. 화용론에서는 언어의 사용에 동원되는 형식과 기능, 그 사용에 참여하는 화자와 청자, 상황이나 목적에 따른 전략 등을 분석한다. 화용론이 하나의 학문으로 관심을 받게 된 것은 미국의 철학자 모리스(Morris)에 의해서인데 그는 언어를 포함한 기호의 연구 분야를 통사론 · 의미론 · 화용론으로 나누고 화용론을 기호와 기호 사용자와 해석자의 관계를 다루는 것으로 보았다. 이 때 화용론은 언어의 형식이나 내용에 대한 추상적 체계보다는 상황 의존적인 현상에 대한 연구를 뜻한다. 화용론은 언어의 사용원리를 연구하므로 화용의 구성요소(constituents of using language)는 언어의 구성요소와 다른 양상을 보인다. 화용의 구성요소로는 화자, 청자, 그들의 관계, 시간과 장소, 대화의 목적과 전략 등이 있다. 예를 들면, "他好多人还不认识"를 화용론의 관점에서 분석한다면, 화자가 이러한 발언을 하게 된 배경이나 발화 당시의 말투 등이 모두 고려대상이 되어야 한다. 왜냐면 이 문장은 문미의 '他'와 '好多人'의 문법적 지위를 어떻게 보느냐에 따라 다음과 같은 두 가지 의미로 해석될 수 있기 때문이다.

> 他好多人还不认识。
> → ⓐ 그는 많은 사람들이 아직 잘 모른다.
> → ⓑ 그는 많은 사람들을 아직 잘 모른다.

어떤 의미로 해석하든 통사적으로 아무 문제가 없으므로 이 문장에 대한 정확한 해석은 발화 당시의 여러 상황을 고려하지 않으면 알 수가 없다. 물론 화용론이 이러한 중의적 해석이 가능한 문장에 대한 분석법으로만 작용하는 것은 아니지만 이러한 경우 더 정확한 해석을 가능하게 한다.

6) 사회언어학(sociolinguistics)

사회언어학은 1960년대와 70년대 언어학이 순수하게 언어 자체만을 분류하고 연구하는 것에 반발하여 시작되었다. 언어가 사용되는 문맥 상황, 화자나 청자 등의 사회적 요인을 배제하는 것을 반대하고, 언어의 체계나 구조보다는 언어 기호와 그 외적 조건과의 관계를 고찰하고자 하였다. 언어는 인간과 사회의 관계에서 인간을 사회화시키는데 가장 필수적인 도구로서 각종 문화, 관습, 신념 등을 전수하게 되며 인간으로 하여금 사회의 구조와 그 사회 내에서의 자신의 위치를 알 수 있도록 하는 도구가 되기도 한다. 따라서 언어 행위는 의사소통을 목적으로 하는 사회적 활동이므로 사회적인 상황이 늘 전제 되어 있다. 사회적 상황에는 화자와 청자, 그리고 언어 행위를 둘러싼 시간, 장소 등 여러 요소들이 포함된다. 사회언어학은 언어를 일종의 사회문화적인 현상으로 파악함과 동시에 언어 사용자의 연령 · 성 · 직업 · 계층 등에서 보이는 다양한 변이형에 주목하고 언어와 이들 요소간의 상관관계를 연구하고 이로써 언어의 본질적 특징에 접근하고자 한다. 방언 또한 사회언어학의 주요 연구 분야 중 하나이다. 사회언어학에서는 방언을 표준어에 대립하는 개념으로 지역 방언을 연구하기도 하고, 여러 사회 집단이나 계급과 관련하여 해당 집단 내의 사람들이 사용하는 고유의 낱말 및 문장, 의미 등을 대상으로 하는 사회 방언을 연구하기도 한다. 이 때 방언들은 각 지역적 집단에 따라, 혹은 사회적 집단에 따라 악센트의 차이, 어휘사용의 차이, 문장 형식의 차이 등을 가지게 될 것이며 사회언어학에서는 이러한 차이들을 사회의 여러 구조 및 현상들과 결부시켜 설명하게 된다.

加油

사회언어학과 언어사회학

사회언어학(sociolinguistics)은 언어가 인간의 계층, 연령, 성별, 직업 등의 사회적 요인에 의해 변이되는 현상을 탐구하는 언어학의 한 분야지만, 언어사회학(linguistic sociology)은 사회구조와 제도를 이해하기 위해 사회와 언어의 관련성, 공통어와 이중언어 등의 정책적 문제 따위를 연구하는 사회학의 한 분야이다.

7) 전산언어학(computational linguistics)

인간의 언어를 기계가 대신하도록 하거나 기계를 활용하여 언어 자료를 처리하는 방안을 모색하는 학문을 전산언어학이라고 한다. 인간의 언어활동을 기계가 대신해서 수행하도록 하는 것을 자연언어 처리(natural language processing)라 하고, 언어의 효과적 연구를 위해 언어 자료를 기계가 대신해서 관리하도록 하는 것을 언어자료 처리(linguistic data processing)라고 한다. 자연언어 처리는 전산음성학, 전산음운론, 전산형태론, 전산통사론, 전산의미론 등으로 나눌 수 있다.

4 말과 소리

1. 소리의 본질

탄성이 있는 물체의 진동에 의해 만들어진 공기의 진동이 공기에 의해 전파된 파동을 소리(sound) [声音]라고 하며, 음파(音波) 혹은 음(音)이라고도 한다. 소리는 액체나 고체에서도 전달되지만 특별히 공기에 의해 전파되는 파동만을 우리는 '소리'라고도 한다. 소리는 수면파처럼 퍼져나가는 소밀파(疏密波)이며, 공기의 압력이 높은 곳과 낮은 곳의 반복으로 이루어져 있다. 사람의 청각으로 감지할 수 있는 소리를 가청음(可聽音)이라 하는데, 정상인의 청각은 16－2만Hz의 진동수로 이루어진 소리를 들을 수 있으며, 진동수가 그 이상인 음파를 초음파라고 한다. 소리는 고저, 장단, 강약, 음색의 4가지로 구성되어 있다.

(1) 고저(pitch) [音高][14]

---

14) 진동수 혹은 주파수에 의해 결정되며, 1초 동안에 반복되는 횟수를 헤르츠(Hz)라고 한다. 사람은 진동수가 많아지면 높은 소리로 느끼지만, 실제로 진동수가 1배 많아져도 1배의 높은 소리로 느끼지는 못한다. 그래서 소리의 감각적인 높이는 멜(mel)이라는 단위로 표시한다.

소리의 높고 낮음은 진동수에 의해 결정된다. 진동하는 횟수가 많으면 높은 소리가 나고 진동하는 횟수가 적으면 낮은 소리가 난다. 대체로 여자나 아이의 목소리가 남자나 어른의 목소리보다 높은 것은 여자나 아이의 성대가 얇고 가늘어 더 빠르게 진동하기 때문이다. 목소리의 높낮이는 성대의 진동수에 의해 결정되는데, 대개 80－1280Hz 사이의 4옥타브 정도를 낼 수 있다.

중국어에서는 소리의 고저 변화로 성조를 나타낸다.

加油

성대(vocal cord)
후두(喉頭) 안에 좌우 대칭을 이루고 있는 점막융기로, 폐에서 내보내는 공기에 의해 진동하면서 소리를 만들어내는 발성기관이다. 어린이일 때는 남녀 모두 그 길이가 약 5mm이지만, 사춘기를 거치면서 급속히 성장하여 변성(變聲)하고, 성인이 되면 남자는 약 12mm, 여자는 약 9mm 정도가 된다. 성대 내부에는 성대근(聲帶筋)이 있어 성대를 수축과 이완하게 한다. 양쪽의 성대 사이를 성문(glottis)이라 하며, 이곳으로 공기가 통과하면서 성대를 진동시켜 소리가 나게 하는데 이렇게 만들어진 소리를 '후두원음'이라 한다. 이 후두원음은 성문 위·아래에 있는 인두·구강·비강·기관·폐 등에서 공명 또는 파형이 변하여 각기 다른 소리를 만들게 된다.

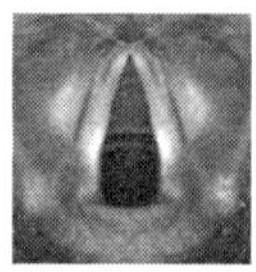

(2)강약(intensity) [音强][15]

소리의 강하고 약함은 진폭에 의해 결정된다. 큰북이 작은북보다 강한 소리가 나는 것은 큰북의 진폭이 작은북의 진폭보다 더 크기 때문이다. 영어에서는 소리의 강약으로 악센트(accent)를 나타낸다.

(3)장단(length) [音长]

소리의 길고 짧음은 진동 시간에 의해 결정된다. 오래 진동하면 긴 소리이고, 짧게 진동하면 짧은 소리이다. 한국어에서는 소리의 장단에 의해 뜻을 달리하는 낱말이 몇 개 있다.

(4)음색(quality) [音质]

소리의 감각적 특색은 파형에 의해 결정된다. 같은 고저, 강약, 장단이라 하더라도 피아노 소리와 바이올린 소리가 다른 것은 그 파형이 다르기

15) 진폭에 의해 결정되며, 파동에 의해 생기는 공기의 압력으로 계산한다. 파동의 압력을 음압이라고 하며 단위는 데시벨(dB)이다. 사람은 주파수나 데시벨에 따라 음압(音壓)을 정확하고 순차적으로 인식하지 못하므로 사람이 느끼는 음의 상대적인 강약은 폰(Phon)이나 쏜(Sone)이라는 단위를 사용한다.

때문이다. 사람의 발음기관, 구강이나 비강의 크기, 성대의 길이와 두께 등이 모두 파형에 영향을 미치기 때문에 사람마다 목소리의 음색이 다를 수밖에 없다. '가', '까', '카'가 모두 서로 다르게 들리는 것은 그 음색이 다르기 때문이다.

2. 발음기관

⑴호흡기관(呼吸器官)

폐를 팽창시켜 공기를 흡입한 후, 수축시키면서 공기를 내뿜어 성대의 진동을 일으킨다. 인두 아래에는 폐로 이어지는 후두와 기관이 있고, 위(胃)로 연결되는 식도가 있다. 후두개가 작용하여 필요에 따라 기관과 식도를 여닫는다.

⑵발성기관(發聲器官)

폐의 팽창으로 들어간 공기가 폐의 수축으로 나오면서 후두 안에 있는 성대를 진동시켜 소리를 만들어낸다.

⑶조음기관(調音器官)

후두 위에 있는 인두, 구강, 비강 등의 소리길(vocal track)[声道]을 거치면서 인두, 구강의 모양이나 혀, 입술 등의 작용으로 파형을 달리하여 여러 다른 음색의 소리를 만들게 된다. 입술, 치경, 경구개, 연구개 등의 조음위치와 공명, 장애, 유성, 무성, 유기, 무기, 파열, 마찰, 파찰 등의 조음방법에 따라 음색이 다른 소리로 바뀌게 된다.

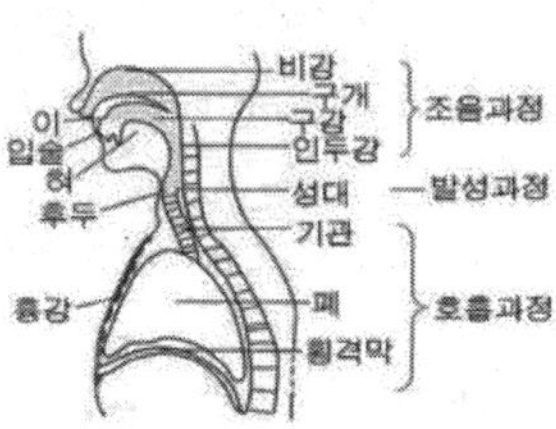

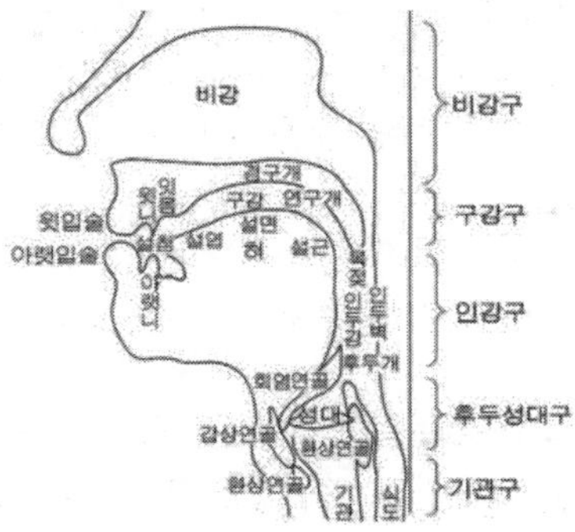

발음기관 구성도

3. 말소리의 분류

소리는 강약, 고저, 장단, 음색으로 구성되어 있고, 자음과 모음으로 구성된 음소는 음색의 차이에 의해 분류된 것이다. 고저, 장단, 강약은 진동수, 진동시간, 진폭으로 측정할 수 있지만, 음소는 서로 다른 파형에 의해 구별된 것이기 때문에 물리적으로 음소 간의 차별성을 묘사할 방법은 마땅하지 않다. 뿐만 아니라 인간의 두뇌 역시 한 언어에 분포된 음소만을 차별적으로 인식하도록 습득되었기 때문에 음소 간의 차별성을 염두에 두고 조음위치와 조음방법에 따라 대비적으로 분류하는 것이 가장 명료하다.

1) 자음/닿소리

성대에서 만들어진 음파가 혀, 입술, 잇몸, 입천장 등 조음기관의 작용으로 달라진 소리를 자음(子音:consonants)[辅音]이라 하고, 혀나 입술만의 작용으로 입안의 모양 에 따라 다르게 나는 소리를 모음이라고 한다. 그리고 자음과 같은 직접 작용은 아니지만 소리길이 좁아져 약간의 마찰을 동반한 소리를 반자음 혹은 반모음이라고 한다.[16] 따라서 자음은 조음위치와 조음방법에 따라 분류할 수 있지만, 모음은 혀의 위치나 입술 모양에 따라 분류할 수 있다.

(1) 조음위치에 따른 분류

①양순음/두입술소리(bi-labial)[双唇音/重唇音]
두 입술이 작용시켜 내는 소리. 〔b〕〔p〕〔p'〕〔m〕〔w〕(유성음)

②순치음(labio-dental)[唇齿音/轻唇音]
아랫입술과 윗니가 작용시켜 내는 소리. 〔f〕〔v〕〔ɱ〕

③치간음(tip-dental/inter-dental)[齿间音]
혀끝이 윗니 끝에 작용시켜 내는 소리. 〔θ〕(무성음)〔ð〕(유성음)

④설첨전음/설치음(dental/tip-alveolar)[舌尖前音/舌齿音/齿头音]
혀끝을 윗니에 작용시켜 내는 소리. 〔s〕〔z〕〔ts〕〔dz〕

⑤설첨중음/치경음/설첨음(alveolar/blade-alveolar)[舌尖中音/舌尖音/舌头音]
혀끝을 윗잇몸에 작용시켜 내는 소리. 〔d〕〔t〕〔t'〕〔n〕〔l〕

⑥설첨후음/권설음(retroflex)[舌尖后音/卷舌音/整齿音]

---

16) 자음과 모음은 기원전 1세기경 그리스 알렉산드리아 학자인 스락스(Dyonysis Thrax)가 지은 최초의 그리스어 문법서 《Techne Grammatike:Art of Grammar》에서 처음으로 분류하였다.

말아 올린 혀끝을 경구개에 작용시켜 내는 소리. 〔ʂ〕〔ʐ〕〔tʂ〕

⑦경구개치경음/설엽음(tip-alveopalatal/apico-dorsal) [舌尖面音/舌叶音]
혓바닥 앞부분을 치경과 작용시키기 위해 혀 전체가 경구개를 향해 올라가서 나는 소리. 〔ʃ〕〔ʒ〕〔tʃ〕〔tʃ'〕

⑧경구개음/구개음(prepalatal/alveo-palatal) [舌面前音/舌面音/鄂音/舌上音]
혓바닥 앞부분을 경구개에 작용시켜 내는 소리. 〔ɕ〕〔ʑ〕〔tɕ〕〔dʑ〕

⑨연구개음/설근음(velar) [舌面后音/舌根音/牙音]
혀의 뒷부분을 연구개에 작용시켜 내는 소리. 〔g〕〔k〕〔k'〕〔x〕〔ŋ〕

⑩구개수음/소설음(uvula) [小舌音]
후설면을 구개수에 작용시켜 내는 소리. 〔q〕〔G〕〔N〕

⑪성문음/후음(glottal) [喉音]
두 성대 사이에서 나는 소리. 〔h〕(무성성문마찰음)〔ɦ〕(유성성문마찰음)〔ʔ〕(성문폐쇄음)

⑫인두음(pharyngeal) [喉壁音]
설근을 인두벽에 작용시켜 내는 소리. 〔ʕ〕(유성인 마찰음)〔ħ〕(무성인두마찰음)

⑬후두개음(epiglottis) [喉盖音]
후두개와 인두벽 사이에서 나는 소리. 〔ʡ〕(후두개파열음)〔ʢ〕(유성후두개마찰음)〔ʜ〕(무성후두개마찰음)

⑵조음방법에 따른 분류

①파열음/폐쇄음(plosive/stop) [塞音/破裂音/闭塞音/全塞音]
완전히 폐쇄되었다가 터지면서 나는 소리. 〔p〕〔b〕〔t〕〔d〕

②마찰음(fricative) [擦音]
조음기관을 서로 가까이 접근시켜 아주 좁은 틈에서 마찰을 일으키며 나는 소리. 〔f〕〔v〕〔s〕〔z〕

③파찰음(plosive-fricative/africate) [塞擦音]
폐쇄되었던 음파가 파열과 마찰의 두 과정을 거치면서 나는 소리. 〔tʃ〕〔ts〕〔dʒ〕

④유기음/거센소리/격음(激音)/대기음(帶氣音:aspirated) [送气]
폐쇄되었던 음파가 거센 공기를 내보내며 파열하는 소리. 〔pʰ〕〔tʰ〕〔kʰ〕 혹은 〔p'〕〔t'〕〔k'〕

⑤무기음/여린소리/연음(軟音:unaspirated) [不送气]

폐쇄되었던 음파가 거센 공기를 내보내지 않고 파열하는 소리. 〔p〕〔t〕〔k〕

⑥유성음/울림소리(voiced) [带音/浊音]

소리를 낼 때 성대의 진동이 일어나는 소리. 〔b〕〔d〕〔g〕〔m〕〔n〕〔ŋ〕

⑦무성음/안울림소리(voiceless) [不带音/清音]

소리를 낼 때 성대의 진동이 일어나지 않는 소리. 〔p〕〔t〕〔k〕〔s〕〔f〕

⑧비음(nasal) [鼻音]

음파가 비강(鼻腔)으로 나가면서 나는 소리. 〔m〕〔n〕〔ŋ〕

⑨설측음/혀옆소리/측음/측면음/유음(lateral) [边音/分音]

구강의 중앙통로가 차단되어 음파가 혀 옆을 지나면서 나는 소리. 〔l〕(치조설측음)〔ɭ〕(권설설측음)〔ʎ〕(경구개설측음)〔ʟ〕(연구개설측음)〔ɫ〕(연구개화치조설측음)〔ɺ〕(치조설측탄음)

⑩설측마찰음(lateral fricative) [边擦音]

음파가 혀 옆을 지나면서 마찰을 일으켜 나는 소리. 〔ɬ〕(무성설측마찰음)〔ɮ〕(유성설측마찰음)

⑪전동음/굴림소리/떨림소리(trill) [颤音]

아래 위의 조음기관을 가볍게 두들기면서 음파를 순간적으로 폐쇄하거나 파열하면서 내는 소리. 혀로 이런 소리를 내는 것을 설전음(舌顫音)이라 함. 〔ʙ〕(양순전동음)〔r〕(치조전동음)〔ʀ〕(구개수전동음)

⑫탄음/탄설음/튀김소리(flap) [闪音]

혀끝을 잇몸에 가볍게 한 번만 두들기면서 순간적인 폐쇄를 만들어서 내는 소리. 유성음만 있음. 〔ɾ〕(치조탄음:한국어 초성의 'ㄹ')〔ɽ〕(권설탄음) 〔ɺ〕(치조설측탄음)

⑶연결음의 수에 따른 분류

①단자음/홑닿소리(singular consonant) [单辅音]

하나의 자음만으로 나는 소리. 〔p〕〔t〕〔g〕〔r〕〔l〕〔s〕〔f〕

②복자음/겹닿소리(plural consonant) [复辅音]

둘 이상의 자음으로 이루어져 소리 나는 동안 앞뒤를 따라 다름이 생기는 자음. 〔pl〕〔pr〕〔tl〕〔gl〕〔grv〕〔sk〕〔fl〕〔str〕

③단순자음(simple consonant) [单纯辅音]

한 가지 동작으로만 이루어진 파열음과 마찰음. 〔b〕〔p〕〔d〕〔t〕

④결합자음(combination consonant)[结合辅音]

파열과 마찰의 두 동작으로 이루어진 파찰음. 〔dz〕〔ts〕〔tɕ〕〔tʃ〕

2)모음/홀소리

모음(母音:vowels[元音]이 서로 다른 소리가 되는 것은 공명관 역할을 하고 있는 입안의 모양이 달라지기 때문이다. 입안은 혀의 전후고저(前後高低) 위치 및 입술 모양에 따라 그 공간 모습이 달라진다. 따라서 모음은 혀의 위치와 입술의 모양 및 혀가 가까이 접근하여 작용하는 부위에 따라 나눌 수 있다. 모든 모음은 비장애음이며, 홀로 음절을 형성할 수 있는 유성음이다.

⑴설면모음/혓바닥모음(dorsal vowels)[舌面元音]

음파가 구강을 통과할 때 혓바닥이 작용하여 공명관의 모습을 달리하는 모음. 혀의 전후고저의 위치와 입술 모양을 그림으로 표시한 것을 모음삼각도 혹은 모음사각도라고 한다. 같은 혀 위치에 있는 모음 중 원순모음은 오른쪽에 평순모음은 왼쪽에 표시한다.

①혀의 앞뒤 위치에 따른 분류

전설모음(front vowels)[前元音]

중설모음(central back vowels)[央元音]

후설모음(back vowels)[后元音]

②혀의 고저 위치에 따른 분류

ⓐ사분법(四分法)

고모음(high vowels)[高元音]

중고모음(semi high vowels)[半高元音]

중저모음(semi low vowels)[半低元音]

저모음(low vowels)[低元音]

ⓑ삼분법(三分法)

고모음(high vowels)[高元音]

중모음(middle vowels)[中元音]

저모음(low vowels)[低元音]

③입술 모양에 따른 분류

원순모음(ounded vowels)[圆唇元音]

평순모음/비원순모음(spread vowels)[展唇元音]

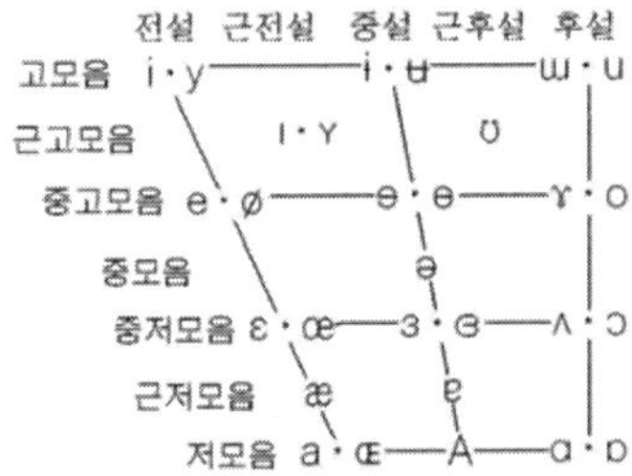

모음사각도

加油

모음을 나타내는 방법의 예
〔ə〕 — 중중설모음(central middle vowels)[中央元音]
〔A〕 — 저중설모음(central low vowels)[低央元音]
安〔a〕 — 저전설모음[低前元音]
啊〔A〕 — 저중설모음[低央元音]
大〔ɑ〕 — 저후설모음[低后元音]

⑵설첨모음/혀끝모음(Apical vowels)[舌尖元音]

음파가 구강을 통과할 때 혀끝만 작용하여 공명관의 모습을 달리하는 모음. 중국어에는 두 개의 설첨모음이 있다.

설첨전모음 — 〔ɿ〕(한어병음방안 'zi', 'ci', 'si'의 '-i'음)

설첨후모음 — 〔ʅ〕(한어병음방안 'zhi', 'chi', 'shi', 'ri'의 '-i'음)

⑶권설모음(retroflex vowels)[卷舌元音]

음파가 구강을 통과할 때 혀가 꼬부라져 혀끝의 아래 부분이 경구개에 접근하며, 설면(舌面)은 경구개의 중앙 위치에서 융기하여 공명관의 모습을 달리하는 모음. 중국어에는 한 개의 권설모음이 있다.

권설모음 — 〔ɚ〕(한어병음방안의 'er')

⑷비모음(nasal vowels)[鼻化元音]

음파가 구강과 비강을 동시에 통과하여 공명관의 모습을 달리하는 모음. 보통 알파벳 위에 '~'를 써서 나타낸다. 중국어에서는 운미 'ng'가 '儿化'할 때 나타난다.

비모음 — 灯〔tēŋ〕 → 灯儿〔tẽr〕

(5)복모음(plural vowels) [复合元音]

두 개 이상의 모음이 연결된 모음으로 이중모음과 삼중모음이 있다.

①이중모음(diphthongs) [二合元音/双元音]

단모음의 앞이나 뒤에 반모음이 결합되어 있는 두 모음. 반모음이 단모음의 앞에 있는 것을 상승이중모음(上昇二重母音)이라 하고, 반모음이 단모음의 뒤에 있는 것을 하강이중모음(下降二重母音)이라 한다. 중국어에는 다음과 같은 이중모음이 있다.

ⓐ상승이중모음/상향이중모음(rising dipthongs) [后响双元音]
〔ia〕〔ie〕〔ua〕〔üe〕

ⓑ하강이중모음/하향이중모음(falling dipthongs) [前响双元音]
〔ai〕〔ei〕〔ao〕〔ou〕

②삼중모음(tripthongs) [三合元音]

단모음의 앞과 뒤에 반모음이 결합되어 있는 모음.

〔iau〕〔uei〕〔iao〕〔iou〕〔uai〕 등이 있다.

3)반모음/반자음/접근음/활음/과도음/전이음

반모음(半母音:semivowel/semiconsonant/glide) [半元音]은 혀가 모음 〔i〕, 〔u〕를 발음할 때보다 구개에 더욱 접근하여 약한 마찰을 일으키며 나는 소리로, 자음과 모음의 성질을 공유하고 있기 때문에 반자음이라고도 한다. 모음적 특성은 유성음이고 비장애적 속성을 가지며, 자음적 특성은 독립적으로 음절을 형성할 수 없다는 점이다.

〔w〕 — 양순 연구개 반모음

〔j〕 — 경구개 반모음

4)분절음과 초분절소

자음과 모음으로 나눌 수 있는 음을 분절음(分節音:segmental phonemes) [音段音位/音段成分]라고 하고, 이러한 분절음에 붙어 실현되는 소리의 고저, 장단, 강약의 요소를 초분절소(超分節素:suprasegmental phonemes) [超音段音位/上加成素]라고 한다. 예를 들면, '닭'이란 음절은 'ㄷ+ㅏ+ㄹ+ㄱ'으로 나누어 질 수 있는 분절음이며, 중국어의 '好hǎo'는 'h+a+o'로 나누어지는 분절음이고, 제3성을 나타내는 소리의 고저는 초분절소이다. 초분절소는 분절음의 단위에 덧붙어 나는 소리로 운율적 요소이며, 분절음이 연결되어 이루는 음절, 낱말, 구절 등에 초분절적으로 나타나는 강세(stress), 성조(tone), 억양(intonation), 음장(length) 등이 있다.

5)구강음과 비강음

구강음(oral sounds)은 음파가 구강을 통해서 나가면서 나는 소리이고, 비강음(nasal sounds)은 음파가 비강을 통해서 나가면서 나는 소리이다. 비강음에는 자음 〔m〕, 〔n〕, 〔ŋ〕 등과 모음 〔ã〕, 〔õ〕 등이 있다.

6)공명음과 장애음

공명음(sonorant)은 비강, 구강, 인강 등 소리가 나가는 길의 어느 한 부분이 공명하는 소리로 모든 모음, 비음, 유음, 설측음, 탄설음, 반모음 등이며, 장애음(obstruent)은 조음기관의 각종 방해로 파형이 달라진 소리로 파열음, 마찰음, 파찰음 등이다.

4. 말소리의 표기－국제음성기호

국제음성기호(國際音聲記號:International Phonetic Alphabet:IPA) [国际音标]는 모든 나라의 말소리를 전사(轉寫)할 수 있도록 1888년 국제음성학회(The International Phonetic Association)에서 만든 기호이다. 2005년에 확장되었으며 약 107개의 기본 문자와 55개의 구별기호로 구성되어 있다.

한 개의 음표가 하나의 음소를 표시하기 때문에 분석적이라는 장점은 있으나 채택된 기호들이 서구어 중심이어서 중국어나 한국어 등에 적용하기 위해서는 기호를 증감하지 않을 수 없다. 표기 및 인쇄상의 어려움이 있지만, 유니코드에는 모든 기호가 배정되어 있다. 국제적 공인성과 정확성 때문에 학술적으로는 이를 채택하지 않을 수 없다.

國際音標表(IPA)(중국 용어)

				唇音		舌尖音				舌叶音	舌面音			小舌音	喉壁音	喉音
	发音部位 / 发音方法			双唇	唇齿	齿间	舌尖前	舌尖中	舌尖后		舌面前	舌面中	舌面后(舌根)			
辅音	塞	清	不送气	p				t	ʈ		ȶ	c	k	q		ʔ
			送气	p‘				t‘	ʈ‘		ȶ‘	c‘	k‘	q‘		ʔ‘
		浊	不送气	b				d	ɖ		ȡ	ɟ	g	ɢ		
			送气	b‘				d‘	ɖ‘		ȡ‘	ɟ‘	g‘	ɢ‘		
	塞擦	清	不送气		pf	tθ	ts		tʂ	tʃ	tɕ					
			送气		pf‘	tθ‘	ts‘		tʂ‘	tʃ‘	tɕ‘					
		浊	不送气		bv	dð	dz		dʐ	dʒ	dʑ					
			送气		bv‘	dð‘	dz‘		dʐ‘	dʒ‘	dʑ‘					
	鼻	浊		m	ɱ			n	ɳ		ȵ	ɲ	ŋ	ɴ		
	颤	浊		ʙ				r						ʀ		
	闪	浊						ɾ	ɽ							
	边	浊						l	ɭ			ʎ	ʟ			
	边擦	清						ɬ								
		浊						ɮ								
	擦	清		ɸ	f	θ	s		ʂ	ʃ	ɕ	ç	x	χ	ħ	h
		浊		β	v	ð	z		ʐ	ʒ	ʑ	ʝ	ɣ	ʁ	ʕ	ɦ
	半元音	浊		w ɥ	ʋ			ɹ				j	ɰ			

		圆唇元音		舌尖元音 前 后		舌面元音 前 央 后	
元音	高	(y ʉ u)		ɿ ʅ		i·y ɨ·ʉ ɯ·u ɪ·ʏ ʊ	
	半高	(ø o)				e·ø ɘ·ɵ ɤ·o E ə	
	半低	(œ ɔ)				ɛ·œ ɜ·ɞ ʌ·ɔ æ· ɐ	
	低	(ɒ)				a·ɶ A ɑ·ɒ	

第二章

중국어란 무엇인가?

'중국어'는 중국 사람들이 쓰는 말이다. 하지만 중국은 대한민국 면적의 98배 넓이(963만km²)에 세계인구의 22%를 차지하고 있으며 중국 내에도 수백 종의 언어와 방언이 있다. 따라서 이들이 하는 말을 모두 중국어라고 할 수는 없을 것이다.

우리나라에서 쓰고 있는 '중국어(中國語)'란 말도 사실은 일본인들이 '支那語' 혹은 '中國語'라고 하던 말을 들여와 쓰게 된 것이다.[17)]

한국, 일본 등의 아시아 권역에서는 전통적으로 중국을 '한(漢)'이라고 하였다. 따라서 중국 글을 '漢文'이라 하고 중국말을 '漢語'라고 하였으며, 중국 사람을 '漢人'이라고 하였다. 여기의 '漢'은 '漢族'을 뜻하는 말이다. 중국의 한족이 쓰는 말을 중국인들도 '漢語'라고 하지만 이는 5천년 역사 속의 모든 중국어를 뜻하기도 하고, 또한 한족의 방언 역시 수십 개에 달하기 때문에 이 또한 우리가 말하는 표준중국어를 지칭하지는 않는다.

중국에서 법으로 정한 표준어의 정식 명칭은 '普通话'이다. 우리가 지금 배우고 있는 '중국어', '표준중국어' 혹은 '현대중국어'가 바로 이것이다. 흔히 표준중국어를 북경어(北京語)라고 오해하고 있는데 엄밀히 말해 북경어는 북경지역의 방언일 뿐 표준중국어는 아니다. 우리나라에서는 사회적으로 '중국어'가 '普通话'를 지칭하는 경향이 있으므로 이 책에서도 '중국어'란 명칭을 '普通话'를 지칭하는 말로 사용한다.

---

17) '支那'는 'China'를 일본인들이 음역한 낱말이다.
우리나라나 일본에서는 한대(漢代)에 한자가 전래되는 등의 영향이 컸으므로 중국을 '漢'이라하고 남유럽에서는 'China'라고 하는데 이는 '秦'에서 온 말이며, 몽고나 러시아 등 북유럽에서는 'Kitai', 'Cathay', 'Qitai', 'Qitan' 등이라고 하는데, 이는 요(遼)를 건국한 거란(契丹)을 비롯하여 서북 지역에 할거했던 이민족들의 말에서 유래한 것이다.

1 중국어와 타 언어와의 관계

1)유형론적 분류

슈겔(August Von Schlegel:1767－1845년)은 세계의 언어를 크게 굴절어, 첨가어, 고립어로 나누었다.

굴절어/굴곡어(inflectional language)[屈折语]
첨가어/교착어/접착어(affixing language)[粘着语]
고립어(isolating language)[词根语/孤立语]
포함어(incorporating language)[包含语]

加油

곡용과 활용
한 낱말이 문장 안에서의 쓰임에 따라 그 형태가 변하는 것을 굴절이라고 하며, 체언의 굴절을 곡용(曲用:declension)이라 하고, 용언의 굴절을 활용(活用:conjugation)이라고 한다. 인도유럽계의 언어에서 명사·형용사·대명사·수사가 격(格)에 따라 형태가 변하는 현상이나, 알타이계 언어에서 어간에 접미사가 붙는 형태를 취하는 경우가 곡용에 해당한다. 예를 들면, '사람', '나무'와 같은 자립적인 체언에 곡용어미 '-이', '-을', '-에', '-의', '-와', '-에게'가 첨가되어 문장 안의 다른 성분들과의 관계를 나타내는 경우와 같은 것이다. 활용은 어간의 문법적 관계를 나타내기 위하여 어미를 변화시키는 것으로서, 예를 들면 동사 '먹다'가 시제나 서법에 따라 '먹는다', '먹었다', '먹겠다', '먹느냐', '먹어라' 등으로 활용되는 경우이다.

굴절어란 영어·독어·불어처럼 낱말의 전체 혹은 일부가 형태를 바꾸어 문법적 요소를 결정하는 말이다. 영어에서 제1인칭 대명사 'I'가 'my', 'me', 'mine'으로 굴절하여 각각 소유격, 목적격, 소유대명사가 되고, 독일어에서 남성 1인칭 주격관사 'der'가 'des', 'dem', 'den'으로 굴절하여 소유격, 여격, 목적격이 되는 것과 같이 한 낱말이 문법적 사항을 나타내기 위하여 여러 가지 형태로 변화되는 언어를 굴절어라고 한다.

첨가어란 한국어·일본어처럼 한 낱말에 다른 성분을 첨가하여 문법적인 요소를 나타내는 말이다. 한국어에서 제1인칭 대명사 '나'에 '은/는', '이/가'를 첨가하여 주제 혹은 주격을 나타내고 '을/를'을 첨가하여 목적격을 나타내는 것처럼 낱말이 문법적 사항을 나타내기 위하여 여러 가지의 다른 요소를 첨가하는 언어를 첨가어라고 한다.

고립어란 중국어·베트남어·티베트어처럼 굴절하거나 첨가되지 않고 낱말의 순서가 문법적 요소를 결정하는 언어이다. 중국어에서는 1인칭 대명사 '我'가 "我爱你"에서는 주어의 역할을 하고 "你爱我"에서는 어떤 굴절이나 첨가 현상 없이 목적어의 역할을 하는데 이는 문법적인 요소를 낱말의 순서로 나타내기 때문이다.

포함어란 에스키모어 · 아메리카 인디언어 · 아이누어 · Australia 원주민어처럼 낱말이 굴절하거나 첨가되어 문법 요소를 결정하는 것이 아니라, 동사를 중심으로 그 앞뒤에 인칭접사나 목적을 나타내는 요소를 결합 또는 삽입하여 한 낱말이 한 문장과 같은 형태를 가지는 언어이다. 예를 들면, 에스키모어에서 'illu-(house)'+'mi-(his)'+'niip-(be-in)'+'puq(3인칭, 단수, 직설법)'과 같이 동사 'niip-(be-in)'을 중심으로 앞뒤에 다른 의미를 가진 요소를 추가하여 완성된 낱말이 하나의 문장으로 쓰여 'He is in his (own) house'란 의미를 나타내는 경우와 같은 것이다.

2) 계통적 분류

언어의 음운, 어휘, 문법 등을 종합하여 각 언어의 파생 및 친족관계 등을 고려한 계보에 의해 어족(family) [语系], 어파(group) [族], 어계(branch) [语支]로 분류하는 것을 계통적 분류라고 하는데, 한국어 및 중국어의 계보를 간단히 보이면 다음과 같다.[18)]

- 인구어족(Indo-European family) [印欧语系] — 영어, 도이치어, 프랑스어, 러시아어
- 알타이어족 (Altaic family) [阿尔泰语系]
  - 동 알타이어족 — 한국어, 일본어
  - 서 알타이어족
    - 퉁구스파
      - 만주어계
      - 몽고어계
    - 튀르크파
      - 터키어계
      - 추바쉬계
- 시노티베트어족 (Sino-Tibetan family) [汉藏语系]
  - 한어파 [汉语族]
  - 캄타이어파 [侗台语族]
  - 티베트버마어파 [藏缅语族]
    - 티베트어계 [藏语支]
    - 버마어계 [缅甸语支]
    - 경파어계 [景颇语支]
    - 이어계 [彝语支]
  - 먀오야오어파 [苗瑶语族]

18) 세계 언어의 계보는 여러 이견이 있어 하나의 정설로 인정하기는 어렵지만 표 안의 내용과 같이 크게 인구어, 알타이어, 시노티베트어족으로 나누는 것이 가장 보편적이다. 각 어족의 세부 분류 또한 다양하지만 표 안의 분류가 비교적 보편적이다.

2 '普通话' — 표준중국어

1) 명칭과 규범화

1909년 청(清) 조정에서 '国语编审委员会'를 설립하면서 표준중국어란 의미로 당시까지 통용되던 '官话(관리들이 쓰는 말이란 뜻으로 'Mandarin'이라고도 하는데 이는 '관리'란 의미의 포르투갈어이다)'를 처음으로 '国语'라고 하였으며, 1910년 자정원(資政院) 의원이었던 강겸[江谦]이 "用合声字拼合国语, 以收统一之效(합성자로 국어를 통합하고 이로써 통일을 기하여야 한다)"고 주장하여 '国语'란 말이 생겨나게 되었으며, 후에 북양군벌정부와 국민당 정부가 모두 '国语'라는 명칭을 사용하였고 지금도 타이완에서는 이 명칭을 사용하고 있다.

표준중국어를 싱가포르와 기타 국가의 화교사회에서 '华语'라고 하는데, 이는 한민족(漢民族)의 공통어라는 의미이다. 또한 그들이 살고 있는 나라의 공인 언어가 중국어가 아니기 때문에 '国语'라고는 할 수 없을 것이다.

1906년 주문웅[朱文熊]이 문언이나 방언과는 달리 전국 각지에 통용될 수 있는 '普通话'의 보급을 주장한 후, 많은 작가와 학자들이 이에 동조하였다. 중화인민공화국 건국 이후 각 민족의 언어와 문자를 존중한다는 의미와 '国语'라는 명칭에서 초래될 오해를 피하기 위해 1955년 10월 '全国文字改革会议'와 '现代汉语规范问题学术会议'를 연이어 개최하여, 규범화된 현대 중국어의 명칭을 '普通话'라 부르기로 결정하고 그것에 대해 명확히 정의하였다. 여기에서 말하는 '普通'이란 '普遍'과 '共通'이란 뜻이며, 이의 보급 의무에 대해 1982년에 수정된 《中华人民共和国宪法》〈第十九条〉에 "国家推广全国通用的普通话(국가는 전국에서 통용되는 보통화를 널리 보급하도록 한다.)"라고 명시하였다.

'普通话'에 대한 정의는 다음과 같다.

> 以北京语音为标准音, 以北方话为基础方言, 以典范的现代白话文著作为语法规范。
> (북경음을 표준음으로 하고, 북방어를 기초방언으로 하며, 전형적인 현대 구어로 된 문학작품의 문법을 규범으로 한다)

이 규범에 의하면 표준중국어의 발음은 북경어의 음계, 즉 성모(聲母), 운모(韻母), 성조(聲調)의 체계는 북경음을 기준으로 수립하고, 북방지역의 어휘를 표준으로 하며, 모범적인 현대 백화문 저술의 문법 체계를 표준으로 정한다는 것이다. 이는 곧 '북경사회에서 중등 이상의 교육을 받은 사람의 일상어'를 표준중국어로 삼는다는 뜻이며, 따라서 '普通话'는 '北京话'를 기준으로 하되 일부 북경에 국한된 지역적인 방언은 포함하지 않는다.

이후 중국에서는 한자의 자음(字音), 자형(字形), 자의(字意)에 대해서도 통일하기 위한 노력을 국가적 차원에서 강력하게 추진하여 표준을 정하였다.

2)'**普通话**'와 '**北京话**'의 차이

엄격히 말해 '普通话'와 '北京话'는 서로 다른 개념이다. '普通话'는 한족(漢族)의 공통어이지만 '北京话'는 수많은 중국 방언 중의 하나이다. '普通话' 규범에서 '북경어음을 표준음으로 한다'는 것은 북경음계, 즉 북경어의 성모, 운모, 성조 계통을 표준으로 한다는 것이지 북경의 방언음을 그대로 따른다는 것은 아니다. 동시에 보통화의 어휘 또한 북방지방의 방언을 포함한다는 것은 아니다. 예를 들면, '北京话'의 일부 방언에는 아직도 'v'음이 존재하고 있어 '文'을 'vuen'으로 발음하지만, 'v'음은 'w'음으로 변하고 있었기 때문에 '普通话'에서는 'v'음을 'w'음에 귀속시켰다. '北京话'와 '普通话'의 차이를 간단히 보이면 아래와 같은 것들이 있다.

①'北京话'에서는 'j', 'q', 'x'를 'z', 'c', 's'로 발음한다.

小心 : xiǎoxīn → siǎosīn

②'北京话'에서는 'z', 'c', 's'를 치간음(齒間音)으로 발음한다.

仨 : sā → θā
早 : zǎo → tθǎo

③특정 음이 변한 경우

一会儿 : yīhuìr → yìhuǐr
多么 : duōme → duóme
教室 : jiàoshì → jiàoshǐ
往西 : wǎngxī → wàngxī
北新桥 : běixīnqiáo → běiyīnqiǎo
告诉 : gàosu → gàosong(告送)
虽然 : suīrán → suírán
暂时 : zànshí → zhànshí
隔壁 : gébì → jièbǐr

④'北京话'에만 있는 어휘

说话(普通话) → 言语(北京话)
有钱(普通话) → 称(北京话)
没希望了(普通话) → 没戏(北京话)

⑤'北京话'에 풍부한 '儿化'와 경성(輕聲)은 표준으로 인정하지 않고, '의미를 분화하는 경우 및 상용(常用)되는 어휘'에 해당하는 경우에만 인정한다.

3)'**北京话**'가 아닌 '**普通话**'

①북방방언 어휘는 아니지만 특별한 의미를 지닌 어휘는 표준으로 인정한다.

尴尬(吴方言) ¦ 里手(湘方言) ¦ 看好(粤方言)

②고대중국어 어휘도 현대에서 자주 쓰인다면 표준으로 인정한다.

诞辰 ¦ 若干 ¦ 而已

③홍콩, 대만 등의 지역에서 생겨난 외래어도 필요한 경우 표준으로 인정한다.

模特儿 ¦ 沙龙 ¦ 巴士 ¦ 莫泰(Motel)

④방언·고대어(古代語) 및 외국어의 영향으로 생겨난 문법 체계라도 풍부한 표현력과 생명력이 있는 경우는 표준으로 인정한다.

试试看 ¦ 听听看
('동사+동사+看'과 같은 문법은 방언에서 유래된 것임)

以A为B ¦ 为A而B ¦ 为A所B
(고대어에서 유래된 구문)

30名扒手都被编了号。
(피동식의 문장은 영어 등의 외국어에서 비롯된 표현)

3 중국어의 특징

1. 중국어의 3대 특징

1)고립어이다 — 문법적인 특징

굴절어와 같이 낱말을 변화시켜 문법 성분을 나타낸다든지, 첨가어와 같이 한 낱말에 다른 요소를 보태어 문법 성분을 나타내는 언어와는 달리 중국어는 굴절이나 첨가 없이 어순(word order)이나 허사(function word)에 의해 대부분의 문법 현상을 나타내는 언어이다. 따라서 한 낱말의 문장 내 위치는 다른 어떤 요소보다 문법적으로 중요하다.

중국어도 상고기(上古期)에는 굴절하지 않았을까 하고 추정해 볼 수 있는 근거[19]가 있긴 하지만 현재로서는 굴절하지 않는다고 보는 것이 정확하다.

· 형태변화(inflection)가 없다.

I ↷ my ↷ me ↷ mine → 我, 我(的), 我, 我
He is writing a novel. → 他在写一本小说。
He has written a novel. → 他写了一本小说。
He was writing a novel. → 他写一本小说来者。
He had written a novel. → 他曾经写了一本小说。

· 첨가현상이 없다.

나는 그를 사랑한다. → 我爱他。
그는 나를 사랑한다. → 他爱我。

· 허사에 의한 문법 요인

你爱我吗? (의문문)
我爱过她。(과거 경험)

2) 일음절어이다 — 어휘적인 특징

엄격하게 말하면 일음절어라는 것은 하나의 음절이 하나의 낱말이 된다는 뜻이다. 고대중국어에서는 하나의 낱말이 하나의 음절, 즉 하나의 한자로 이루어진 경우가 대부분이었으나, 현대중국어에서는 대부분의 낱말이 두 개의 음절 이상으로 이루어져 있다. 그럼에도 불구하고 여전히 일음절어라고 하는 이유는 극소수를 제외하고 다음절 낱말 속에 있는 각각의 음절이 자기의 뜻을 유지한 채 독립적으로 쓰인 경우가 거의 대부분이기 때문이다.

중국어의 각 음절, 즉 하나의 한자는 의미를 지닌 채 독립적으로 쓰이지만 그 음절수가 극히 제한적이기 때문에 하나의 음절이 하나 이상의 많은 의미를 가지는 경우가 대부분이다. 따라서 동일 음절 내에서 청각적인 의미 구분은 불가능하게 되므로 최소한 시각적으로나마 의미를 구분하기 위하여 '汉字'라는 시각적 부호를 사용하게 된 것이다.

· 일음절 낱말

学 ⁝ 说 ⁝ 爱 ⁝ 去 ⁝ 大 ⁝ 小 ⁝ 好

· '学'가 형태소로 쓰인 다음절 낱말

学生 ⁝ 学校 ⁝ 学问 ⁝ 学期 ⁝ 学科 ⁝ 学力 ⁝ 学位 ⁝ 学名 ⁝ 学费 ⁝ 学会
小学 ⁝ 中学 ⁝ 大学 ⁝ 哲学 ⁝ 文学 ⁝ 科学 ⁝ 开学 ⁝ 休学 ⁝ 留学 ⁝ 复学
学生证 ⁝ 科学家 ⁝ 学杂费

---

19) 상고 중국어의 인칭대명사를 보면 제1인칭 대명사로는 '吾', '我', '余', '予', '卬', '台', 제2인칭대명사로는 '汝(如)', '若', '乃', '而', '戎', 제3인칭대명사로는 '其', '之', '厥'와 같이 여러 개가 있는데, 이것이 인칭대명사의 격변화를 반영한 표기라고 추정할 수도 있다.

서명	작자	연대	수록자수
《仓颉篇(창힐편)》	이사[李斯]	秦 기원전 206년경	3,300자
《说文解字(설문해자)》	허신[许慎]	后汉 100년	9,353자
《声类(성류)》	이등[李登]	三国 220-265년	11,520자
《广韵(광운)》	박팽년[陈彭年] 등	宋 1007년	26,194자
《集韵(집운)》	정도[丁度] 등	宋 1039년	53,525자
《字汇(자휘)》	매응조[梅膺祚]	明 1615년	33,179자
《康熙字典(강희자전)》	진정경[陈廷敬]	清 1716년	47,035자
《大汉和字典(대한화자전)》	제교철차[诸桥辙次]	日本 1960년	49,946자
《中文字典(중문자전)》	고명[高明] 등	中华民国 1979년	49,905자

고대중국어에서는 동일 음절 내에서 다른 의미를 가지는 낱말을 표시하기 위해 문자를 지속적으로 만들어 근 5만여 자에 이르는 한자가 누적되었지만, 현대중국어에서는 이미 만들어진 한자를 겹쳐서 새로운 낱말을 만들기 때문에 한자 수는 오히려 대폭 감소하였다. 역대 자전(字典)이나 운서(韻書)[20]의 수록 한자 수를 보면 아래와 같다.

많은 한자 중 약 80% 이상은 이미 사용하지 않는 글자가 되어 현재 널리 사용되는 사전에도 12,000내지 13,500자 정도만이 수록되어 있으며, 1936년 행정원에서 선정한 상용자, 차상용자 및 예비자를 다 합해도 6,788자 정도이다. 실제 컴퓨터에 배정하여 쓰는 국가표준코드[国标: GB1988-80, GB2311-80, GB2312-80]의 경우에도 일급한자(一級漢字) 3,755자 및 이급한자(二級漢字) 3,008자, 합계 6,763자 정도이며, 또 한자 1,057자를 알면 90% 이상을 읽을 수 있고 1,546자를 알면 95%를 이해할 수 있다는 통계가 있다.[21]

3) 성조어이다 — 음운적인 특징

중국어의 음절을 구성하는 자음과 모음은 그 배열 방법이 일정하고 자음이나 모음의 수가 계속 감소하였기 때문에 지금의 분절음 수는 극히 제한적이다. 특히 '普通话'의 경우 근대중국어에 이르면 /b/:/p/, /d/:/t/와 같은 유성음과 무성음의 대립이 없어지고 입성운미 〔-p〕, 〔-t〕, 〔-k〕가 사라지게 되어 분절음의 수가 대폭 줄어들게 된다. 이러한 분절음의 감소

20) 한시(漢詩)를 지을 때, 서로 압운(押韻:운복, 운미, 사성이 같은 한자를 시구의 같은 위치에 놓아 음악적 조화를 이루게 하는 작업)할 수 있는 한자들을 한데 모아 검색할 수 있도록 엮은 일종의 한자 발음사전.

21) KS5601에는 CAA1부터 ECFE까지 4888 코드(code)에 한자가 배정되어 있으며, 이중 268자가 중복되어 있고, '훈글'에는 KS가 4000부터 5317까지, 확장한자가 5318부터 7D97까지 도합 15,500 코드의 한자가 있으니, 오히려 우리나라가 중국보다 더 많은 한자를 등록해서 쓰고 있는 셈이다.

는 음절수의 축소를 가져오고 아울러 중국어의 단음절적 특성은 같은 음절에 지나치게 많은 의미가 포함될 수밖에 없게 만든다. 음절수의 감소를 만회하는 방법으로 등장한 것이 이른바 '성조(聲調)'이다. 성조는 같은 분절음의 조합을 다시 분화하기 위해 소리의 높낮이에 의해 실현되는 초분절소이다.

실제 '普通话'의 분절음절[22](성조를 포함하지 않은 음절)은 방언음절, 의성사 음절, 특수 음절의 수록 여부에 따라 그 수량에 차이가 나지만, 가장 많이 수록한 사전의 경우 420개의 음절을, 가장 적은 경우 406개의 음절을 수록하고 있다. 여기에 다시 4개의 성조가 더해지면 가장 많은 경우 1,345개이며, 가장 적은 경우 1,309개를 수록하고 있다. 따라서 하나의 음절이 많은 의미를 가질 수밖에 없으므로 이를 시각적으로나마 분별하기 위해 한자를 사용한다. 한편 중국어는 한 음절이 하나의 낱말이 되거나 적어도 하나의 형태소가 되는 경우가 대부분이기 때문에 동일 분절음의 조합이 성조에 의해 분화된다 해도 음절수는 여전히 부족하다. 이러한 예는 상용낱말 3,996개 중 1,136개가 일음절 낱말인데, 이 중 성조까지 포함했을 때 의미가 분별되는 낱말은 657개인 58%, 성조를 포함해도 의미가 분별되지 못하는 낱말은 42%[23]라는 점에서도 충분히 알 수 있다. 이러한 낱말은 결국 말소리로는 구분되지 않고 오로지 시각적인 한자의 자형(字形)으로만 구별 가능한 것이다.[24]

- 'dao'라는 분절음은 성조에 의해 'dāo', 'dáo', 'dǎo', 'dào'로 분화한다.
- 이 중 'dǎo'라는 음절만 해도 '导', '岛', '倒', '捣'와 같은 여러 개의 한자를 가지는데 이들은 모두 각기 다른 의미를 가진다.

성조(聲調)란 어떤 언어의 모든 음절에서 서로 다른 상대적인 소리의 높낮이로 의미를 분화하는 초분절소를 지칭하는 말로 1920년대에 중국에서 처음 사용되었으며[25] 이후 파이크(Kenneth Lee Pike)의 《Tone Languages》에서 상세하게 고찰되었다.[26]

초분절소가 말의 뜻에 관여하는 경우를 보면, 영어에서와 같이 두 개

---

22) 자음과 모음을 분절음(分節音)이라 하고, 소리의 강약(accent), 장단, 고저 등은 초분절소(超分節素)라고 한다.

23) 곽금부[郭锦桴], 《汉语声调语调阐要与探索》(北京:北京语言学院出版社, 1993) 93쪽.

24) 이에 반해 한국어의 총 음절수는 상용하는 KS 코드에만 2,350개가 있고 실제 조합 가능한 모든 음절수는 11,172개이다.

25) 후각[后觉], 〈声调究竟有没有用处〉, 《国语月刊》(第一卷 第八期, 1922)와 조원임[赵元任], 〈五声的标準〉, 《国语月刊》(第一卷 第八期, 1922) 등에서 중국어에 나타나는 고저기복형(高低起伏形)의 초분절소를 지칭하는 용어로 처음 사용되었다.

26) Kenneth, L. Pike, 《Tone Languages》(Ann Arbor, Michigan: University of Michigan Press, 1948) 3쪽.

이상의 음절이 있는 낱말에서 어느 한 음절을 상대적으로 강하게 발음하여 의미를 다르게 하는 악센트(accent)가 있고, 한국어와 같이 음절의 길이를 달리하여 의미를 분화하는 경우도 있으며, 일본어와 같이 한 낱말의 높낮이를 달리하거나 낱말 속의 어느 음절의 높낮이를 달리하여 의미를 분화하는 경우도 있다. 다시 말해 소리의 높낮이(pitch)가 일본어처럼 낱말 단위로 존재하여 의미를 분화하는 경우에는 '단어음조(word-pitch)'라고 하고, 영어와 같이 구절 단위로 존재하여 억양(intonation)을 나타내는 것은 '구절음조(phrase-pitch)'라고 하며, 모든 음절을 분화할 때는 성조(tone)라고 하는데, 이 성조는 낱말 단위가 아닌 음절 단위로 존재하기 때문에 '음절성조'라고도 한다.

· 음의 강약(强弱)에 의한 의미 분화 — 영어의 악센트
permit[pəːrmít]: 허락하다. 허가하다. 인가하다.
permit[pə́ːrmit]: 면허. 증명서.
impress[imprés]: 감명을 주다. 감동시키다. 징발하다. 징용하다.
impress[ímpres]: 날인. 흔적. 인상. 강제 징집. 징용.
· 음의 장단(長短)에 의한 의미 분화 — 한국어의 장단
일(一)/일:(事) ¦ 밤(夜)/밤:(栗) ¦ 눈(眼)/눈:(雪)
· 음의 고저(高低)에 의한 낱말의 의미 분화 — 일본어의 악센트
hi[L][27](해)/hi[H](불)
kaki[H-L](굴)/kaki[L-H](울타리)/kaki[L-H](감나무)
· 고저에 의한 음절의 분화 — 중국어의 성조
bao → bāo(1성): 包 ¦ 胞
báo(2성): 薄 ¦ 雹
bǎo(3성): 宝 ¦ 饱
bào(4성): 报 ¦ 暴

2. 분야별 특징

1) 음성, 음운적 특징

(1) 자음과 모음의 배열순서가 고정적이다.

중국어의 음절은 'IF(m+v+e)/T'[28]로 이루어져 있으며 이 순서를 절대 벗어나지 않는다.

---

27) 여기서 말하는 [L]은 'low', [H]는 'high'의 표시로 음의 높낮이를 나타낸다.
28) 'I' → initial(첫소리)[声母], 'F' → final(끝소리)[韵母], 'm' → medial(사잇소리)[韵头/介母], 'v' → principal vowel(핵모음)[韵腹], 'e' → ending(꼬리소리)[韵尾], 'T' → tone(성조)[声调]

· **영어 모음과 자음의 배열**

mother(c+v+c+c+v+c) ¦ name(c+v+c+e) ¦ freedom(c+c+v+v+c+v+c)

· **한국어**

아(∅+v) ¦ 각(c+v+c) ¦ 깍(c+v+c) ¦ 닭(c+v+c/c)

· **중국어**

bān(IF) ¦ bāng(IF) ¦ dāng(IF) ¦ *dāg(c+v+c) ¦ *gah(c+v+c)

⑵ 음절수가 극히 적다.

중국어의 거의 모든 음절은 의미를 가진 형태소임에도 불구하고 음절조직이 단순하여 그 수가 극히 제한적이다. 상술한 바와 같이 사전에 수록된 음절수를 조사 분석해보면 가장 많이 수록한 사전이 1,345개이며, 가장 적게 수록한 사전이 1,309개이다. 따라서 하나의 음절이 많은 의미를 가질 수밖에 없다.

⑶ 음절의 가장 중요한 단위는 운복과 성조이다.

중국어의 음절 요소 중 성모, 운두, 운미가 없는 음절은 있을 수 있으나 운복과 성조가 없는 음절은 있을 수 없다.

啊 : ā(**운복+성조**)
安 : ān(**운복+성조**-운미)
玩 : wān(운두-**운복+성조**-운미)
欢 : huān(성모-운두-**운복+성조**-운미)

⑷ 무기음 대 유기음으로 대립한다.

어떤 언어이든 음소 간의 대립은 조음 위치나 조음 방법 중의 한 가지 자질을 기준으로 이루어지는데, 이런 자질을 변별자질이라고 한다. 영어에서는 성대의 진동 여부가 변별자질로 작용하여 '유성음:무성음'으로 대립하고, 한국어는 조음위치의 경색(硬塞) 여부와 기(氣)의 유무에 따라 '연음:경음:격음'으로 대립하지만, 중국어는 기(氣)의 유무에 따라 '무기음:유기음'으로만 대립한다. 고대중국어에는 '유성음:무성음'의 대립이 있었지만 현대중국어에서는 'sh[ʂ]'과 'r[ʐ]'의 대립만 존재하고 나머지의 유성음은 무성음으로 변하였다.

· **영어의 대립쌍**

b:p ¦ d:t ¦ g:k ¦ s:z

· **중국어의 대립쌍**

b[p]:p[p'] ¦ d[t]:t[t'] ¦ g[k]:k[k']

· **한국어의 대립쌍**

ㄱ:ㄲ:ㅋ ¦ ㄷ:ㄸ:ㅌ ¦ ㅂ:ㅃ:ㅍ ¦ ㅅ:ㅆ ¦ ㅈ:ㅉ

加油

중국어의 'sh〔ʂ〕'와 'r〔ʐ〕'에 속하는 한자의 '유성음:무성음'의 대립성은 어떤 시대나 지역에서도 유지되었다. 'r〔ʐ〕'에 속하는 한자음은 한국이나 일본어에서도 유성음이 그대로 유지된다. 한국어에서는 유성음임을 나타내기 위하여 그 자음을 'ㅿ'로 표시하다가 17세기경에 'ㅇ'으로 바꾸어 표시함으로써 유성음을 유지시키고 있다.

人:ᅀᅵᆫ → 인, 容:ᅀᅲᆼ → 용

따라서 이 성모에 속한 한자의 한국음은 그 초성이 ∅이고, 중국음은 그 성모가 'r〔ʐ〕'이다.

(5) 복자음이 없다.

상고시기의 중국어에는 복자음이 있었다는 흔적[29]이 있다. 그러나 현대 중국어에는 영어의 'bl(black)', 'pl(play)', 'kl(klaxon)', 'spr(spray)'과 같은 복자음은 없다.

2) 어휘적 특징

(1) 거의 모든 음절이 하나의 낱말이거나 적어도 하나의 형태소이다.

중국어의 음절은 거의 모두 뜻을 가진 형태소이다. 따라서 중국어를 일음절 형태소어(monosyllabic morpheme language)라고도 한다. 의미를 가질 수 없는 음절은 다음절 형태소인 연면어(連綿語)[30], 음역 외래어, 의성어 등을 구성하는 음절뿐이다. 하지만 중국인은 이러한 낱말의 각 음절에도 뜻이 있다고 느끼는 경향이 짙다.

(2) 이음절 낱말이 절대 다수이다.

중국어의 음절은 대부분 뜻을 가진 형태소로 쓰이지만 그 자체가 낱말이 되는 경우는 고대중국어에 비해 월등히 감소하였으며, 계속 감소하고

---

29) '格', '閣', '洛', '落' 등은 모두 '各'의 해성자(諧聲字:발음이 같거나 비슷한 글자)로 추정되는데, 중고(中古) 이후 '格'과 '閣'의 성모는 /k/로, '洛'과 '落'의 성모는 /l/로 달라졌다. 따라서 이들의 상고(上古) 성모는 /kl/이었을 것으로 추정할 수 있다. 베른하르트 칼그렌(Bernhard Karlgren)은 《中国音韵学研究》에서 이와 같은 논증으로 상고 중국어에는 〔kl〕, 〔k'l〕, 〔gl〕, 〔g'l〕, 〔t'l〕, 〔s-〕, 〔bl〕등 19종의 복자음이 있다고 주장하였다. 베른하르트 칼그렌(Bernhard Karlgren 1889-1978)은 스웨덴의 중국어학자 겸 철학자이다. 중국이름은 고본한[高本汉]이며, 저서로는 유명한 《Études sur la phonologie chinoise(中国音韵学研究)》이 있다.

30) 두 음절이 연이어 사용되어야만 하나의 낱말을 이룰 수 있는 단순어를 말하는데, '葡萄'와 같이 각각의 음절이 형태소가 아니고 음절 간의 결합이 형태소인 낱말이다. '葡'와 '萄' 각각은 아무런 의미가 없지만, 중국인은 중국어의 단음절적 특성으로 각 음절마다 모두 의미가 있다고 생각하기 때문에 다른 형태소와 대체 결합시켜 '葡桃'라고 쓰기도 한다. 이런 낱말을 중국에서는 '联绵词'라고 한다.

있는 추세이다. 현재 상용하는 3,996개의 낱말 중 70.65%에 해당하는 2,863개의 낱말이 다음절이며, 28.35%에 해당하는 1,136개가 일음절 낱말이다. 8만여 개의 낱말 중 일음절 낱말은 2,116개 정도뿐이다. 다음절 낱말이 절대 우위를 차지하게 됨으로써 오로지 성조에 의해서만 낱말을 분화하는 경우는 줄어들게 되었다.

- 단음절 'ma'는 성조에 의해 '妈(mā)', '麻(má)', '马(mǎ)', '骂(mà)'로 분화
- 이음절 '妈妈(māma)', '麻包(mábāo)', '马夫(mǎfū)' 등은 더 이상 성조에 의해 분화되지 않음

⑶ 낱말의 구성 방식이 명료하다.

중국어의 다음절 낱말을 구성하는 방법으로 접두사나 접미사의 첨가, 중첩, 경성화, '儿化', 형태소의 합성 등이 있다. 대부분의 낱말은 형태소의 합성으로 만들어진 복합사인데, 형태소와 형태소의 조합 방법은 문장성분의 구성 방법과 같다.

- 접사의 첨가
  老师 | 可爱 | 孩子 | 木头 | 我们
- 중첩
  弟弟 | 妹妹 | 姐姐 | 奶奶 | 星星
- 경성화
  地·方(곳. 부분) | 兄·弟(아우) | 东·西(물건) | 买·卖(매매) | 凶·手(흉악범)
- 儿化
  眼儿(구멍) | 门儿(방법) | 黄儿(노른자) | 画儿(그림) | 盖儿(뚜껑)
- 형태소의 결합
  大学(수식관계) | 兄弟(병렬관계) | 担心(술목관계) | 说明(술보관계)

⑷ 어휘의 출처가 다양하다.

중국어는 그 역사가 오래되었기 때문에 서면어에서는 문언체의 어휘가 대량으로 쓰이고 있으며, 아울러 각 방언의 어휘도 필요한 경우 표준중국어에 유입되기도 하고 또한 외국어에서 빌어 온 경우도 많다.

- 문언에서 들어온 낱말
  暴君(폭군) | 暴敛(가혹하게 세금을 거두어들이다) | 暴卒(급사하다)
- 외국어를 의역 혹은 음역한 낱말
  暴投(야구에서 와일드 피치(wild pitch)하다) | 伯蒂(골프에서의 버디(birdie))
  开台秀(개막 쇼: '秀'는 'show'의 음역. 본 프로그램의 방송 전에 방영하는 공연)

3) 문법적 특징

(1) 어순(word order)이나 허사(function word)가 문법 성분을 결정한다.

- 형태변화(inflection)가 없다.
  I ↷ my ↷ me ↷ mine → 我, 我(的), 我, 我
- 첨가현상이 없다.
  나(/그)는 그(/나)를 사랑한다. → 我(/他)爱他(/我)。
- 허사에 의한 문법 요소 결정
  你爱我吗?(의문문)

(2) 형태론적 규칙과 통사론적 규칙이 기본적으로 같다.

중국어의 거의 모든 음절은 하나의 형태소이거나 낱말이므로 이런 의미를 지닌 음절이 다른 음절과 결합하여 낱말을 구성하는 방법은 문장 성분의 구성 방법과 같다.

〈낱말〉		〈구·문장〉
农业(수식관계)	→	农业大学(수식관계)
兄弟(병렬관계)	→	兄弟姐妹(병렬관계)
担心(동목관계)	→	担心失业(동목관계)
提高(술보관계)	→	提高得快(술보관계)
地震(주술관계)	→	地震少了(주술관계)

(3) 동사의 동작방향이 일정하지 않다.

동사의 동작방향은 주어 쪽으로 향하기도 하고 목적어에 미치기도 한다. 주어 쪽으로 향하는 경우를 '向内'라 하고 목적어 쪽으로 향하는 경우를 '向外'라고 한다.

你叫什么名字? (向内:너는 무엇으로 불리느냐? → 네 이름이 무엇이냐?)
你叫谁?(向外:너는 누구를 부르느냐?)
他老闹病。(向内:그는 늘 병치레를 한다)
这块面包能吃两个人。(向内:이 빵은 두 사람이 먹을 수 있다)
他掉眼泪。(向内:그는 눈물을 흘린다)
我找不到学生教。(向外:나는 내가 가르칠 학생을 찾을 수 없다)
我找不到老师教。(向内:나는 나를 가르쳐줄 선생님을 찾을 수 없다)

(4) 주어는 설명하고자 하는 대상, 확정적인 것, 화제(topic)이고, 술어는 이 화제에 대한 설명(comment)이다.

중국어에서는 화자와 청자가 공통적으로 인식하고 있는 대상, 대화의 주제, 확정적인 사항 등은 주어의 위치에 두어 이것이 화제임을 나타내고,

화자는 이 화제에 대해 술어 성분으로 설명하게 된다. 따라서 화자와 청자가 이미 알고 있는 정보는 주어 쪽에 있으며, 미지의 정보, 새로운 정보, 전달하고자 하는 정보는 술어 쪽에 위치하게 되며, 주어는 확정적, 특정한 대상이고 목적어는 일반적인, 비확정적인 대상이 된다. 영어에서 확정적 명사 앞에 'the'를 붙이고, 비확정 명사에는 'a/an'을 붙이는 것과 같이 중국어에서는 이러한 요소를 어순으로 나타낸다고 볼 수 있다.

> 着火了! (불이야! — '火'는 일반적인 대상)
> 火着了! (불이 붙었다! — '火'는 담뱃불과 같은 특정한 대상)
> 来客人了! (손님이 왔다! — '客人'은 일반적인 대상)
> 客人来了! (그 손님이 왔다! — '客人'은 화자와 청자가 관심을 가진 특정한 손님)

(5) 동사의 시제 표지는 없으나, 상(相)[31] 표지는 풍부하다.

중국어의 동사에는 과거 · 현재 · 미래 등의 시제를 나타내는 표지가 없으며, 필요한 경우 시간 명사나 시간 부사 혹은 전후 문장의 관계로 나타낸다. 하지만 동사의 완성 · 계속 · 진행 · 지속 등을 나타내는 상의 표지는 풍부하며, 이는 시제와 관련이 없다.

> 昨天下了雨, 但是他竟然来看我。
> ('了'는 동작이 완성되었음을 나타내므로 '下了雨'는 이미 비가 멈춘 상태임. 그러므로 '비가 오는 중임에도 불구하고'라는 의미를 나타내고자 한다면 '昨天下雨' 혹은 '昨天下着雨'라고 해야 함)

(6) 양사가 있다.

영어나 한국어에는 양사[量词]라는 품사가 따로 없어 가산명사(可算名詞)도 수사나 지시대명사가 직접 수식할 수 있다. 하지만 중국어에서는 수사나 지시대명사가 명사를 직접 수식할 수 없으며 반드시 양사의 매개 역할이 있어야 할 뿐 아니라, 명사에 따라 적용되는 양사가 따로 있다.

영어	two teachers	this teacher	that teacher
한국어	두 선생님	이 선생님	저 선생님
중국어	两位老师 *两老师	这位老师 *这老师	那位老师 *那老师

(7) 보어[32]가 있다.

---

31) 동사의 과거 · 현재 · 미래 따위를 나타내는 문법형식을 'tense'라고 하는데 이를 한국에서는 '시제(時制)'라하고 중국에서는 '时态'라고 한다. 동사의 계속 · 완료 · 반복 등의 모습을 나타내는 문법형식을 'aspect'라고 하는데 이를 한국에서는 '상(相)'이라고 하고 중국에서는 '动态'(동작 과정의 자태)라고 한다.

32) '보어(補語: complement)'라는 문법용어는 영어, 한국어, 중국어에서 각각 다른 의미로

중국어의 경우 동사의 동작 방향, 동작의 결과, 동작의 정도, 동작의 실현 가능성 여부 등은 동사의 뒤에서 동사의 뜻을 구체화하는 보어(補語:complement)로 나타내게 되는데 이것은 영어나 한국어에는 없는 독특한 문법요소이다. 한국어의 경우 중국어의 보어는 주로 수식어로 나타나기 때문에 한국어의 수식어가 중국어의 보어에 해당하는지 그 여부를 잘 가려야 한다. 예를 들면, 한국어의 경우 '동작의 시간이 이르다'는 의미의 '일찍'이라는 낱말은 부사어로 후행하는 동사를 수식한다. 그러나 중국어의 경우 이 '일찍'이 동작의 결과를 나타내는지의 여부에 따라 부사어로 실현되기도 하고 보어로 실현되기도 한다.

- 방향의 구체화

  出(나다??) → 出来(나오다) 出去(나가다)

  进(들다??) → 进来(들어오다) 进去(들어가다)
- 동작의 결과를 나타낼 때

  明天你早来。(내일 일찍 오너라) 明天你不要早来。(내일 일찍 오지 마라)

  ('일찍'과 '早'는 동사의 결과를 나타내는 것이 아니므로 수식어로 쓰였다)

  *昨天他早来。→ 昨天他来得早。(어제 그는 일찍 왔다)

  (한국어의 '일찍'은 수식어로 쓰일 수밖에 없지만, '早'는 '来'라는 동사의 결과를 나타내므로 중국어에서는 보어로 써야 한다)
- 동작의 결과를 부정할 때

  *昨天他不早来。→ 昨天他来得不早。(어제 그는 일찍 오지 않았다)

  (동작을 부정하는 것이 아니고 동작의 결과를 부정하기 때문에, 중국어에서는 보어를 부정하였지만, 한국어에서는 동작을 부정하는 것처럼 부사어로 쓰인다)

(8) 문장 내에서 복수(複數)를 중복 표시하지 않는다.

영어에서는 문장 내의 단수와 복수를 항상 일치시키지만 중국어에서는 한 문장 내에서 복수임을 중복해서 표시하지 않는다.

*我们都是学生们。 → 我们都是学生。

*三位老师们 → 三位老师

*参加的学生们很多。 → 参加的学生很多。

(9) 음절수의 결합규칙이 있다.

중국어의 음절은 성모와 운모로 고정되어 있기 때문에 음절간의 조화를 활용한 수사 기법이 발달해 있다. 이러한 수사법이 문법에까지 영향을

쓰인다. 영어에서는 불완전동사의 서술을 완전하게 하는 역할의 명사나 형용사를 가리킨다. 'be', 'become' 등과 같은 불완전자동사는 주격보어를 가지며, 'make', 'find', 'keep' 등과 같은 불완전타동사는 목적격보어를 가진다. 즉, 'She is pretty.', 'He makes her pretty.'에서 'pretty'가 보어이다. 한국어에서는 '되다'와 '아니다'의 바로 앞에 반드시 와야 하는 '체언+이/가'를 보어라고 한다. '효리는 예쁜 아가씨가 되었다.', '효리는 예쁜 아가씨가 아니다.'에서 '예쁜 아가씨'가 보어이다.

미쳐 의미상으로는 결합할 수 있지만 음절수 때문에 낱말들이 결합할 수 없는 경우가 있다.

*加考虑 ; *加以想 → 加以考虑
*进行学 → 进行学习
*极为多 → 极为丰富/极多丰富
*难忘记的故事 → 难忘的故事

4)수사적 특징

(1) 음절의 구조를 활용한 수사 기법이 발달하였다.

중국어에서는 한 음절을 하나의 한자로 표시하기 때문에 음절 간의 조화와 대비를 활용한 수사기법이 매우 발달하였다. 이렇게 한자의 음을 활용한 수사 기법을 '어음수사[语音修辞]'라고 하는데 여기에는 쌍성(雙聲)[33]과 첩운(疊韻),[34] 압운(押韻),[35] 평측(平仄),[36] 해음쌍관(諧音雙關)[37]등이 있다.

· 쌍성
蜘蛛zhīzhū ; 琉璃liúlí ; 伶俐línglì ; 崎岖qíqū ; 吩咐fēnfù ; 参差cēncī
· 첩운
葫芦húlúu ; 蜻蜓qīngtíng ; 玫瑰méiguī ; 喇叭lǎbā ; 苗条miáotiáo
· 평측과 압운

春望(杜甫)

首聯	国破山河在,	仄仄平平仄
	城春草木深。	平平仄仄平(韻)
頷聯	感时花溅泪,	平平平仄仄
	恨别鸟惊心。	仄仄仄平平(韻)
頸聯	烽火连叁月,	仄仄平平仄
	家书抵万金。	平平仄仄平(韻)
尾聯	白头搔更短	平平平仄仄
	浑欲不胜簪。	仄仄仄平平(韻)

---

33) 한자의 성모가 동일한 경우를 쌍성(雙聲)이라고 한다.

34) 한자의 운모가 동일한 경우를 첩운(疊韻)이라고 한다.

35) 운복, 운미, 사성이 서로 같은 경우를 동운(同韻)이라 하고, 동운자를 시구(詩句)의 같은 위치에 놓아 서로 조화되도록 하는 것을 압운(押韻)이라고 한다.

36) 평측(平仄)은 평성(平聲)과 측성(仄聲)의 상호 대비를 뜻하며, 측성이란 상성(上聲)과 거성(去聲) 및 입성(入聲)의 합칭(合稱)이다.

37) 음절이 같거나 유사한 두 낱말 혹은 한자의 의미가 서로 연관이 있는 두 낱말·구·문장 등을 쌍관어(雙關語)라고 하며, 음절이 같거나 유사한 두 낱말을 해음(諧音) 쌍관어라고 하고, 의미가 서로 관련이 있는 경우를 어의(語義) 쌍관어 혹은 차의(借義) 쌍관어라고 한다.

加油

북방 중국어의 유성음 성모가 무성음으로 변하면서 무성음이었던 평성은 '普通话'에서 제1성으로, 유성음이었던 평성은 제2성으로 변하게 된다. 따라서 평성은 대체적으로 '普通话'의 제1성과 제2성이고, 상성은 제3성, 거성은 제4성이다. 입성은 한국 한자음의 종성이 '-ㅂ', '-ㄹ', '-ㄱ'인 것으로 분별할 수 있다.
홀수 구에서는 평측을 엄격히 따지지 않기 때문에 이 시의 '感, 烽, 白'과 같은 글자는 평측보(平仄譜)와 맞지 않지만 상관없다.

· 해음쌍관[谐音双关]
菌男(글자는 '병균 남자'란 뜻이지만 '俊男'의 해음)
霉女(글자는 '곰팡이 여자'란 뜻이지만 '美女'의 해음)
果浆(원래 'syrup'이란 뜻이지만 '过奖'의 해음)

· 어의쌍관[语义双关]
墨水(원뜻은 '먹물'이지만 학문, 학식 따위를 가리킴.)
中zhōng意冰箱，人人中zhòng意。
(中意냉장고는 모든 사람들이 만족합니다. : '中意'는 중국과 이탈리아가 합작해 만든 냉장고 브랜드)

(2) 역사성이 짙은 표현법이 다양하다.

중국인이 수천 년 동안 한자를 사용하는 동안 사람들의 감성을 적절하게 표현한 말들이 다양하게 형성되어 줄곧 활용되고 있다. 이렇게 형성된 말들은 관용 형식으로 쓰이기 때문에 숙어(熟語)라고 한다. 숙어에는 성어(成語), 관용어(慣用語),[38] 헐후어(歇後語),[39] 속담(俗談) 등이 있다.

· 성어
愚公移山(우공이산) ¦ 刻舟求剑(각주구검) ¦ 知己知彼(지피지기)

· 관용어
拍马屁(말 엉덩이를 두들기다 → 유목시대에 몽고족들이 말을 몰다가 사람을 만나면 상대방 말의 엉덩이를 두들기며 좋은 말이라고 칭찬하여 말 주인의 환심을 샀다는 데서 비롯된 말. 아첨하다는 의미)
大锅饭(큰 솥의 밥 → 큰 솥의 밥을 다 같이 먹는다는 것으로 능력이나 공헌에 관계없이 이익을 균등하게 배분하는 것)
马后炮(장기에서 마 다음에 포 → 차 지난 뒤 손들기)

· 헐후어
外甥打灯笼。 — 照舅 → 照旧(해 오던 대로 하다)

---

38) 성어는 완전히 고정되어 더 이상 문법적인 활용이 불가능하지만, 관용어는 '拍他的马屁', '碰了很大的钉子'와 같이 활용될 수도 있다는 것이 가장 큰 차이점이다.
39) 헐후어란 '뒷말 뜸들이기'란 뜻으로, 두 부분으로 이루어진 문장 중 앞 문장만 말하여 뒤 문장을 듣는 사람이 짐작하도록 하는 것이지만, 실제로는 앞뒤 문장 중 하나를 말하거나 둘 다 말하는 경우도 있다.

高射炮打蚊子。 — 小题大做(빈대 잡으려고 초가삼간 태운다)
黄鼠狼给鸡拜年。 — 没安好心(고양이에게 생선 가게 맡기다)

· 속담

不打不成交。
(매를 들어야 일이 된다. 매 끝에 정이 든다)

好马不吃回头草。
(좋은 말은 자기가 밟고 지나온 풀은 먹지 않는다)

乘车入鼠穴。
(수레를 타고 쥐구멍으로 들어가다. → 애당초 불가능한 일이다)

瓦有翻身之日。
(엎어져 있는 기와도 바로 놓일 때가 있다. → 쥐구멍에도 볕들 날 있다)

4 중국어의 단위

1) 음소[40]와 이음

음소(音素: phoneme)[音位]란 말의 의미를 구별해주는 최소 단위로, 각 언어 체계 내에 다르게 분포한다. 예를 들면, 'light'와 'right'에서 보듯 영어의 /l/과 /r/은 같은 위치에서 의미를 분화하므로 모두 음소로 취급되지만 한국어에서는 음소가 될 수 없다. 한국어에서는 '당:탕:땅'에서 보듯, 'ㄷ : ㅌ : ㄸ'이 '연음:격음:경음'으로 서로 대립하며 의미를 분화하는 음소이지만 중국어는 'g〔p〕: k〔kʰ〕', 'd〔t〕: t〔tʰ〕', 'b〔p〕: p〔pʰ〕'와 같이 '연음:격음'만 서로 대립하므로 경음은 음소가 되지 못한다.

이음(異音: allophone)[同位音]이란 같은 음소에 속하지만 음성학적으로 다르게 발음되는 음이다. 예를 들면, 영어의 'p〔pʰ〕', 't〔tʰ〕', 'k〔kʰ〕'는 낱말의 첫머리에 오면 실질적으로는 유기음으로 발음되지만 이는 어디까지나 '유성음 : 무성음'으로 대립하는 쌍이었던 무성음이 다르게 발음되었을 뿐이며 말하는 사람은 그것이 다른 음이라고 느끼지 못한다. 한국어에서 '봄비'를 발음하면 '비'의 'ㅂ'은 유성음으로 바뀌어 발음되므로 이음이 되지만, 한국어가 모국어인 사람은 이것이 서로 다르다는 것을 감지하지 못한다. 중국어에서 '哥哥'는 실제로 〔kɤgɤ〕로 발음된다. 동일한 글자임에

---

40) 중국어에서 '音素'의 의미는 한국어에서의 '음소'와 다르다. 중국어의 '音素'는 한 음소[音位]에 속하는 이음[同位音]들을 지칭하는 말로 쓰인다. 다음은 '音位'와 '音素'를 구분해서 쓰는 예이다.

'汉语的音位/a/就包括〔a〕〔A〕〔ɑ〕〔ɒ〕四个不同的音素。例如'疤'〔pa〕'班'〔pAn〕'帮'〔pɑŋ〕'边'〔piɒn〕。'
(중국어의 음소/a/는 〔a〕〔A〕〔ɑ〕〔ɒ〕의 4개의 서로 다른 이음들이 있다. 예를 들면, '疤'〔pa〕'班'〔pAn〕'帮'〔pɑŋ〕'边'〔piɒn〕과 같은 경우이다)

도 불구하고 두 번째의 '哥'가 유성음 〔g〕로 발음되는데 중국어에서는 〔k〕와 〔g〕가 비변별적이므로 중국인들은 이들이 서로 다른 소리임을 감지하지 못한다.

음소와 이음은 같은 조건의 위치에 나타날 수 없으므로 이러한 현상을 상보적 관계라고 하며, 음소는 유사한 소리의 경계를 나타내므로 / /로 표기하고 음성은 특정한 위치의 소리를 나타내므로 〔 〕로 표기한다.

음소의 특성이나 수는 언어마다 다르다. 한국에는 자음 음소가 19개, 모음 음소가 10개, 반자음 음소가 2개로 모두 31개의 음소가 있고,[41] 중국어에는 자음 음소 22개, 모음 음소 7개가 있다.

2)분절음과 초분절소

자음과 모음으로 나눌 수 있는 음을 분절음(分節音:segmental phonemes)[音段音位/音段成分]이라고 하고, 이러한 분절음에 붙어 실현되는 소리의 고저, 장단, 강약의 요소를 초분절소(超分節素: suprasegmental phonemes)[超音段音位/上加成素]라고 한다. 예를 들면, '닭'이란 음절은 'ㄷ+ㅏ+ㄹ+ㄱ'으로 나누어 질 수 있는 분절음이며, 중국어의 '好hǎo'는 'h+a+o'로 나누어지는 분절음이고, 제3성을 나타내는 소리의 고저는 초분절소이다.

3)음운과 운소/운율소

음소와 운소(韻素:prosodeme)[节律音位/韵律音位]를 합쳐서 음운(音韻:phoneme)[音韵]이라고 하는데 이때 음소는 자음과 모음, 즉 분절음을 지칭하고, 운소 혹은 운율소는 음의 강약·장단·고저 등의 초분절소를 지칭한다. 따라서 중국어의 음운은 성모·운모·성조를 모두 포함하게 된다. 하지만 미국의 언어학에서는 음소와 운소를 모두 포함하여 '음소(phoneme)'라고 지칭하는 경우도 있다.

4)음절

하나 이상의 음소로 구성되어 더 이상 쪼갤 수 없는 최소의 발음 가능한 단위를 음절(音節:syllable)[音节]이라고 한다. 따라서 음절은 독립적으

---

41)자음 — ㅂ〔p〕 ㄷ〔t〕 ㅈ〔ts〕 ㄱ〔k〕 ㅃ〔p'〕 ㄸ〔t'〕 ㅉ〔ts'〕 ㄲ〔k'〕 ㅍ〔p^h〕 ㅌ〔t^h〕 ㅊ〔ts^h〕 ㅋ〔k^h〕 ㅅ〔s〕 ㅎ〔h〕 ㅆ〔s'〕 ㅁ〔m〕 ㄴ〔n〕 ㅇ〔ŋ〕 ㄹ〔l〕
반자음 — 우〔w〕 이〔j〕
모음 — 이〔i〕 위〔y〕 으〔ɨ〕 우〔u〕 에〔e〕 외〔ø〕 어:〔ə〕 오〔o〕 애〔ɛ〕 아〔a〕(표준 발음법 제4항에 의하면 ㅏ,ㅓ,ㅐ,ㅔ,ㅗ,ㅜ,ㅚ,ㅟ,ㅡ,ㅣ는 단모음이지만, ㅚ,ㅟ는 이중모음으로 발음할 수도 있다)

로 쓰일 수 있는 최소의 음성단위이다. 음절을 분절하면 나누어진 요소 중 어떤 것은 홀로 발음되지 못한다. 예를 들면, '갈'이란 음절은 그 자체로 발음 가능하지만, 'ㄱ+ㅏ+ㄹ'로 분절할 때 'ㄱ'과 'ㄹ'은 홀로 발음할 수 없게 된다. 모음은 음절을 구성하는 필수 요소이며, 음절의 구성 방법은 각 언어마다 다르다. 중국어의 음절은 한국어나 영어에 비해 자음과 모음의 배열 방법이 단순하고 고정적이어서 음절수가 극히 제한적인 특징이 있다. 다음은 한국어와 영어 및 중국어의 음절 구조이다.[42]

· 한국어 음절(초성+중성+종성)
V → 이/아 ; CV → 가/보 ; VC → 응/알 ; CVC → 밤/산[43]
· 영어 음절
V → a ; VV → ai ; VVV → you ; VC → an ; VCC → old ; CV → by
그 외 CVV, CCV, CVC, CVVV, CCVV, VCCC, CCVC, CC CVC, CCCVVCC, CCCV, CCVVC, CCVVCC 등 아주 다양하다.
· 중국어 음절(성모+운모)
V → ā(阿) ; VV → āi(爱) ; VVV → iǒu(有) ; CV → pò(破)
CVV → bèi(被) ; CVVV → biǎo(表) ; VC → ān(安) ; CVC → màn(慢)
CVVC → guāng(光)

5) 형태소

낱말을 구성하는 기본 단위로 의미상 더 이상 쪼갤 수 없는 단위를 형태소(形態素:morpheme)[词素/语素/语位]라고 한다. 형태소는 어소(語素) 또는 형태부라고도 한다.

(1) 홀로 독립적으로 쓰일 수 있는 형태소를 자립형태소(自立形態素:free morpheme)[自由词素/语素]라 하고, 홀로 독립적으로 쓰일 수 없는 형태소를 의존형태소(依存形態素:bound morpheme)[不自由语素]라고 한다.

(2) 실질적인 의미를 가지느냐 아니면 문법적인 역할을 하느냐에 따라 실질형태소/어휘형태소(full morpheme/lexical morpheme)[词素/语素]와 형식형태소/문법형태소(empty morpheme/grammatical morpheme)[语素]로 나뉜다.

· 한국어
산 ; 강 ; 사람(자립형태소)(실질형태소)
-가 ; -를 ; -에게(의존형태소)(형식형태소)

---

42) V → 모음(vowel), C → 자음(consonant)

43) 한국어에는 음절의 처음이나 마지막에 자음군(子音群)을 허용하지 않고 모음 앞이나 뒤에서 하나의 자음만 올 수 있다. 표기상으로는 '닭', '없다', '밟는다'와 같이 음절말 자음군이 있는 듯하지만 실제 발음은 '닥', '업다', '밤는다'가 되어 자음군 중 하나의 자음이 탈락한다.

· 중국어

山 ¦ 江 ¦ 人(자립형태소)(실질형태소)

-着 ¦ -们 ¦ 从-(의존형태소)(형식형태소)

· 영어

cat ¦ horse ¦ like(자립형태소)(실질형태소)

-s ¦ -ed(의존형태소)(형식형태소)

加油

형태소(morpheme)를 중국어의 초기 문법에서는 '词素'라고 했으나, 문법학자 여숙상[吕叔湘]이 '语素'라는 용어를 사용하면서부터 '词素'와 '语素'를 함께 쓰다가 지금은 '语素'가 더 보편적으로 사용된다. 그러나 일부에서는 이 두 용어를 서로 다르게 사용한다. 자립형태소나 형식형태소는 '词素' 혹은 '语素'라 할 수 있으나, 의존형태소나 문법형태소는 '词素'가 아닌 '语素'라고 해야 한다는 것이다.

6) 낱말/단어

일정한 뜻을 가지며 독립적으로 문법 기능을 담당하는 말의 가장 작은 단위를 낱말 혹은 단어(單語:word)[词]라고 한다. 낱말은 문법의 일반화된 기본단위이지만 정의하기는 쉽지 않다. 낱말은 일정한 의미를 가지고 있고, 문장 구성의 직접적 재료가 된다. 문법을 기술하고 설명하기 위해서는 수십만에 이르는 낱말들을 어떤 공통점이 있는 몇 개의 집합으로 나누는 것이 유리할 것이며, 이렇게 나눈 집합들을 품사(品詞:part of speech)[词类]라고 한다. 품사는 한 언어의 문법을 설명하기 위해 문법적 혹은 의미적 공통점을 기준으로 분류한 것이며, 따라서 품사 분류의 기준은 그 언어의 특성에 따라 달라질 수도 있다.

중국어의 낱말들은 대체적으로 구체적인 의미를 표시하는 실사(實辭)와 문법적 기능을 담당하는 허사(虛辭)로 크게 나눌 수 있다.

(1) 실사[实词]

①명사[名词] — 사물의 이름을 나타내는 낱말의 갈래.

· 일반명사 — 水 ¦ 树 ¦ 道德 ¦ 战争

· 처소사 — 北京 ¦ 图书馆 ¦ 邮局

· 시간사 — 今天 ¦ 现在 ¦ 从前 ¦ 星期一

· 방위사 — 里 ¦ 上 ¦ 里头 ¦ 东边

②대명사[代词] — 인물·사물·장소 등을 지시하는 기능을 가진 낱말의 갈래.

我 ¦ 谁 ¦ 这 ¦ 那 ¦ 什么 ¦ 这么 ¦ 那么样 ¦ 怎么

③수사[数词] — 사물이나 동작 혹은 동작의 지속 시간 등의 양을 나타내

는 낱말의 갈래.

一 ¦ 二 ¦ 十 ¦ 百 ¦ 千 ¦ 万

④양사[量词] — 사람이나 사물의 수를 나타낼 때 지시대명사나 수사와 명사 사이에 쓰이는 낱말의 갈래.

个 ¦ 只 ¦ 块 ¦ 条

⑤동사[动词] — 동작행위, 존재, 관계, 판단, 심리활동 따위를 표현하는 낱말의 갈래.

来 ¦ 写 ¦ 买 ¦ 研究

⑥형용사[形容词] — 사물의 성질이나 상태를 나타내는 낱말의 갈래.

· 성질형용사 — 大 ¦ 小 ¦ 快 ¦ 慢 ¦ 好
· 상태형용사/상태사[状态词] — 煞白 ¦ 冰凉 ¦ 通红
· 비술어형용사/구별사[区别词] — 男 ¦ 女 ¦ 金 ¦ 银 ¦ 新式

⑵ 허사[虚词]

①부사[副词] — 용언이나 다른 부사 앞에 놓여 그 뜻을 한정하는 낱말의 갈래.

很 ¦ 也 ¦ 已经 ¦ 再 ¦ 就 ¦ 才

②전치사[介词] — 명사나 대명사 등의 앞에 놓여 동사 · 형용사와의 시간 · 방향 · 장소 · 대상 · 목적 · 방식 · 비교 · 피동 등의 관계를 나타내는 낱말의 갈래.

把 ¦ 被 ¦ 从 ¦ 连 ¦ 于 ¦ 根据

③접속사[连词] — 낱말, 구, 절, 문장 등의 문법 단위가 서로 일정한 논리 관계에 놓이도록 연결시켜 주는 작용을 하는 낱말의 갈래.

可是 ¦ 如果 ¦ 即使 ¦ 虽然

④조사[助词] — 다른 낱말, 구, 문장 뒤에 첨가되어 구조 관계, 동작의 상(相), 어조(語調) 등을 표현하는 낱말의 갈래.

了 ¦ 着 ¦ 过 ¦ 的 ¦ 所 ¦ 得 ¦ 啊 ¦ 吗 ¦ 呢 ¦ 吧

⑶ 의성사와 감탄사

하나의 낱말로도 문장을 이룰 수 있을 만큼 독립적으로 쓰일 수 있는 품사이지만, 실질적인 의미를 나타내거나 지시하지는 않으므로 실사나 허사에 포함시키기 어렵다.

①의성사[拟声词/象声词] — 사람이나 사물이 내는 소리, 자연계의 소리 등으로 사물의 상태를 묘사하는 낱말의 갈래.

啪 ¦ 哗啦 ¦ 叮叮当当

②감탄사[感叹词] — 독립적으로 또는 절이나 문장의 앞에서 느낌이나 부름·대답 따위를 나타내는 낱말의 갈래.

哦 | 哎呀 | 咳

7) 어절/말마디

하나 이상의 낱말로 이루어진 구[词组]보다는 작고 낱말보다는 큰 문법 단위를 어절(語節:bit of speech)[语节]이라고 한다. 낱말이 모여 어절이 되지만 조사는 독립하여 한 어절을 이루지 못하고 앞 낱말과 함께 어절을 이룬다.

- 한국어 — 따뜻한/바람+이/솔솔/분다.(4어절, 5낱말)
- 중국어 — 他/一直/在+房间+里/等+着/我。(5어절, 8낱말)

어절은 의미의 덩어리로 각각 다른 역할을 하게 된다. 위의 예에서 각 어절들은 모두 하나의 문장 성분을 담당하고 있는데 개별 언어의 특성에 따라 다르게 분석할 수 있다.

- 한국어

따뜻한 / 바람+이 / 솔솔 / 분다.
(관형어) (주어) (부사어)(술어)

- 중국어

他 / 一直 / 在+房间+里 / 等+着 / 我。
(주어) (부사어) (부사어) (술어) (목적어)

어절에 해당하는 단위는 다음과 같은 문장 성분으로 나눌 수 있다.

①주어[主语] — 문장에서 술어가 진술하거나 설명하는 대상인 주어부의 핵심 낱말.

每位**老师**一定上好每堂课。 **同学们**都喝下去了最后的啤酒。

加油

중국에서는 '主语'를 '주어부(主語部)' 혹은 '주부(主部)'(문장에서 주어와 그에 딸린 말들로 이루어진 부분)로 보는 경우도 있는데, 이럴 경우 '主语'의 핵심 낱말을 '主词'라고 한다. 예를 들면, '每位老师一定上好每堂课'에서 '每位老师'를 '主语'(주어부)로 본다면, '老师'가 '主词'(주어)이다.

②술어/서술어[谓语] — 주어에 대하여 진술하거나 설명하는 서술부의 핵심 낱말.

每位老师一定**上**好每堂课。 同学们都**喝**下去了最后的啤酒。

加油

중국에서는 '谓语'를 '서술부(敍述部)' 혹은 '술부(述部)'(문장에서 술어와 그 목적어 · 보어 및 이들에 딸린 수식어로 된 부분)로 보는 경우도 있는데, 이럴 경우 '谓语'의 핵심 낱말인 동사나 형용사를 '谓词' 혹은 '述语'라고 한다. 예를 들면, '每位老师一定上好每堂课'에서 '一定上好每堂课'를 '谓语'(서술부)로 본다면 '上'은 '谓词' 혹은 '述语(술어)'이다.

③목적어[宾语] — 문장에서 동사의 동작 대상 · 결과 · 처소 · 행위의 주체 등을 나타내는 말.

每位老师一定上好每堂**课**。 同学们都喝下去了最后的**啤酒**。

④관형어[定语] — 체언 앞에서 체언을 꾸며 주는 말.

每位老师一定上好**每堂**课。 同学们都喝下去了**最后的**啤酒。

⑤부사어[状语] — 용언 앞에서 용언을 꾸며주는 말.

每位老师**一定**上好每堂课。 同学们**都**喝下去了最后的啤酒。

⑥보어[补语] — 술어의 뒤에 쓰여 동작 · 상황 · 결과 · 정도 · 방향 · 시간 · 장소 · 수량 · 성질 등의 의미를 보충 설명하는 성분.

每位老师一定上**好**每堂课。 同学们都喝**下去**了最后的啤酒。

이 문장 성분들은 수식을 받느냐, 수식을 하느냐, 독립적으로 운용할 수 있느냐에 따라 다시 아래와 같이 나눌 수 있다.

①중심어/피수식어[中心语] — 관형어 · 부사어 · 보어의 수식을 받는 성분. '부가어[附加语]'에 상대 되는 용어.

很好的**书** | 已经**来**了 | **看**得懂

②부가어/부속성분[附加语] — '定语' · '状语' · '补语'의 합칭(合稱).

很好的书 | **已经**来 | 看**得懂**

③독립성분[独立成分] — 문장의 다른 성분과 직접적인 관련이 없이 독립성을 가지는 성분.

啊! 我明白了 | 这本书**依我看**是一本好书

8)구/어구

주술관계(主述關係)가 나타나지 않은 두 낱말 이상의 통합체를 구(句) 혹은 어구(語句:phrase)[词组/短语/仂语]라고 한다. 절(節)이 주어와 술어를 갖춘 두 개 이상의 낱말이 통합된 단위임에 비하여 구(句)는 주술관계(主述關係)가 나타나지 않는 두 개 이상의 통합체이다.

중국어의 낱말이나 구[词组]는 다음과 같은 구조로 이루어져 있다.

①주술구조[主谓结构] — 낱말이나 구가 주어와 술어의 관계에 있는 구조.

年轻 ⁝ 地震 ⁝ 身体好 ⁝ 今天晴天

②술목구조/동목구조[述宾结构/动宾结构] — 낱말이나 구가 동사와 그 목적어의 관계에 있는 구조.

毕业 ⁝ 照相 ⁝ 爱人民 ⁝ 去北京

③전목구조[介宾结构] — 전치사와 그 목적어로 이루어진 구조.

从学校 ⁝ 被他

④술보구조/동보구조/보충구조[述补结构/动补结构/补充结构] — 낱말이나 구에서 앞 성분을 뒤 성분이 보충하는 구조. 보어에는 방향보어[方向补语], 결과보어[结果补语], 상태보어[状态补语], 정도보어[程度补语], 가능보어[可能补语] 등이 있다. 술어가 동사일 때 동보구조[动补结构], 형용사일 때 형보구조[形补结构]라고도 한다.

提高 ⁝ 打倒 ⁝ 好极了 ⁝ 走出来 ⁝ 好得很 ⁝ 听得清楚

⑤수식구조[偏正结构] — 낱말이나 구가 수식과 피수식의 관계에 있는 구조.

火车 ⁝ 马路 ⁝ 伟大的祖国

⑥병렬구조[联合结构] — 낱말이나 구가 서로 병렬된 구조.

道路 ⁝ 美丽 ⁝ 工人和农民 ⁝ 谦虚谨慎

9) 절

절(節:clause)[小句/分句]은 '주어+술어'형태를 갖추고 있지만 독립적으로 쓰인 문장이 아니고, 다른 더 큰 문장의 일부로 쓰인 형식이다. 따라서 절이 하나인 경우는 단문이라고 할 수 있으며, 둘 이상의 절이 문장을 이룰 때 두 절 사이의 논리 관계에 따라 주절, 종속절, 대등절로 나눌 수 있다.

①주절(主節:main clause)[主句/正句] —종속절이 있을 때의 주가 되는 절.

因为天气不好，所以我们没去那儿。

②종속절(從屬節:subordinate clause)[从句/偏句] — 주절(主節)에 대하여 그 원인·이유·조건 등을 보여 주는 절.

因为天气不好，**所以我们没去那儿。**

③대등절/등위절(對等節:coordinate clause)[并列句] — 한 문장 안에서 동등한 자격으로 연결 된 절.

他们去哪儿，我们也去哪儿。

10) 문장/문/글월[44]

어떤 사상이나 감정의 표현이 완결된 말의 단위로, 주어와 술어를 갖추고 있는 것이 일반적이지만, 하나의 낱말로 구성된 문장도 있을 수 있고, 주어나 술어를 갖추지 않은 문장도 있을 수 있다. 대체로 문장(文章: sentence)[句子/句]은 음의 연속(連續)이며, 앞과 뒤에는 휴지(休止)가 있고, 끝에는 특수한 억양이 있다.

(1) 구성 형태에 따른 분류

①주술문/완전문/갖춘문/풀 센텐스(full sentence)[主谓句/整句] — 주어와 술어를 모두 가지고 있는 단문(單文)의 일종.

我吃饭了。

②비주술문/비완전문/못갖춘문/마이너 센텐스(miner sentence)[非主谓句/零句] — 주어와 술어를 모두 갖추지 못한 단문(單文)의 일종.

饭呢? | 吃了!

③무주어문[无主句] — 주어는 없고 술어만 있는 문장.

吃了! | 来了!

④단어문(單語文)/일어문(一語文)[独词句/独语句] — 하나의 낱말이나 수식구조로 이루어진 문장.

谁? | 火! | 谢谢! | 再见!

(2) 술어의 형태에 따른 분류

①동사술어문[动词谓语句] — 동사나 동사구가 술어로 쓰인 단문의 일종.

我**学习**汉语。 | 我**做菜**。

②형용사술어문[形容词谓语句] — 형용사나 형용사구가 술어로 쓰인 단문의 일종.

我很**忙**。 | 他的脸**通红**。

③명사술어문[名词谓语句] — 명사나 명사구가 술어로 쓰인 단문의 일종.

明天**晴天**。 | 今天**星期六**。 | 我**李明**。

④주술술어문[主谓谓语句] — 주어와 술어로 구성된 주술구가 술어로 쓰인 단문의 일종.

老王**哪儿都去过**。 | 我**肚子疼**。

---

44) 중국어에서는 이 'sentence'를 '句' 혹은 '句子'라 하고, 한국어에서는 'phrase'를 구(句)라고 하므로 서로 혼돈하지 않도록 주의해야 한다.

⑶ 내용과 기능에 따른 분류

①진술문/평서문[陈述句] — 듣는 이에게 자기 생각을 말하거나 남의 물음에 대답하는 내용의 문장.

我很忙。| 他去了学校。

②의문문[疑问句] — 듣는 이에게 대답을 요구하거나 마음속에 의문을 품고 말하는 문장.

你忙吗？| 他正在做什么？

③반어문[反问句] — 되묻는 형식으로 의문이 아닌 강한 강조를 나타내는 문장.

你难道不参加我的婚礼吗?

④명령문[祈使句/命令句] — 듣는 이에게 어떤 일을 하도록 시키는 내용의 문장.

你来吧！| 快交作业！

⑤감탄문[感叹句] — 말하는 이의 느낌을 나타내는 문장.

好干净啊！| 多么好呀！

⑷ 형식이 비교적 특수한 단문(單文)

①'把'구문[把字句] — 동사의 동작 대상이 전치사 '把'에 의해 확정된 특수문형.

我们把那个东西扔到外面。

②'被'구문/피동문[被字句/被动句] — '被'가 쓰여 주어가 동사의 동작을 받는 것을 나타내는 특수문형의 일종.

那个东西被我们扔到外面。

③연동문[连动句] — 하나의 주어에 두 개 이상의 동사(구)가 연결되어, 목적 · 방식 · 원인 · 결과 · 선후관계 등을 나타내는 특수문형의 일종.

我用筷子吃菜。| 他去中国留学。

④겸어문[兼语句] — 하나의 낱말이 앞에 있는 동사의 목적어임과 동시에 뒤에 있는 동사의 주어를 겸하고 있는 특수문형의 일종.

大家选他做代表。('他'는 '选'의 목적어임과 동시에 '做'의 주어인 '兼语')

⑤존현문[存现句] — 사람이나 사물의 존재 · 출현 · 소실 등을 나타내는 특수문형의 일종. 일반적으로 장소나 시간을 나타내는 말이 주어가 되며, 목적어는 동사의 동작자임.

门口有一条狗。 ⁝ 前边走过来一个女孩儿。

⑥비교문[比较句] — 사람이나 사물 간에 성질이나 정도상의 차이를 나타내는 특수문형의 일종. 주로 '比', '跟', '像', '不如' 등을 써서 나타냄.

他比我高。 ⁝ 我没有他高。

⑦축약문/긴축문[紧缩句] — 내용상 접속문(接續文)이지만 접속 기능을 가진 낱말을 이용하여 단문(單文) 형식으로 축약한 문장.

他一到就吃饭。 ⁝ 他一定有空看书。

⑧'是…的'구문[是…的句] — 이미 발생한 동작의 시간·장소·대상·방법이나 화자의 주관적 감정 및 견해에 대해 강조하는 문장.

我是从美国来的。 ⁝ 你的病是会好的。

⑨'是'구문[是字句] — 동사 '是'로 주어와 목적어가 동일 관계이거나 종속관계임을 나타내는 문장.

我是学生。 ⁝ 今天不是星期六。

⑩'有'구문[有字句] — 동사 '有'가 술어로 쓰인 특수문형의 일종.

我有一个儿子念书。

⑸ 단문을 구성하는 절과 절 사이의 관계에 따른 분류

①단문(單文)/홑문장(simple sentence)[单句] — 주어와 서술어의 관계가 한 번만 이루어지는 문장.

秀彬去学校。 (수빈은 학교에 간다.)

②중문(重文)/대등복문/거듭문장(compound sentence)[等立复句/联合复句] — 서로 같은 형식의 단문이 연결되어 이루어진 문장.

秀彬去学校，秀琳去市场。
(수빈은 학교에 갔고, 수림은 시장에 갔다.)

③연합복문(連合複文)/겹문장(endocentric complex sentence)[主从复句/偏正复句] — 하나의 단문이 다른 단문에 종속적으로 연결된 문장. 종속적으로 연결된 단문이 종속절이고 종속절을 거느리는 단문이 주절이다. 일반적으로 선행절이 종속절이며 후행절이 주절이다.

因为秀彬去学校，所以秀琳去市场。
(수빈이 학교에 가서 수림은 시장에 갔다.)

④포유복문(包有複文)/가진문장(contain embedded clause sentence)[包孕复句/子母句] — 하나의 단문이 다른 단문을 문장성분의 하나로 포함하고 있는 형식의 문장. 문장성분에 해당되는 문장을 내포문/안긴

문장(內包文:embedded sentence) [子句]이라 하고 내포문을 가진 문장을 모문(母文)/모형문(母型文)/안은문장(matrix sentence) [母句]이라고 한다.

秀彬知道秀琳去了市场。
(수빈은 수림이 시장에 간 것을 알았다.)

加油

중문(重文)과 복문(複文)의 관계가 한 문장 안에 모두 있을 때 이를 혼성문(混成文)/중복문(重复文:compound-complex sentence) [并列复合句]이라고 한다. 중문을 대등복문(對等複文)이라 하여, 복문의 일종으로 보기도 하지만 일반적으로 연합복문(連合複文)과 포유복문(包有複文)만을 복문(複文:complex sentences) [复合句/复句]이라고 한다.
중문과 복문은 실제로 구별하기 어려울 때가 많아 중문과 복문을 묶어 접속문(接續文)이라고 하는 경우가 많으며, 이럴 경우 절들이 대등하게 이어진 대등접속문(對等接續文)/등위접속문(等位接續文)과 종속적으로 이어진 종속접속문(從屬接續文)으로 나눌 수 있다.
영어에서는 'and', 'but', 'or', 'yet', 'so', 'for' 등의 대등접속사로 대등절을 접속하고, 'although', 'though', 'even though', 'even if', 'because', 'as', 'since' 등의 종속접속사로 종속절을 연결한다. 한국어에서는 '-고', '-면' 등의 연결어미가 접속의 기능을 담당하며 두 절에 공통적인 문장성분이 있다면 한 쪽을 생략할 수도 있다.
중국어 역시 접속사로 절과 절의 관계를 표시하지만 이러한 접속사가 생략되는 경우가 비교적 많다. 중국어 문법에서는 1920년대에 복문[复句]을 포유복문(包有複文) [包孕复句], 중문(重文) [等立复句], 연합복문(連合複文) [主从复句]로 나누었으나[45] 일반적으로 포유복문은 복문으로 보지 않고 단문으로 간주한다. 다시 말해 두 개의 주술구조가 연이어 있는 문장은 복문이지만, 주술구조를 문장성분으로 내포하고 있는 문장은 복문으로 보지 않는다는 뜻이다. 또 주어 다음에 서술어가 병렬되어 있을 경우 서술어 사이에 휴지(休止)가 있으면 복문이지만 휴지가 없으면 단문으로 간주한다. 중국어 문법에서 포유복문을 단문으로 분류하는 이유는 한 문장 내에 다른 문장이 내포 될 때 영어나 한국어와는 달리 문장 성분을 나타내는 접속사나 연결어미가 없이 단순히 문장 내의 필요한 위치에 삽입되는 고립어적 특성 때문일 것이다.

学生多做运动比较好。(단문)
李老板人小, 度量可大。(복문)
李老板胆大心细。(단문)

⑹ 접속문(接續文)은 앞절과 뒷절의 관계에 따라 다음과 같이 분류할 수 있다.

① 대등접속문(對等接續文) [联合复句]

---

45) 여금희[黎锦熙], 《新着国语文法》(北京:商务印书馆, 1924)에서는 복문을 '包孕复句', '等立复句', '主从复句'로 나누고 '包孕复句' 아래 '名词句', '形容词', '副词句'로, '等立复句' 아래 '并列句', '选择句', '承接句', '转折句'로, '主从复句' 아래 '时间句', '原因句', '假设句', '范围句', '让步句', '比较句'로 나누었다.

ⓐ병렬접속문(竝列接續文) [并列复句] — 앞뒤 절이 문법적으로 대등하게 병렬된 접속문. 절의 순서를 바꾸어도 의미의 변화가 없다.

我们每天复习生词，写汉字，做练习。
(우리들은 매일 새 낱말을 복습하고 한자를 쓰고 연습문제를 푼다)
我们每天写汉字，复习生词，做练习。
(우리들은 매일 한자를 쓰고 새 낱말을 복습하고 연습문제를 푼다)

ⓑ점층접속문(漸層接續文) [递进复句] — 뒷 절이 앞 절보다 더 진일보한 내용을 표현하는 접속문.

他不但会说英文，而且说得很流利。
(그는 영어를 할 줄 알 뿐 아니라 아주 유창하게 한다)

ⓒ연접접속문(連接接續文) [承接复句] — 연속적으로 발생한 몇 개의 동작이나 사건을 순서에 따라 서술한 접속문.

他一说，大家就大笑起来了。
(그가 말하자마자 모두가 크게 웃기 시작했다)

ⓓ선택접속문(選擇接續文) [选择复句] — 두 개 이상의 사건이나 상황 중 어느 한 가지를 선택하는 내용의 접속문.

或者去上课，或者在家睡觉，都随你的便。
(수업하러 가든지, 집에서 자든지 모두 네 마음대로 하렴)

②종속접속문(從屬接續文) [主从复句/偏正复句]

ⓐ인과접속문(因果接續文) [因果复句] — 앞뒤 절이 서로 원인과 결과를 나타내는 접속문.

因为天气不好，所以我们没去那儿。
(날씨가 안 좋아서 우리는 거기 가지 않았다)

ⓑ전환접속문(轉換接續文) [转折复句] — 앞절에 제시된 사실과 상반된 내용이 뒷절에 나타나는 접속문.

她虽然不是他的妈妈，可是比妈妈对他还好。
(그녀가 비록 그의 엄마는 아니지만 엄마보다 그에게 더 잘 한다)

ⓒ가정접속문(假定接續文) [假设复句] — 앞절과 뒷절이 가설과 그에 따라 예측되는 결과를 나타내는 접속문.

要是我父亲还活着，我们的生活比现在还好。
(우리 부모님이 아직 살아 계시면 우리 생활이 지금보다는 나을텐데)

ⓓ조건접속문(條件接續文) [条件复句] — 앞절에서 제시된 조건의 결과를 뒷절에서 나타내는 접속문.

只要你努力，就一定能学好。
(네가 노력만 하면 틀림없이 공부를 잘 할 수 있을 거야)

만 명이다. 강서성[江西省] 대부분 지역에서 사용하므로 '江西话'라고도 한다.

①고대 유성파열음, 유성파찰음을 평측(平仄)[47]에 관계없이 유기무성음으로 발음한다.
②일부 지역에서는 'n'을 'l'로 발음한다.
③성조는 일반적으로 6개이다.

5) 월방언[粤方言]

대표방언은 '广州话'이며, 사용 인구는 한족(漢族)의 4.3%로 약 4천만 명이다. 주로 광동성[广东省]에서 사용하기 때문에 '广东话'라고도 한다.

①일부 'h' 성모가 'f'로 발음된다.
②'zh', 'ch', 'sh'를 'z', 'c', 's'로 발음한다.
③'j', 'q', 'x'를 'g', 'k', 'h'로 발음한다.
④일부 지역에는 운모 '-ü'가 없다.
⑤〔-m〕 비음 운미가 있고, 〔-p〕, 〔-t〕, 〔-k〕의 파열음 운미가 남아 있다.
⑥성조는 8-10개가 있다.

6) 민방언[闽方言]

대표방언은 '福州话'이며, 사용 인구는 한족(漢族)의 5%로 약 5천 5백만 명이다. 주로 복건성[福建省]의 대부분 지역, 광동성[广东省] 동부 일부 지역, 절강성[浙江省] 남부의 일부 지역 및 해남성[海南省], 대만성[台湾省]에서 주로 사용한다. 이 방언 중 민남[闽南]과 민북[闽北] 지역의 방언은 그 차이가 매우 심하여 이를 대방언구[大方言区]로 나누어야 한다는 주장이 있을 정도이다.

①성모 'f'가 없다.
②'zh', 'ch'를 'd', 't'로 발음한다.
③고대음 유성파열음, 파찰음은 대부분 무기무성음으로 변했다.
④대체로 'z', 'c', 's'는 있고 'zh', 'ch', 'sh'는 없다.
⑤일부 지역에는 운모 '-ü'가 없다.
⑥일부 지역에서는 비음 운모가 풍부하다.
⑦입성이 있다.
⑧성조는 6-8개이다.

---

47) 사성(四聲)은 평성(平聲)과 측성(仄聲)으로 나누는데, 측성은 상성(上聲), 거성(去聲), 입성(入聲)이다.

7) 객가방언[客家[48] 方言]

대표방언은 '梅县话'이며, 사용 인구는 한족(漢族)의 4%로 약 3천5백만 명이다. 주로 광동성[广东省] 북부, 강서성[江西省] 남부, 복건성[福建省]의 서부와 남부에서 사용한다. 객가방언은 다른 여러 방언에 포위되어 있지만 자기의 음운체계를 유지하고 있다.

①유기음이 비교적 풍부하며 고대의 유성음 성모가 유기무성으로 변했다.
②'z', 'c', 's'와 'zh', 'ch', 'sh'를 대부분 구분하지 않는다.
③'h'가 'f'로 변했다.
④일부 'f'를 'b'나 'p'로 발음한다.
⑤'j', 'q', 'x'를 'g', 'k', 'h'로 발음한다.
⑥운모 '-ü'가 없다.
⑦성조는 일반적으로 6개이다.

---

48) '客家'란 영어로 'Haka'라고 하며, 서진(西晋) 말년과 북송(北宋) 말년에 황하[黄河] 유역에서 점차 남방으로 이동한 종족으로 광동성[广东省] 매현[梅悬]과 호남성[湖南省], 강서성[江西省], 복건성[福建省]의 경계 지역에 많이 살고 있다.

第二編

중국어의 음성과 음운

第一章 중국어의 음소와 음절
第二章 중국어의 음운 변동

第一章
중국어의 음소와 음절

고대에서 현대에 이르기까지 중국어의 음절구조는 변함없이 고정적이었고 음절수는 극히 제한적이었다. 이는 중국어 음절의 두드러진 특징이다. 특히 근대 중국어에 이르러 북방 방언을 중심으로 유성음이 무성음으로 변하면서 성모가 줄어들게 되고, 입성운미 〔-p〕, 〔-t〕, 〔-k〕가 사라지고, 양성운미 〔-m〕이 〔-n〕으로 합류되는 등 '普通话'의 분절음 음절수가 대략 410개 정도로 줄어들게 되었다. 이렇게 분절음 음절수가 감소하게 되자 이를 극복하기 위해 초분절소를 활용하여 음절수를 증가시키게 된다. 음절수의 감소를 성조수의 증가로 만회한 것이다. 고저로 실현되는 초분절소가 모든 음절에 있을 때 그 초분절적 요소를 '성조'라고 한다. 이 성조는 강약이나 장단과는 다르다. 강약이나 장단은 이분적(二分的) 분화에 제한되지만, 소리의 고저는 고조와 저조 외에 하강조와 상승조로도 대립할 수 있다. 이렇게 해서 지금의 4개 성조가 정착하게 되었다.

중국어의 음소의 분포는 매우 규칙적인 특징이 있다. 음소의 분포와 대립, 음절에 관련된 규칙은 어떤 언어보다 간단하다고 할 수 있다.

1 중국어 문자의 표음 방법

한자는 자형(字形), 자의(字意), 자음(字音)을 포함하고 있지만 소리를 적는 문자는 아니다. 중국인은 성모나 운모가 같은 한자로 다른 한자의 음을 나타내긴 했지만 한자의 음을 적기 위한 표음기호를 만들지는 않았었다. 반면 중국어를 배우려는 비한족(非漢族)이나 외국인들에게는 한자의 발음을 적는 수단이 필요했기 때문에 이들에 의해 한자의 표음 방법이 만들어지기 시작하였다.

처음으로 한자의 음을 기록한 표음문자는 몽고의 파사파문자이며, 우리나라의 훈민정음도 한자의 음을 적은 두 번째의 표음문자라고 할 수 있다. 이후 서양 선교사들에 의해 여러 표음방안이 만들어져 쓰였다.

중국에서는 본격적인 어문정책이 시행되던 1900년대부터 한자의 표음문자 제정을 시도하여 몇 가지 방안이 있었으나 지금은 대만의 '注音符号(주음부호)'를 제외하면 거의 모든 나라에서 '汉语拼音方案(한어병음방안)'을 채택하여 쓰고 있다.

(1) 중국의 전통적인 표음 방법

한자의 음을 표기하는 가장 오래 된 수단은 한자를 이용하여 자음이 같거나 비슷한 다른 한자음을 나타내는 것이다.

①독약법(讀若法) — '宋, 读若送('宋'은 '送'과 같이 읽는다)'과 같은 형식으로 설명하는 것이다. 《说文解字(설문해자)》에서는 '读若法'으로 대부분의 한자음을 설명하고 있다.

②비황법(譬況法) — 두 한자음이 완전히 같지 않을 때 '读若某, 长言之(……과 같이 읽는데 그것을 좀 더 길게 발음한다)'와 같은 형식으로 비유하여 나타내었다.

③직음법(直音法) — '拾, 音十('拾'은 '十'으로 읽는다)'와 같이 동일한 음의 한자로 설명하는 방법이다. 동음자 자체가 없거나, 있다고 해도 잘 쓰지 않는 한자인 경우에는 사용상의 어려움이 있다.

④반절법(反切法) — 동한(東漢) 말년에 창안된 '反切法'[49]은 1918년 주음자모(注音字母)가 공포되기 전까지 중국에서 계속 사용되어 온 표음방법이다. 상술한 세 가지 표음방법에 비해 훨씬 더 정확하고 편

49) 처음에는 'XX反'이라 하였으나 '反'이 '반역'을 나타내는 의미라고 하여 'XX切'로 바꾸었다.

리한 방법이라 할 수 있다. '反切法'은 표음하고자 하는 한자와 성모가 같은 한자, 그리고 운모 및 사성이 같은 한자를 병기하여 그 한자의 성모, 운모, 사성을 나타내는 방법이다. 반절의 첫 번째 한자를 '반절상자[反切上字]'라 하고, 두 번째 한자를 '반절하자[反切下字]'라고 하는데, 반절되는 글자와 반절상자는 성모가 서로 같은 쌍성(雙聲)의 관계이고, 반절하자는 운모가 서로 같은 첩운(疊韻)의 관계이다.

东，德红切 — 东(d+ong) → 德(d)+红(ong)
红，户公切 — 红(h+ong) → 户(h)+公(ong)
都，当孤切 — 都(d+u) → 当(d)+孤(u)

加油

반절상자를 모두 모아 귀납하면 성모를 구성할 수 있고, 이러한 성모들의 대표자를 '字母(자모)'라고 하며, 반절하자를 모두 모아 귀납하면 운모를 구성할 수 있으며, 이렇게 추정하여 구성된 운모의 종류를 '韵类(운류)'라고 한다.

중국어의 성조는 운모에서 실현되므로 일반적으로 반절되는 글자와 반절하자의 성조가 같다고 생각하지만, 실제로는 성조가 아니라 '四声(사성)'이 같다는 뜻이다. 예를 들면, '东'의 반절은 '德红切'인데 '东'은 제1성, '红'은 제2성으로 성조가 서로 다르지만 '东'은 음평(陰平), '红'은 양평(陽平)으로 모두 평성(平聲)이다. 후에 유성음이 무성음으로 변하면서 음평(성모가 무성음)은 오늘의 제1성, 양평(성모가 유성음)은 오늘의 제2성으로 바뀌었다. 성모의 구별이 성조에 의한 구별로 바뀐 것이다.

(2) 파스파 문자

원세조(元世祖) 쿠빌라이 칸(Qubilai Quyan)이 티베트 라마승 파스파(Phags-pa : 八思巴 : 1235－1280)에게 명해 만들어 1269년에 반포한 문자이다.

한자의 발음과 몽골어를 기록할 수 있는 표음문자로 '몽고신자(蒙古新字)'라고 하였다. 《蒙古字韵(몽고자운)》[50]은 이 문자로 한자의 음을 표기하였는데, 이것이 최초의 표음부호에 의한 한자음 표기이다.

加油

파스파 문자는 당시에 원(元)나라의 국세(國勢)에 힘입어 몽골어뿐 아니라 중국어, 티베트어, 산스크리트어, 투르크어 등을 표기하는 데도 쓰였다. 티베트문자를 방형화(方形化)하여 왼쪽에서 오른쪽으로 쓰도록 하였으며, 자음 30자, 모음 8자, 기호 9개로 이루어져 있다. 세계 문자학계에서는 이 문자가 훈민정음 창제에 결정적 영향을 준 것으로 보고 있다. 이후 약 100여 년 동안 쓰였지만, 원(元)의 멸망과 함께 폐기되었다.

50) 원(元)나라 주종문[朱宗文]이 증수(增修)함.

〈파사파 자모와 훈민정음의 유사성 비교〉

(3) 훈민정음(訓民正音)

세종대왕이 1443년 훈민정음을 창제한 후 조선에서는 당시의 한자음을 바로잡기 위해 1447년에 《동국정운(東國正韻)》을 완성하고, 한자의 중국음을 정확하게 표시하기 위해 명나라의 운서 《洪武正韵(홍무정운)》의 한자에 한글로 중국의 고음과 현실음을 기록하는 《홍무정운역훈(洪武正韻譯訓)》의 편찬에 착수하여 1455년(단종 3년)에 16권 8책으로 완성하였다. 《홍무정운역훈》에서는 고음(古音)까지 표기하기 위해 'ㅱ', 'ㅸ', 'ㅹ', 'ㆄ', 'ᅎ', 'ᅐ', 'ᅔ', 'ᅕ', 'ᅏ', 'ᅑ', 'ᄼ', 'ᄾ' 등과 같은 글자를 만들어 31개의 성모 표기로 활용하였다. 한자의 왼쪽 밑에 전통음을 적고 오른쪽에 현실음을 적는 방법은 이후 《사성통고(四聲通攷)》, 《사성통해(四聲通解)》를 거쳐 중국어 학습서인 《노걸대(老乞大)》, 《박통사(朴通事)》에까지 이어져 사용되었다. 파스파 문자는 운서인 《蒙古字韵(몽고자운)》에서 한자음을 표기하였지만, 훈민정음은 구어체 중국어 학습서에 해당하는 《노걸대》, 《박통사》에 표음한 것이므로 훈민정음이 최초의 중국어 발음표기 시스템이라고 할 수 있을 것이다.

加油

洪武音三十一字母圖及擬測音(홍무정운 31자모도 추정음)

	牙 音	舌頭音	重唇音	輕唇音	齒頭音	正齒音	喉 音	半舌音	半齒音
全清	見 ㄱ k	端 ㄷ t	幫 ㅂ p	非 ㅸ f	精 ᅎ ts	照 ᅐ tʃ	影 ㆆ ?		
次清	溪 ㅋ k'	透 ㅌ t'	滂 ㅍ p'		清 ᅔ ts'	穿 ᅕ tʃ'	曉 ㅎ x		
全清	群 ㄲ g'	定 ㄸ d'	並 ㅃ b'	奉 ㅹ v	從 ᅏ dz'	牀 ᅑ dʒ'	匣 ㆅ ɣ		
不清不濁	疑 ㆁ ŋ	泥 ㄴ n	明 ㅁ m	微 ㅱ ɱ			喩 ㅇ ø	來 ㄹ l	日 ㅿ ʐ
全清					心 ᄼ s	審 ᄾ ʃ			
全濁					邪 ᄽ z	禪 ᄿ ʒ			

(4)《西字奇迹(서자기적)》

이탈리아 선교사 마테오 리치(Matteo Ricci:利瑪竇:1552-1610)가 1583년 중국에 와 1605년 북경에서 《西字奇迹》이라는 책을 발행하게 되었다. 이 책의 〈信而步海, 疑而即沉(믿으면 바다를 건널 것이요, 의심하면 빠질 것이다)〉 등 4편의 글에는 모두 387개의 성조를 포함하지 않은 음절이 있는데, 이 음절들을 귀납하여 보면 알파벳으로 표음한 성모 26개와 운모 44개가 있음을 알 수 있다.

(5)《西儒耳目资(서유이목자)》

프랑스 예수회 선교사 니콜라 트리고(Nicolas Trigault:金尼阁:1577-1628)가 1610년 중국에 와 1626년 항주[杭州]에서 《西儒耳目资》를 출판하였다. 이 책에는 한자음을 음소 단위로 기록하였는데, 이는 앞서의 마테오리치의 방법을 수정 보완한 것이어서 중국에서는 이 둘을 '利、金方案' 이라고 한다.

(6)《中文字典(중문자전)》

마테오리치와 니콜라의 방안이 나온 뒤 약 200년간은 청나라의 쇄국정책으로 서양 선교사의 한자음 표기 방안도 더 이상 나오지 않았으나, 아편전쟁 후 서양 선교사와 상인들이 대거 입국하면서 한자음 표기 방안이 다시 나타나기 시작하였다. 기독교 선교사였던 영국인 로버트 모리슨(Robert Morrison:1782-1834)은 1807년 광주[广州]에 도착하여 선교하면서 1815년부터 1823년 사이에 중국어-영어 대역어 사전인 《中文字典》을 출판하였다. 이 사전에는 라틴자모를 활용한 광주[广州] 방언음이 기록 되어 있다. 이것이 선교사들에 의해 로마자로 방언음을 기록한 최초의 것이었으며, 이후 상해[上海], 영파[宁波], 복주[福州], 하문[厦门], 광주[广州] 등의 동남지역 방언을 기록한 책들이 나오기 시작하였다.

(7) 웨이드식(Wade's system/Wade-Gile system)[威妥玛式/伟德式]

주중영국대사관의 공사였던 웨이드(Sir Thomas Francis Wade:伟德:1818-1895)가 1859년 고안한 로마자 한자 표음방안으로 1867년 런던에서 출판한 북경관화의 학습서인 《A progressive course of colloquial Chinese:语言自迩集》에 처음 사용하였다. 이 교습서는 처음 대사관에서 중국어 학습용으로 쓰이다가 차츰 중국 지명이나 인명의 영어 음역의 표준이 되었으며, 중국의 대외 출판물에서도 이 방안을 채택하기도 했다. 이후 영국인 허버트 자일(Herbert A. Giles:1845-1935)이 그의 저서 《A Chinese-English Dictionary:汉英辞典》에 약간의 수정을 거쳐 채택하였으며, 1931년 《Mathews' Chinese-English Dictionary:麦氏汉英大辞典》에 채택되어 널리 보급되었다. 이에 서구에서는 중국의 지명과 인명 등을 표기하는데 쓰였으나 1977년 국제연합의 제3차 지명표준화 회의에서 《汉语拼音方案(한어병음방안)》이 중국 지명의 로마자 표기의 표준으로 채택되어 웨이드식의 사용은 중단되었다.

(8) 예일대학식(Yale Romanization/Yale System) [耶鲁式]

제2차 세계 대전 중 미국 정부에서 극동(極東) 지역으로 파견할 공군요원에게 중국어를 가르치기 위해 예일대학과 공동으로 '극동어학원'을 설립하고 이곳에서 'Mirror Series'라는 교재를 만들었는데, 이 교재에 조원임[赵元任]이 창안한 로마자 표음 방식을 약간 수정하여 사용하였다. 이 방안은 미국에서 한 때 크게 유행하였으나 현재는 한어병음방안으로 대부분 대체되었다.

(9) 주음부호(Chinese phonetic symbols) [注音符号/国音字母第一式]

청말(淸末)부터 왕조[王照](1859-1933)의 《官话合声字母》(1900년), 노내선[劳乃宣]의 《简字全谱》(1907년)등과 같이 반절법을 개량한 표음방법이 유행하였고, 이후 한자 자형을 기호화하여 표음하려는 노력이 노당장[卢戆章], 오경항[吴敬恒], 장병린[章炳麟] 등 여러 학자에 의해 시도되었으며, 이들이 발표한 내용이 일부에서는 실제 사용되기도 했다. 이러한 일련의 노력을 실현시키기 위해 1912년 7월 10일 교육부에서는 '读音统一会'를 조직, 수차례 회의를 거친 후 1913년 '注音字母'를 제정, 1918년 11월 23일 정식으로 공포하였다. 1930년 이 명칭을 '注音符号'로 고쳐 오늘까지 대만(臺灣) 등지에서 사용하고 있다. 이 부호는 고문자 등의 한자 자형을 본떠서 만든 것으로 '国音字母第一式'이라고 하고 로마자로 된 부호를 '国音字母第二式'이라 한다. 이 부호는 전통적 성운학의 관점에서 보는 음절구조와 합치되고, 또 로마자로 표음할 때 로마자 본연의 음가와 혼동하는 것을 예방할 수 있는 장점이 있긴 하지만, 하나의 부호가 두 개 이상의 음소를 나타내는 경우가 많아 음소 단위의 표음이 불가능하다는 점, 부호의 결합으로 조성되는 음가가 실제 음가와 다른 경우가 많다는 점, 37개의 새로운 부호를 암기해야 한다는 등의 단점도 있다.

우리나라에서는 1970년대까지 이 부호를 사용하였으나 이러한 비경제성 때문에 더 이상 사용하지 않고 있다.

(10) 국어로마자(National Chinese Romanization/Gwoyeu Romatzyh) [国语罗马字/国音字母第二式]

단순히 한자의 표음에 그친 '注音符号'에 만족하지 못하고, 중국어의 표음문자화로의 개혁을 시도하던 류복[刘復], 조원임[赵元任], 전현동[钱玄同] 등의 협의로 1925년 '国语罗马字'가 만들어졌다. 1926년 11월 중화민국의 '国语统一筹备会'에 의해 공포, 1928년 9월 大学院(당시의 교육부)에서 '国音字母第二式'으로 다시 정식 공포하게 되며, 1940년 교육부에서 '译音符号'로 개명하였으나 이후 예일대학식으로 수정 된 후 거의 사용되지 않고 있다.

⑾ 한어병음방안(Pin-Yin Phonetic Spelling/Chinese Phonetic Alphabet) [汉语拼音方案]

한어병음방안은 1892년 노당장[卢戆章]의 '切音新字'[51]를 필두로 전개된 알파벳 표음방식의 결정판이라고 할 수 있다. 이 방안은 1926년 '国语罗马字'와 1930년 구추백[瞿秋白], 오옥장[吴玉章] 등에 의해 제정된 '拉丁化新文字', '웨이드식(Wade's System)'을 참고하여 1958년 '中国文字改革委员会'에서 만든 것으로 1957년 11월 국무원의 전체회의 제60차 회의에서 통과되고, 1958년 2월 제1회 전국인민대표대회 제5차 회의의 비준으로 공포되었다. 원래는 중국어의 표음문자화 작업의 일환으로 추진되었으나 지금은 한자음을 표기하는데 사용하고 있다. 이 부호는 서구어를 배운 경험이 있는 사람이면 누구나 쉽게 익힐 수 있다는 장점이 있으나 알파벳의 실제 음가와 중국어로 표음할 때의 음가가 서로 다른 경우가 있어 이를 혼동할 수 있다는 단점이 있다. 중국 국내에서는 물론이고 전 세계적으로 가장 많이 쓰이는 중국어의 표음 체계이다. 제정 당시의 명칭은 '汉语拼音文字方案'이었는데 후에 정책적 고려로 '文字'라는 명칭을 삭제하였다.

汉语拼音方案(한어병음방안)

㈠ 字母表(자모표)

字母	A a	B b	C c	D d	E e	F f	G g	H h	i i	J j	K k	L l	M m
名称	ㄚ	ㄅㄝ	ㄘㄝ	ㄉㄝ	ㄜ	ㄝㄈ	ㄍㄝ	ㄏㄚ	ㄧ	ㄐㄧㄝ	ㄎㄝ	ㄝㄌ	ㄞㄇ
字母	N n	O o	P p	Q q	R r	S s	T t	U u	V v	W w	X x	Y y	Z z
名称	ㄋㄝ	ㄛ	ㄆㄝ	ㄑㄧㄡ	ㄚㄦ	ㄝㄙ	ㄊㄝ	ㄨ	ㄪㄝ	ㄨㄚ	ㄒㄧ	ㄧㄚ	ㄗㄝ
V는 외래어·소수 민족 언어·방언 등에만 쓰임. 자모(字母)의 필기체는 라틴 자모의 일반적인 서사 습관에 따름.													

51) 노당장[卢戆章]은 중국에서 처음으로 표음문자를 만든 사람으로 1892년《一目了然初阶》에서 '中国切音新字'를 발표하였다. 라틴어 자모와 그 변형 문자로 하문[厦门]지역의 음을 표기하였다. 성모와 운모를 같이 표기하였는데 성모는 오른쪽에, 운모는 왼쪽에 두었으며 비음(鼻音) 부호와 성조 부호를 덧붙여 표기하였다.

㈡ 声母表(성모표)

字母	b	p	m	f	d	t	n	l
名称	ㄅ 玻	ㄆ 坡	ㄇ 摸	ㄈ 佛	ㄉ 得	ㄊ 特	ㄋ 讷	ㄌ 勒
字母	g	k	h		j	q	x	
名称	ㄍ 哥	ㄎ 科	ㄏ 喝		ㄐ 基	ㄑ 欺	ㄒ 希	
字母	zh	ch	sh	r	z	c	s	
名称	ㄓ 知	ㄔ 蚩	ㄕ 诗	ㄖ 日	ㄗ 资	ㄘ 雌	ㄙ 思	
한자음을 표기할 때 zh, ch, sh는 ẑ, ĉ, ŝ로 줄여 표기할 수도 있음.								

㈢ 韵母表(운모표)

		例字		例字		例字		例字
拼音字母			i		u		ü	
注意符号			ㄧ	衣	ㄨ	乌	ㄩ	迂
拼音字母	a		ia		ua			
注意符号	ㄚ	啊	ㄧㄚ	呀	ㄨㄚ	蛙		
拼音字母	o				uo			
注意符号	ㄛ	喔			ㄨㄛ	窝		
拼音字母	e		ie				üe	
注意符号	ㄜ	鹅	ㄧㄝ	耶			ㄩㄝ	约
拼音字母	ai				uai			
注意符号	ㄞ	哀			ㄨㄞ	歪		
拼音字母	ei				uei			
注意符号	ㄟ	欸			ㄨㄟ	威		
拼音字母	ao		iao					
注意符号	ㄠ	熬	ㄧㄠ	腰				
拼音字母	ou		iou					
注意符号	ㄡ	欧	ㄧㄡ	忧				
拼音字母	an		ian		uan		üan	
注意符号	ㄢ	安	ㄧㄢ	烟	ㄨㄢ	弯	ㄩㄢ	冤
拼音字母	en		in		uen		ün	
注意符号	ㄣ	恩	ㄧㄣ	因	ㄨㄣ	温	ㄩㄣ	晕
拼音字母	ang		iang		uang			
注意符号	ㄤ	昂	ㄧㄤ	央	ㄨㄤ	汪		
拼音字母	eng		ing		ueng			
注意符号	ㄥ	亨의 韵母	ㄧㄥ	英	ㄨㄥ	翁		
拼音字母	ong		iong					
注意符号	(ㄨㄥ)	轰의 韵母	ㄩㄥ	雍				

(1) 知, 蚩, 诗, 日, 资, 雌, 思 등 7개 음절의 운모는 i를 씀. 즉 이들의 음은 zhi, chi, shi, ri, zi, ci, si 등으로 표음함.
(2) 운모 儿은 er로 표기하며, 운미로 쓰일 때는 r로 표기함. 예를 들면, 儿童은 ertong, 花儿은 huar로 표음함.
(3) 운모 ㄝ가 단독으로 쓰일 때는 ê 로 표기함.
(4) i행(行)의 운모는 앞에 성모가 없을 때 yi(衣), ya(呀), ye(耶), yao(腰), you(忧), yan(烟), yin(因), yang(央), ying(英), yong(雍) 등으로 표기함.

u행의 운모는 앞에 성모가 없을 때 wu(乌), wa(蛙), wo(窝), wai(歪), wei(威), wan(弯), wen(温), wang(汪), weng(翁) 등으로 표기함.
ü행의 운모는 앞에 성모가 없을 때 yu(迂), yue(约), yuan(冤), yun(晕) 등으로 표기하여, ü 위의 「··」를 생략함.
ü행의 운모가 성모 j, q, x와 함께 표음될 때는 ju(居), qu(区), xu(虚)등으로 표기하여, ü위의 「··」를 생략함. 그러나 성모 n, l과 함께 표음될 때는 생략하지 않고 nü(女), lü(吕)로 표기함.
(5) iou, uei, uen의 앞에 성모가 있을 때는 iu, ui, un으로 표기함. 예를 들면, niu(牛), gui(归), lun(论) 등과 같음.
(6) 한자에 음을 표시할 때, ng는 ŋ으로 줄여 표기할 수도 있음.

(四) 声调符号(성조부호)

声调	阴平	阳平	上声	去声
符号	ˉ	ˊ	ˇ	ˋ

성조부호는 음절의 운복(주요모음) 위에 표시하며, 경성은 표기하지 않음.

用例	妈 mā	麻 má	马 mǎ	骂 mà	吗 ma
声调	阴平	阳平	上声	去声	轻声

(五) 隔音符号(격음부호)

a, o, e로 시작하는 음절이 다른 음절 뒤에 이어져, 음절 구분이 혼동되기 쉬운 곳에는 격음부호(')로 한계를 명확히 함. pí'ǎo(皮袄), míng'é(名额)

2 음절 구조

분절음은 자음과 모음으로 이루어져 있지만 중국어에서는 분절음을 '성모[声母]'와 '운모[韵母]'로 나눈다. 이는 중국어의 자음은 주로 첫소리로만 사용되고 소수의 일정한 자음만 음절의 끝에 올 수 있어 이렇게 나누면 편리하기 때문이다. '普通话'의 성모 중에 운미로 쓰이는 자음은 〔-n〕과 〔-ŋ〕뿐이며, 〔-ŋ〕은 성모의 자리에 올 수 없다.[52] 중국어의 음절은 고대로부터 지금까지 일관되게 다음과 같은 구조로 이루어졌다.

S=IF(m, v, e)/T

S=syllable(음절)[音节], I=initial(첫소리)[声母], F=final(끝소리)[韵母],
m=medial(사잇소리)[韵头/介母], v=vowel(핵모음)[韵腹/主要元音]
e=ending(꼬리소리)[韵尾]

중국어의 음절 요소 중 성모, 운두, 운미가 없는 음절은 있을 수 있으나

52) 영어 자음 'm'은 'mother', 'name', 'freedom'에서와 같이 음절 내의 다양한 위치에 올 수 있지만 한국어에서 자음은 '감'에서처럼 음절의 처음('ㄱ')과 끝('ㅁ')에 매우 자유롭게 위치할 수 있다. 고대나 현대를 막론하고 음절 끝에 올 수 있는 자음은 비음(鼻音)운미 〔-m〕, 〔-n〕, 〔-ŋ〕과 입성(入声)운미 〔-p〕, 〔-t〕, 〔-k〕뿐이었다. 하지만 '普通话'에서는 〔-n〕, 〔-ŋ〕만 남았다.

운복과 성조가 없는 음절은 있을 수 없다.

- 성모가 없는 음절
  爱ài ¦ 安ān
- 운두가 없는 음절
  很hěn ¦ 好hǎo
- 운미가 없는 음절
  八bā ¦ 笔bǐ

하나의 한자는 반드시 하나의 음절을 이루고 있으며 극히 예외적으로 하나의 음절을 이루지 못하는 '儿化韵'도 하나의 한자인 '儿'로 표기하게 된다.

加油

하나의 한자는 반드시 하나의 음절을 이루고 있지만, '儿化韵'을 표기하는 '儿'은 하나의 음절을 표기하는 것이 아니라 '儿化韵'을 표기할 뿐이기 때문에 '儿'자를 작게 표기하기도 하며, 실제 '儿'의 음(音) 'ér'로 따로 떼어 발음하지도 않는다. 예를 들면, '片儿', '事儿', '空儿', '头儿', '信儿' 등은 두 개의 글자이지만 따로 떼어 발음하지 않으므로 하나의 음절로 여긴다. 따라서 이런 낱말은 두 글자로 표기되지만 일음절 낱말이다. 그러나 이는 어디까지나 두 음절이 합성되면서 일어난 변화이고, 또 중국인들은 모든 글자가 음절을 가지고 있다는 생각이 짙기 때문에 비록 일음절이지만 두 글자로 이루어진 합성어로 간주한다.

또 복수를 나타내는 '-们'과 '-么'는 빨리 발음할 때 성모 'm'이 앞 음절에 흡수되고 그 운모는 심하게 약화된다. 그러므로 '我们wǒmen', '你们nǐmen'을 '我们wǒm', '你们nǐm'으로 발음하게 된다. 이 때 '么'는 '麽'의 간체자로 한어병음방안 'b', 'p', 'm', 'f' 다음에는 'e'가 올 수 없기 때문에 그 발음은 'mó'로 표기해야 하지만, '什么', '这么', '那么', '怎么'에서와 같이 접미사로 쓰인 경우에는 'm'이 앞 음절에 흡수되고 그 운모는 약화되어 실제로는 'shénm'로 발음된다. 하지만 한자음은 성모와 운모로 적어야 한다는 규칙을 준수하기 위해 가장 약화된 모음 'e(ə)'를 택하여 'shénme'로 표기하는 것이다.

약화된 모음 '〔ə〕'는 영어에 보편적으로 나타나는 현상이다. 영어에서 강세가 있는 음절의 모음은 자기의 음가를 유지하지만, 강세를 받지 못하는 음절의 모음은 약화되어 혀가 가장 중앙에 위치하는 중중설모음(central middle vowels)[中央元音]인 '〔ə〕'로 발음되는 경우가 많다. 이것을 '슈와(Schwa)' 현상이라고 한다. 이런 모음은 정확하게 음가를 파악할 수 없는 경우가 많기 때문에 '애매모음'이라고도 한다.

3 성모[声母]

성모의 분포는 시대와 방언에 따라 다르다. 중국어에서는 유성음이 무성음으로 변하여 22개로 축소되었지만, 아직도 어떤 방언에서는 유성음과 무성음이 대립하고 있다. 중국어의 성모는 유기음과 무기음의 대립쌍이 많다는 것이 특징이며, 한국어와는 달리 연음과 경음의 대립쌍은 없다. 중국어의 성모는 21개이고 영성모[零声母]까지 포함하면 22개이다.

위치 \ 방법	무성음				유성음		마찰음	
	파열음		파찰음		비음	변음	무성음	유성음
	무기음	유기음	무기음	유기음				
쌍순음	b〔p〕	p〔pʰ〕			m			
순치음							f	
설첨음	d〔t〕	t〔tʰ〕			n	l		
설근음	g〔k〕	k〔kʰ〕					h〔x〕	
설면음			j〔tɕ〕	q〔tɕʰ〕			x〔ɕ〕	
권설음			zh〔tʂ〕	ch〔tʂʰ〕			sh〔ʂ〕	r〔ʐ〕
설치음			z〔ts〕	c〔tsʰ〕			s〔s〕	

ⓐ설근음 'h'는 비록 'h'로 표시되어 있지만 목구멍소리가 아니다.

ⓑ권설음 'r'은 비록 'r'로 표기하지만, 영어의 'r'과는 완전히 다른 음이다. 'sh'와 조음위치가 같고, 조음방법도 모두 마찰음이지만 'sh'는 무성음인데 반해, 'r'은 유성음이란 점이 다르다. 중국어의 성모 중 무성음과 유성음으로 대립하는 쌍은 'sh'와 'r'뿐이다.

ⓒ설치음 'z', 'c', 's'는 혀끝이 윗니와 닿아 나는 소리이고 한국어의 'ㅈ', 'ㅊ', 'ㅅ'는 혀끝이 윗잇몸과 닿아 나는 소리이다. 따라서 'ㅈ', 'ㅊ', 'ㅅ'는 중국어의 'd', 't'와 조음위치가 같고, 'z', 'c', 's'와는 조음방법이 같다.

ⓓ중국어는 연음(여린 소리)과 경음(된소리)이 대립하지 않으므로 'b', 'd', 'g'는 한국어의 'ㅂ', 'ㄷ', 'ㄱ'로 발음하든 'ㅃ', 'ㄸ', 'ㄲ'로 발음하든 의미를 분화하지 않는다.

加油

한국어의 자음과 IPA

조음방법 \ 조음위치			쌍순	순치	경구개음	연구개음	후음
장애음	파열음	평음	ㅂ〔p〕	ㄷ〔t〕		ㄱ〔k〕	
		경음	ㅃ〔p'〕	ㄸ〔t'〕		ㄲ〔k'〕	
		격음	ㅍ〔pʰ〕	ㅌ〔tʰ〕		ㅋ〔kʰ〕	
	마찰음	평음		ㅅ〔s〕			
		경음		ㅆ〔s'〕			ㅎ〔h〕
		격음					
	파찰음	평음			ㅈ〔tʃ〕		
		경음			ㅉ〔tʃ'〕		
		격음			ㅊ〔tʃʰ〕		
공명음	비음		ㅁ〔m〕	ㄴ〔n〕		ㅇ〔ŋ〕	
	유음			ㄹ〔l/r〕			

4 운모[韵母]

운모는 운두[韵头]와 운복[韵腹] 및 운미[韵尾]로 구성되어 있는데, 그 자질을 설명하면 다음과 같다.

(1)운두는 성모와 운복 사이에서 매개 역할을 하기 때문에 '개모[介母]'라고도 한다. 중국어의 운두는 'i', 'u', 'ü〔y〕'가 있다.

(2)운복은 'a', 'o', 'e〔ɤ〕', 'ê〔e〕'등이 있는데, 중국어의 음절 중 절대 빠질 수 없는 것이다.

(3)운미는 입성운미[入声韵尾]〔-p〕, 〔-t〕, 〔-k〕와 양성운미[阳声韵尾]〔-m〕, 〔-n〕, 〔-ŋ〕 가 있는데, 입성운미는 이미 소실되었고, 양성운미 중 〔-m〕은 〔-n〕에 합류되었다. 따라서 성모 중에 운미로 쓰이는 자음(子音)은 〔n〕 뿐이고, 〔ŋ〕은 운미에만 쓰인다.

(4)운두의 유무와 종류에 따라 개구도(開口度: 입을 벌리는 정도)가 달라지기 때문에 운모를 다음과 같이 사호(四呼)로 나눈다.

- 개구호[开口呼]: 운두가 없는 운모
- 합구호[合口呼]: 운두가 'u'인 운모
- 제치호[齐齿呼]: 운두가 'i'인 운모
- 촬구호[撮口呼]: 운두가 'ü'인 운모

(5)운미의 공통적 성격에 따른 분류

- 음성운[阴声韵] : 운미가 없거나 모음인 것
- 양성운[阳声韵] : 운미가 〔-m〕, 〔-n〕, 〔-ŋ〕인 것
- 입성운[入声韵] : 운미가 〔-p〕, 〔-t〕, 〔-k〕인 것

(6)운미가 자음이냐 모음이냐에 따른 분류

- 개미운/개음절[开尾韵/开音节] : 운미가 모음인 것
- 폐미운/폐음절[闭尾韵/闭音节] : 운미가 자음인 것

(7)성모의 유성 무성에 따른 분류

- 음성조[阴声调] : 성모가 무성음[清音]인 것
- 양성조[阳声调] : 성모가 유성음[浊音]인 것

	개구호	제치호	합구호	촬구호
단운모		i	u	ü
	a	ia	ua	
	o	io	uo	
	e	ie		üe
	ê*			
	-i			
	er			
복운모	ai	iai	uai	
	ei		uei(-ui)	
	ao	iao		
	ou	iou(-iu)		
비음운모	an	ian	uan	üan
	en	in	uen(-un)	ün
	ang	iang	uang	
	eng	ing	ueng(-ong)	
	ong	iong		
		결합운모		

ⓐ'ê'는 음절 안에서는 'e'로 쓰이므로 특별히 단독으로 써야할 필요가 있을 때만 사용된다.

ⓑ'-i'는 'zh', 'ch', 'sh', 'r' 뒤에서는 설첨후모음(舌尖後母音) 'ʅ'를 나타내고, 'z', 'c', 's' 뒤에서는 설첨전모음(舌尖前母音) 'ɿ'를 나타낸다.

ⓒ음절 간의 경계를 나타내기 위해서 성모가 없을 때 'i'는 'yi'로, 'ia'는 'ya'로, 'ie'는 'ye'로, 'iao'는 'yao'로, 'iou'는 'you'로, 'ian'는 'yan'로, 'in'는 'yin'로, 'iang'는 'yang'로, 'ing'는 'ying'로 적으며, 'u'는 'wu'로, 'ua'는 'wa'로, 'uo'는 'wo'로, 'uai'는 'wai'로, 'uei'는 'wei'로, 'uan'는 'wan'으로, 'uen'는 'wen'으로, 'uang'는 'wang'으로, 'ueng'는 'weng'으로 적으며, 성모가 없고 'a', 'o', 'e'로 시작할 때는 'Tiān'ānmén(天安门)', 'míng'é(名额)'에서와 같이 격음부호 「'」로 음절의 경계를 표시한다.

ⓓ《汉语拼音方案》에서는 'iou', 'uei', 'uen'앞에 성모가 있을 경우 'iu', 'ui', 'un'이라고 쓴다'고 규정되어 있다. 그러나 이 음운 소실이 실제 발음 과정 중에도 똑같이 적용되는 것이 아니라 기타 음운 및 성조와의 관계에 따라 달라진다. 'iou'의 경우 성모와 함께 쓰이되, 그 성조가 1, 2성이면 성조의 발음 과정이 비교적 짧기 때문에 가운데 'o'음이 탈락되거나 약화된다. 그래서 '丢'는 'diu'로 '留'는 'liu'로 발음된다. 그러나 그 성조가 만일 3, 4성이면 성조의 발음 과정이 길기 때문에 이 'o'음이 여전히 남아 있게 된다. 따라서 '扭'는 'niou'로, '就'는 'jiou'로 읽게 되는 것이다. 또한 'uei'와 'uen'는 앞에 성모 'd', 't', 'n', 'l', 'zh', 'ch', 'sh', 'r', 'z', 'c', 's'가 오고, 성조가 1, 2성이면 가운데 'e'음이 발음되지 않거나 약화된다. 그래서 '推'는 'tui'로 '唇'은 'chun'으로 읽게 된다. 만일 이들 음절의 성조가

3, 4성이라면 가운데 'e'음은 여전히 살아남아 '嘴'는 'zuei'로 발음될 것이다. 만일 'ui'와 'un' 앞에 설근음 'g', 'k', 'h'가 온다면 그 성조가 무엇이든 가운데 'e'음은 탈락되지 않는다. 따라서 '棍'은 'guen'으로, '灰'는 'huei'라고 읽어야 한다. 그러나 'o'나 'e'음은 대체적으로 점점 약화되는 추세에 있어 개별 음절 속에서 각기 다른 정도로 발음될 수 있음을 알아야 한다.

ⓔ'ü'가 'j', 'q', 'x'와 결합할 때는 'ü'의 「¨」를 생략해도 혼란이 일어나지 않으므로 'u'로 적지만 'n', 'l'과 결합할 때는 혼란이 일어나므로 'u'와 'ü'를 구별하여 적는다.

- 努nǔ 女nǚ
- 路lù 绿lǜ
- 络luò 略lüè

ⓕ'eng'의 변화

- i+eng → 성모+ing(丁)
  → ying(英)
- u+eng → ueng → 성모+ung → 성모+ong(东)
  → weng(翁)
- ü+eng → üeng → 성모+iong(兄)
  → yong(用)

ⓖ중국어에는 'ong'과 'ung'이 대립하고 있지 않으므로 'dong'을 한국어의 '동', '똥', '둥', '뚱' 중 어느 것으로 발음해도 중국어에서는 같은 음소이다.

ⓗ성조 부호는 운복 위에 표시한다. 따라서 'ui', 'iu'의 경우는 'uei', 'iou'에서 운복 'e', 'o'가 약화된 것이므로 'i', 'u' 위에 표시한다.

- 贵guì 酒jiǔ

加油

자음 - 모음, 성모 - 운모, 초성 - 중성 - 종성의 관계

자음/닿소리와 성모, 모음/홀소리와 운모는 완전히 다른 개념이다. 자음과 모음은 음성의 특징에 따라 분류한 음성학 용어이고, 성모와 운모, 초성과 중성, 종성 등은 음절의 구성 요소를 위치별로 나눈 중국어나 한국어 음운론 용어이다.

자음은 성대에서 만들어진 소리가 혀, 입술, 잇몸, 입천장 등의 조음기관이 작용하여 파형, 즉 음색이 달라진 소리들이고, 모음은 성대에서 만들어진 소리가 조음기관의 직접적인 작용을 거치지 않고 인강, 구강, 비강 등의 모양만 달리하여 만들어진 소리들이다. 모든 언어의 음절은 분절음인 자음과 모음 및 악센트 성조 등의 초분절소로 이루어져 있다.

전통적으로 중국어의 음절은 성모와 운모로 나누었고 한국어의 음절은 초성, 중성, 종성으로 나누었다. 중국어에서는 음절의 첫 위치에 오는 자음을 성모라 하였고 나머지 부분을 운모라고 하였는데, 운모는 모음 혹은 모음과 자음으로 이루어져 있다. 중국인들이 한자음을 두 부분으로 나누는 전통은 후한(後漢)때부터 한자의 음을 반절법(反切法)으로 표시하면서 반절상자

(反切上字)로 성모를, 반절하자(反切下字)로 나머지 전요소를 나타내면서 형성되었다고 할 수 있다.

한국에서는 훈민정음을 창제할 때 중국의 음운론을 적극 연구하여 중국의 성모, 운모 이분법을 한국의 초성, 중성, 종성의 삼분법으로 바꾸었다. 중국의 성모를 초성으로, 운모 중의 모음을 중성으로, 운모의 끝부분에 위치하는 자음은 종성으로 그 명칭을 바꾼 것이다. 중국어의 음절 끝 자음(자음운미)은 원래 양성운미 [-m], [-n], [-ŋ]와 입성운미 [-p], [-t], [-k]로 여섯 개였으나 지금의 중국어에는 입성운미는 사라지고 및 양성운미 중 [-m]은 [-n]에 합류되어 [-n], [-ŋ]만 남아 있다. 이에 반해 한국의 한자음에는 입성운미 [-t]가 [-l]로 변한 것 외에는 모두 그대로 남아 있을 뿐 아니라 초성 자음을 그대로 종성으로 쓸 수 있어 한국어의 종성은 중국어의 자음 운미에 비해 훨씬 독립적이고 그 수가 많기 때문에 이들을 종성으로 독립시켰을 것이다.

현대 중국어에는 자음이 22개, 모음이 10개이며, 성모는 21개이고 운모는 39개이다. 자음 22개 중 [-ŋ]은 운모 끝 자음인 운미(韻尾)로만 쓰이고 성모로 쓰이지는 않는다.

- 갈의 분절음 — ㄱ:초성(자음), ㅏ:중성(모음), ㄹ:종성(자음)
- huáng(黄)의 분절음—h:성모(자음), uang:운모(모음+자음), 초분절소 — ˊ:성조

5 성조[声调]

파이크(K. L. Pike)[53]는 성조를 가진 언어에 대해 다음과 같이 정의하고 있다.

> A tone language may be defined as a language having lexically significant, contrastive, but relative pitch on each syllable.
> (성조언어란 모든 음절에 어휘적인 의미를 분화할 수 있는, 서로 대립적이지만 상대적인 음조(音調)가 모든 음절에 존재하는 언어이다.)

이 정의에 따르면 성조언어는 '음조가 어휘적 의미를 분화할 것, 대립적일 것, 상대적일 것, 모든 음절에 존재할 것'의 4가지 조건을 구비한 언어이다. '대립적(contrastive)'이라는 것은 한 언어 체계에서 음소가 상호 대립적으로 존재하듯, '음조(音調)'도 '고조(高調):저조(低調)', '하강조:상승조'와 같이 그 조소(調素:toneme)[调位]가 상호 대립적으로 존재한다는 뜻이다. 또한 '상대적(relative)'이라는 것은 조소가 물리적인 절대치의 높이를 가지는 것이 아니라 앞뒤 음절에 존재하는 음조와 서로 비교되는 상대적인 높이로 표현되는 것, 다시 말해서 각 음절의 음조가 진동수의 절대치를 가지는 것이 아니라 다른 음절과의 대비를 이루는 상대치로 표현되는 음조라는 것이다.

변별적 음조가 모든 음절에 존재하는 언어를 성조언어라 하고, 낱말

---

53) Kenneth, L. Pike, 《Tone Languages》(Ann Arbor, Michigan U.S.A.: University of Michigan Press, 1948) 3쪽.

단위로 존재하는 체계를 단어음조체계(word-pitch system)라 하였으며, 음조가 구절 단위로 존재하여 억양(intonation)을 나타내는 체계는 구절음조체계(phrase-pitch system)라고 한다. 따라서 중국어와 같이 변별적인 기능을 하는 음조가 음절 내에 귀속되어 있는 언어의 성조는 '음절성조(音節聲調)'라고 할 수 있을 것이며, 이런 유형의 언어를 '음절성조언어(音節聲調言語)'라고 한다.

음조가 상호 대립적이기 위해서는 일정 수준의 진동수가 일정 음역(音域:register) 동안 변동 없이 유지되는 형태의 수평조 체계(水平調體系:level pitch register system)와 고조와 저조 사이가 연속적으로 연결되는, 즉 음역 내에서의 진동수가 점차적으로 변하여 고저 사이가 연결되는 형태의 굴곡조 체계(屈曲調體系:gliding pitch contour system)가 있을 수 있다. 중국어의 성조는 고조와 저조, 상승조와 하강조의 명확한 대립 형태로 존재한다.

소리의 고저는 진동수에 의해 결정되므로 결국 성조는 성대가 진동하는 유성음에 실려 실현된다고 할 수 있다. 하지만 중국어의 성조는 일차적으로 핵모음을 분화하고, 분화된 핵모음을 바탕으로 음절을 분화하므로 중국어의 성조는 유성음 전체가 아니라 단지 핵모음에서 실현된다고 할 수도 있다.

1) 사성과 성조

사성(四聲)과 성조(聲調)는 서로 다른 의미이다. 평성(平聲), 상성(上聲), 거성(去聲), 입성(入聲)을 합하여 사성이라고 하는데, 운미가 [-p], [-t], [-k]인 것을 입성이라고 한다. 성조는 초분절소에 의한 분류이지만 입성은 초분절소에 의한 분류가 아니므로 이 둘을 같은 개념으로 보아서는 안된다.

사성은 또 성모가 무성음이냐 유성음이냐에 따라 각각 음성조(陰聲調)와 양성조(陽聲調)로 나눈다. 음성조란 성모가 무성음인 것이고, 양성조는 성모가 유성음인 것이다. 사성과 이런 음양을 합하여 사성팔조(四聲八調)라고 한다. 중국어의 성조는 유성음이 무성음화하면서 평성은 제1성과 제2성으로 변하게 되고, 상성과 거성에서는 성모의 유무성 대립성이 소실되며, 입성은 다른 3개의 성조로 파입(派入)된다.

· 四聲八調

평성	음성조	제1성	성모가 무성음인 것
	양성조	제2성	성모가 유성음이었던 것
상성	음성조	제3성	성모의 유·무성 분별은 사라짐
	양성조		

거성	음성조	제4성	성모의 유·무성 분별은 사라짐
	양성조		
입성	음성조	소실	입성운미가 소실되면서 제1, 제2, 제3성으로 옮겨감
	양성조		

加油

중국어에는 4개의 성조가 있기 때문에 흔히 사성이라고도 하지만, 실제 사성과 성조는 서로 다른 개념이다. 또 편의상 음평을 1성, 양평을 2성, 상성을 3성, 거성을 4성이라고도 하는데 정확한 명칭은 '제1성', '제2성', '제3성', '제4성'이다.

2) 조소/음조소

조소(調素:toneme)[调位/调值]란 동일한 음조로 취급되는 일단의 비슷한 음조란 뜻이며, 중국어에는 음평[阴平/제1성], 양평[阳平/제2성], 상성[上声/제3성], 거성[去声/제4성]이 있다. 이러한 4개 조소의 종류를 '조류[调类]'라고 하며, 이러한 조류를 한어병음방안에서는 특수한 기호로 나타내게 되는데 이를 '조호[调号]'라고 한다. 한어병음방안의 조호는 핵모음 위에 「ˉ」, 「ˊ」, 「ˇ」, 「ˋ」로 나타낸다.

加油

중국어 음절의 학술적 전사법

중국어 음절을 학술적으로는 나타내고자 한다면 자음과 모음은 IPA 기호를 사용하고, 성조는 조원임[赵元任]의 '오도좌표제(五度坐标制)'에 의한 숫자로 표시하는 방법과 5도 높이를 나타내는 세로 선('|')에 음고의 파형을 그리는 방법의 두 가지 유형이 있다. 세로 선의 왼쪽에는 본래의 성조를, 오른쪽에는 변조(變調)된 성조를 나타낸다.

'˨˩˦'('普通话'의 제3성)
'˧'(3도 높이의 성조)
'꜔'(변조 후의 3도 높이의 성조)
'·˧'(3도 높이의 경성)
'˩·'(변조 후의 1도 높이 경성)
예) 好的〔xau ˨˩˦dɤ ·˧〕

第二章
중국어의 음운 변동

어느 형태소의 음소가 놓이는 환경에 따라 다른 음소로 바뀌는 현상을 '음운변동'이라 하며 여기에 적용된 규칙을 '변동규칙'이라고 한다. 음운변동은 대개 형태소의 경계에서 일어나게 되는데, 한 형태소가 다른 형태소와 이어질 때 혹은 그것이 놓이는 자리에 따라 소리가 바뀌는 현상이다. 통시적인 음운의 변화를 '변천'이라 하고 공시적인 것을 '변동' 또는 '변이'라 한다.

음소와 변이음 사이의 음운 규칙(phonological rule)을 '이음규칙'이라 하고, 음소와 바뀐 음소와의 사이에 내재된 음운규칙을 '변동 규칙'이라 한다.

중국어의 모든 음절은 성조가 있고, 거의 대부분 음절이 하나의 형태소이기 때문에 음절이 각기 독립적으로 발음되는 단음절어이다. 따라서 중국어는 한국어에 나타나는 다양한 연음 등의 음운변동이 일어나지는 않으며, 결정적인 음운변동은 거의 성조에서 일어난다.

중국어를 한자로 표기하게 되면 자연히 모든 음절은 독립적으로 존재함을 보이게 된다. 한어병음방안으로 표기할 때도 'w', 'y'나 격음부호를 활용하여 음절 간의 경계선을 분명히 한다.

软卧 ruǎn+uò → ruǎnwò

欢迎 huān+íng → huānyíng

西安 Xīān → Xī'ān

만약 음절간의 독립성이 유지되지 않고 연음변화가 한국어에서와 같이 철저하게 일어난다면 자칫 다른 음절이 되기 때문이다.

가장 보편적인 음운변동은 성조의 변화, 경성, '儿化韵'에서 나타나고, 빠르게 발음할 때 일어나는 연음 변화 현상으로 동화, 이화, 약화, 탈락, 강세 등이 있다.

[1] 변조

중국어의 음절은 여러 개 연속해서 발음할 때 그 중 일부 음절의 조치(調值)가 다른 음절의 영향으로 변하기도 하는데 이러한 현상을 '변조(tone-sandhi) [变调]'라고 한다. 주로 상성에서 일어나고 그 외 '一', '七', '八', '不'의 성조 및 거성의 변조가 있다.

1)상성의 변조

(1)상성 + 음평/양평/거성 → 반상(半上) [214→21][54] + 음평/양평/거성

- 제3성+제1성/제2성/제4성 → 반3성+제1성/제2성/제4성

老师 lǎoshī → lǎoshī
语言 yǔyán → yǔyán
感谢 gǎnxiè → gǎnxiè

(2)상성 + 상성 → 양평[214→35] + 상성

- 제3성+제3성 → 제2성+제3성

选举 xuǎnjǔ → xuánjǔ
讲演 jiǎngyǎn → jiángyǎn

(3)상성 + 경성

①상성 + 경성 → 반상 + 경성

- 제3성+경성 → 반3성+경성

耳朵 ěrduo → ěrduo
椅子 yǐzi → yǐzi

②상성 + 경성 → 양평 + 경성

- 제3성+경성 → 제2성+경성

老虎 lǎohu → láohu
可以 kěyi → kéyi

加油

중국어는 고조와 저조인 음평과 양평, 상승조와 하강조인 상성과 거성으로 대립한다. 특히 상성은 고조인 음평과 대립하므로 상대적으로 낮은 소리로 변별된다. 하지만 성대가 동일음역 내에서 낮은 소리만을 내기 어려우므로 저조의 앞뒤에 짧은 하강과 상승이 동반되지만 실제로는 뒤에 따르는 성조에 따라 변하므로, 상성이 독립적으로 홀로 쓰였을 때, 이를 특별히 강조하여 발음하는 경우를 제외하고는 앞뒤의 짧은 하강과 상승이 함께 발음되는 경우는 없다.

---

54) 여기의 숫자는 오도좌표제의 높이를 표시한 것이다.

2) 거성의 변조

두 개의 거성이 서로 연이어질 때 첫 번째 음절은 중음(重音)으로 읽지 않는다면 반거성(半去聲)으로 약화된다.

· 제4성+제4성 → 반4성[51→53]+제4성
电话 diànhuà → diànhuà
快速 kuàisù → kuàisù
大会 dàhuì → dàhuì

3) '一','七', '八', '不'의 변조

'一', '七', '八', '不' 네 글자의 자음도 뒤에 오는 음절의 성조에 영향을 받아 변조되며 그 규칙은 아래와 같다.

(1) '一'

①一+제4성/제4성에서 변한 경성 → 제2성+제4성

一岁 yīsuì → yísuì
一个 yīge → yíge(个는 원래 'gè'였음)

②一+제1/2/3성 → 제4성+제1/2/3성

一天 yītiān → yìtiān
一年 yīnián → yìnián
一本 yīběn → yìběn

③중첩동사 사이에서는 경성

看一看 kànyīkàn → kànyikàn
想一想 xiǎngyīxiǎng → xiǎngyixiǎng

(2) '七', '八'

七/八+4성 → 제1성/제2성+제4성[55)]

七次 qīcì → qīcì/qícì
八万 bāwàn → bāwàn/báwàn

(3) '不'

①不+제4성 → 제2성+제4성

不去 bùqù → búqù
不对 bùduì → búduì

---

55) 최근에는 '七', '八'는 변조하지 않는 경향이 짙다.

②어절을 이룬 낱말 사이에서는 경성

差不多 chàbùduō → chàbuduō
好不好 hǎobùhǎo → hǎobuhǎo
来不及 láibùjí → láibují

4)중첩된 형용사

①A+A儿 → A+A(제1성)儿

好好儿的 hǎohǎorde → hǎohāorde
慢慢儿的 mànmànrde → mànmānrde

②AABB → A+A(경성)+B(제1성)+B(제1성)[56]

慢慢腾腾 mànmàntēngtēng → mànmantēngtēng
痛痛快快 tòngtòngkuàikuài → tòngtongkuāikuāi

③ABB → A+B(제1성)+B(제1성)[57]

直挺挺的 zhítíngtíngde → zhítīngtīngde

④ABB → ABB의 원래 성조대로 발음하는 경우도 있음.

软绵绵 ruǎnmiánmián
金灿灿 jīncàncàn

2 경성

경성[轻声]으로 발음하는 한자라도 원래는 그 고유의 성조를 가지고 있기 때문에 경성은 독립된 하나의 성조로 보지 않고 일종의 음운변동으로 보아야 한다. 경성은 약하게 발음함에 따라 소리의 강약 변화가 자연히 고저에 영향을 미치게 된다.

경성은 앞 음절의 성조에 따라 고저가 변하는 순행동화인데 반해 앞서 살펴본 다른 변조 현상은 뒤 음절 성조의 영향을 받아 변하는 역행동화이다.

1)경성의 음운변동

(1)경성의 음고(音高)

①제1성+경성 → 제1성+2도

56)반드시 이렇게 발음하는 것은 아님.
57)반드시 이렇게 발음하는 것은 아님.

他的 tāde(2도)

②제2성＋경성 → 제2성＋3도

谁的 shéide(3도)

③제3성＋경성 → 제3성＋4도

我的 wǒde(4도)

ⓐ3성＋경식(上＋輕式)58) → 반상(半上) [21]＋4도
[V＋V → V＋·→V̸＋·]

耳朵 ěrduo → ěrduo(4도)
奶奶 nǎinai → nǎinai(4도)
椅子 yǐzi → yǐzi(4도)

ⓑ3성＋차경식(上＋次輕式) → 제2성[35]＋4도 보다 낮으며, 약하게 성조 유지 [V＋V → V̸＋V→V̸＋·]

小姐 xiǎojie → xiǎojie(4도보다 낮으며 약하게 성조유지)
老虎 lǎohu → lǎohu(4도보다 낮으며 약하게 성조유지)
水手 shuǐshou → shuǐshou(4도보다 낮으며 약하게 성조유지)
可以 kěyi → kěyi(4도보다 낮으며 약하게 성조유지)

④제4성＋경성 → 제4성＋1도

坏的 huàide(1도)

加油

경성의 음높이는 앞 성조에 ＋1을 한 수치로 암기하면 된다. 예를 들면, 제1성＋경성은 2도, 제2성＋경성은 3도 높이, 제3성＋경성은 4도 높이, 제4성＋경성은 5도일 수 없으므로 1도 높이와 같이 암기하면 된다.

⑵음소의 변화

성조가 경성으로 약화됨에 따라 음소의 성질도 변하게 된다. 무기음인 파열음, 파찰음의 성모는 경성 후 같은 조음위치의 유성음으로 변하고, 운모도 중성모음[中央元音] 〔ə〕로 약화하거나 탈락한다. 아래의 예는 각 낱말의 두 번째 음절이 경성으로 읽힐 때 일어나는 음소의 변화를 보여준다.

爸爸bàbà → bà〔bə〕(유성음화, 중모음화)
豆腐dòufǔ → dòu〔f〕(마찰음, 운모탈락)

---

58)'上+輕式'은 '상성+상성' 형식에서 뒤의 상성이 먼저 경성(輕聲)으로 변한 형식이고, '上+次輕式'은 '상성+상성' 형식에서 앞의 상성이 먼저 양평으로 변한 다음 뒤의 상성이 경성으로 변한 형식을 말한다.

意思yìsī → yì[s](마찰음, 운모탈락)

2) 경성의 의미 분화

자음(字音)이 경성이 되어 의미상의 변화를 일으키기도 한다.

东西(dōngxī:동서) – 东西(dōngxi:물건)
兄弟(xiōngdì:형제) – 兄弟(xiōngdi:아우)
大爷(dàyé:어르신) – 大爷(dàye:백부. 아저씨)
地方(dìfāng:지방) – 地方(dìfang:곳. 장소. 부분)
老子(lǎozǐ:노자)[59] – 老子(lǎozi:아버지)

3) 경성의 품사 전환

경성은 품사를 전환시키기도 한다.

地道(dìdào:지하도. 명사) – 地道(dìdao:정통의/전형적인. 형용사)
摆设(bǎishè:펼쳐 놓다. 동사) – 摆设(bǎishe:장식품. 명사)
自然(zìrán:자연스럽다. 형용사) – 自然(zìran:자연. 명사)
精神(jīngshén:정신. 명사) – 精神(jīngshen:활기차다/정신이 있다. 형용사)
大意(dàyì:대의. 명사) – 大意(dàyi:소홀하다/부주의하다. 형용사)
对头(duìtóu:맞다/어울리다. 형용사) – 对头(duìtou:원수/상대. 명사)

4) 경성화의 규칙

(1)문법적 경성

①조사

的 ⁝ 地 ⁝ 得 ⁝ 了 ⁝ 着 ⁝ 过 ⁝ 啊 ⁝ 吗 ⁝ 呢 ⁝ 吧

②접미사

子 ⁝ 头 ⁝ 们 ⁝ 儿(앞 음절에 흡수됨)

③방위사

上 ⁝ 下 ⁝ 里 ⁝ 边

④방향보어(복합방향보어의 경우 두 번째 보어 来/去가 경성)

来 ⁝ 去 ⁝ 起来 ⁝ 下来 ⁝ 回去 ⁝ 回来

⑤목적어로 쓰인 대명사

我教他汉语。 ⁝ 我很爱他。

---

59)'君子', '仙子', '原子', '孔子', '鸡子', '五味子' 등은 자기의 뜻을 가지고 있기 때문에 접미사가 아니다. 따라서 제3성으로 발음해야 한다.

⑥일음절 동사 중첩의 제2음절

看看 | 听听 | 走走

⑦이음절 동사 중첩의 제2음절, 제4음절

学习学习 | 讨论讨论 | 欢迎欢迎

⑧일음절 동사의 중첩 형식에 쓰인 '一', '不'

看一看 | 走不走

⑨가능보어의 부정형 '不'

找不到 | 走不了

⑵어휘적 경성

①중첩형 명사의 제2음절

姐姐 | 爸爸 | 宝宝

②일부 명사의 제2음절

耳朵 | 嘴巴 | 先生 | 风筝 | 相声

③'是'가 부사 뒤에 쓰일 때 경성으로 발음됨으로써 하나의 낱말처럼 쓰임.

不是 | 真是 | 倒是

3 '儿化韵'

접미사[后缀] '-儿'은 자기의 음절 'er'(실질 음가는 〔ɚ〕)을 가지지 못하고 얼마간의 변화를 일으키면서 앞의 음절에 흡수되는데, 이러한 현상을 '얼화/권설음화[儿化]'라고 하고 '儿化'된 운모를 '얼화운/권설운[儿化韵]'이라고 한다.

1)'**儿化**'의 어휘 작용

①의미 분화

眼 – 眼儿(눈 – 구멍)　门 – 门儿(문 – 방법)

②품사 분화

ⓐ'儿化'는 명사의 표지로 가장 많이 쓰인다. 따라서 명사, 양사, 형용사, 동사 등에 붙여 명사나 양사로 변화시키기도 한다.

명사+儿 → 桃儿 | 棍儿 | 盹儿 | 蛐蛐儿 | 刀儿 | 嘴儿 | 字儿 | 心儿
형용사+儿 → 尖儿(사물의 뾰족한 끝) | 黄儿(노른자)

동사+儿 → 画儿 ¦ 盖儿
양사+儿 → 口儿 ¦ 根儿 ¦ 串儿

ⓑ'儿'이 결합된 동사는 극소수이다.

玩儿 ¦ 嗤儿 ¦ 火儿(화내다)

ⓒ부사와 상태형용사[60]의 접미사로 쓰인다.

慢慢儿 ¦ 远远儿 ¦ 好好儿
小小儿的 ¦ 高高儿的 ¦ 大大方方儿的

ⓓ날짜를 나타내는 말의 접미사로 쓰인다. '日'가 '儿'로 변한 것이다.

今儿 ¦ 明儿 ¦ 后儿

ⓔ'这', '那', '哪'의 접미사로 쓰인다. '里'가 '儿'로 변한 것이다.

这儿 ¦ 那儿 ¦ 哪儿

2)'儿化'의 발음 규칙

'儿化'된 낱말은 한어병음방안으로 표기할 때는 변화된 음은 표기하지 않고 일률적으로 '-r'을 붙이지만 실제로는 아래와 같이 발음하여야 한다.

①'-a', '-e', '-o', '-u' 다음에 '儿er'이 오면 '-r'(실질 음가는 〔ɹ〕)만 붙여 발음한다.

错儿cuò+er → cuòr ¦ 股儿gǔ+er → gǔr

②'-i', '-ü' 다음에 '儿er'이 오면 '-er'(실질 음가는 〔ɚ〕)로 발음한다.

皮儿pí+er → píer ¦ 驴儿lǘ+er → lǘer ¦ 鱼儿yú+er → yúer

③'-ai', '-an', '-ei', '-en' 다음에 '儿er'이 오면 '-i', '-n'을 없애고 '-r'을 붙여 발음한다.

盖儿gài+er → gàr ¦ 边儿biān+er → biār
味儿wèi+er → wèr ¦ 分儿fēn+er → fēr

④'zhi', 'chi', 'shi', 'ri', 'zi', 'ci', 'si', '-ui', '-in', '-un', '-ün' 다음에 '儿er'이 오면 '-i', '-n'을 없애고 '-er'로 발음한다.

事儿shì+er → shèr ¦ 子儿zǐ+er → zěr ¦ 腿儿tǔi+er → tǔer
信儿xìn+er → xìer ¦ 村儿cūn+er → cūer ¦ 裙儿qún+er → qúer

⑤'-ang', '-eng', '-ong' 다음에 '儿er'이 오면 '-ng'을 없앤 후 '-r'을

---

60) '大', '小', '干净'과 같이 대상의 성격, 성질, 외형과 같은 속성만을 객관적으로 나타내는 형용사를 성질형용사라고 하고, '通红', '冰凉', '好好儿(的)'와 같이 어떤 대상의 상태를 화자가 주관적으로 묘사하는 형용사를 상태형용사라고 한다. 주로 수식어를 가지거나 중첩된 형용사가 상태를 나타낸다.

붙이고, '-ing'은 '-ng'를 없앤 후 '-er'을 붙이되, 모두 비음화(鼻音化)하여 '-ãr', '-ẽr', '-õr', '-iẽr'로 발음한다.

腔儿qiāng+er → qiār ; 灯儿dēng+er → dēr
影儿yǐng+er → yǐer ; 空儿kòng+er → kòr

4 연음변화

앞이나 뒤에 연결된 음운의 영향을 받아 일어난 음운상의 변화를 연음변화(internal sandhi)[语流音变]라고 한다. 연음변화에는 동화[同化], 이화[异化], 약화[弱化], 탈락[脱落], 음운첨가[增音] 등이 있다.

1) '啊'의 연음변화

'啊'가 어기조사로 쓰일 때 앞 음절에 따라 다음과 같은 음운첨가 현상이 일어난다. 앞 낱말의 마지막 음에 따라 'ya', 'wa', 'na' 등과 같은 음으로 변하기 때문에, 각각 '呀(ya)', '哇(wa)', '哪(na)' 등의 글자로 바꾸어 쓰게 된다.

앞 글자의 발음	'啊'의 변음	대용한자	예문
-a -e -i -o -ü	a → ya[ia]	呀	看戏呀
-ao -ou -u	a → wa[ua]	哇	很好哇
-n	a → na[na]	哪	有人哪
-ng	a → nga[ŋa]	啊	好香啊
zhi chi shi ri er	a → ra[ʐa]	啊	老师啊
zi ci si	a → sa[za]	啊	公子啊

(1)'了+啊' → la(啦)

很高啦 ; 不走啦 ; 住五年啦

(2)'呢+啊' → na(哪)

时间还早着哪 ; 门开着哪

2) 동화

동화(assimilation)[同化]는 쉽게 발음하려는 목적에서 주변의 음운 환경에 닮게 발음하는 현상이다. 어느 한 음운이 다른 음운의 영향을 받아 음운 전체가 같아지거나 혹은 일부가 같은 음운으로 동화되는 현상을 말하는 것으로 뒤의 음운이 앞의 음운에 동화되는 순행동화(progressive assimilation)[顺同化]와 앞의 음운이 뒤의 음운에 동화되는 역행동화(regressive assimilation)[逆同化]가 있다.

①자음의 동화

名额〔miŋ35ə35〕 → 〔miŋ35ŋə35〕(영성모의 경우 앞 음절 ŋ에 순행동화)
兜肚〔tou55tu〕 → 〔tou55tou〕(북방인들의 습관적 발음. 순행동화)
帮忙〔paŋ55maŋ35〕 → 〔pam55maŋ35〕(북경어에 보이는 역행동화)
青年〔tɕ'iŋ55nien35〕 → 〔tɕ'in55nien35〕(북경어에 보이는 역행동화)
版面〔pan35miɛn51〕 → 〔pam35miɛn51〕(역행동화)
辛苦〔ɕin55k'u214〕 → 〔ɕiŋ55k'u214〕(빠르게 발음할 때 역행동화)
金镑〔tɕin55paŋ51〕 → 〔tɕim55paŋ51〕(빠르게 발음할 때 설첨음 'n'이 순음 'p'에 동화되어 같은 순음 'm'으로 동화)

②모음의 동화

爱ài〔Ai51〕 → 〔al51〕(저모음화)
奥ào〔au51〕 → 〔ɑU51〕(저모음화)
奥ào〔au51〕 → 〔ɑU51〕(후설모음화)
昂áng〔aŋ35〕 → 〔ɑŋ35〕(후설모음화)

3) 이화

이화(dissimilation) [异化]는 발음을 명료하게 하기 위해 주변의 음운과 구별하려는 현상이다. 서로 같거나 비슷한 음운이 영향을 미쳐 다른 음운으로 변하는 현상으로, 순행이화와 역행이화가 있다. 중국어에는 자음과 모음의 이화현상은 거의 나타나지 않으며 주로 성조에서 역행이화가 일어난다.

중국어의 제3성이 2개 연이어 있을 때 앞의 제3성이 〔214〕에서 〔35〕로 변하는 현상, 제4성이 2개 연이어 있을 때 앞의 제4성이 〔51〕에서 〔53〕으로 변하는 현상 등은 모두 역행이화에 속한다.

4) 약화

약화(weakening) [弱化]는 상대적으로 강한 음운이 앞뒤에 가까이 있는 음운의 영향을 받아 비교적 약한 음운으로 변하는 현상이다. 음운의 강약은 발음을 할 때의 저항력의 크기가 결정하는 것으로, 무성 자음이 유성 자음 보다 크고, 파열음 · 파찰음이 마찰음 · 비음 · 측음 · 전동음(顫動音)보다 강하다. 모음의 경우에는 전, 후설 모음이 중설 모음보다 강하고, 저모음이 고모음보다 강하고, 복모음이 단모음보다 강하며, 장모음이 단모음보다 강하다. 모음의 약화는 중모음화하는 경우가 많다.

①자음의 약화

嚏喷tìpen → 〔tìfen〕('fen'으로 약화하여 발음하는 경우가 있음)
屁股pìgǔ → 〔pìhu〕('hu'로 약화하여 발음하는 경우가 있음)

②모음의 약화

回来huílái → [lɛ]
奶奶nǎinǎi → [nɛ]
好了hǎoliǎo → [lə]
拿着názhuó → [tʂə]

③성조의 약화

모든 경성은 성조의 약화 현상이다. 성조언어에서 성조는 약화하는 경우가 아주 많다.

5)탈락

탈락(deletion)[脱落]은 빠르게 발음하거나 혹은 발음의 편리를 위해 어떤 음운을 생략하는 현상이다. 모음 탈락, 자음 탈락, 음절 탈락 등이 있다.

我们(wǒmen) → (wǒmn)→ (wǒm)
豆腐(dòufǔ) → (dòuf)
小孩儿(xiǎoháir) → (xiǎohár)
两个(liǎge) → 俩(liǎ)(음운 탈락 후 새로운 글자를 만듦)
三个(sānge) → 仨(sā)(음운 탈락 후 새로운 글자를 만듦)

6)음운첨가

음운첨가(addition)[增音]는 여러 개의 음절이 연속적으로 이어질 때 원래는 없던 음성이 첨가되는 현상이다. 이런 현상은 주로 문장 중에서 발생한다. 예를 들면, '啊'가 문장 말미에 첨가될 때 앞 음절의 영향으로 음소 하나가 첨가되는 것과 같은 현상이다.

你快看＋啊[a] → 你快看＋哪[na]

7)유성음화와 무성음화

허파에서 나온 공기가 후두를 통과할 때 성대를 접근시켜 울리도록 하는 소리가 유성음이다. 자음 중 [b], [v], [z], [g], [n], [l], [r] 등이 유성음인데, 한국어나 중국어는 무성음(voiceless)[清音/不带音]과 유성음(voice)[浊音/带音]의 차이로 뜻을 구별하는 언어가 아니다. 따라서 유성음과 무성음의 음운론적 대립은 없고 그 변이음에서만 볼 수 있다. 어떤 음운은 환경에 따라 무성음이 유성음으로 실현되는데 이를 '무성음의 유성음화[清音浊化]'라고 한다. 두 개의 음절이 긴밀하게 발음될 때 뒤의 성모가 무기 파열, 파찰음이면 성대의 관성 작용에 의해 항상 유성음화하게 된다. 예를 들면, 유성음 뒤의 [p], [t], [k], [tɕ], [ts], [tʂ]와 같은 무기 파열음, 무기 파찰음의 성모는 유성음 뒤에서 같은 조음위치의 유성음 〔b〕, 〔d〕, 〔g〕, 〔dʑ〕, 〔dz〕, 〔dʐ〕로 실현된다.

爹爹diēdiē → diē〔diɛ〕(유성음화)
我的wǒde → wǒ〔də〕(유성음화, 중모음화)
人家rénjiā → rén〔dʑə〕(유성음화, 중모음화)
桌子zhuōzi → zhuō〔dzə〕(유성음화, 중모음화)

第三編

중국어와 문자

第一章 한자란 무엇인가?

第二章 한자의 변천

第三章 한자의 구조와 형(形)·음(音)·의(義)

第四章 한자의 형성 원리-육서(六書)

第五章 한자의 표준화

第六章 한자의 정보 처리-중국어와 컴퓨터

第一章

한자란 무엇인가?

중국어의 분절음절(성조를 포함하지 않은 음절)은 방언 음절의 포함 여부에 따라 약간 다르지만 대개 410개 전후이며, 여기에 4개의 성조가 더해 진다해도 1,300여개의 음절에 불과하다. 그런데 중국어의 거의 모든 음절은 의미를 지닌 형태소이고, 이런 형태소가 그대로 낱말이 되거나 낱말을 이루는 형태소가 된다. 그러므로 형태소의 숫자는 음절수를 수십 배 초과하게 되고, 동일 음절이지만 다른 의미를 나타내는 형태소가 수십 개에 이르게 된다. 비록 음절이 동일하여 소리로 의미를 분별하는 것은 불가능하지만, 시각적으로나마 의미를 분별할 수 있도록 만들어진 문자가 한자이다. 중국어를 소리글자가 아닌 뜻글자로 적는 이유가 바로 여기에 있다.

한자는 모양으로 소리와 의미를 나타내게 된다. 따라서 한자의 모양에는 뜻과 소리에 대한 정보가 포함되어 있지만 한자의 형태적 특성으로 인해 한자가 나타내는 소리의 정보는 무척 제한적일 수밖에 없다.

한자는 모양(形), 소리(音), 의미(義)의 세 가지 중요한 요소로 이루어져 있다. 한자의 모양을 연구하는 학문을 '문자학(文字學)'이라 하고, 한자의 소리를 연구하는 학문을 '성운학(聲韻學)'이라고 하였으며, 한자의 의미를 연구하는 학문을 '훈고학(訓詁學)'이라고 하였다. 오늘날의 한자에 대한 연구도 결국은 이 세 범주로 요약할 수 있다.

한자는 뜻을 적는 문자이기 때문에 한자로 기록한 한문(漢文)은 시간과 공간을 초월하여 그 의미를 전달할 수 있다. 2500년 전에 만들어진 《论语》를 지금도 읽을 수 있으며, 또한 이 책이 일본, 중국, 한국 어디에서나 같은 의미로 읽혀지고 있는 것은 시공을 초월하여 의미를 전달할 수 있는 한자의 특징 때문이다.

한자는 형태로 여러 가지 의미를 나타내기 때문에 그 의미를 변별하기 위해서는 모양이 복잡해질 수밖에 없고, 이로써 한자를 익히기가 쉽지 않게 된다. 하지만 한자는 규칙 없이 만들어진 그림이 아니라 법칙에 따라 만들어지고 운용되는 문자이기 때문에 그 원리를 이해하면서 익히는 것이 중요하다.

1 문자의 발전과 한자의 기원

1. 문자의 발전과 종류

1)문자의 발전 단계

(1)기억 보조 단계

인간은 서로 간의 의사소통을 위해 말을 할 수 있도록 진화하였지만, '음성 언어'는 시간과 공간의 제약을 받을 수밖에 없다. 인류는 이러한 언어의 제약을 극복하기 위해 각종 신호를 사용하였다. 예를 들면, 언어나 몸짓으로는 근거리 통신을, 봉화(烽火)로는 원거리 통신을, 특정 부호와 문자로는 시공을 초월한 통신을 하였다.

인간이 통신에 활용하는 신호는 그 수단에 따라 시각적 신호와 청각적 신호로 나눌 수 있다. 인류는 시간이나 공간적 제약이 따르기 때문에 청각적 신호보다는 주로 시각적 신호로 기록하였다. 석기 시대의 동물그림, 암각화, 봉화 등은 모두 시각적 신호인데 이는 초기 단계의 손짓, 몸짓 신호보다 발달한 신호이다.

한계를 지닌 인간의 기억을 돕거나 사회적인 규약을 표시하거나 혹은 서로간의 약속을 나타내기 위해 인류는 기억을 돕는 부호를 사용하게 되는데, 이를 기억 보조 단계(mnemonic stage)라고 한다. 인류는 기억을 돕는 수단으로 계산막대기, 조개구슬, 결승 등을 활용하여 사회적 약속에 따른 부호를 만들어 기억 보조 수단으로 활용하였다.

기억 보조 수단이 비록 시각적인 기호체계이기는 하지만 이것으로 전달할 수 있는 내용은 극히 제한적일 뿐 아니라 말을 기록하기 위한 기호체계가 아니기 때문에 이것을 문자라고는 할 수 없지만, 문자로 발전하는 데 선도적 역할을 하였다고 볼 수 있다. 이러한 기억보조 단계를 거쳐 인류가 말의 단위를 기록하기 위해 만들어 낸 일정한 기호 체제를 문자(文字:letter)라고 한다.

(2)회화 단계

인류가 활용한 가장 보편적인 기록 수단은 그림이었다. 그림이나 대상을 본뜬 도안을 바위, 진흙, 천, 기물(器物) 등에 새겨 어떤 의미를 전달했던 것이다. 이런 그림들이 그려진 한 폭의 그림을 문자화(文字畵)라고 할 수 있으며, 이 그림 속의 도화(圖畵)나 부호들을 그림문자 또는 회화문자(繪畫文字:pictograph) [图画文字]라고 한다. 초기의 회화문자는 표현하고자 하는 것을 총체적으로 뭉뚱그려 나타내고 있어 언어와는 직접 관련을 가지지 못한다. 따라서 회화문자는 문자의 기원(起源)임을 강조할 수는 있으나, 이것들을 진정한 문자라고 할 수는 없다. 이렇게 도형으로 의사 전달하던 시기를 회화단계(pictorial stage)라고 한다.

그림문자는 문자와 언어의 대응 관계를 형성하는 단계에는 이르지 못하고, 단지 하나의 사상을 총체적으로 그림에 포함하여 나타내기 때문에 단락문자(段落文字)라고도 하지만 진정한 의미의 문자는 아니다.

그림문자가 선으로 부호화 되고 이 부호가 상징적 형상을 지향하는 상형문자(象形文字:pictograph)로 발전하게 된다. 상형문자는 표현하고자 하는 대상의 형체를 간략한 그림의 형태로 모사하여 만든 문자이지만, 그림문자와 달리 문자가 낱말과 대응관계를 이룬다는 점에서 크게 다르다. 따라서 상형문자는 최초의 단어문자이라고 할 수 있으며, 이러한 상형문자야 말로 인류 최초의 보편적 문자이다.

기원전 1300년경부터 사용한 것으로 보이는 한자(漢字)는 물론이고, 기원전 3100년경에 사용한 메소포타미아의 수메르문자(Sumerian writing), 기원전 3000년경에 사용한 이집트의 신성문자(神聖文字: hieroglyphic writing), 기원전 1500년경에 만들어진 시리아지방의 히타이트(Hittite)문자, 메소포타미아의 설형문자(楔形文字:쐐기문자:cuneiform script) 등이 모두 상형문자이다.

문자를 그림처럼 자세하고 정확하게 묘사하려면 시간도 걸리고 그리기도 어렵다. 따라서 상형문자는 점차 획의 모양으로 바뀌어 그림의 모습에서 글자의 모습을 띠게 된다. 한자 초기의 상형문자는 '(人)', '(目)', '(日)', '(月)', '(山)', '(木)', '(水)'와 같이 그림에 가까운 수준이었으나 후기로 오면서 원래의 회화적 형상에서 차츰 벗어나 필획으로 구성되었다.

(3)표어(表語) 단계와 표음(表音) 단계

낱개의 글자가 말의 어느 한 단위를 대표할 때 이를 문자라고 한다. 문자는 기록하는 단위에 따라 단어문자(單語文字:word writing), 음절문자(音節文字:syllabic writing), 음소문자(音素文字:phonemic writing) 등으로 분류한다. 단어문자는 문자 하나하나가 말의 형태소를 나타내는 문자 시스템이다. 이는 의미를 나타내는 문자이기 때문에 표의문자(表意文字)이며, 형태소 문자 혹은 표어문자(表語文字:logogram)라고도 하고 이러한 문자 발전 시기를 표어 단계(表語段階:idiographic stage)라고 한다. 한자 하나하나는 중국어 형태소 하나하나를 표기하므로 대표적인

표어문자이다

음소문자와 음절문자는 소리를 표기하기 때문에 표음문자(表音文字)라고 하고, 음소문자를 자모문자(字母文字:alphabetic writing)라고도 한다. 이렇게 언어의 소리를 기록한 문자의 발전 단계를 표음단계(表音段階:phonetic stage)[61]라고 한다.

2)문자의 종류

(1)표의문자(表意文字:ideogram)

표의문자는 발음과 상관없이 의미만을 나타내는 문자이다. 예를 들면, 아라비아 숫자 '1', '2', '3' 등은 언어마다 다르게 읽지만 그 의미는 동일하므로 이 역시 표의문자이다.

대표적인 표의문자는 한자(漢字)로써 그 모양으로 음절과 의미를 동시에 나타내게 된다. 음절문자는 단지 음절을 적는 기호에 불과하지만 한자는 음절뿐 만아니라 의미까지도 나타내게 되므로 형태소 문자라고 할 수 있다. 물론 '蝴蝶', '骆驼', '葡萄', '玻璃', '蜻蜓', '蜘蛛', '琵琶'와 같이 두 글자가 되어야 하나의 뜻을 나타낼 수 있는 한자도 있으나, 사실 이 낱말들을 구성하는 개별 한자들도 '骆驼'의 '驼'가 다른 형태소와 결합하여 '驼背(꼽추)', '驼峰(낙타의 육봉)' 등을 만들어 내는 것과 같이 다시 다른 한자와 결합하여 새로운 의미를 만들어 낼 수 있다. 그러나 이렇게 두 글자가 되어야 하나의 뜻을 나타내는 경우는 극소수이기 때문에 한자는 충분히 형태소 문자라 할 수 있다. 한자는 의미와 음절을 동시에 표현하기 때문에 '형태소-음절문자'라고도 한다.

(2)표음문자(表音文字:phonogram)

말의 소리 단위를 기록하는 문자를 표음문자라고 한다. 말의 소리 단위에는 음소와 음절이 있으므로, 표음문자는 다시 음소문자와 음절문자로 나눌 수 있다.

①음소문자(phonemic language)[音位文字]

문자의 기록 단위가 음소인 문자를 음소문자라고 한다. 가장 대표적 음소문자는 한글이며, 유럽 여러 나라 문자와 인도의 산스크리트 문자 등도 음소문자이다. 음소문자는 기호 하나가 하나의 자음이나 모음을 나타내며, 이들 기호가 일정한 규칙에 의해 조합되어 음절을 나타내게 된다. 이러한 음절이 조합되어 어떤 의미를 나타낼 때 비로소 형태소가 된다.

---

61)문자의 발전 단계에 대해서는 Edward Clodd, 《The Story of the Alphabet》(California.:University of California Libraries, 1900) 참조.

예를 들면, '하늘'이라는 형태소는 2개의 음절로 이루어져 있으며 이 중 첫 번째 음절은 다시 2개의 음소 'ㅎ', 'ㅏ'로 이루어져 있으며 이는 두 번째 음절과 조합되어 하나의 형태소가 된다.

②음절문자(音節文字:syllabic writing)

문자의 기록 단위가 음절인 문자, 즉 하나의 음절을 하나의 글자로 나타내는 문자를 음절문자라고 한다. 가장 대표적인 음절문자는 일본의 '가나(かな:假名)'이다. 예를 들면, 〔ka〕라는 하나의 음절을 소리 낼 때 음소문자인 한글과 영문자에서는 두 개의 자모를 사용해 '가(ㄱ+ㅏ)', 'KA(K+A)'로 나타내지만, 일본어의 경우 이 〔ka〕 음절을 'か'라는 하나의 문자로 표기한다. 하나의 글자가 하나의 음절을 나타내므로 더 이상의 작은 단위로 분할할 수가 없다. 이렇게 음절문자는 음소문자와 달리 자음과 모음으로 분해할 수 없으며, 그 최소 서사 단위가 음절이기 때문에 그 언어의 음절 수량과 같은 수의 문자가 필요하게 된다. 따라서 음절수가 많은 언어는 이 음절문자를 사용할 수 없으며 일본어는 전체 음절수가 50개에 불과하기 때문에 음절문자로 표기할 수 있다.

3)한자 이전의 부호

중국 문자의 원시적 형태는 돌도끼와 같은 석기나 도기 등에 새겨진 것 외에도 팔괘(八卦), 결승(結繩), 서계(書契) 등이 있었음을 각종 문헌에서 확인할 수 있다.

⑴결승(結繩)

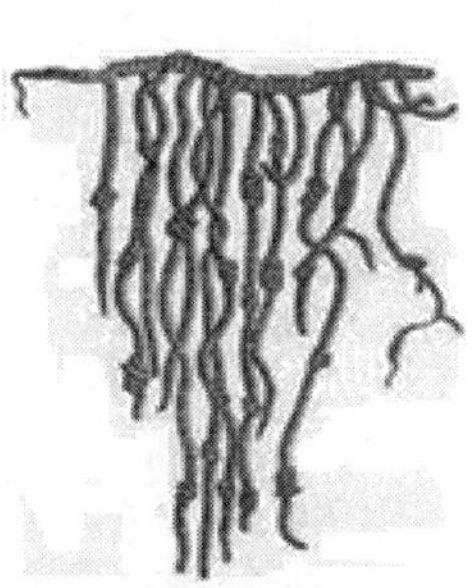

결승이란 새끼줄이나 노끈에 매듭을 지어 그 모양, 색깔, 매듭의 수와 간격 등으로써 날짜, 사람이나 물건의 수량 따위를 기록하고 전달하는 수단이었는데 고대 중국은 물론이고 페르시아, 잉카제국, 이집트, 티베트 등 문자가 없던 고대에 보편적으로 쓰였던 기억의 보조 수단이었다.

결승은 엄밀한 의미에서 문자는 아니지만 정보를 사회적 약속에 의한 방법으로 기록해 전달한다는 점에서 문자의 충분히 역할을 했기 때문에 결승문자라고 한다.

중국에도 결승이 고대의 기록 수단이었다는 점을 언급한 문헌이 있다. 《易·繫辭传下(역·계사전하)》에는 다음과 같이 결승이 서계(書契)가 나오기 전에 사용되었음을 전하고 있다.

上古结绳而治, 后世圣人易之以书契。

(상고시기에는 결승으로 기록하여 나라를 다스렸는데, 후세 성인들이 나타나 이것을

서계로 바꾸어 기록하게 하였다)

동한(東漢)의 경학자 정현[郑玄](127－200)은《周易(주역)》을 해설한《周易注(주역주)》에서 결승에 대해 다음과 같이 말하였다.

结绳为约, 事大, 大结其绳, 事小, 小结其绳。
(결승은 사회적 약속으로서, 사안이 클 때는 그 매듭을 크게 하고, 사안이 작을 때는 그 매듭을 작게 하였다)

⑵팔괘(八卦)

팔괘는 남성과 하늘처럼 '阳刚之物(밝고 강직한 사물)'을 대표하는 선 '—', 여성과 땅처럼 '阴柔之物(어둡고 부드러운 사물)'을 대표하는 선 '--'으로 이루어져 있다. 이를 세 개씩 중첩하면 8(=2^3)개의 조합이 생기는데 이 조합을 팔괘라고 한다. 이것이 사물을 의미하는 부호로 사용되었기 때문에 중국 문자의 원시적 형태로 보기도 한다.

이름	부호(卦)	자연	성정	가족	인체	동물	방위
건(乾)	☰	하늘(天)	건(健)	아버지	머리(首)	말(馬)	서북
태(兌)	☱	연못(澤)	열(悅)	소녀	입(口)	양(羊)	서
리(離)	☲	불(火)	려(麗)	중녀	눈(目)	꿩(雉)	남
진(震)	☳	우레(雷)	동(動)	장남	다리(足)	용(龍)	동
손(巽)	☴	바람(風)	입(入)	장녀	허벅지(股)	닭(鷄)	동남
감(坎)	☵	물(水)	함(陷)	중남	귀(耳)	돼지(亥)	북
간(艮)	☶	산(山)	지(止)	소남	손(手)	개(犬)	동북
곤(坤)	☷	땅(地)	순(順)	어머니	배(腹)	소(牛)	서남

加油

유교 경전의 하나인《易經(역경)》은《易》이라고도 하며, 주대(周代)에는 주로 8괘로 점을 쳤다고 하여《周易(주역)》이라고도 한다.
8괘를 다시 둘씩 조합하면 64(8^2)괘가 되는데, 이 64괘에 대한 해설을 괘사(卦辭)라 하고, 여기에 쓰인 384(64×6)개의 '—'이나 '--'을 효(爻)라고 하며, 효에 대한 해설을 효사(爻辭)라고 한다. 이러한 괘상(卦象)에 따라 길흉화복의 점을 쳤는데, 이러한 괘상에 대한 해석은 10편으로 이루어져 있어 십익(十翼)이라고 한다.
당(唐)의 공영달[孔颖达](574－648)이 지은《周易正义(주역정의)》에는 "伏羲制卦, 文王卦辞, 周公爻辞, 孔十翼也。(복희씨가 괘를 만들고, 문왕이 괘사를, 주공이 효사를, 공자가 10익을 만들었다)"라고 하였지만 이는 어디까지나 그 내용에 대해 권위를 부여하려는 의도로 추정되며, 괘사나 효사는 점술사(占術師)들 사이에 생겨난 것으로, 동주(東周) 후기에서 전국시대 사이에 그 체계가 갖추어진 것으로 보고 있다.

⑶서계(書契)

'書'는 '쓰다', '긋다'의 뜻이고, '契'는 '새기다'의 뜻이므로 선을 긋고 새겨 숫자, 날짜, 사건의 크고 작음 등을 기록한 것으로 추측할 수 있다.

《易 · 繫辞传下(역 · 계사전하)》에 서계가 결승 이전에 사용되었다는 기록이 있고, 서한(西漢)의 공안국[孔安国](약 기원전 156－기원전 74) 역시 《尚书注疏 · 卷第一 · 尚书序(상서주소 · 권제일 · 상서서)》에서 서계가 결승을 대신하였음을 인정하였다.

> 古者伏牺氏之王天下也, 始画八卦, 造书契, 以代结绳之政, 由是文籍生焉。
> (고대에는 복희씨가 천하를 다스렸는데, 처음으로 팔괘를 그리고, 서계를 만들어 결승에 의한 정치를 대신하게 하였다. 이로부터 문자와 서적이 생겨나게 되었다)

또한 당대(唐代)의 사마정[司马贞][62]은 《三皇本纪(삼황본기)》에서 복희[伏羲], 여와[女娲], 신농[神农] 등 삼황(三皇) 등의 역사를 기록하여 《五帝本纪(오제본기)》 앞에 넣었는데, 이를 《史记补三皇本纪(사기보삼황본기)》라고 한다. 여기에서도 서계를 복희씨가 만들었으며 이것이 결승을 대신하게 되었다고 기록하고 있다.

> 太昊伏羲氏造书契, 以代结绳之政。
> (태호 복희씨가 서계를 만들게 되었는데, 이로써 결승에 의해 하던 정치를 대신하게 되었다)

서계 역시 복희씨에 의해 창조된 것이라고 하지만 그 인물의 신화적 요소를 감안하면 서계의 창조자와 시기에 대한 판단의 근거는 될 수 없을 것이다.

서계는 다양한 부호를 활용하고 있어 정보의 기록과 전달의 측면에서 볼 때 결승이나 팔괘 보다 훨씬 더 문자에 가깝다고 할 수 있다. 다만 서계의 부호는 의미만을 나타낼 뿐 표음 수단은 아니었으며, 좀 더 구체적인 의미를 기록할 수 없었다는 점에서는 문자라고 할 수 없다.

2. 한자의 기원

1) 창힐[**仓颉**]의 문자 창제설

한자는 수천 년 동안 도화(圖畫)의 단계, 부호의 단계, 문자의 단계를 거치면서 끊임없이 변화 발전한 문자이다. 하지만 결승과 서계 및 팔괘를 복희씨가 창제하였다고 하듯이 한자 역시 그 창제와 관련된 기록들이 고대 문헌에 보인다.

---

62) 당대(唐代)의 저명한 사학자. 정확한 생존연대 미상. 현종[玄宗] 개원(開元) 연간에 조산대부(朝散大夫), 홍문관학사(宏文館學士) 등을 지냈으며, 중요한 저서로는 《史记索隐(사기색은)》 30권(卷)이 있으며, 사기에 대한 연구가 깊어 '小司马(소사마)라고 불렸다.

한자의 창제에 대한 고대 기록 중 가장 빠른 것은《荀子 · 解蔽(순자 · 해폐)》의 다음과 같은 기록이다.

好书者众矣，而仓颉独传者，壹也。

(글자 쓰기를 좋아하는 사람은 많지만 창힐만이 그 명성이 후세에 전해지는데, 이는 그가 이 일에만 전념했기 때문일 것이다)

이 기록에는 창힐[仓颉]('苍颉'로도 씀)이 문자를 직접 창조하였다는 언급은 없으며, 다만 창힐은 문자에 관한 일에 전념하였다는 것만 언급한다. 하지만 창힐에 관한 기록은 이후 점점 전설 속의 인물처럼 영웅화, 신격화되고, 창힐의 일인창제설(一人創製說)로 굳어져 간다. 이러한 기록은 전국시대(戰國時代) 말기에 더욱 많이 나타난다.

古者苍颉之作书也，自环者谓之私，背私谓之公[63]，公私之相背也，乃苍颉固以知之矣。《韩非子 · 五蠹》

(옛날에 창힐이 문자를 만들었다. 스스로를 위해 도모하는 것을 '사(私)'라고 하고 '사(私)'에 위배 되는 것을 '공(公)'이라고 하였는데 공과 사는 서로 반대되는 것이다. 창힐은 진실로 그것에 대해 잘 알고 있었던 것이다)

史皇作图，仓颉作书。《世本 · 作篇》[64]

(사황은 도화문을 만들고, 창힐은 글자를 만들었다)

奚仲作车，仓颉作书。《吕氏春秋 · 君守》

(해중은 수레를 만들고, 창힐은 글자를 만들었다)

昔者仓颉作书，而天雨粟，鬼夜哭。《淮南子 · 本经训》[65]

(옛날 창힐이 글자를 만들었는데, 이를 찬양하기 위해 하늘에서는 곡식이 비 오듯 쏟아지고, 악귀를 응징하니 귀신은 통곡하였다)

위와 같은 기록으로 전국시대 말기까지 창힐의 문자 창제설은 매우 광범위하고도 보편화되었음을 알 수 있다. 이에 더해 허신[许慎](서기 55?－125?)의《说文解字 · 叙 · 繫辞(설문해자 · 서 · 계사)》에서는 다음과 같이 구체적으로 기록하여 창힐 창제설은 더욱 보편화 되었다.

仓颉之始作书，盖依类象形，故谓之文[66]；其后形声相益，即谓之

---

63) '私'의 고문자는 '厶'인데, 이 글자의 고대 자형은 밖에서 안으로 향해 돌아가는 나선형이었다. 이러한 자형을 지적하여 '自环(스스로 돌아 들어간다)'이라고 하였고, '公'은 안에서 밖으로 돌아가는 나선형에 두 점을 찍어서 '厶'와는 반대의 방향임을 나타내었다고 한다.

64) 사황[史皇]과 창힐[仓颉]은 모두 황제의 신하라고 전해지며,《世本》15篇은 한(漢)의《艺文志(예문지)》에 수록되어 있음. 고대 사관이 기록한 전국시대(戰國時代) 조(趙)나라의 역사서. 태종[太宗] 이세민[李世民]의 '世'자를 기휘(忌諱)하여 당대에는《系本》혹은《代本》이라고도 한다.

65)《淮南子(회남자)》는 서한(西漢)의 유안[刘安](기원전179－기원전122)이 지은 선진(先秦)부터 서한(西漢)까지 민간에 퍼진 신화나 전설을 모아 놓은 문헌이다.

66) 여기의 '文'은 '纹理', '花纹'의 의미이고, '字'는 '아이를 낳다', '번식하다'의 의미로, '文'은 초기의 상형자(象形字)를 가리키고, '字'는 이러한 상형자로부터 파생된 글자를 가리킨다.

字。字者，言孳乳而浸多也。

(창힐이 처음 문자를 만들 때는 사물의 형체에 따라 그렸으므로 그것을 '문(文)'이라 하였고, 그 후에 모양과 소리를 서로 보태 만들었으니 이를 '자(字)'라고 하였다. '자(字)'는 점점 번식하여 점차 그 수가 많아졌다)

黄帝之史仓颉见鸟兽蹏迒之迹，知分理之可相别异也，初造书契，百工以乂，万品以察。

(황제의 사관 창힐이 새와 짐승들의 발굽과 발자국의 흔적을 보고 그 무늬와 결을 서로 분별할 수 있음을 알고서 처음으로 서계를 만들게 되었으며, 백관들은 그것으로써 다스려지게 되고 모든 백성들은 그것으로써 살펴지게 되었다)

이러한 자료를 모두 참고해 볼 때, 창힐[仓颉]이 실존인물이라면 그가 단독으로 문자를 만들었다기보다는 그가 남달리 문자에 관심을 가지고 문자 정리 및 통일에 전념하여 초기 한자의 탄생에 많은 공헌을 했다고 추정할 수는 있을 것이다.

2) 갑골문 이전의 문자

문자의 조건을 완전히 갖춘 최초의 한자는 갑골문(甲骨文)으로 대략 기원전 1300년에서 기원전 1100년 사이에 사용되었다. 갑골문에는 상형(象形), 지사(指事), 회의(會意), 형성(形聲)의 조자(造字) 원리에 부합한다는 점, 후기로 갈수록 자형의 간화(簡化)현상이 나타난다는 점, 상형자에 성부(聲符)가 보태어지거나 가차자에 형부(形符)가 보태어지는 등 형성자(形聲字)로의 변천 양상이 뚜렷하여 충분한 표음(表音) 기능이 있었다는 점, 문법 구조를 갖춘 문장이 등장하는 점 등으로 보면 매우 성숙한 문자 체계임을 알 수 있다.

문자는 회화→상형→표의→표음의 과정으로 발전한다. 한자 역시 원시적 회화 단계에서 상형, 표의, 표음의 요소를 갖춘 갑골문으로 발전하였을 것임이 분명하다. 따라서 갑골문 이전의 문자적 단계는 아직 명확하게 알려지지 않았지만 그렇다고 해서 갑골문을 일시에 완성된 문자 체계라고 가정하기도 어렵다. 따라서 갑골문 이전 단계에서도 중국의 문자 역시 오랜 기간 변화 발전을 거쳤을 것으로 추정할 수 있다. 갑골문 이전의 문자를 살펴봄으로써 한자의 실체적 기원과 변화 발전 과정을 살펴보도록 하자.

한자는 한 사람에 의해 창제된 것이 아니라 수천 년을 두고 사회적 약속에 따라 여러 가지 형태로 사용되면서 점차적으로 형성된 문자이다. 한자의 상형적(象形的) 특징으로 볼 때, 중국 문헌에 전해오는 결승, 팔괘, 서계가 한자의 직접적인 조상이라고 할 수는 없을 것이며, 중국의 고대 문화에 나타난 기록 수단을 통해 한자의 기원에 대해서 이해할 수 있다.

중국의 구석기 문화는 170만 년 전까지 소급되고 있으며, 기원전 6000

−5000년 사이에 신석기 문화로 진입하였다. 중국의 대표적 신석기 문화는 황하일대의 '앙소문화[仰韶文化]'와 산동[山东] 일대 구릉과 평원 지역의 '대문구문화[大汶口文化]' 및 약 4,500년 전 황하 중하류의 '용산문화[龙山文化]'이다. 신석기 시대의 석기, 도기, 골기 등의 기물에 새겨진 부호는 상형적(象形的) 특징이 보이기 때문에 원시 형태의 한자라고 강조할 수는 있겠으나 진정한 문자라고 할 수는 없을 것이다.

용산문화 후기 중원(中原) 지역의 청동기 문화를 기반으로 나타난 은(殷) 왕조의 갑골(甲骨)과 청동제기에 기록된 각종 부호들은 충분히 문자라고 할 수 있으며 이는 곧 한자의 기원이라고 할 수 있다.

⑴앙소문화[仰韶文化]의 문자

고고학적 발굴에 의하면 6−7천 년 전 황하 중상류에 신석기 시대의 '앙소문화[仰韶文化]'가 있었다. 섬서성[陕西省] 서안시[西安市] 반파촌[半坡村]의 유적지에서는 돌도끼, 돌낫, 절구, 맷돌과 같은 석기 및 각종 골기(骨器)들이 출토되었다. 특히 홍색, 홍갈색 위주의 도기에는 흑색, 홍색, 백색으로 동물과 식물의 형상들이 새겨져 있어 '채도문화(彩陶文化)'라고 한다. 이때의 채도(彩陶)에는 단순한 선으로 표현된 동식물의 그림들이 많은데 이에는 갑골문자(甲骨文字)와 매우 흡사한 상형적 특징이 있다.

반파촌(半坡村) 출토 도편(陶片)의 부호

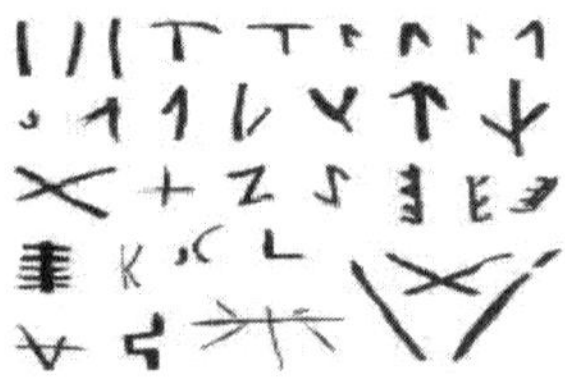

반파촌(半坡村) 출토의 부호

⑵양저문화[良渚文化]의 문자

4200−5300년 전 신석기대에 장강[长江] 하류 절강성[浙江省] 항주시[杭州市] 양저시[良渚市] 일대의 태호[太湖] 지역에 형성된 양저문화[良渚文化] 유적지 고분에서는 그 동안 많은 옥기(玉器) 들이 발견되었는데, 특히 2003−2006년 사이 유적지 조사 과정 중 절강성[浙江省] 평호시[平湖市] 임태진[林埭镇] 장교분[庄

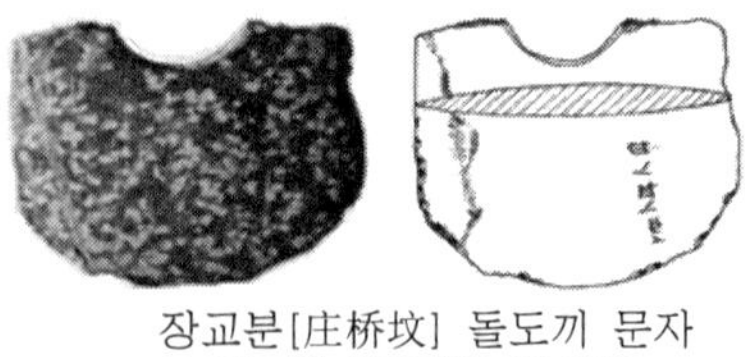

장교분[庄桥坟] 돌도끼 문자 '人'은 현대문자와 유사함.

桥坟]에서 각종 부호가 새겨진 돌도끼를 발견하였다. 이는 약 5000년 전에 사용했던 것으로 갑골문보다 약 1400년이나 앞선 한자의 원형이 새겨져 있어 학자들을 놀라게 하였다.

⑶동이문화[東夷文化]의 문자

①대문구문화[大汶口文化]의 문자

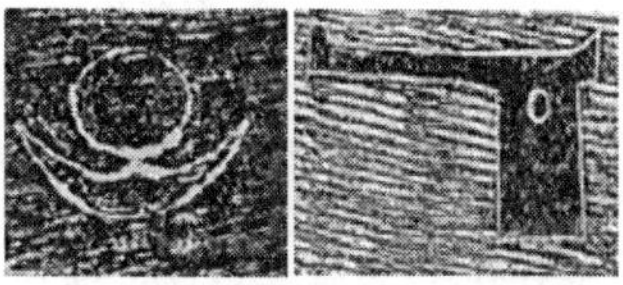
'旦'(상형과 회의) 과 '斤'(상형)

앙소문화 이후 산동[山东] 일대의 구릉과 평원 지역에는 대문구[大汶口]문화가 형성되었는데, 이때는 원시적이지만 한자의 구성 원리를 갖춘 부호 형태가 나타났다. 1973년 산동성[山东省] 제성현[诸城县] 등 대문구문화 후기 유적지에서 출토된 흑도 위에는 상형문자(象形文字)나 회의문자(會意文字)라고 할 수 있는 부호들이 새겨져 있다.

이 부호들은 한자와 동일한 궤도를 따라 발전되고 있는 원시 문자 형태를 보이고 있고, 상대(商代)의 갑골문과 금문의 구조와 동일한 형태를 어렵지 않게 발견할 수 있어 한자의 원시 형태라고 할 만하다.

加油

동이문화[东夷文化]란 동이족이 창조한 문화란 뜻이다. '夷'자는 용산문화 시기의 골각문에 이미 보이며, 상대(商代)의 갑골문에 자주 나타나는 글자로 변방의 부족을 지칭하는 글자이다. '夷'는 '华'와 '夏'에 대응하는 명칭으로 쓰이다가 《礼记 · 曲礼下(예기 · 곡례하)》에서 처음으로 '东方之人'의 뜻으로 쓰였으며 허신[许慎]의 《说文解字(설문해자)》 역시 이 글자를 '东方之人'으로 풀이하였다. 하상(夏商) 시대의 통치 계급 거주지는 지금의 산서[山西], 섬서[陕西] 및 하남[河南] 지역의 황하[黄河] 중류[中流] 지역이었으므로 '东夷'는 이 지역의 동쪽인 산동[山东]을 의미하게 된다. 약 8300년 전의 '후리문화[后李文化]'로부터 약 7300년 전의 '북신문화[北辛文化]', 약 6500년 전의 '대문구문화[大汶口文化]', 약 4500년 전의 '용산문화[龙山文化]', 약 3900년 전의 '악석문화[岳石文化]' 등이 모두 동이문화에 속한다.

②용산문화[龙山文化]의 문자

산동성[山东省] 장구현[章丘县] 용산진[龙山镇] 성자애[城子崖]에서 신석기 후기 동석(銅石) 병용(倂用)의 문화 유적이 1928년에 출토되어 1930년 이후 본격적으로 발굴되었는데, 이를 '용산문화[龙山文化]'라고 한다. 보편적으로 마제석기(磨製石器)를 사용하였고, 도기 제조 기술도 발달하여 흑도(黑陶)나 회도(灰陶)를 주로 사용하였기 때문에 이 문화를 '흑도문화[黑陶文化]'라고도 한다.

용산문화는 황하의 중, 하류 지역에 분포된 신석기 후기 동석병용(銅石

併用) 시기의 문화로 산동[山东], 하남[河南], 산서[山西], 섬서[陕西] 등지에 분포되어있으며, 약 4350 내지 3950년 전의 문화이다. 이 문화 유적은 산동[山东]을 중심으로 남쪽은 강소[江苏], 안휘[安徽]의 북부, 요녕[辽宁]남부에서 요동반도[辽东半岛]에 이르기까지 거의 같은 지역에 분포한 대문구[大汶口] 문화 다음에 나타난 문화이다. 청도[青岛]와 제남[济南] 사이의 철로 교제선[胶济线:胶州-济南](독일이 1899년에서 1904년 사이에 건설한 철로)의 서쪽에 위치한 추평[邹平], 환태[桓台], 치박[淄博], 청주[青州], 수광[寿光], 창락[昌乐] 등에 위치한 용산문화 유적지에서는 뼈, 활석기(滑石器), 도편(陶片) 등에 새겨진 부호들이 자주 발굴되었는데, 이중 뼈에 새겨진 것이 가장 많았다. 이와 같이 뼈에 새겨진 부호를 원시의 한자 형태로 보아 '골각문(骨刻文)'이라고 한다.

1992년 산동[山东] 추평정공촌[邹平丁公村]에서는 내려쓰기로 다섯 줄에 11개의 부호가 새겨진 도편(陶片)을 발견하였는데 이는 산동박물관[山东博物館]에 소장되어 있다.

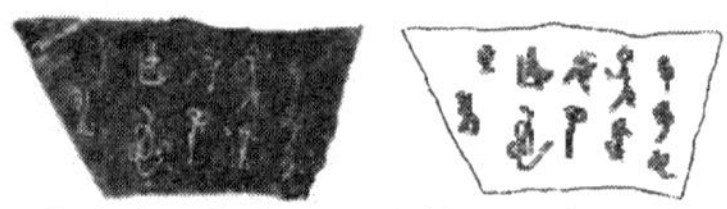

추평정공촌(鄒平丁公村) 도편 문자

여기에 새겨진 글자들은 상형 이외 회의, 지사 등의 구조도 보여 갑골문의 전신으로 추정되기도 한다.

1993년에는 강소성[江苏省] 고우현[高邮县] 용규장[龙虬庄] 유적지에서 도문(陶文)이 발견되었는데 지금 남경박물원[南京博物院]에 소장되어 있다. 이 도편에는 아래로 네 줄의 부호가 있고, 그 왼쪽에 이를 풀이해 놓은 것 같은 부호가 보이는데 매우 독특하다.[67] 정공 도문은 갑골문 보다 약 800년 정도, 용규장 도문은 갑골문 보다 약 1000년 정도 앞선 것이다.

용규장(龍虬莊) 도편 문자

③골각문(骨刻文)과 암각문(岩刻文)

최근 십여년간 산동성 창락[昌乐] 지역에서 용산문화 중기(中期)의 문자와 유사한 각화(刻畵)를 발견하였는데, 특이하게도 도문(陶文)과는 완전히 다른 체계로 보인다. 대표적인 것으로는 '창락골각문[昌乐骨刻文]'과 '수양산암각문[首阳山岩书]'이 있다.

2005년과 2007년 창락현[昌乐县]에서 글자가 새겨진 골편(骨片)이 소

---

67) 정공촌 도문과 용규장 도문은 공적인 발굴 과정을 거치지 않고 발견된 것이며, 동일 유적지에서 이와 견줄만한 부호가 더 이상 발견되지 않아 위조된 것이라는 주장이 강하게 제기되고 있다. 왕현춘[王显春], 《汉字的起源》(上海:学林出版社, 2003) 참고.

장자(所藏者)로부터 공개가 되는데 이들이 모두 용산문화 시기의 유물로 감정되었다. 이는 갑골문이 점복(占卜)에 사용되었던 것과는 다른 기사(記事)의 도화(圖畫) 상형문자이다.

2008년 12월에는 창락현의 수양산[首阳山]에 있는 암벽화를 조사하였는데, 30㎡ 정도의 면적에 제사를 위해 두 번에 걸쳐 기록한 문자와 부호를 발견하였다고 한다. 모두 약 4000-4500년 전의 것으로 밝혀졌다.[68]

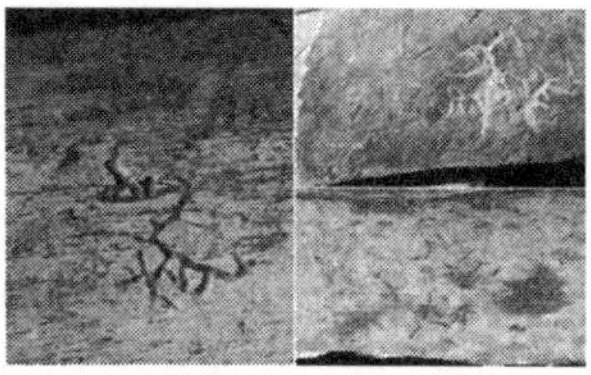
창락[昌乐] 골각문

창락 수양산[首阳山] 암각화

④악석[岳石]과 대신장[大辛庄]의 갑골문

악석문화란 주로 산동성 평도[平度]의 악석촌[岳石村] 유적지에서 발굴된 문화로 신석기 문화 말기인 상대(商代) 초기 수백 년 동안에 상문화(商文化)와 병존했지만 독립적인 체계를 갖춘 동이문화이다. 주로 교동반도[胶东半岛]와 문사[汶泗]유역, 기술[沂沭] 하류 및 강소[江苏] 북부, 하남[河南] 동부, 하북[河北] 동부 및 요동반도[辽东半岛] 등에 걸쳐 형성된 광범위한 문화이다. 이 문화의 특징은 청동기물, 새로운 모양의 신석기 도구, 독자적인 도기, 점(占)을 치는 데 사용한 복골(卜骨)과 복갑(卜甲)이 발견되었다는 점이다. 사가[史家]와 당산[唐山] 유적지에서는 아홉 편(片)의 갑골문이 출토되었는데, 이는 처음으로 제사를 지내기 위한 갱(坑)에서 발견된 갑골문이었다. 아울러 산동의 대신장[大辛庄]에서도 갑골복사(甲骨卜辭)가 발견되었는데, 이들 갑골문은 신석기 시대 후기의 종교 활동이 문자의 탄생을 촉진하는 계기가 되었으며, 이것이 갑골문의 기원이자 한자의 기원일 것이라고 추정할 수 있는 근거가 되고 있다.

악석(岳石) 갑골문

갑골문에는 상형뿐만 아니라 회의, 형성 등의 문자가 다량 나타나며, 음절까지도 나타내고 있으므로 갑골문이 최초의 완전한 한자라는 견해는

68) 류봉군[刘凤君],《骨刻文发现与研究丛书·昌乐骨刻文》(济南:山东画报出版社, 2008)
류봉군[刘凤君],《骨刻文发现与研究丛书:龙山骨刻文》(济南:山东画报出版社, 2012) 참조.

부정할 수 없을 것이다. 그러나 이상에서 살펴 본 것과 같이 신석기의 도문(陶文)과 골각문(骨刻文) 및 산동 일대에서 발견된 갑골문 등도 일정 정도 문자의 수준에 이르고 있으므로 이들이 최소한 갑골문 이전 단계의 문자 역할을 했음은 분명하다.

2 한자의 특징

⑴역사가 오래 되었다.

한자는 약 6천 년 전부터 쓰였다고 추정되며[69], 현재 해독 가능한 형태로는 3천 년 전의 갑골문(甲骨文)과 금문(金文)이 있다. 원형(圓形)에서 필획(笔画)으로, 상형(象形)에서 상징(象徵)으로, 복잡한 형태에서 간단한 형태로 발전하여 오늘날의 한자 모습을 갖추게 되었다.

⑵글자 수가 많으며, 동일 음절의 글자가 많다.

중국에서 가장 일찍 편찬된 한대(漢代)의 자서(字書)《说文解字(설문해자)》(100년)에는 9,353자가 수록되어 있고, 송대(宋代)의 운서《集韵(집운)》(1039년)에는 53,525자, 청대(清代)의 자서《康熙字典(강희자전》(1716년)에는 47,035자가 수록되어 있다. 현대의《汉语大字典(한어대자전)》(1990년)에는 54,678자가 수록되어 있다. 한자의 수가 이렇게 많음에도 불구하고 이들의 발음은 성조까지 포함하여도 2000개 이내에 속한다. 즉, 같은 음절에 속하는 한자가 많게는 200여개에 이르는 경우도 있다.

⑶고정된 자형과 표의문자로 시공(時空)을 초월하여 통용되었다.

한자의 자형은 일정한 의미를 나타낸다. 비록 한자의 독음이 지역마다 다르고 시대마다 변하였다고 해도 한자의 자형(字形)은 진시황(秦始皇)의 문자 통일 이후에는 지역적 시간적 차이를 극복하고 통용될 수 있을 정도였으며, 한자가 나타내는 의미 역시 통일성을 유지하여 시공을 초월하여 통용될 수 있었다. 이러한 까닭에 상고나 중고시기의 많은 문헌들을 지금도 이해할 수 있으며, 지역마다 한자의 독음(讀音)이 다르다 해도 자형(字形)과 자의(字義)는 같으므로 아무리 멀리 떨어진 지역이라 해도

69)6-7천 년 전 황하 중상류에 신석기 시대의 '앙소문화[仰韶文化]'나 '대문구문화[大汶口文化]', '용산문화[龙山文化]', '양저문화[良渚文化]' 등 유적지 고분에서 발굴된 석기나 도기에 새겨진 부호가 갑골문자(甲骨文字)의 전신으로 볼 수 있으며, 이를 한자의 기원으로 보면 그 역사는 6천년 정도가 된다.

문서를 통한 교류는 충분히 가능하였다. 한자가 이렇게 시간과 공간을 초월하여 사용될 수 있었던 것은 모두 고정된 자형이 일정한 의미를 나타내기 때문이라고 할 수 있다.

⑷한자의 '형(形) · 음(音) · 의(義)'는 대체로 상호 연관적이다.

'형(形) · 음(音) · 의(義)'는 한자의 3요소이다. 표음문자의 글자 모양은 음을 기록하는 부호에 지나지 않지만, 한자의 '형(形)'은 '음(音)'과 '의(義)'를 동시에 나타낸다. 이러한 특징은 상형(象形), 지사(指事), 회의(會意), 형성(形聲) 등의 원리를 충실히 반영하는 고대 한자의 경우 더욱 두드러진다. 이 중 형성(形聲)에 속하는 한자는 의미를 나타내는 형부(形符)와 소리를 나타내는 성부(聲符)로 구성되어 한자의 독음을 자형이 포함하고 있었다. 그러나 글자의 모양이 점점 기호화됨에 따라 이러한 특징은 많이 약해졌으며, 특히 현대에 이르러 한자의 간화(簡化) 정책으로 인해 글자의 모양이 독음이나 의미를 나타내는 경향은 더욱 약화되었다.

⑸정방형 글자[方块字]이며 구조가 복잡하다.

문자를 쓰는 방법은 크게 두 가지 방식으로 나눌 수 있다. 소리 나는 차례대로 옆으로 쓰는 선조적(線條的) 배열 방식과 좌우상하를 거쳐 하나의 음절을 적는 평면적(平面的) 조합 방식이다. 대부분의 표음 문자는 선조적 배열 방식이나, 한자나 한글은 평면적 조합방식으로 좌우상하로 구성성분들을 적어 하나의 음절을 나타내는 글자를 완성한다.

한자의 구성성분들은 좌우상하로 나열되어 정방형을 이루게 되는데, 각 성분들은 부수(部首), 편방(偏旁) 등으로 분류할 수 있고, 필획(筆劃)이 많고 여러 개의 부건(部件)으로 이루어진 비교적 복잡한 글자들이 많다. 이러한 정방형의 한자는 읽기에 편리하다는 장점이 있지만 쓰기가 불편한 단점이 있다.

⑹한문은 띄어쓰기를 하지 않는다.

띄어쓰기는 주로 독서 능률을 높이기 위해 고안된 표기법이다. 문장을 구성하는 각 부분 사이의 논리적 관계를 띄어쓰기로 더욱 명확하게 표현할 수 있다. 띄어쓰기는 구, 자립형식[70], 낱말, 형태소를 기준으로 이루어질 수 있으며 대체로 그 주된 단위는 자립형식이나 낱말이다. 대부분의 표음문자는 띄어쓰기를 통해 낱말과 낱말 사이의 경계를 표시하는데 그렇지 않을 경우 아래와 같은 오해가 발생할 수 있다.

70) 여기서 말하는 '자립형식'이란 낱말보다 한 단계 높은 분석 층위로서 낱말이 문장 속에서 가지게 되는 역할에 따라 조사 혹은 전치사와의 결합까지 포함하는 단위이다.

therapist(치료전문가) — the rapist(강간범)

한자에는 각기 자기의 의미가 있기 때문에 굳이 띄어 쓰지 않아도 의미를 구별할 수 있지만 한글은 띄어쓰기를 하지 않으면 의미상의 혼란이 오기 때문에 어절 단위로 띄어 쓴다. 한글도 국한문혼용체에서는 띄어 쓰지 않아도 혼란이 일어나지 않았기 때문에 구태여 띄어쓰기를 하지는 않았었다.

국한문혼용:서울市 — 체육會
한글전용:서울시 체육회 — 서울 시체 육회
:오늘 밤나무 사러 간다 — 오늘 밤 나무 사러 간다

중국어에서는 하나의 한자가 하나의 낱말로 쓰이는 경우가 많기 때문에 한 글자씩 띄우는 것은 별 의미가 없다. 그러나 다만 현대한어에서는 다음절 낱말이 많아짐에 따라 띄어쓰기를 해야 하다는 주장도 있으며, 실제 한어병음방안에서는 낱말별로 띄어 쓴다.

我吃饭。→ 我 吃 饭。→ 我吃 饭。→ 我 吃饭。
我们学习汉语。→ 我们 学习 汉语。→ Wǒmen xuéxí Hànyǔ。

3 한자의 연구 분야

한자와 관련된 연구는 한자를 구성하는 3가지 요소－형(形), 음(音), 의(義)에 따라 크게 문자학, 성운학, 훈고학으로 나눈다. 그러나 문자의 자형(字形), 자음(字音), 자의(字意)를 완전히 서로 분리하여 연구할 수는 없다. 자형을 살피는데 자음이나 자의를 고려하지 않는다면 문자의 기본적인 구성과 기능을 배제한 연구가 될 것이며 이는 자음이나 자의를 연구하는 경우도 마찬가지이다. 따라서 편의상 주요 연구 내용에 따라 아래와 같이 나눈다고 해도 사실 그 연구 내용에는 자형, 자음, 자의가 복합적으로 관련되어 있다고 할 수 있다.

1)문자학

문자학(文字學)은 한자의 자형(字形)을 연구하는 학문이다. 청말(清末)이전에는 문자학을 소학(小學)이라고 하였는데 이는 서한시대부터 사용되었던 명칭이다. 《汉书 · 艺文志 · 六艺略(한서 · 예문지 · 육예략)》 끝에 '소학(小學)'류의 작품을 45편 더 실었는데 그 내용이 모두 문자에 관해 해석한 것이다. 그 서문[71]에 근거하면 고대인들은 학습의 맨 첫 번째 단계를 글자에 관한 것으로 여겼다고 볼 수 있다. 즉, 학문을 하기 위해서는

71)古者八岁入小学，故周官保氏掌养国子，教之六书。

글자를 알아야 하고 글자를 알기 위해서는 한자의 구조와 운용을 알아야 하므로 초학자들에게 육서(六書)를 가르쳐 글자의 기본적인 형성 및 운용 원리를 알게 하였던 것이다. 여기서 말하는 소학(小學)은 현대 언어학에서 말하는 문자학보다는 비교적 광의의 개념으로써, 송대(宋代) 조공식[晁公武]의 《郡齐读书志(군제독서지)》에서는 문자학의 내용을 한자의 체제, 훈고, 음운이라고 아래와 같이 설명한다.

> 文字之学凡有三：其一体制，谓点画有衡纵曲直之殊；其二训诂，谓称谓有古今雅俗之异；其三音韵，谓呼吸有清浊高下之不同。
>
> (문자학에는 세 가지가 있는데, 그 첫째는 체제로서 점을 찍고 선을 그을 때 종횡(縱橫)과 곡직(曲直)의 차이가 있는 것이고, 둘째는 훈고(訓詁)이니 명칭에 고금(古今)과 아속(雅俗)의 다름이 있는 것이고, 셋째는 음운이니 호흡에 청탁(清濁)과 고하(高下)의 다름이 있는 것이다.)

자형을 연구할 때 그 음과 뜻을 배제할 수 없으며 자음을 연구할 때 그 자형과 의미의 배합을 고려해야 하며, 글자의 의미를 연구할 때 형과 음과의 관계를 설명하지 않을 수 없음을 고려한다면 이러한 광의의 개념도 마땅하지만 현대 언어학에서 문자학은 글자의 자형(字形)에 한정하여 글자의 구조, 형성원리, 표기 원리, 글자의 변천과 이와 관련된 역사 등에 대해 연구하는 학문이라고 할 수 있다.

2) 성운학

성운학(聲韻學)은 한자의 자음(字音)을 연구하는 학문이다. 중국어의 성모(聲母), 운모(韻母), 사성(四聲)과 이와 관련된 사항을 공식적 및 통시적으로 연구하는 학문이란 뜻의 중국 전통 용어로 음운론과 같은 의미이다. 성운학의 연구 대상은 성모·운모·사성의 본질과 분포 및 배열, 이들의 변천, 운서와 등운학, 그리고 문학에의 응용 등이다. 성운학은 이미 천 년이 넘는 역사적 전통을 가지고 있기 때문에 고유의 이론과 용어들이 매우 풍부하다.

3) 훈고학

훈고학(訓詁學)은 한자의 자의(字義)를 연구하는 학문이다. 구체적으로는 한대(漢代)와 당대(唐代) 및 청대(清代)에 유행했던 자의에 대한 연구를 지칭하기도 한다. 언어와 문자의 변천에 따라 한자의 자형, 자음, 자의가 변하는 것은 당연하지만, 이는 후세 사람들로 하여금 이전의 문자를 이해하기 매우 어렵게 만든다. 따라서 한자의 원래의 뜻 혹은 쓰인 곳의 의미를 파악하여 고전을 바르게 이해하도록 한 것이 훈고학의 발단이었다.

특히 진시황의 분서갱유(焚書坑儒) 및 문자개혁, 진(秦)과 한(漢)에 걸쳐 일어나는 한자의 변혁 등으로 인한 학문적 단절이 그 이전의 고전을 읽는데 어려움을 느끼게 하였다. 유교를 숭상하는 한(漢)의 정책은 이러한 학문적 단절을 극복하기 위해 유교 경전의 내용을 발굴하고 그 뜻을 밝히고자 하였기 때문에 훈고학이 발달할 수밖에 없었다. 훈고(訓詁)의 '훈(訓)'과 '고(詁)'는 《说文解字》에서 아래와 같이 설명하고 있다.

> 训, 说教也。('훈'은 풀어 가르치는 것이다)
> 诂, 训古言也。('고'는 옛말을 풀어 가르치는 것이다)

위와 같은 배경으로 인해 훈고학은 한대(漢代)에 큰 발전을 이루게 되고 경서(經書)의 발굴 및 고증(考證)과 주석(註釋) 등이 성행하여 이 시대를 '경학의 시대' 혹은 '훈고학의 시대'라고도 한다.

第二章

한자의 변천

한자의 자형(字形)이란 낱개 한자의 모양이란 뜻이고, 자체(字體)란 한자의 변천 과정 중에 표준화 된 글자의 모양이나 같은 자형으로 이루어진 글자의 집합이란 뜻이다.

한자가 긴 역사를 거쳐 지금에 이르는 동안 많은 자체의 변천을 거치게 되는데, 글씨를 쓰는 도구의 변화, 사회적 환경, 글자를 좀 더 편하게 쓰고자 하는 욕구 등 그 원인은 아주 다양하다.

대표적인 한자의 자체(字體)는 갑골문(甲骨文), 금문(金文), 전서(篆書), 대전(大篆), 소전(小篆), 예서(隸書), 해서(楷書), 초서(草書), 행서(行書) 등을 꼽을 수 있다. 이 가운데 예서(隸書), 해서(楷書), 초서(草書), 행서(行書)의 네 가지 자체에는 한자 자형 변천의 중요한 과정이 집결되어 있기 때문에 이들을 가장 대표적인 자체라고도 한다.

한자는 시기에 따라 크게 고문(古文)과 금문(今文)으로 나누는데 일반적으로 소전(小篆) 이전의 문자를 고문, 예서(隸書) 이후의 문자를 금문이라고 한다.

1 한자의 자체와 자수의 변천

1) 자체[字体]의 변천

자형(字形: glyph)이란 글자의 모양이란 뜻이고, 일정한 모양의 표준화된 글자들의 체제를 자체(字體: typeface)라고 한다.

한자는 갑골문(甲骨文)에 이르러서야 완전한 문자의 형태를 갖추게 되므로 갑골문이 최초의 자체라고 할 수 있다.

갑골문(甲骨文)은 상대(商代) 후기의 문자이며 완전한 문자의 조건을 갖추고 있어 원시의 초기 문자로 보기는 어렵다. 따라서 갑골문의 전신에 해당하는 문자도 존재했을 것이라고 추정할 수 있으며 나아가 신석기 시대의 도기(陶器)나 골편(骨片)에 새겨진 상형성이 짙은 부호들이 비록 완전한 문자의 단계에 진입한 것이 아니라 하더라도, 이들이 갑골문의 전신일 것이라는 추정은 매우 설득력 있다.

단순한 부호의 차원을 넘어 진정한 의미의 문자인 이들 한자는 크게 두 단계를 거치면서 자형이 획기적으로 바뀌게 된다. 상대(商代)에서 시작되어 진대(秦代)에 이르는 첫 단계와 뒤이어 한대(漢代)에서 현대까지의 두 번째 단계이다.

진대(秦代: 기원전 221－206) 이전의 민족이나 지역에 따라 다르게 쓰이던 한자는 진시황의 '书同文, 车同轨'[72] 정책에 의해 소전(小篆)으로 통일되었다. 하지만 소전은 쓰기에 불편하여 실생활에서는 예서(隷書)가 통용되고 있었으니 고문자에 속하는 전문(篆文)과 예서가 공동으로 사용되는 과도적 단계라 할 수 있다.

한대(漢代: 기원전 206－220)에 이르면 예서는 완전한 통일문자로서의 자격을 갖추게 되고 한(漢)의 국위에 힘입어 천하에 모두 통할 수 있는 문자가 되었다. 따라서 이 예서로 기록된 중국어는 당시의 국제공용문(國際公用文)의 역할을 충분히 담당할 수 있었다. 현대에 이르는 지금까지도 이 글자를 한자(漢字)라고 하고 이 글자로 기록된 글을 한문(漢文)이라고 하는 까닭이 여기에 있다. 이 예서에 이어 초서(草書), 해서(楷書), 행서

72) 진시황은 천하를 제패한 후 모든 제도를 통일하였다. 유가(儒家)를 배척하고 법가(法家)를 숭상하도록 하였으며, 문자는 소전(小篆)을 쓰도록 하였고 모든 도량형을 통일하였다. 이에 합당하지 않은 서적은 태우고, 이를 따르지 않는 학자는 땅에 묻어버렸는데 이것이 유명한 분서갱유(焚書坑儒)이다. '서동문(書同文), 차동궤(車同軌)'란 글은 한 가지 문자로만 쓰도록 통일하고 수레의 폭을 동일하게 하고 도로의 너비를 통일한다는 뜻이다.

(行書) 등의 순서로 자형이 변하게 된다.

한자의 변천 과정은 자형이 점차적으로 부호화, 간화(簡化), 규범화되는 과정이라고 할 수 있다. 변천의 기본 방향은 자형(字形)의 복잡함에서 간결함으로, 회화에서 부호로, 규범성의 향상이다. 자형의 변화란 글자 하나하나의 외형상 변화를 말하는 것이고, 자체의 변화는 이러한 자형의 변화를 반영하여 하나의 일관되고 표준화된 문자의 체제를 말한다.

자체의 변화는 고문자 단계와 예서·해서의 두 가지 단계로 나누어 대조해볼 수 있다. 고문자 단계 글자들은 후기로 갈수록 상형성이 감소되고 평평한 모습의 직선 필형으로 바뀐다. 이어서 고문자에서 예서로 변천하는 과정에서는 상형성이 거의 사라지고 점(點:丶), 횡(横:一), 수(竖:丨), 별(撇:丿), 날(捺:㇏) 등의 필획으로 구성되는 부호로 변화하게 된다. 고문자에서 예서로의 이러한 변화는 한자 변천의 전체 과정 중 첫 번째 일어난 간화(簡化)라고 할 수 있다. 이후 한자는 예서에서 해서로 한차례 더 단계적 변화를 겪는데 글자 자체의 변화라기보다 필획의 서사(書寫) 측면이 더 편리하게 변화한 것이다. 이 또한 한자의 발전 과정 중 두 번째 간화(簡化)라고 할 수 있을 만큼 편의성이 강조된 큰 변화였다.

加油

字形, 字型, 字体, 书体

① 字形(자형:glyph) — 글꼴. 낱글자의 형체(形體). 각 글자의 모양.
② 字型(자형:font) — 동일한 스타일과 사이즈의 인쇄용 활자의 한 벌(인쇄 용어). 글자체. 폰트(컴퓨터 용어).
③ 字库(자고:font) — '字型'과 같은 의미.
④ 字体(자체:typeface) — ⓐ자체. 글자의 체제. 한자의 변천 과정 중에 표준화 된 글자의 모양. 문자학 상의 용어. '篆书(전서)', '隶书(예서)', '草书(초서)', '行书(행서)', '楷书(해서)'의 다섯으로 크게 나눔. ⓑ하나 이상의 공통된 글자 구조와 사이즈로 이루어진 글꼴의 집합. 하나 이상의 폰트와 사이즈의 집합. 인쇄 용어. '楷体(해서체)', '宋体(송조체)', '黑体(고딕체)' 등.
⑤ 书体(서체:calligraphic style/style of type) — 개성 있는 글자의 스타일. '颜体(안체)', '东坡体(동파체)', '欧体(구체)' 등과 같은 경우. '字体'와 '书体'를 혼동하여 쓰이는 경우가 많은데, '字体'는 자형(字形), 자획(字劃) 등의 문자의 구조적인 측면을 고려하는 과학의 범주이나 '书体'는 작가의 경지에 이른 개성을 고려하는 예술 범주임. 또한 '字体'는 자전(字典)에서 검색할 수 있으나 '书体'는 유명 서예가의 비첩(碑帖)을 통해 알아볼 수 있음.
⑥ 字符/字元(자부/자원:Character) — 글자. 부호. 레터(letter).
⑦ 字符集/字元集(자부집/자원집:Character set) — 문자 집합.

2) 자수의 변화

한자의 변천은 자형(字形)에서만 일어나는 것이 아니라 자수(字數)에서도 많은 변화가 일어난다. 아래의 표는 고대부터 지금까지 자전이나 사전에 수록된 글자 수를 비교한 것이다.

출판 시기	문서	수록된 글자 수
서기 100년	《说文解字》	9,353자(중복 출현 포함 10,516자)
6세기	《玉篇》	16,917자
14세기	《洪武正韵》	32,200자
18세기	《康熙字典》	47,043자
1960-70년대	《中华大字典》	48,000자
	《大汉和辞典》	49,964자
	《中文大辞典》	49,888자
1980-90년대	《汉语大字典》	54,678자

《康熙字典(강희자전)》과 같은 대형 자전에는 이미 사용되지 않는 글자, 아주 생소한 글자, 이체자(異體字), 와체자(訛體字) 등을 모두 포함하고 있으므로 실제 사용되는 상용(常用) 한자는 이 숫자보다 상당히 적었을 것이다.

시대별 상용(常用) 한자와 관련된 자료는 많지 않지만 그 수록자를 서로 비교해보면, 상대(商代) 갑골문 4,500자, 주대(周代)의 13경(經)에 사용된 6,544자, 1988년《现代汉语通用字表》의 7,000자 정도를 시대별 통용자로 볼 수 있을 것이다. 이에 근거하면 상대부터 현재에 이르기까지 일반적으로 사용되던 한자는 큰 변화 없이 5천 내지 7천 자 가량으로 추정할 수 있다.[73]

3) 서사법의 변천

한자는 3-4천년 동안 오른쪽에서 왼쪽으로, 위에서 아래로 필사하는 것이 원칙적 서사법(書寫法)이었다. 갑골문에서는 이에 크게 구속되지 않았기 때문에 오른쪽에서 왼쪽으로 배열된 것도 있고 왼쪽에서 오른쪽으로 배열된 것도 있다. 그러나 청동기에 새겨진 명문(銘文)의 경우 오른쪽에서 왼쪽으로 배열하는 것이 표준이 되기 시작하였다. 위에서 아래로 필사하는 것은 갑골문에서 이미 상용되었다. 이는 갑골문 자형(字形) 자체가 가늘고 길어 가로로 쓰면 많은 면적을 차지하는 등의 불편이 있었기 때문으로 추정된다. 금문(金文)에 이르러서는 세로로 쓰는 것이 거의 표준이었고 일부 글자들은 세로쓰기에 적합한 형태로 변형되기도 하였다.

73) 1994년에 발간된《中华字海》에는 87,019자를 수록하고 있는데 이 때 글자 수가 갑자기 증가한 것은 사어(死語)나 고어(古語)를 대량으로 수록하였기 때문으로 당시의 일반적인 통용 자수에 대한 통계자료로는 적합하지 않다고 할 수 있다.

2 고문[古文]

고문이란 예서(隸書)가 보편화되기 전의 문자들로, 갑골문(甲骨文), 금문(金文), 대전(大篆), 육국문자(六國文字), 소전(小篆) 등이 이에 속한다. 상형적인 회화(繪畫)가 점차 간단한 선으로 바뀌긴 했지만 소전은 여전히 곡선이 많고 자형의 구조가 복잡하여 쓰기에 불편한 점이 많았다. 이들이 예서 이후의 금문(今文)에 이르면 둥근 곡선이 필사하기에 편한 직선의 필획으로 바뀌고, 자형이 비교적 간단하게 변하고, 여러 개의 편방이 하나로 합쳐지게 된다.

1. 갑골문[甲骨文]

갑골문은 약 3천 년 전 은상(殷商)시대에 통용되던 문자로 지금까지 발견된 고문자 중에서 비교적 체계성을 갖춘 최초 문자라고 할 수 있다. 갑골문은 거북껍질과 소 등의 짐승의 뼈 위에 새겨져 있으며 점술사들이 점을 볼 때 그 내용과 결과를 기록한 것이다. 따라서 '갑골(甲骨)', '귀판문(龜板文)' 혹은 '귀갑문(龜甲文)'이라 부르기도 하며 발견된 지명에 따라 '은허문자(殷墟文字)'라고도 한다. 그 외 글자를 새기거나 그려 넣는 서사(書寫)방식에 따라 '계문(契文)', '은허서계(殷墟書契)'라 부르기도 하고, 글의 내용이 점술에 관련된 것이므로 '정복문자(貞卜文字)', '복사(卜辭)'라고 부르기도 한다. 이러한 명칭들은 모두 갑골문의 특성을 반영하고 있다.

갑골문은 하남성[河南省] 안양현[安阳县] 소둔촌[小屯村]에서 농민들이 용골(龍骨)로 여겨 한약으로 사용하고 있던 것을 1898년 하반기 골동상들이 천진[天津]으로 가져오고, 1899년 북경의 금석학자(金石學者) 왕의영[王懿荣]의 감정으로 세상에 알려지게 되었으며, 이후의 연구 결과 갑골문의 내용이 왕실의 '점복기사(占卜記事)'라는 것을 알게 되었다. 당시의 통치자들은 많은 정사(政事)를 미신에 의존하였는데, 이를 테면 비가 내릴 것인지, 농사가 풍년이 들 것인지, 전쟁에서 승리할 수 있을지, 왕실의 혼사는 언제가 좋을지 등 그 전반적 내용을 모두 점술로 길흉을 알고자 하였다. 그 점술의 도구로 거북껍질이나 소의 어깨뼈 등을 사용하였는데 점복에 사용되는 뼈에 구멍을 내어두었다가 여기를 가열하여 일어나는 균열로 길흉을 판단하기도 하였다. '卜'이라는 글자 또한 가로 세로로 만들어진 금을 상형(象形)한 글자이고, '兆'자 또한 뼈의 갈라진 모습을 본 따 만든 글자이다. 점술사는 이 점복의 사유, 점복의 내용, 이후 영험 여부까지 이 갑골에 새겨 기록하였고, 여기에 사용된 문자들이 바로 갑골문이다. 지금까지 발견된 갑골은 약 15만 편(片)이고, 정리된 문자는 약 4,500자이며, 그 중 1,700여자가 완전 해독되었다.

(1)사용 시기

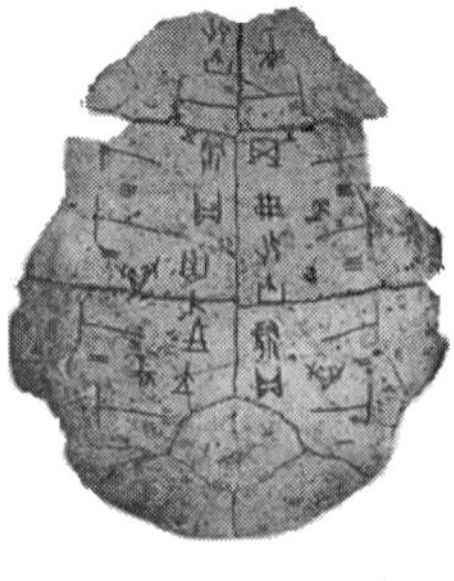

기원전 1300년 전부터 기원전 1100년까지 사용되던 것으로 상조(商朝: 기원전 1766－1921)의 반경(盤庚: 기원전 1401－기원전 1374)이 엄(掩: 지금의 산동성 곡부현)에서 은(殷: 지금의 하남성 안양현 서북쪽에 해당하는 지역)으로 천도한 후(기원전 1384)부터 주왕[纣王](기원전 1154－기원전 1121)까지 273년간 사용되었다. 이러한 연대나 시간은 일식(日蝕), 월식(月蝕)에 관한 기록과 십간십이지(十干十二支)로 기록된 시간을 종합하여 추정할 수 있다.

(2)자형(字形)

갑골문 자형의 주요 특징은 서사(書寫) 도구와 관련이 있는데 단단한 뼈 위에 칼로 새겨야 했기 때문에 둥근 필획보다는 직선을, 두꺼운 선보다는 가는 선을 주로 활용하였다. 또한 일부 글자에서는 급격하게 자형을 간화(簡化)한 흔적도 보인다.

(3)특징

표음(表音) 성분을 가지지 않은 글자들이 대부분이고 그 구조가 아직 정형화되지 못해 바로 쓰여지거나 반대로 쓰여진 글자도 많으며, 합체자(合體字)의 경우 좌우가 바뀌어 기록되어 있는 것으로 보아 필획이나 편방이 고정되어 있지 않았음을 알 수 있다. 또한 동형이자(同形異字) 혹은 이형동자(異形同字)가 많았다.[74] 그리고 두 개의 독체자가 결합된 합체자 외 두 글자를 한 번에 겹쳐 쓰는 합문(合文)도 많이 보인다. 대부분 위에서 아래로 내려가는 직행(直行)배열법으로 글자들을 배열하였다.

그러나 갑골문에는 상형(象形), 지사(指事), 회의(會意), 형성(形聲) 등의 조자(造字) 원리에 따른 글자가 나타나고 있으며 때로 전주(轉注)와

74) 예를 들면, '人'의 갑골문자는 특히 76종이나 되는 이체자를 가지고 있으며 아래의 그림은 그 중의 일부를 발췌한 것이다.

2 고문[古文]

고문이란 예서(隸書)가 보편화되기 전의 문자들로, 갑골문(甲骨文), 금문(金文), 대전(大篆), 육국문자(六國文字), 소전(小篆) 등이 이에 속한다. 상형적인 회화(繪畫)가 점차 간단한 선으로 바뀌긴 했지만 소전은 여전히 곡선이 많고 자형의 구조가 복잡하여 쓰기에 불편한 점이 많았다. 이들이 예서 이후의 금문(今文)에 이르면 둥근 곡선이 필사하기에 편한 직선의 필획으로 바뀌고, 자형이 비교적 간단하게 변하고, 여러 개의 편방이 하나로 합쳐지게 된다.

1. 갑골문[甲骨文]

갑골문은 약 3천 년 전 은상(殷商)시대에 통용되던 문자로 지금까지 발견된 고문자 중에서 비교적 체계성을 갖춘 최초 문자라고 할 수 있다. 갑골문은 거북껍질과 소 등의 짐승의 뼈 위에 새겨져 있으며 점술사들이 점을 볼 때 그 내용과 결과를 기록한 것이다. 따라서 '갑골(甲骨)', '귀판문(龜板文)' 혹은 '귀갑문(龜甲文)'이라 부르기도 하며 발견된 지명에 따라 '은허문자(殷墟文字)'라고도 한다. 그 외 글자를 새기거나 그려 넣는 서사(書寫)방식에 따라 '계문(契文)', '은허서계(殷墟書契)'라 부르기도 하고, 글의 내용이 점술에 관련된 것이므로 '정복문자(貞卜文字)', '복사(卜辭)'라고 부르기도 한다. 이러한 명칭들은 모두 갑골문의 특성을 반영하고 있다.

갑골문은 하남성[河南省] 안양현[安阳县] 소둔촌[小屯村]에서 농민들이 용골(龍骨)로 여겨 한약으로 사용하고 있던 것을 1898년 하반기 골동상들이 천진[天津]으로 가져오고, 1899년 북경의 금석학자(金石學者) 왕의영[王懿荣]의 감정으로 세상에 알려지게 되었으며, 이후의 연구 결과 갑골문의 내용이 왕실의 '점복기사(占卜記事)'라는 것을 알게 되었다. 당시의 통치자들은 많은 정사(政事)를 미신에 의존하였는데, 이를 테면 비가 내릴 것인지, 농사가 풍년이 들 것인지, 전쟁에서 승리할 수 있을지, 왕실의 혼사는 언제가 좋을지 등 그 전반적 내용을 모두 점술로 길흉을 알고자 하였다. 그 점술의 도구로 거북껍질이나 소의 어깨뼈 등을 사용하였는데 점복에 사용되는 뼈에 구멍을 내어두었다가 여기를 가열하여 일어나는 균열로 길흉을 판단하기도 하였다. '卜'이라는 글자 또한 가로 세로로 만들어진 금을 상형(象形)한 글자이고, '兆'자 또한 뼈의 갈라진 모습을 본 따 만든 글자이다. 점술사는 이 점복의 사유, 점복의 내용, 이후 영험 여부까지 이 갑골에 새겨 기록하였고, 여기에 사용된 문자들이 바로 갑골문이다. 지금까지 발견된 갑골은 약 15만 편(片)이고, 정리된 문자는 약 4,500자이며, 그 중 1,700여자가 완전 해독되었다.

⑴사용 시기

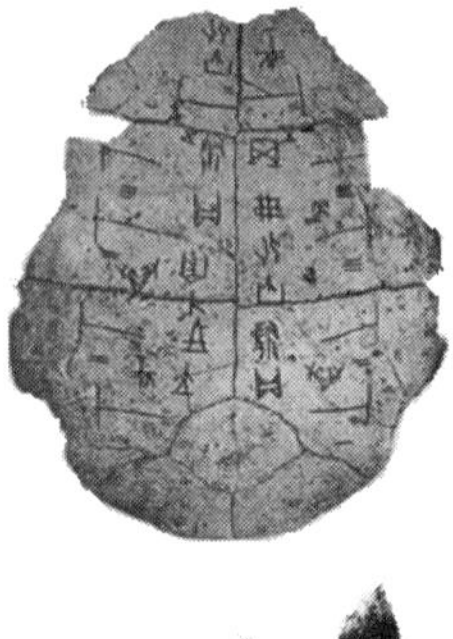

기원전 1300년 전부터 기원전 1100년까지 사용되던 것으로 상조(商朝: 기원전 1766－1921)의 반경(盤庚: 기원전 1401－기원전 1374)이 엄(奄: 지금의 산동성 곡부현)에서 은(殷: 지금의 하남성 안양현 서북쪽에 해당하는 지역)으로 천도한 후(기원전 1384)부터 주왕[紂王](기원전 1154－기원전 1121)까지 273년간 사용되었다. 이러한 연대나 시간은 일식(日蝕), 월식(月蝕)에 관한 기록과 십간십이지(十干十二支)로 기록된 시간을 종합하여 추정할 수 있다.

⑵자형(字形)

갑골문 자형의 주요 특징은 서사(書寫) 도구와 관련이 있는데 단단한 뼈 위에 칼로 새겨야 했기 때문에 둥근 필획보다는 직선을, 두꺼운 선보다는 가는 선을 주로 활용하였다. 또한 일부 글자에서는 급격하게 자형을 간화(簡化)한 흔적도 보인다.

⑶특징

표음(表音) 성분을 가지지 않은 글자들이 대부분이고 그 구조가 아직 정형화되지 못해 바로 쓰여지거나 반대로 쓰여진 글자도 많으며, 합체자(合體字)의 경우 좌우가 바뀌어 기록되어 있는 것으로 보아 필획이나 편방이 고정되어 있지 않았음을 알 수 있다. 또한 동형이자(同形異字) 혹은 이형동자(異形同字)가 많았다.[74] 그리고 두 개의 독체자가 결합된 합체자 외 두 글자를 한 번에 겹쳐 쓰는 합문(合文)도 많이 보인다. 대부분 위에서 아래로 내려가는 직행(直行)배열법으로 글자들을 배열하였다.

그러나 갑골문에는 상형(象形), 지사(指事), 회의(會意), 형성(形聲) 등의 조자(造字) 원리에 따른 글자가 나타나고 있으며 때로 전주(轉注)와

74) 예를 들면, '人'의 갑골문자는 특히 76종이나 되는 이체자를 가지고 있으며 아래의 그림은 그 중의 일부를 발췌한 것이다.

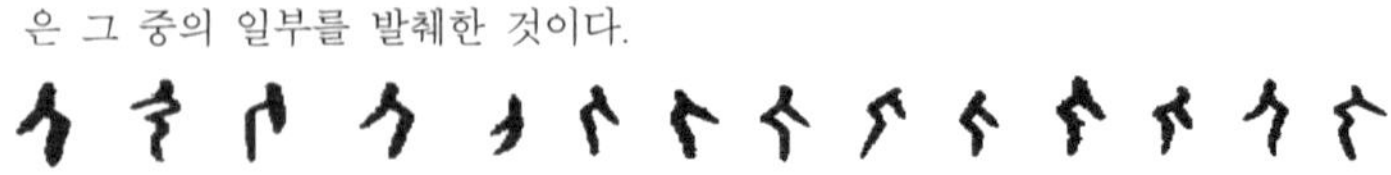

가차(假借)의 운용원리에 따른 글자까지 나타나고 있다. 후기로 갈수록 글자의 간화(簡化)현상이 나타나고 상형자에 성부(聲符)가 보태어지거나 가차자에 형부(形符)가 보태어지는 등 형성자로의 변천 양상이 비교적 뚜렷하다. 이러한 발전 과정으로 보아 갑골문은 이미 문자로서 많이 정돈되고 발전되어 있음을 알 수 있다.

오른쪽 표의 글자들은 갑골문과 그에 해당하는 해서체의 글자와 이들의 형성원리를 나타내고 있다. 이러한 대조를 통해 갑골문의 형태적 특징들을 유추할 수 있다.

상형자	車	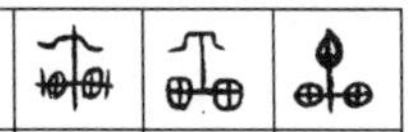
	牛	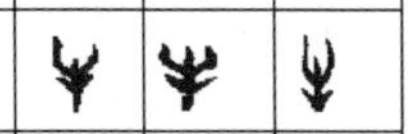
지사자	亦	
	上	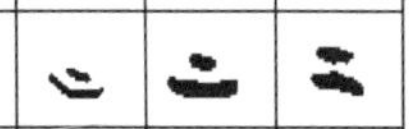
회의자	莫	
	祭	
형성자	星	
	甫	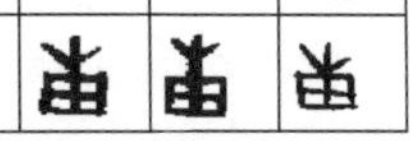

2. 금문[金文]

주대(周代) 사람들이 청동기에 주조하여 새겨 넣었던 문자를 금문[金文]이라고 한다. 고대에는 구리를 비롯한 각종 금속을 '금(金)'이라고 하였으며, 상주(商周)시대에는 각종 기물을 청동(青銅)으로 만들었고 이러한 청동을 좋은 금속이란 의미로 '길금(吉金)'이라고 하였다. 따라서 여기에 주조(鑄造)된 문자를 '길금문자(吉金文字)'라고 하였는데 이를 약칭하여 '금문(金文)'이라 한 것이다.[75] 청동으로는 주로 예기(禮器), 식기(食器), 악기(樂器), 병기(兵器) 등을 만들었는데, 그 중 악기인 '종(鐘)'과 예기인 '정(鼎)'이 비교적 중요한 지위를 차지하고 그 숫자 또한 많았으므로 여기에 기록되어 있는 문자를 '종정문(鐘鼎文)'이라고 부르기도 하였다. 동기(銅器)의 명문은 대체로 아주 간단하여 1자에서 5–6자 정도만 있을 뿐이고 주로 그릇을 만든 사람의 이름, 선조의 칭호 등이 기록되어 있다. 그러나 서주(西周) 시기로 넘어 오면서 청동기에 새겨진 글자의 수가 점점 늘어나 강

75) 문자가 주조된 위치는 기물의 귀[耳] 아래, 밑바닥 혹은 기물의 내부 등이다. 주조 방식은 '凸(양각)'형의 양문(陽文)이 있고 '凹(음각)'형의 음문(陰文)이 있다.

왕[康王] 시기에는 '우정(盂鼎)'에 293자가 새겨져 있으며, 약 200년 후 선왕[宣王] 시기에는 497자나 새겨져 있다.[76] 그 내용 또한 기물이 만들어진 이유, 제사, 전쟁, 명령, 계약 등과 관련된 것이어서 당시의 문화를 연구하는데도 좋은 자료로 활용할 수 있다.

(1)사용 시기

금문은 갑골문보다 앞선 상대(商代)부터 진(秦)이 '소전[小篆]'으로 문자를 통일하기까지(기원전 15세기－기원전 220) 약 1200년 간 사용되었다고 추정할 수 있다. 생성 연대가 천 년에 가까운 격차가 있어 그 자체 또한 사실 아주 다양하다고 할 수 있다.

(2)자형(字形)

금문의 자체(字體)는 갑골문을 그대로 이어받은 것으로 보이지만, 딱딱한 뼈에 칼로 새기던 갑골문과 달리 청동기물과 글자를 함께 주조하였기 때문에 갑골문에 비해 선이 굵으면서도 부드럽다는 느낌을 주면서, 갑골문 보다 정방형에 가깝다. 금문은 비교적 정중한 경우에 사용하는 정체자(正體字)라고 할 수 있다.

(3)특징

자형(字形)은 갑골문에 비해 다소 정형화되었으나 한 글자가 여러 가지 형체로 나타나는 이체자는 여전히 많다. 그러나 갑골문에 비해 합체자의 수가 많아졌으며 대신 두 글자를 한꺼번에 합쳐 쓰는 합문(合文)의 수는 많이 줄어들어 거의 보이지 않는다. 또한 형부(形符)가 많아지고 형성자(形聲字)가 늘어난 것을 보면 자의(字意)를 분명히 하고 자음(字音)을 표기하였던 것으로 보인다. 지금까지 6천여 자의 금문이 알려져 있다.

'人'에 해당하는 금문 — 

'木'에 해당하는 금문 — 

'夏'에 해당하는 금문 — 

加油

76) 현존하는 금문(金文)에서 가장 긴 것으로 알려져 있는 것은 모공정(毛公鼎)이다.

갑골문이 점술의 내용과 결과를 기록하는 점복문자(占卜文字)라고 한다면 금문은 제사에 사용된 청동기에 유래나 용법, 외형의 장식을 위해 새긴 것으로 주로 조상이나 부모의 공덕을 비는 송덕문자(頌德文字)에 가깝다.

3. 대전[大篆]과 육국문자[六国文字]

1) 대전[大篆]과 주문[籀文]

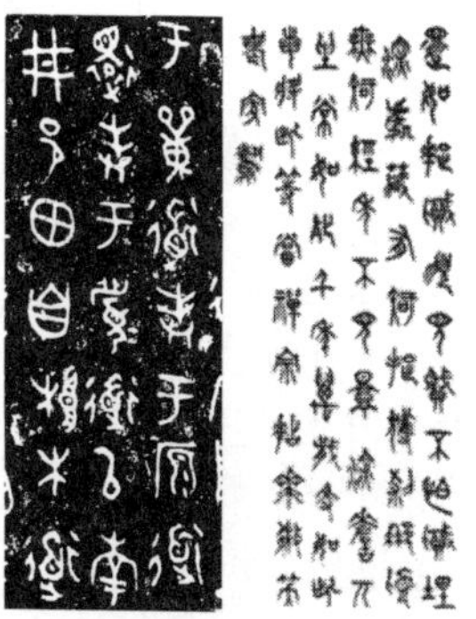

진(秦)이전의 문자를 '전체[篆体]'라 하고, 그 이후 문자를 '예체[隶体]'라고 하는데 전체[篆体] 중에서 진이 통일한 문자를 소전[小篆], 통일 전의 문자를 대전[大篆]이라고 한다. 한대(漢代) 이후부터 대전은 주(周)나라 선왕[宣王] 때의 사관 주[籀]가 만든 것이라 해서 이를 주문[籀文]이라 부르기도 한다. 주[籀]가 아이들에게 글자를 가르치기 위해 자서(字書)《史籀篇(사주편)》을 만들었는데 그 문자들을 주문(籀文)이라고 한다.[77]《史籀篇》은 이미 소실되고 없으나《说文解字》에 일부 글자들이 보존되어 그 특징을 알 수 있다.《说文解字》에 주문[籀文]으로 기록되어 있는 글자는 233자이다.

자형(字形)은 대부분 정방형에 가깝고 필획의 굵기가 일정하지 않다는 것이 특징이다. 일반적으로 알려진 주문 중 가장 많이 알려진 것으로는 '석고문(石鼓文)'이 있다. '석고문'은 북 모양을 한 십여 개의 돌덩이 위에 주대(周代)의 선왕이 사냥을 마치고 그 공적을 북 모양의 돌에 새긴 고대 문자이다.

2) 육국문자[六国文字]

대전에 이어 진(秦)이 소전[小篆]으로 통일하기 전 여섯 나라[78]에서 사용하던 문자를 육국문자[六国文字]라고 한다. 춘추, 전국시대에는 정치, 경제, 문화 등 모든 방면이 비약적으로 발전함에 따라 문자의 사용 기회가 확대되고 자형도 급변하게 된다. 이런 변화는 주로 속체자(俗體字)에서 많이 나타났는데 진(秦)에서 주로 사용하던 정체(正體)가 이후 소전[小篆]으로 발전하고, 속체는 예서[隶书]로 변천하게 된다. 이 육국

77) 史籀篇者, 周时史官教学童书也。《汉书 · 艺文志》

78) 육국(六國)은 한(韓: 기원전 230), 조(趙: 기원전 228), 제(齊: 기원전 226), 위(魏: 기원전 225), 연(燕: 기원전 222), 초(楚: 기원전 220)이다.

문자의 자료는 대체로 동시기의 명문인 금문(金文), 도장 등에 새겨진 새인(璽印), 도문(陶文), 간백(簡帛) 등에서 찾을 수 있다.

육국문자

4. 소전[小篆]

소전은 진(秦)이 통일한 문자이기 때문에 진전[秦篆]이라고도 한다. 중국 최초의 통일 문자이며, 육국문자를 비롯한 나머지 문자는 폐지되었다. 소전은 고문자 단계의 마지막 글자로서 금문[金文]에 비해 상형적 특성이 사라지고 기호적 특성이 더욱 강하다. 중국 역사상 처음으로 규범화된 자체(字體)이다.

(1)사용 시기

진시황[秦始皇]이 이사[李斯]의 건의를 받아들여 대전[大篆]을 기초로 개량한 문자이다. 당시 제(齊)나라 등의 동쪽 지역에서는 세로로 긴 글자를 사용하였고, 남쪽 지역에서는 장식성이 강한 조서(鳥書)문자를[79] 사용하는 등 지역마다 다른 문자를 사용하고 있었기 때문에 통일 이후 행정문서 작성에 큰 어려움을 겪었고 동시에 지방에 공문(公文)을 보내도 그 지방 관료가 공문을 읽는데 어려움을 겪어 신속한 행정 통치가 이루어지지 못했다. 이에 이사가 문자의 통일이 시급함을 알고 소전을 통일문자로 제정하였다. 진시황의 문자 통일정책과 더불어 성행하기 시작한 소전은 서한 말기까지 중국 내에서 크게 성행하다가 차츰 예서[隶书]로 대체되기 시작하였다. 그러나 자체(字體)가 아름다워 서예가들의 작품에 계속 사용되기도 하였고, 청말(淸末)까지 관료들의 도장에 많이 사용되었다.

(2)자형(字形)

소전은 대전에 비해 상당히 간화(簡化)된 글자이다. 전체적으로 타원형의 느낌을 주며 필획의 굵기가 처음부터 끝까지 일정하고 획이 부드러워졌다. 균형 잡힌 선으로 형체의 도화적인 느낌을 줄이고 한자의 부호성(符

79) 조충서(鳥蟲書)라고 하며 새의 발자국과 벌레의 문양(文樣)을 곁들이거나 필획 자체가 깃털 모양인 문자를 말한다. 미관을 위해 사용하였으나 필획과 무늬가 복잡하여 모방하기 어려웠으므로 후에 증서를 쓰는데 활용되었다.

號性)을 제고한 특징이 있다.

(3)특징

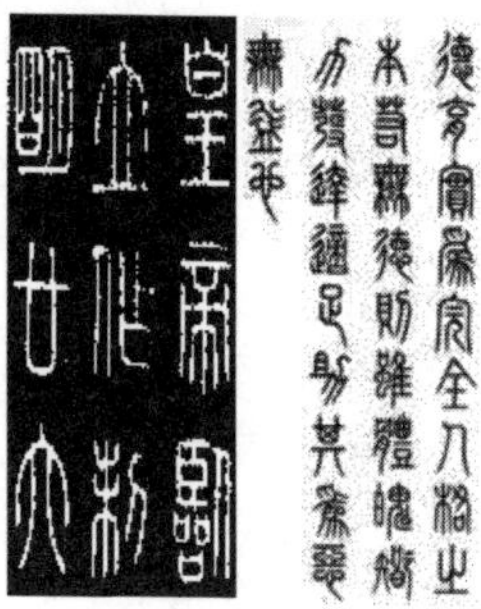

소전의 특징은 다른 자체(字體)에 비해 각종 편방의 형태를 통일하여 자형의 통일성을 꾀하였다는 것이 가장 큰 특징이다. 여러 형태로 사용되었던 편방을 한 종류로 통일하고 글자 내에서의 위치도 고정시키며 한 글자가 한 가지 자형만 가지도록 하여 그 정형성을 높였다. 소전은 미적 가치가 높아 예술작품으로도 많이 활용되었으나 아름다움에 비해 실용성이 떨어져 예서(隸書)에 밀려나게 된다.

3 금문[今文]

갑골문에서 소전에 이르기까지의 한자 변천에서 가장 두드러진 특징은 회화적인 요소가 점차 간단한 선으로 표현되었다는 점이다. 그러나 소전은 여전히 곡선이 많고 구조가 복잡하여 쓰기에 불편한 점이 많았다. 그러나 금문[今文]에 이르러 둥근 곡선이 쓰기 편한 직선으로 바뀌고 복잡한 구조가 간단하게 변하고 여러 개의 편방이 하나로 합쳐지는 등 통일과 편리를 꾀하는 방향으로 발전하였다.

1. 예서[隶书]

예서[隶书]는 진(秦)에서 시작하여 한대(漢代)에 정식으로 쓰였던 자체(字體)이다. 대체로 문서를 맡은 하급관리들인 '도예(徒隸)'들이 일상 사무를 수행할 때 쓰는 글자체라고 하여 '예서[隶书]'라고 하였을 것으로 추정된다. 진시황 때의 정막[程邈]이 옥중에서 만든 것이라는 설도 있으며, 《汉书 · 艺文志(한서 · 예문지)》와 《说文解字 · 叙(설문해자 · 서)》에 따르면 당시 번잡하고 바쁘던 관옥(官獄)사무에 대처하기 위해 만든 간편한 자체라고 한다.80) 이러한 자체(字體)의 변천을 문자학사에서는 '예변[隶变]'이라고 부른다. 이 예변[隶变]은 점(點: 丶), 횡(横: 一), 수(竖: 丨),

---

80) 진시황이 중국을 통일한 후 통일된 제도와 사상에 반대하는 사람을 감옥에 가두었는데, 간수들이 복잡한 소전으로 많은 죄수를 관리하는데 불편을 겪자, 죄수로 감옥에 갇혀 있던 정막[程邈]이란 자가 이를 보고 소전체의 복잡함을 해소할 간단한 글씨체를 고안하였다. 그것이 예서이고 이를 본 진시황이 그를 풀어주고 다시 관리로 등용했다는 설이 있다.

별(撇: 丿), 날(捺: ㇏) 등의 필획을 사용하여 소전[小篆]의 둥근 필형을 쓰기 편하도록 모나게 개량하였고, 소전의 편방을 바꾸고, 일부 한자를 완전한 부호 문자로 변화시켰으며, 복잡한 필획을 더욱 간단하게 만들었다.

진대(秦代)에는 소전이 주로 쓰인 자체이고 예서는 일종의 보조 자체[81]로 사회적 평가는 낮았지만, 소전에 비해 쓰기가 편리하였기 때문에 사회적 통용을 제지할 수 없어 소전의 사용 수준을 능가하기 시작하였다.

예서는 최초로 필형의 변혁을 일으킨 문자로 지금 쓰고 있는 문자의 근간이 되었다. 예서의 이런 특징은 지금의 한자 자형을 갖추는데 도움은 되었지만 결과적으로 한자의 상형성을 감소시켰다고 할 수 있다.

⑴사용 시기

진시황은 '서동문(書同文)'정책을 진행하던 중 이사[李斯]로 하여금 이 소전을 만들게 하였으나 이후 정막[程邈]이 정리한 예서[隶书] 또한 받아들였다. 소전은 서사 속도가 느려 불편한 반면 예서는 편리하였기 때문이다. 서한(西漢) 초기까지 예서는 진(秦)나라 때의 모습을 그대로 유지하고 있었으나 왕망[王莽]의 신[新] 나라에 이르러 큰 변화를 겪고 동한(東漢)시기에 이르면 더 다양한 필획으로 변모하게 된다. 이후 예서는 '석각(石刻)'과 '간독(簡牘)'에 자주 쓰이는, 특별한 용도로써의 서체로 운용되며 청대에 이르러서는 많은 사람들이 애용하였다.

⑵자형(字形)

예서가 소전의 속체로 여겨지던 진나라 때는 예서의 획이 직선으로 개선되었다는 점 외 여전히 소전체의 흔적을 가지고 있었다. 한대(漢代)에 이르러 예서가 공식 문자로 채택됨에 따라 상형성을 완전히 탈피하여 순수하게 부호로 구성된 정방형의 글자체로 만들어졌다. 이러한 정방형의 글자를 만들기 위해 자형에 일어난 가장 큰 변화는 굵고 둥근 획을 모두 직선화하였다는 것이다.

---

81) 예서(隸書)의 정의에 관해 오백도[吴伯陶]는《从出土秦简帛书看秦汉早期隶书》에서 자의(字義)에 의거하여 설명하였다. 그는《说文解字》에서 '예(隸)'는 '附着(부속되다)'의 의미로 풀이하였고,《后汉书 · 冯异传(후한서 · 풍이전)》에서는 '屬(귀속되다)'라고 풀이하였다. 결국 '隸'와 '屬'은 같은 의미이며,《晋书 · 卫恒传(진서 · 위항전)》나《说文解字 · 叙》및 단옥재[段玉裁]의 주석에서도 예서는 '佐助篆所不逮(소전을 도와 앞서지 않는다)'라고 한 것을 보면, 예서는 소전의 보조적 자체(字體)임을 알 수 있다는 것이다.

⑶특징

소전에서는 어떤 글자에서도 그 부수는 동일한 모습이었으나 예서에 이르면 글자 전체에서 부수의 위치에 따라 '心'과 '忄', '火'와 '灬'처럼 그 형체가 조금씩 달라졌다. 이는 글자가 정방형이 되려면 위치에 따른 부수의 변형이 불가피했기 때문인 것으로 보인다.

2. 초서[草书]

복잡한 필획을 간략하게 흘긴, 쓰기 편하도록 고친 흘림체 글자가 초서이다. 한대(漢代)부터 현대까지 사용되고 있는 자체이다. 한초(漢初)에는 예서를 흘려 썼으므로 예초[隶草]라고 하였는데, 이것을 초서[草书]라고 한다. 후에 점차 발전하여 해서[楷书]를 흘려 쓴 것을 금초[今草]라고 하고, 당대(唐代)에 더욱 흘려 쓴 서체를 광초[狂草]라고 하였다.

한자의 자체(字體) 변화는 글을 쓰는 서사(書寫) 도구와 밀접한 관계가 있는데, 갑골문이나 금문[金文] 모두 어떤 도구로 어디에 쓰느냐가 자체의 특징을 결정하는 중요한 요소가 되었다. 예서의 발전 또한 한대(漢代)에 유행한 돌비석의 건립과 관계있는데 둥근 필획보다는 직선화된 예서가 훨씬 비석에 새기기 편리했기 때문이다. 이후 동한(東漢)에 이르러 종이가 보급되기 시작하면서 직선으로 끊어지는 자형보다는 흘림체 형식으로 연결해서 쓰는 초서가 훨씬 더 많이 쓰이게 된다.

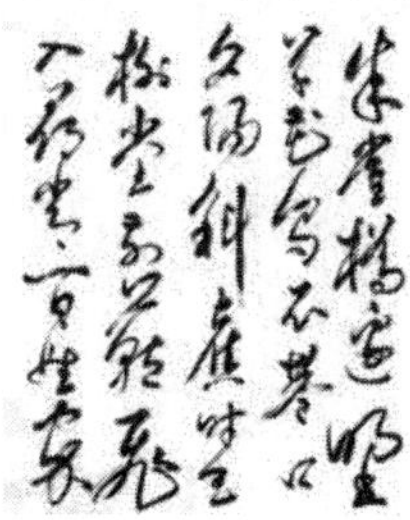

⑴자형(字形)

초서는 한 글자 안의 점과 선을 모두 연이어 쓴 것으로 단숨에 써내려갈 수 있는데 심지어 글자와 글자도 연이어 쓰는 경우가 있다. 한자가 가지는 정방형의 특성과 구조에서 탈피하여 필획과 편방을 정확히 쓰지 않고 한 획으로 연이어 쓰는 것이 가장 큰 특징이다.

⑵특징

초서는 자형상의 간략함 외 글자의 일부를 생략하거나 대체함으로써 더욱 더 편리하게 쓰고자 하였다. 하나의 글자 내에서 중요하지 않은 일부를 생략하거나 좀 더 간단한 다른 형체, 즉 점이나 선으로 대체하여 표현하기도 한다. 또한 초서만의 편방 모양을 통일시켜 쓰기도 하였다. 이러한 변형들은 쓰기에 편리하다는 장점 외 글자를 식별하기가 어렵다는 단점이 있다.

3. 해서[楷书]

한말(漢末)에 시작하여 위진남북조(魏晋南北朝)에 성행하였으며, 지금까지 통용되는 표준 자체(字體)이다. 해서[楷书]의 '해(楷)'는 모범이라는 뜻을 가지고 있는데 사람들이 본받을 만한 표준적인 글자라는 뜻에서 붙여진 명칭이다. 그래서 당(唐) 이전에는 '정서[正书]' 혹은 '진서[真书]'라고 불리기도 하였다. 해서가 처음 만들어지던 당시에는 예서의 어려움을 극복하고자 만들어진 초서가 있었는데 초서로 쓴 글자들은 알아보기가 어려워 불편함을 느끼게 되었고, 이에 예서의 단정함과 초서의 편리함을 모두 갖춘 글자를 요구하게 되었다. 이것이 해서의 발전을 유도하였다고 할 수 있다. 예서를 보다 편리하게 쓰기 위해 만들었을 뿐 글자의 기본 구조 자체는 큰 변화가 없다. 다만 몇 개의 글자가 변화하였기 때문에 예서의 한 계통이라고 보아 한대(漢代)의 해서를 '금례[今隶]'라 하고 진한(秦漢)의 예서를 '고례[古隶]'라고 부르기도 한다.

⑴사용 시기

예서를 바탕으로 동한(東漢) 말기부터 삼국시기에 걸쳐 만들어져 지금까지 통용되고 있다.

⑵자형(字形)

예서의 필획을 더욱 쓰기 편하도록 직선으로 고치고 가로로 길게 쓰던 서체를 네모 형태의 문자로 정형화시켰다. 글자체가 명확하고 부드러워 알아보기 쉽고 쓰기도 편하도록 발전하였다.

⑶특징

이러한 자형을 바탕으로 송대(宋代)에는 각종 인쇄술이 발전함에 따라 전적으로 인쇄에만 쓰이는 글자체가 만들어졌는데 이것이 지금도 출판물에서 가장 많이 사용되는 송체(宋體)이다.

4. 행서[行书]

해서[楷书]의 쓰기 불편함과 초서[草书]의 난해함을 해결하기 위해 생긴 반흘림 서체이다. 따라서 행서[行书]는 해서와 초서의 중간 자체(字體)에 해당한다. 해서에 가까운 행서를 행해[行楷]라 하고 초서에 가까운 서체를 초해[草楷]라고 하였다.

왕음[王愔]은 《六体书论(육체서론)》에서 ‘真书如立, 行书如行, 草书如走(해서는 서 있는 모양과 같고, 행서는 걷는 모양과 같고, 초서는 달리는 모양과 같다)’고 하여 해서와 초서의 중간 형태에 해당하는 행서의 특징을 설명하였다.

행서는 동한 말년에 생겨났는데 자체(字體)가 신축성이 있으면서도 규범성을 갖추고 있다는 특징 이외 초서와 달리 각각의 글자가 독립되어 있어 판독에 어려움을 겪지 않는다는 특징도 가지고 있다.

4 현재의 자체

현대의 한자 또한 많은 발전 과정을 겪었는데 그 가운데 가장 중요한 것으로 간화 정책과 이체자의 정리를 들 수 있다. 1950년대 중국 정부가 발표한 간화 정책은 한자의 사용의 기초를 다졌다고 할 수 있다. 현대 한자의 표준 자형(字形)은 해서와 행서이며, 특수한 상황에서 초서, 예서, 전서, 갑골문, 금문을 쓰기도 한다.

자체(字體)의 사용 수단에 따라 현대 한자는 다시 필기체와 인쇄체로 나눌 수 있다. 필기체는 앞서 말한 해서와 행서를 말하고 인쇄체는 해서의 변형체 즉, ‘송체[宋体]’, ‘방송체[仿宋体]’, ‘흑체[黑体]’, ‘해체[楷体]’의 4종으로 이들 자형(字形)은 국가표준[国标:GB]으로 규정되어 있다.

字 体	宋体	仿宋体	黑体	楷体
例 字	我是学生	我是学生	我是学生	我是学生

第三章

한자의 구조와 형(形) · 음(音) · 의(義)

한자는 필획-부건-편방으로 이루어져 있고, 부수를 기준으로 분류하게 된다. 따라서 한자의 구조를 논리적으로 이해하기 위해서는 이들의 관계에 대해 숙지할 필요가 있다.

한자는 그림글자의 단계에서 상형적 요소를 줄이고 점과 선으로 이루어진 필획의 부호적 요소를 강화한 문자이다. 따라서 한자의 필획은 한자를 구성하는 가장 기초 단위이다.

하나 이상의 필획이 모인 한자의 구성 단위를 부건(部件)이라고 한다. 예를 들면, '相'은 '木'과 '目'이 모여 만들어진 것으로 볼 수 있으므로 이를 부건이라고 한다.

한자의 좌우, 상하, 안팎을 구성하는 두 획 이상의 필획으로 이루어진 단위를 편방이라고 한다. 단독으로 쓰인 편방을 독체자(獨體字)라 하고 둘 이상의 독체자가 모여 이룬 글자를 합체자(合體字)라고 한다.

부수(部首)는 한자를 분류하기 위한 가장 오래된 기준이다. 사전에서는 한자를 검색하기 최우선의 목록으로 활용된다. 의미를 가진 편방을 택하여 그 편방이 있는 한자의 대표자로 삼았기 때문에 부수라고 한다.

한자는 형(形)으로 음(音)과 의(義)를 나타낸다. 표음문자는 음을 기록하는 부호에 지나지 않지만, 한자의 '형'은 '음'과 '의'를 동시에 나타낸다. 고대 한자는 회화성이 짙어 글자의 모양이 의미를 나타내는 경우가 많았다. 형성자(形聲字)는 의미를 나타내는 형부(形符)와 소리를 나타내는 성부(聲符)로 구성되어 한자의 독음까지 자형이 포함하고 있었다. 물론 현대 한자는 상형 요소가 기호화됨에 따라 이 세 요소 간의 직관적인 관련성은 약화되었지만 여전히 서로의 관계는 매우 중요하다.

1 한자의 구조

1. 한자의 구성요소

1) 필획

필획[笔画]은 한자를 쓰는데 필요한 가장 작은 단위이다. 이 필획은 점과 선으로 구성되며 이들이 각기 다른 형태로 결합되어 필형(筆形)을 만든다. 현대의 한자는 5가지의 기본 필획으로 구성되어 있으며, 이를 사전이나 컴퓨터의 배열순서로도 활용하고 있다.

〈한자 필획 명칭표〉

基本笔画		例字	变化笔画		例字
笔画	名称		笔画	名称	
丶	点(점)	宋主	㇏	斜点(기운 점)	夕 啄
			□	挑点(삐쳐 올린 점)	习 河
			□	撇点(삐쳐 내린 점)	羊 火
一	横(옆으로 긋기)	不可	□	提(올려 긋기)	扛 打
			□	横折(횡 꺾기)	同 尺
			□	横折弯(횡 꺾고 구부리기)	设 段
			㇖	横钩(횡 그어 찍기)	买 饮
			□	横撇(횡 긋고 좌로 삐치기)	冬 务
			乙	横折弯钩(횡 꺾고 구부려 찍기)	乞 瓦
			㇅	横折斜钩(횡 꺾고 기울여 찍기)	风 飞
			□	横折折钩(횡 두 번 꺾어 찍기)	乃 扬
丨	竖(내려 긋기)	中上	□	竖挑(내려 긋고 삐쳐 올리기)	氏 以
			□	竖折(내려 긋고 꺾기)	匡 母
			亅	竖钩(내려 긋고 찍기)	小 水
			□	弯钩(구부려 내려찍기)	狗 象
			㇄	竖弯钩(내려 그어 구부려 찍기)	胤 孔
			□	竖折折钩(내려 그어 두 번 꺾고 찍기)	兮 马
丿	撇(삐침)	人方	□	撇折(삐쳐 꺾기)	红 绿
			□	撇点(삐쳐 점찍기)	女 巢
㇏	捺(파임)	义永	□	平捺(바로 파기)	之 这
			□	斜钩(기울여 파기)	弋 代
			□	卧钩(눕혀 파기)	必 心

이 기본 필형 외 다소 간의 변화를 준 파생 필획도 있는데 이를 '折笔(절필)'라고 한다. 이들은 두 개 이상의 기본 필획이 조합되어 만들어지며, 그 수는 25-26개 정도이다. 이러한 필획이 조합하여 부건이나 한자를 만들 때 필획간의 공간 관계는 아래의 3가지로 설명할 수 있다.

①필획의 조합

ⓐ상리관계[相离关系] — 두 개 이상의 필획이 서로 접촉하지 않는 것이다.

儿 ¦ 二 ¦ 川 ¦ 小

ⓑ상접관계[相接关系] — 두 개 이상의 필획이 서로 연결되기는 하되 교차하지 않는 것이다.

入 ¦ 上 ¦ 口 ¦ 山

ⓒ상교관계[相交关系] — 두 개 이상의 필획이 서로 교차하는 것이다.

九 ¦ 十 ¦ 丈 ¦ 大

이 필획들은 필순(筆順)에 따라 조합되어 하나의 한자를 형성하게 되는데 이 때 필순이란 '점과 획을 거듭하여 하나의 글자를 만들 때까지의 순서'이다.

②필순(筆順)

ⓐ선횡후수[先横后竖] — 가로획을 먼저 세로획을 나중에 쓴다.

十

ⓑ선수후횡[先竖后横] — 세로획을 먼저 가로획을 나중에 쓴다.

上 ¦ 非

ⓒ선별후날[先撇后捺] — 삐침을 파임보다 먼저 쓴다.

八 ¦ 人 ¦ 入

ⓓ선사주체, 후점점[先写主体, 后点点儿] — 주요 부분을 먼저 쓰고 점은 나중에 찍는다.

刃 ¦ 办 ¦ 太 ¦ 瓦 ¦ 叉

ⓔ선별후절[先撇后折] — 삐침을 꺾기보다 먼저 쓴다.

儿 ¦ 匕 ¦ 九

ⓕ종좌도우[从左到右] — 왼쪽에서 오른쪽으로 쓴다.

川 ¦ 对 ¦ 州 ¦ 街 ¦ 班

ⓖ종상도하[从上到下] — 위에서 아래로 쓴다.

二 ¦ 早 ¦ 章 ¦ 高

ⓗ종외도내[从外到内] — 안과 바깥쪽이 있을 때는 바깥을 먼저 쓴다.

句 ¦ 厅 ¦ 冈

ⓘ선리후봉구[先里头后封口] — 몸과 안쪽이 있을 때 몸을 먼저 쓰고 나중에 입구를 닫는다.

田 ¦ 四

ⓙ선중간후좌우[先中间后左右] — 좌우 대칭의 형태는 가운데를 먼저 쓰고 그 다음에 좌우를 쓴다.

小 ¦ 办 ¦ 承

2) 부건

한자의 가장 작은 구성단위를 부건[部件]이라고 한다. 예를 들면, '休'는 '亻'와 '木'이라는 두 개의 부건으로 이루어진 합체자이다. '想'은 '木', '目', '心'의 3가지 부건으로 나눌 수 있다. 이 부건은 자형의 분석 단계 중 하나의 글자와 그 글자를 구성하는 필획 사이의 중간 단계에 있는 필획의 조합을 가리킨다. 이 때 각 요소들이 글자 내에서 모종의 기능을 하느냐 하지 않느냐는 중요하지 않으며 또한 분석자들의 관점에 따라 필획 다음의 단계를 각각 다르게 설정할 수 있으므로 한 글자의 부건에 대해서는 이견(異見)이 있을 수 있다. 부건은 그 위치에 따라 정해진 명칭이 있는데 아래와 같다.

ⓐ두[头] — 상하구조로 이루어진 한자의 윗부분이다.

崇의 山字头

ⓑ저[底] — 상하구조로 이루어진 한자의 아랫부분이다.

岛의 山字底

ⓒ방[旁] — 좌우구조로 이루어진 한자의 왼쪽 부분이다.

胶의 月字旁

ⓓ변[边] — 좌우구조로 이루어진 한자의 오른쪽 부분이다.

朝의 月字边

ⓔ심[心] — 전체를 둘러싸거나 삼면이 둘러싸여진 한자의 안쪽 부분이다.

圆의 员字心

ⓕ광[框] — 전체를 둘러싸나 삼면이 둘러싸여진 한자의 바깥 부분이다.

圆의 大口框

ⓖ요[腰] — 상중하 구조로 이루어진 한자의 중간 부분이다.

蕊의 心字腰

ⓗ각[角] — 한자의 모서리 부분이다.

赢의 왼쪽 모서리는 月字角, 오른쪽 모서리는 凡字角

이러한 부건의 위치에 따라 한자의 구조는 다시 아래와 같이 설명할 수 있다.

ⓐ상하구조[上下结构]

只 ⋮ 公 ⋮ 全 ⋮ 李

ⓑ상중하구조[上中下结构]

亘 ⋮ 墨 ⋮ 曼 ⋮ 密

ⓒ좌우구조[左右结构]

件 ⋮ 他 ⋮ 近 ⋮ 计

ⓓ좌중우구조[左中右结构]

班 ⋮ 惭 ⋮ 傲 ⋮ 俐

ⓔ포위구조[包围结构]

国 ⋮ 回 ⋮ 固 ⋮ 園

ⓕ반포위구조[半包围结构]

区 ⋮ 匠 ⋮ 凶 ⋮ 同

ⓖ양면포위구조[两面包围结构]

厈 ⋮ 卂 ⋮ 勾 ⋮ 这

부건은 합체자를 구성하는 가장 작은 단위이지만 독립적으로 쓰일 수 있는 독체자도 있다. 예를 들면, '日', '车', '力' 등은 글자의 음으로 명칭을 삼으면 되고, 그 음이 여러 개인 부건은 사용 빈도수가 높은 음으로 호칭하면 된다. 예를 들면, '长'은 'cháng'과 'zhǎng' 두 개의 음 중에서 전자가 더 많이 사용되므로 전자로 부르면 된다.82)

이렇듯 부건은 한자의 분석에서 아주 중요한 역할을 하는데, 문제는 부건을 어떻게 자르느냐는 것이다. 부건을 나누는 데 가장 일반적인 기준은 형태에 따라 나누는 것이다. 즉, 하나의 한자는 자형(字形)에 따른 몇 개의 조합 성분으로 해체할 수 있다.

'刊', '句', '助'와 같은 한자는 두 개의 부건으로 쉽게 나눌 수 있다. 그러나 '借', '保', '解'처럼 더 많은 부건으로 이루어진 한자들은 분석 단위에 따라 다르게 나눌 수 있다. '保'의 경우 '亻'와 '呆'의 두 개로 나눌 수도 있고 '亻', '口', '木'의 세 개로 나눌 수도 있다는 것이다.

3) 편방

편방[偏旁]은 한자 자형에 대한 전통적인 분석 방법이라고 할 수 있다. 한자의 좌우, 상하, 안팎을 구성하는 요소로써 두 획 이상의 필획으로

---

82) 하나의 문자를 이루지 못하는 부건들 중 일부는 비교적 일치된 명칭이 있다.
예) 刂:立刀旁 亻:单人旁 冫:两点水 卩:单耳边 扌:提手旁

이루어져 있다. 대개 합체자의 왼쪽 성분을 '편(偏)'이라고 하고, 오른쪽 성분을 '방(旁)'이라고 하지만 지금은 합체자의 구성성분을 그 위치에 상관없이 모두 편방이라고 부른다. 편방은 단독으로 쓰일 수 있는 것과 단독으로 쓰일 수 없는 것으로 나눌 수 있다. '人', '口', '山', '水', '日'와 같이 단독으로 쓰일 수 있는 것을 독체자(獨體字)라고 하고, '休', '江', '知', '路'와 같이 단독으로 쓰일 수는 없으며 두 개 이상의 독체자가 결합되어 만들어진 것을 합체자(合體字)라고 한다.

편방은 부건과 마찬가지로 필획과 글자 전체의 중간 단계에 있는 구성 단위이다. 이 둘은 일치하는 경우도 있지만 완전히 같은 것은 아니다.

休 → 부건 — 亻+木
　　　편방 — 亻+木
掘 → 부건 — 扌+尸+出
　　　편방 — 扌+屈

회의자(會意字)와 형성자(形聲字)의 경우 편방은 주로 음과 뜻을 나타내는 성방(聲旁)과 형방(形旁)으로 분석하게 되지만, 부건은 현대 한자의 내부 구조 체계 전반에 대한 분석으로 뜻이나 음을 고려할 수도 있고 그렇지 않을 수도 있다.

想 → 부건 — 木+目+心
　　　편방 — 相(소리)+心(뜻)

이 '성방(聲旁)'과 '형방(形旁)'은 기능에 따라 전자는 소리를, 후자는 뜻과 형체를 나타낸다. 형방이 뜻과 형체를 나타낸다는 것은 글자 전체가 표현하는 의미와 형체에 이들 요소가 어느 정도 기여함을 의미하는 것이지 이들의 뜻과 형체가 전체 글자의 의미와 형체에 완전히 부합한다는 것은 아니다. '星'의 '日'은 '태양'이라는 의미를 그대로 나타내는 것이 아니라 '태양의 밝음'이라는 의미로 사용된 것이라고 할 수 있다. 이처럼 편방은 사용되는 과정 중에 획득한 의미를 더 발전시켜 다른 글자를 만드는데 활용되기도 한다.

〈한자 편방 명칭표〉

偏旁	중국어 명칭	한국어 명칭	예
厂	偏厂儿	민엄호 변	厄 历 厚
匚	三匡栏儿/三匡儿	터진입구 변	区 匠 匣
刂	立刀旁儿/立刀儿	세운 칼도 변	列 别 剑
冂(冂)	同字匡儿	먼데경 변	冈 网 周
亻	单人旁儿/单立人儿	세운 사람인 변	仁 位 你
勹	包字头儿	쌀포 머리	勺 勾 旬
亠	京字头儿	돼지해 머리	六 交 亥
冫	两点水儿	이수 변	次 冷 准

冖	秃宝盖儿	민갓 머리	写 军 冠
讠(言)	言字旁儿	말씀언 변	计 论 识
卩	单耳旁儿/单耳刀儿	병부절 변	卫 印 却
阝	双耳旁儿/双耳刀儿/左耳刀儿	좌부 방	防 阻 院
阝	双耳旁儿/双耳刀儿/右耳刀儿	우부 방	邦 那 郊
厶	私字儿	마늘모 변	允 去 矣
廴	建字旁儿	민책받침 변	廷 延 建
土	提土旁儿/剔土旁儿	흙토 변	地 场 城
扌	提手旁儿/剔手旁儿	재 방	扛 提 摘
艹	草字头儿/草头儿	초두. 풀초 머리	艾 花 英
廾	弄字底儿	스물입 밑	弄 弁 弊
尢	尤字旁儿	절름발이왕 변	尤 龙 就
囗	国字框儿/方匡儿	큰입구 변	国 因 图
彳	双人旁儿/双立人儿	두인 변	行 征 徒
彡	三撇儿	삐친 석삼	形 参 须
犭	反犬旁儿/犬犹儿	개사슴록 변	狂 独 狠
夂	折文儿	뒤져올치 변	冬 复 夏
饣(食)	食字旁儿	밥식 변	饮 饲 饰
丬(爿)	将字旁儿	조각편 변	壮 状 将
广	广字旁儿	엄호 변	座 店 席
氵	三点水儿	삼수 변	江 汪 活
忄	竖心旁儿/竖心儿	심 방	怀 快 性
宀	宝盖儿	갓 머리	宇 定 宾
辶(辵)	走之儿	책받침 변	过 还 送
子	子字旁儿	아들자 변	孔 孙 孩
纟(糸)	绞丝旁儿/乱绞丝儿	실사 변	红 约 纯
巛	三拐儿	개미허리 변	甾 邕 巢
王	王字旁儿/斜玉旁儿	임금왕 변. 구슬옥 변	玩 珍 班
木	木字旁儿	나무목 변	朴 杜 栋
牜	牛字旁儿/剔牛儿	소우 변	牡 物 牲
攵	反文旁儿/反文儿	등글월문 변	收 政 教
爫	爪字头儿	손톱조 머리	妥 受 舀
火	火字旁儿	불화 변	灯 烛 灿
灬	四点儿	불화 변. 넉점 밑	杰 焦 热
礻(示)	示字旁儿/示补儿	보일시 변	礼 社 祖
□	春字头儿	봄춘 머리	奉 奏 泰
罒	四字头儿	넉사 머리	罗 罢 罪
皿	皿字底儿/皿墩儿	그릇명 밑	盂 益 盔
钅(金)	金字旁儿	쇠금 변	钉 钢 铃
禾	禾木旁儿	벼화 변	和 秋 种
疒	病字旁儿/病旁儿	병질 안	症 疼 痕
衤(衣)	衣字旁儿/衣补儿	옷의 변	初 袖 被
癶	登字头儿	필발 머리	癸 登 发
覀	西字头儿	덮을아 머리. 서자 머리	要 贾 票

虍	虎字头儿	범호 머리	虏 虐 虚
⺮	竹字头儿	대죽 머리	笑 笔 笛
⺶	羊字旁儿	양양 변	差 羚 羯
□	卷字头儿	쇠뇌권 머리	券 拳 眷
米	米字旁儿	쌀미 변	粉 料 粮
⻊	足字旁儿	발족 변	跟 距 蹄
髟	髦字头儿	터럭발 머리	髦 髯 鬓

4)부수

부수[部首]는 한자를 분류하거나 검색의 편의를 위해서 고안된 것이다. 부수에 해당하는 편방은 검색의 편리함을 위해 한 부류의 맨 처음 자리에 오기 때문에 한 부류의 첫머리, 즉 부수(部首)라고 한다. 대부분의 부수는 뜻을 표현하는 형방(形旁)으로 이루어지는 경우가 많은 데 '口', '子', '工', '贝', '亻(人)', '氵(水)' 등이 이에 해당한다. 그러므로 부수는 편방이 주로 담당하지만 모든 편방이 부수가 되지는 못한다.

부수를 맨 처음 고안한 사람은 허신[许慎]으로, 그는《说文解字(설문해자)》(서기 100)에 수록된 9,353자를 대상으로 이들 한자의 의미를 결정짓는 부분을 귀납한 결과 총 540개의 주요 의미소를 찾아내었으며 이들이 한자를 구성하는 가장 기초적인 형태이므로 '동일 부류의 머리'라는 의미로 '部首'라고 하였다. 이렇게 만들어진 부수는 한자의 변화와 더불어 혹은 사전 편찬의 목적에 따라 그 개념과 숫자도 변하였는데 오늘날의 부수에 대해서는 '한자 자전에서 동일 편방에 속하는 부류의 목록'이란 뜻으로 쓰인다. 이는 부수가 한자의 의미를 결정하는 주요 의미소에서 더 나아가 일련의 한자들을 공통으로 묶을 수 있는 의미·형태상의 기준 요소로 작용함을 뜻한다.

한자의 '간화(简化)'정책 후 1983년 '统一汉字部首排检法工作组'에서《康熙字典(강희자전)》,《辞海(사해)》,《新华字典(신화자전)》등을 참고하여 201개의 부수로 통일하는 초안을 만들었다. 현재 많이 쓰이는《新华字典》은 189부이고,《现代汉语词典(현대한어사전)》등 대부분 사전은 214부이다.

2 한자의 형(形)·음(音)·의(義)

1. 형(形)·음(音)·의(義)의 상호 관계

한자는 모양으로 독음과 의미를 보여주는 시각적 기호이다. 한자가 나타내는 '형(形)', '음(音)', '의(義)'를 한자의 3요소라고 한다.

비록 한자는 고대로부터 현대에 이르기까지 자형(字形), 자음(字音), 자의(字義)에 상당한 변화가 있었지만 그 기본적인 속성이 크게 달라지진 않았으므로 현대 한자도 여전히 형·음·의 상호간에 일정한 연관성이 있다고 볼 수 있다.

상형자(象形字)와 지사자(指事字)는 글자의 모양으로 뜻을 나타내고, 회의자(會意字)는 두 자형을 합쳐 뜻을 나타내고, 형성자(形聲字)는 음과 뜻을 동시에 나타낸다는 것이 허신의 글자의 구조에 대한 견해였다.

소전(小篆) 이전의 문자는 상형성이 강하였으나 고문자가 예서(隸書)로 변하면서 상형성이 감소되고 필획의 부호로 바뀌었다. 하지만 한자는 상형에서 출발한 문자이기 때문에 자형이 자의를 직관적으로 나타내는 구조가 여전히 존재하며, 상형자의 자형은 형부(形符)와 성부(聲符)로 구성되어 의미와 소리를 나타낸다.

1) 자형과 자의 관계

⑴고대 한자의 형의(形義) 관계

회화 단계의 부호는 그 수량이 많지 않아 그림의 모양과 지시하는 의미가 간단하고 직관적일 수 있었으며, 모양과 의미는 거의 일대일의 관계였다. 고문자에서도 자형이 직관적으로 의미를 나타내는 경우는 적지 않았으며, 초기의 한자는 상형성이 유지되고 있었기 때문에 그 자체가 의미를 나타내는 부호인 형부(形符)로 쓰였다. 예를 들면, '日', '月', '山', '水', '魚', '鳥', '木' 등과 같은 상형자(象形字)나 '旦', '本', '末'과 같은 지사자(指事字)는 자형이 그대로 자의를 나타내고 있으며, '明', '休', '鳴', '林', '森'과 같은 회의자(會意字) 역시 두 형부의 조합된 의미를 나타내고 있다. 예를 들면, '頭', '船', '爹', '爸'와 같은 초기의 형성자(形聲字)는 하나의 상형자가 다른 글자의 형부로 쓰여 형성자의 의미와 형부의 의미가 완전히 같은 경우가 많았다.

그러나 한자의 상형성이 감소됨에 따라 자형(字形)이 어떤 의미를 직관적으로 나타내기가 어려워졌다. 따라서 자형보다는 형성자의 의부(義符)가 글자 전체의 뜻을 표현하기도 하였다. 다만 의부가 그 형성자의 구체적 의미를 모두 나타낼 수는 없으므로 이런 의부는 사물의 속성이나 범주 따위의 특성을 나타낸다. 예를 들면, '足'을 편방으로 쓴 글자 중에는 '践(밟다)', '踏(디디다)', '跳(뛰다)'와 같이 '다리'의 동작과 관련된 것, '跟(발꿈치)', '踝(복사뼈)'과 같이 '다리'의 어느 부위(部位)와 관련된 것, '跛(절뚝거리다)', '蹇(절다)'와 같이 '다리'로 걷는 모양을 나타내는 등 대부분 다리와 어떤 연관이 있는 것을 의미한다.

⑵현대 한자의 형의(形義) 관계

고대 한자가 예서(隸書)로 변하면서 그 상형성은 많이 사라지고 언어를 기록하는 부호의 역할을 담당하게 된다. 자형이 자의를 직관적으로 나타내던 예서 이전의 한자도 예서에 이르면 자형과 자의의 관계는 이전만큼 긴밀하지 않게 된다. 뿐만 아니라 어떤 형방(形旁)은 한자 구조의 변화에 따라 그 모양도 달라진다. 예를 들면, '人', '心', '水', '玉', '手' 등이 편방으로 쓰이면 '亻', '忄', '氵', '王', '扌'와 같이 자형이 달라져 그 의미를 직관적으로 파악하기는 어렵게 되었다.

언어의 변화에 따라 자의의 변화도 일어나게 된다. 예를 들면, '其'는 곡식을 까부는 도구인 '키'를 나타냈으나 후에 '箕'가 생겨나면서 '其'에는 '키'의 의미가 없어지고 대명사(그, 그것)나 강세 등을 나타내는 어조사의 기능만 남게 되었으며, '我'는 원래 병기(兵器)를 나타내었으나 지금은 1인칭 대명사로만 쓰인다. 따라서 현대 한자의 자형이 나타내는 의미에 대해서는 그 자형의 본의(本義)를 고려하지 않을 수 없다.

현대 한자의 자형이 비록 상형성은 상실하고 부호화되었다 하더라도 대부분의 한자에서는 그 의미를 유지하게 된다. 예를 들면, '馬'자가 비록 상형성을 잃은 부호라 할지라도 '駿', '馭', '馳', '馴', '騎'에서와 같이 여전히 '말'이란 의미를 유지하고 형성자의 형부로 쓰였음을 알 수 있다. 하지만 '騙'[83] (속이다)와 '驕'[84] (교만하다)에서의 '馬'는 그 의미와는 무관한 하나의 부호에 불과하다고 할 수 있다.

현대한어상용자 3,500자 중 2,522개 형성자의 형방(形旁)에 대해 분석한 자료를 보면 현대 한자에서 자형의 자의(字義) 반영 비율은 83%에 이르는 것으로 나타나는데[85] 이는 한자의 형의(形義) 관계는 여전히 긴밀하며 그 기본 속성도 고대 한자와 크게 차이나지 않음을 알 수 있다.

2)자형과 자음 관계

한자는 회화에서 출발하여 상형 과정을 거친 표의문자이다. 상형자, 지사자, 회의자 등 원래의 한자에는 표음 기능이 없었다. 가차자(假借字)도 단지 동음자(同音字)를 빌려 썼을 뿐 글자 모양에는 발음과 관련된 어떠한 표시도 없다.

표의문자인 한자가 소리까지 나타내는 가장 효과적인 수단은 의미를 나타내는 형부(形符)와 소리를 나타내는 성부(聲符)를 합성하는 방법이

83)骗, 跃而乘马也。('편'은 '뛰어서 말에 오르다'라는 의미이다)《集韵》
84)骄, 马高六尺为骄。('키가 여섯 척인 말을 '교'라고 한다)《说文解字》
85)시정우[施正宇], 〈现代形声字形符意义的分析〉, 《语言教学与研究》(1994年04期)

었다. 하나의 한자가 하나의 음절을 표기하면서 자연히 표음 작용이 가장 중요하게 되었고 이에 따라 형성자가 한자의 대부분을 차지하게 되었다. 갑골문에는 거의 없던 형성자가 금문(金文)에 이르러 나타나기 시작하고 한대(漢代)에 이르러 한자의 주류를 이루게 되는 것은 한자의 이러한 표음 기능이 강화되었기 때문일 것이다.[86)]

하지만 현대 한자는 고대 한자에 비해 표음 기능이 다소 감소되어 7,000개의 통용한자(通用漢字) 중 3,975자인 56.7%가 형성자이다.[87)]

현대 한자의 표음 기능이 약화된 원인은 한어의 발음과 자형의 변화에 있다. 예를 들면, '未'와 '昧'의 성부는 모두 '未'로 중순음(重唇音)에 속하는 글자였으나, 수당대(隋唐代)에 이르러 중순음(重唇音)에 속하는 '未' 등의 글자가 고음(古音)에는 없던 경순음(輕唇音)으로 바뀐 것이다. 또 '胎(tāi)', '怠(dài)', '殆(dài)'와 '治(zhì)', '始(shǐ)', '怡(yí)'의 성부는 모두 '台(tái)'로 같은 음이었으나 지금의 음은 완전히 서로 다르다.

한자의 자형은 진한(秦漢)시대의 예서와 1950년대의 간체자(簡體字)에서 가장 많이 달라졌다. 소전까지의 문자에서는 성부가 분명하던 '更', '急', '布' 등의 문자는 예서로 변하면서 성부가 사라졌고, '雞', '辦', '際'의 간체자 '鸡', '办', '际'에서는 성부가 없어졌다.

그러나 현대 한자 중 형성자의 형부가 약 250개 정도인데 반해 성부는 약 1,300개나 되는 점을 보면 현대 한자의 표음 기능은 여전히 중요시되고 있음을 알 수 있다. 형부와 성부의 조합 방식은 '清', '松', '纺'과 같은 좌형우성(左形右聲) 형식이 대부분이며, '功', '领', '救'와 같은 좌성우형(左聲右形), '露', '花', '笠'과 같은 상형하성(上形下聲), '烈', '忘', '恭'과 같은 상성하형(上聲下形), '闻', '问'과 같은 내형외성(內形外聲), '圆', '阁'과 같은 외형내성(外形內聲)의 형식 등이 있다.

이 중 '亻', '木', '忄', '礻'과 같은 형부는 글자의 좌측에, '刂', '戈', '欠'과 같은 형부는 글자의 오른쪽에, '艹', '⺮', '宀'와 같은 형부는 글자의 위쪽에, '灬', '心', '皿'와 같은 형부는 글자의 아래쪽에 쓰인다.

3)자음과 자의관계

언어의 음성과 의미는 임의적이며 이원적으로 구성되어 있다. 한자 역시 자음과 자의 간의 필연적 관계는 있을 수 없지만, 특정한 음성이 특정한

---

86)《说文解字》에 수록된 9,353자의 한자 중 형성자가 약 82%인 7,697자에 이르고, 남송(南宋)의 정초[鄭樵]는 23,000자 한자 중 90% 이상이 형성자라고 분석하였다. 장회[张会], 〈论古今汉字形音义之关系〉, 《语文学刊》(2006年13期)

87) 장회[张会], 〈古今汉字理据的差异〉, 《广西社会科学》(2005年11期)

개념을 나타낸다는 오랜 습관에서 비롯된 소극적인 관련은 있을 수 있다. 물론 초기의 상형자, 지사자, 회의자 모두 단지 표의(表意) 기능만 가졌고 표음 기능은 없었다. 다만 일부의 회의자에서 표음 기능까지도 고려한 것과 같은 경우가 극소수 있었는데, 《说文解字》에서는 이러한 글자를 역성자(亦聲字)라고 하였다. 예를 들면, '珥, 从耳玉, 耳亦声。(珥은 耳과 玉에서 온 것인데 그 소리 역시 耳이다)', '坪, 从平土, 平亦声。(坪은 平과 土에서 온 것인데 그 소리 역시 平이다)와 같은 경우이다. 이러한 설명 역시 자의와 자음의 상관관계를 나타낸 것이라고 할 수는 없다.

이외에도 일부의 형성자는 성부의 표의 기능뿐만 아니라 표음 기능까지도 고려한 경우가 있다. 예를 들면, '莫(날이 저물다)'에 형부 '日'을 추가하여 '暮(날이 저물다)'를 만들고 '莫(아니다)'는 다른 의미로 쓰이게 되었다. 마찬가지로 '正'에 '彳'추가하여 같은 음의 '征'을 만든 것이나 '奉'에 '扌'을 추가하여 '捧'을 만든 것 등이 여기에 해당하지만 이런 정도의 예로 한자의 자의와 자음이 일정한 관련을 지닌다고 할 수는 없다.

2. 형(形) · 음(音) · 의(義) 이동(異同) 관계

한자의 자형, 자음, 자의는 서로 중복 관계를 보여, 자형이 다르면서도 자음과 자의가 같은 이체자(異體字), 자형은 같으면서 자음과 자의가 다른 다음자(多音字), 자음은 같으면서 자형과 자의가 다른 동음자(同音字), 자형은 같으면서 자의가 다른 다의자(多義字) 등이 있다. 다음자는 파음자(破音字)라고도 한다.

1) 이체자

자음과 자의는 완전히 같으면서 자형만 다른 한자를 이체자라고 한다. 예를 들면, '島'의 이체자로는 '嶋', '峰'의 이체자로는 '峯', '睹'의 이체자로는 '覩', '冰'의 이체자로는 '氷'이 있다. 이체자는 '峰－峯'과 같이 자음과 자의는 같지만 자형이 다른 완전이체자(完全異體字)와 '困－睏'('졸리다'의 의미 일 때)과 같이 특정한 의미만 같은 부분이체자(部分異體字)로 나눌 수 있다.

이체자는 '遍－徧', '逼－偪'과 같이 형부가 달라져서 생긴 경우가 가장 많으며, '泪－淚', '嵩－崧'과 같이 조자(造字) 방법의 차이에서 생기는 경우, '勛－勳', '筍－笋'과 같이 성부의 차이에서 생기는 경우, '夠－够'와 같이 부건(部件)의 위치 차이에서 생기는 경우 등이 있으며, '村－邨', '猿－蝯'과 같이 형부와 성부가 모두 달라서 생기는 경우는 매우 드물다.

이체자는 문자 생활의 혼란을 초래하기 때문에 한자의 표준화를 위해서도 표준자를 제정하고 이체자의 사용을 제한할 필요가 있다. 1955년 중국의 문화부와 중국문자개혁위원회(中國文字改革委員會)가 연합하여《第一批异体字整理表》를 발표, 810자의 정체자를 선택하고 1,055자의 이체자를 폐지하였다. 또 1986년《第一批异体字整理表》의 표준화에 따라 '重新发表的'《简化字总表》와《现代汉语通用字表》를 수정하였다. 2000년에 공표한《中华人民共和国国家通用语言文字法》에 따르면 고적문물, 성씨(姓氏)에 쓰인 이체자, 서예나 전각 등의 예술품, 기념을 위한 문구나 광고의 필사체, 출판과 교육 및 연구에 필요한 경우, 국무원에서 허가한 특수한 상황 외에는 이체자를 쓰지 못하도록 규정하였다.

2) 다음자

같은 자형이면서 다른 자음과 자의가 있는 한자를 다음자(多音字) 혹은 파음자(破音字)라고 한다. 동일 자형의 글자를 다르게 발음하여 의미를 구별하는 다음자는 매우 많아서《新华字典》에 수록된 7,000여자 중에 734자나 된다. 이는 자형이 같은 한자를 발음을 달리하여 다른 의미를 파생하는 방법으로 한자의 효용을 높인 것이라고 할 수 있다.

다음자는 자음(字音)과 자의(字義)에 따라 다음과 같이 나눌 수 있다.

(1)자음에 따른 분류

①성모가 다른 다음자

系 — jì(系鞋带:'繫'의 간체자, 신발 끈을 매다)–xì(联系)

辟 — bì(复辟:'辟'은 임금의 뜻, 다시 임금의 자리에 오르다)–pì(开辟:'闢'의 간체자)

②운모가 다른 다음자

大 — dà(大小)–dài(大夫)

熟 — shú(成熟)–shóu(饭熟了)

③성조가 다른 다음자

好 — hǎo(好坏)–hào(爱好)

哄 — hōng(哄动:들끓다)–hǒng(哄骗:속이다)–hòng(起哄:놀리다)

④성모, 성조가 다른 다음자

弹 — dàn(子弹)–tán(弹琴)

传 — chuán(宣传)–zhuàn(传记)

⑤운모, 성조가 다른 다음자

没 — méi(没有)–mò(淹没)

说 — shuō(说话)–shuì(游说)

⑥성모, 운모가 다른 다음자

会 — huì(开会)-kuài(会计)
吓 — xià(吓唬:겁주다)-hè(恐吓:위협하다)

⑦성모, 운모, 성조가 다른 다음자

壳 — ké(鸡蛋壳儿)-qiào(地壳)
吭 — kēng(吭声:입을 열다)-háng(引吭高歌:'吭'은 목청, 목청껏 큰소리로 노래하다)

⑵자의에 따른 분류

①다음다의자(多音多義字) — 다른 음과 뜻이 많은 한자

参 — cān(参观/参谋/参加)-cēn(参差不齐)-shēn(人参/海参)
差 — chā(差错/差异/差彈人意)-chà(差不多/差劲)-cī(参差不齐)

②다음동의자(多音同義字) — 다른 음은 많으나 뜻이 크게 차이가 나지 않는 한자

臂 — bì(臂膀:팔)-bei(경성)(胳臂:팔)
落 — luò(降落/落实/村落)-lào(落色/落枕:목이 불편한 증상)-là(丢三落四:흐리멍덩하다/落在后面)
爪 — zhǎo(手爪:손가락, 손톱/爪牙:손톱과 어금니, 매우 유용한 사람/张牙舞爪:난폭하게 행동하다)-zhuǎ(鸡爪儿:닭발/后爪儿:짐승의 뒷발)

③이독자(異讀字) — 다른 음이 있으나 각 음에 따른 뜻의 구별이 없는 한자.[88)]

波bō — pō(波浪/波动/风波)
庇bì — pì(包庇/庇护)
劣liè — luè(恶劣/劣质/土豪劣绅)
怯qiè — què(怯懦/胆怯)
室shì — shǐ(教室/室内)
蜕tuì — shuì(蜕化变质/蜕变)
淆xiáo — yáo(混淆/淆乱)
朽xiǔ — qiǔ(朽木/永垂不朽)
亚yà — yǎ(亚洲/亚军)
暂zàn — zhàn/zhǎn(暂时/暂停)

3)동음자

자음은 같으나 자의가 다른 한자를 동음자(同音字)라고 한다. 동음자는 동형동음자(同形同音字)와 이형동음자(異形同音字)로 나눌 수 있다.

---

88) 한자 독음의 혼란을 방지하고 표준음을 지정하기 위하여 1962년 '普通话审音委员会'에서《普通话异读词审音表初稿》를 제정하여 1800여자의 이독자를 정리하였고, 1985년《普通话异读词审音表》를 제정하여 표준을 정하였다.

(1)동형동음자

会huì — **会**唱歌(노래를 **할 줄 안다**)-开**会**(**회의**를 열다)
花huā — **花**朵(꽃송이)-**花**钱(돈을 **쓰다**)

(2)이형동음자

중국어 중형사전에는 약 1,200여개의 음절에 약 8,000-10,000개의 한자가 수록되어 있다. 따라서 1개의 음절에 평균 7-8개의 한자가 배속되어 있는 셈이다. 실제로는 1개의 한자만 가진 음절이 많기 때문에 상당수의 음절이 15-16개의 한자를 포함하고 있다.

gōng — 工-公-弓-攻
diàn — 电-惦-殿-店

4) 단의자와 다의자

하나의 자형이 하나의 자의만 가진 한자를 단의자(單義字)라 하고, 두 개 이상의 자의를 가진 한자를 다의자(多義字)라고 한다. 한자가 처음 만들어졌을 때는 하나의 의미로만 쓰였겠지만 언어의 내용이 풍부해짐에 따라 여러 가지 의미가 보태어져 다의자가 되었을 것이다. 현대한어에는 극소수의 단의자를 제외하고는 대부분이 다의자이다. 다의자의 의미 항목은 본의와 기본의, 상용 의미와 비상용 의미, 파생 의미 등의 관계가 있다.

(1)본의(本義)와 기본의(基本義)

본의는 한자의 최초의 의미이며, 기본의는 현대 한자의 가장 중요하면서도 상용하는 의미이다. 본의와 기본의는 한자의 의미가 변하여 서로 다른 경우도 있다. 예를 들면, '走'자의 본의는 '跑(달리다)'의 의미지만 이후에 '步行(걷다)'의 의미가 상용되면서 이것이 기본의가 되었다.[89]

(2)인신의(引申義)

본의에서 확장되어 파생된 의미를 인신의라고 한다. 예를 들면, '朝'의 본의는 '아침'이며, '아침'이란 의미에서 '朝见(고대에는 아침에 군왕을 알현하였음)', '朝见'에서 '朝廷'이, '朝廷'에서 '朝代'의 의미가 생겨났다.

(3)비유의(比喻義)

한자의 본의에 비유하여 새로운 의미가 나타나는 것을 비유의라고 한

89) 금문(金文)의 '走'자는 흔드는 두 팔 아래 다리를 그려 달리고 있는 모습을 나타내었다. 뿐만 아니라 문언에서도 '走'자는 "两兔傍地走, 安能辨我是雄雌(두 마리 토끼가 나란히 달리고 있으니 어찌 암놈인지 수놈인지 구별할 수 있으리오.《木兰诗》)"와 같이 '跑(달린다)'의 뜻으로 쓰였다.

다. 예를 들면, '铁'의 본의인 '철'은 일종의 금속으로 단단하고 쉽게 변하지 않는 속성을 표현하는데 여기서 '단단함'과 '변하지 않음'이라는 비유적 의미가 파생되어 '铁拳(단단한 주먹)', '铁的纪律(변하지 않는 기율)', '铁饭碗(철밥통)'과 같이 쓰인다.

⑷가차의(假借義)

가차란 없는 글자를 대신하기 위해 자음이 같은 한자를 빌려와 쓴다는 뜻이다. 가차의는 한자의 본의에서 직간접으로 파생된 의미가 아니고 글자를 빌려오는 데서 생겨난 의미이다. 예를 들면, '羞'의 본의는 '바치다'의 의미이지만 가차되어 '耻(부끄럽다)'의 의미로 활용되며 '羞耻(수치)' 등의 낱말을 형성하게 되었다. 현대 중국어에서는 이 '부끄럽다'는 의미가 더욱 많이 쓰인다.

第四章

한자의 형성 원리－육서(六書)

한자가 원시적 도화(圖畵)에서 출발하여 지금과 같은 체제를 형성하기까지는 단순한 도식성에서 벗어나 일정한 원리와 규칙이 있었기 때문에 가능했던 것이다. 수만 자에 이르는 한자는 어떠한 원리에 따라 만들어진 것일까?

한자를 만들고 운용하는 방법에 대해 허신[许慎]은《说文解字(설문해자)》[90]에서 '육서(六書)'라는 원리로 설명하였다.

허신은《说文解字》에서 '《周礼(주례)》에 의하면, 주(周)나라의 보씨(保氏: 고대 군왕을 훈도하고 귀족 자제를 교육하기 위해 예의를 관할하던 관원)가 나라의 자제들을 가르칠 때 먼저 '육서'로부터 시작하였다.'고 말하면서 육서는 한자를 만드는 원리인 '상형(象形: 모양을 본뜸)', '지사(指事: 사물을 지시함)', '회의(會意: 뜻을 조합함)', '형성(形聲: 모양과 소리를 모음)'과 한자를 운용하는 원리인 '전주(轉注: 뜻이 통하는 글자를 활용함)', '가차(假借: 없는 글자는 발음이 같은 글자를 대신 씀)'를 가리킨다고 하였다.

한자가 어떻게 만들어지고 어떻게 운용되는지에 대한 설명으로 가장 보편적이면서도 전통적인 논리는 육서이며, 거의 대부분의 한자가 육서의 설명에 부합하고 있다.

---

90)《说文解字》는 서기 100년에 허신이 지은 중국 최초의 자전이다. 진(秦) 이전의 문자를 수집하여 기본글자 9,353자와 이체자 1,163자를 540부에 귀속시키고 15편에 나누어 실었다. 모든 글자를 육서로 나누어 해석하였다. 여기에 실린 기본자는 소전체(小篆體)이고, 이체자는 소전 외의 자체를 포함하였다. 이 책에서 최초로 한자를 부수로 나누었으며, 이 책의 540부는 이후 부수 분류법의 기준이 되었다.

1. 상형[象形]

《说文解字 · 叙》에서는 상형에 대해 "象形者, 畫成其物, 隨體詰詘。日月是也。(상형이라는 것은 사물의 모양을 본떠 형체에 따라 그린 것으로 '日'이나 '月'과 같은 글자이다)"라고 하였다. 이는 곧 물체의 외형을 본떠 만든 글자라는 뜻이다. 상형자는 지칭하는 사물을 그대로 그린 원시적인 그림에서 출발하여 그 초기 형태는 사물의 원래 모양과 유사하였으나 점차 필획의 부호로 변하였다. 상형은 물체를 본뜨는 방식에 따라 세 가지로 나눌 수 있다.

- 실물 전체를 본뜬 상형자 — 木 ; 水 ; 目
- 물체의 일부만을 본뜬 상형자 — 羊(양의 뿔) ; 牛(소의 뿔)
- 관련된 물체를 함께 그린 상형자 — 果(나무에 달린 과일) ; 洲(물 가운데 육지)

상형은 사물의 구체적 형상을 본떠 표현한 글자로 가장 원초적인 한자이므로 표현할 수 있는 내용의 한계가 있었다. 예를 들면, 추상적인 사물, 복잡한 사물, 동작이나 상태를 묘사하는 말 등은 해당하는 가시적 사물이 없으므로 형상화하기 어렵다. 자형이 변하였거나 현대 사회에서 추정하기 어려운 사물인 경우 그 의미를 알기가 쉽지 않다.

2. 지사[指事]

《说文解字 · 叙》에서는 지사에 대해 "指事者, 視而可識, 察而見意。上下是也。(지사라는 것은 보면 알 수 있고 살피면 그 뜻이 드러나는 것으로 '上'과 '下'와 같은 글자이다)"라고 하였다. 지사란 '어떤 일을 손가락으로 가리킨다'는 의미로 추상적인 일이나 상황 따위를 점과 선의 부호로 나타내는 것이다. 부호를 보고 그 지시하는 바를 알아차리는 것이 지사의 특징이다. 예를 들면, '末'자는 상형자 '木'에 '一'을 더하여 나무의 끝을 상징하며, 이로 '일의 끝' 혹은 '마지막'이란 의미를 나타낸다. 지사자는 추상적인 부호로만 이루어지기도 하고 상형자에 다른 지시적 부호를 결합시켜 만들기도 한다.

- 상징적인 부호를 조합한 것 — 上/下('위/아래'라는 추상적 개념을 선과 점으로 표현)
- 상형자에 점이나 획을 더한 것 — 本(나무 아래 뿌리) ; 寸(손가락 마디의 지점)

加油

지사와 상형의 차이점

상형은 사물의 실제 모습을 본뜬 글자이고, 지사는 구체적인 형상이 존재하지 않는 추상적인 글자이다. 상형은 사물의 정태적인 상태를 묘사하게 되지만 지사는 사물의 동태적인 상황을 설명할 수 있다. 예를 들면, '日'은 해의 형상을 본 뜬 것이지만 '旦'은 해가 솟아오르는 상황을 설명하는 것이다. 따라서 상형은 대부분 명사이지만 지사는 명사가 아닌 경우도 많다.

3. 회의[会意]

《说文解字·叙》에서는 회의에 대해 "會意者, 比類合誼, 以見指撝。武信是也。(회의라는 것은 유형을 비교해 보고 뜻이 서로 맞으면 이로써 다른 것을 가리키도록 한 것으로 '武'나 '信'과 같은 글자이다)"라고 하였다. 회의는 이미 만들어진 글자를 모아 붙여 다른 의미를 지닌 글자를 만드는 방법이다. 따라서 상형자와 지사자는 독체자(獨體字)인데 반해 회의자는 합체자(合體字)이다.

明 — 해(日)와 달(月)을 조합하여 만든 회의자
休 — 사람(人)이 나무(木)에 기대어 쉬는 모습으로 만든 회의자

회의자를 구성하는 방법은 아주 다양하다.

⑴동형자 중복

①이자중복(二字重複)

从 ¦ 比 ¦ 竝 ¦ 友 ¦ 珏 ¦ 林 ¦ 狖

②삼자중복(三字重複)

森 ¦ 磊(lěi) ¦ 卉(huǐ) ¦ 晶 ¦ 品 ¦ 焱(yàn) ¦ 淼

③사자중복(四字重複)

燚(yì)

⑵이형자(異形字) 중복

知(矢+口) ¦ 就(京+尤) ¦ 取(耳+又) ¦ 隻(隹+又)

⑶동물이나 사람의 동작 주체와 동작

企(人+止:사람(人)이 발돋움(止)하여 멀리 바라보다)
臭(自+犬:개(犬)가 코(自)로 냄새를 맡다)

회의자를 구성하는 상형자와 지사자가 풍부하지 않아 복잡하고 추상적인 사물이나 동작을 표현하는 글자를 만들기도 어렵지만, 이미 조합된 구성 요소로부터 의미를 유추하는 것도 쉽지 않다. 예를 들면, '止(그치다)'와 '戈(창)'의 조합이 어떻게 '武(무)'를 형성하는지에 대해 명확하게 설명할 수가 없다.

加油

지사와 회의의 차이점
지사는 대개 독체자(獨體字)이지만, 회의는 반드시 합체자(合體字)이다. 지사는 초기 형태의 글자로 독체(獨體)이지만 회의는 이미 만들어져 있는 독체자가 합하여져 만들어지는 것이므로 합체자일 수밖에 없다.

4. 형성[形声]

《說文解字 · 敘》에서는 형성에 대해 "形聲者, 以事爲名, 取譬相成。江河是也。(사물에서 이름을 가져오고 비슷한 소리를 취하여 합친 것으로 '江'이나 '河'와 같은 글자이다)"라고 하였다. 여기서 말하는 '以事为名'은 상형화된 글자의 형상을 가리키고, '取譬相成'은 독음이 같은 글자의 선택을 의미한다. 형성(形聲)이란 글자의 모양으로 의미를 나타내는 의미부와 글자의 독음을 나타내는 소리부로 구성되어 있다는 것을 나타내며, 형성자의 자음(字音)을 나타내는 편방을 '소리부', '음부(音符)', '성부(聲符)', '성방(聲旁)', 자의(字義)를 나타내는 편방을 '의미부', '의부(意符)', '형부(形符)', '형방(形旁)'이라고 한다.

형성자는 한자가 상형의 단계를 벗어나 한어(漢語)에 대한 표음 기능을 담당하게 되면서 한자의 주류를 이루게 된다. 허신의 《说文解字》 수록 한자 9,353자 중 82%인 7,697자가 형성자이다. 이렇게 상형 위주의 한자에서 형성자가 대량으로 증가한 이유는 형성자만이 소리와 의미를 동시에 나타낼 수 있기 때문이다.

의미부와 소리부의 구성은 아래와 같이 여덟 가지 유형으로 나눌 수 있다.

좌형우성(左形右聲) — 清 ⁝ 松 ⁝ 漁 ⁝ 情 ⁝ 描 ⁝ 帽 ⁝ 紡
우형좌성(右形左聲) — 功 ⁝ 領 ⁝ 救 ⁝ 放 ⁝ 鴨 ⁝ 飘 ⁝ 歌
상형하성(上形下聲) — 露 ⁝ 花 ⁝ 崗 ⁝ 草 ⁝ 笠 ⁝ 窺 ⁝ 景
하형상성(下形上聲) — 烈 ⁝ 忘 ⁝ 警 ⁝ 恭 ⁝ 剪 ⁝ 堡 ⁝ 貸
내형외성(內形外聲) — 聞 ⁝ 悶 ⁝ 辮 ⁝ 辯 ⁝ 問
외형내성(外形內聲) — 圓 ⁝ 閣 ⁝ 病 ⁝ 廳 ⁝ 近
의미부가 글자의 한 요소인 경우 — 載 ⁝ 島
소리부가 글자의 한 요소인 경우 — 房 ⁝ 旗

형성자의 구성 중 좌형우성(左形右聲)의 구조가 가장 보편적이며 형성자의 약 80%를 차지한다. 다음은 좌성우형(左聲右形)으로 형성자의 약 6%정도이다.

5. 전주[转注]

《说文解字 · 叙》에서는 전주에 대해 "轉注者, 建類一首, 同意相受。考老是也。(전주라는 것은 같은 부류에 속하여 서로 같은 뜻으로 받아들이는 것으로 '考'나 '老'와 같은 글자이다)"라고 하였다. 여기의 '同意相受'는 문자의 뜻이 서로 같아 수용할 수 있다는 것이며, 전주는 본래의 의미에서 변화되어 다른 의미를 지니게 되는 것을 말한다. 전주는 상형, 지사, 회의, 형성과 달리 새로운 글자를 만드는 원리가 아니라 기존 한자의 의미를 확대시키거나 변경하여 활용하는 원리이다.

①같은 음으로 전주한 예 — 음과 뜻이 같으므로 전주할 수 있다.
'諆'와 '欺' ; '不'과 '否' ; '豆'와 '梪'
②쌍성(雙聲)으로 전주한 예 — 성모가 같고 뜻이 유사하므로 전주할 수 있다.
'更'과 '改' ; '生'과 '産' ; '依'와 '倚'
③첩운(疊韻)으로 전주한 예 — 운모가 같고 뜻이 유사하므로 전주할 수 있다.
'考'와 '老' ; '香'과 '芳' ; '超'와 '跳'

6. 가차[假借]老

《说文解字 · 叙》에서는 가차에 대해 "假借者, 本無其字, 依聲託事。令長是也。(가차라는 것은 원래 글자가 없어 소리에 의거해 사물을 지칭하는 것으로 '令'과 '长'과 같은 글자이다)"라고 하였다. 가차는 필요한 문자가 없어 자음이 같거나 비슷한 다른 글자를 빌려 쓰는 것으로, 전주와 마찬가지로 한자의 운용(運用) 원리이다.

西 —《说文解字》에 의하면 '西'는 새가 둥지에서 쉰다는 뜻이고, 방향을 나타내는 '西'는 가차이다.
北 —《说文解字》에 의하면 '北'은 두 사람이 서로 등을 맞대고 있다는 뜻인데 방향을 나타내는 '北'은 태양을 등진다는 의미로 인신(引伸)된 가차이다.
道 —《说文解字》에 의하면 길을 의미하는 것인데 '道德'에서 쓰이는 '道'는 가차이다.

가차는 본 글자의 유무에 따라 두 가지 유형으로 나눌 수 있다.

⑴본래 없는 글자의 가차

필요한 문자가 없어 기존의 문자 중에서 음이 같거나 유사한 것을 차용하는 방법이다. 가차 이후에는 원래의 의미와 혼동을 피하기 위해 가차한 문자에 의미가 비슷한 문자를 부수 등으로 보태어 새로운 글자를 만들기도 한다. 예를 들면, '象'은 '코끼리'를 나타내는 상형자인데 후에 '유사하다'라는 의미에 해당하는 문자가 없어 같은 음의 '象'을 대용하였다. 이후 본의인 '코끼리'와 혼용되자 이를 구별하기 위해 사람의 모양이라는 뜻에서 '亻'을 덧붙여 '像'을 만든 것이다. 이와 반대로 가차의 의미가 본의보다 더 많이 사용되자 본의를 나타내기 위해 원래의 글자를 변형한 예도 있다.

⑵원래 있는 글자의 가차

필요한 문자는 있으나 어떤 이유로 원래의 글자 외의 다른 글자를 대신하여 쓰는 경우이다. 이를 '通假'라고 하는데 이것이 남용되어 원래 글자의 자의가 훨씬 더 복잡해지거나 본의(本意)를 아예 폐기하게 되는 경우도 있었다. 예를 들면, '迻'는 '옮기다'의 의미이고 '移'는 '벼가 서로 의지하다'라는 의미인데, 경전에서 '移'를 가차하여 '迻'의 의미를 대신하여 쓰였다. 이후에 '移'는 차용하였던 '옮기다'란 의미로만 쓰이고 '벼가 서로 의지하다'는 의미는 없어지게 되었다.

第五章

한자의 표준화

오랜 역사를 거치면서 지금에 이른 한자는 여러 차례의 크고 작은 변천을 겪게 된다. 이 때 '변천'이라고 함은 대규모로 한자를 정리하는 정책 및 역사적 사건을 포괄적으로 지칭하는데 진시황의 '서동문(書同文)' 정책 등이 이에 해당할 것이다.

중국정부는 1950년대 이후 대규모로 한자를 정리하였는데 복잡한 필획의 한자를 간략하게 고치고 다량의 이체자를 폐기하고 표준적인 자형(字形)을 확립하는 등 한자의 규범화를 위한 작업을 실시하였다.

문자의 표준화 정책은 한어병음방안과 간체자 제정, 독음과 자형의 통일, 이체자 정리 등으로 진행되었다.

1 한자 개혁

중국에서는 소수에 해당하는 관리와 사대부 등의 귀족계급들만 전통적인 한자를 사용하였고, 일반 백성들은 서신, 계약, 통속 문학 등에서 자체적으로 통용되는 필사가 비교적 간단한 글자를 사용하고 있었지만 한자의 실용적 가치를 높이고자 하는 운동은 일어나지 않았다. 1841년의 아편전쟁을 계기로 서양학문과 문물이 들어오면서 중국어의 문체가 문언문에서 백화문으로 변하기 시작하였고 이를 계기로 중국어의 질적 변화가 일어나게 되었다. 당시의 시대적 상황은 사람들의 언어관, 문화관, 사회관 등에 영향을 미쳤고, 이는 백화문, 공통어, 표음문자화 및 한자개혁에 대한 지대한 관심을 촉발시키고 마침내 사회운동으로 파급되었다. 이러한 중국어의 현대화 과정은 청대(清代) 말기부터 시작된다.

1. 청말 언어의 통일

청말(清末)에 이르면 누적되어 온 한자가 6만자를 넘었으나 그에 대한 표음 부호가 없어 발음을 기록하는 일이 쉽지 않았다. 이에 1891년 송서[宋恕]가 '造切音文字'를 제안하였고, 1892년 노당장[卢戆章]은 '切音新字'라는 직접 설계한 표음 방안을 발표하고, 남경[南京] 지방 방언을 전국적으로 통용하는 정자(正字)로 삼을 것을 제안하며 언어의 통일을 주장하였다. 노내선[劳乃宣]은《合声简字谱》에서 문자의 간략화가 현대 중국의 급선무가 되어야 한다고 주장하기도 하였다.

주로 외국의 선교사들이 운용하였던 중국어의 로마자 표음 외 중국인들의 문자 표음화 운동은 이렇게 시작되었다. 따라서 청대 말기의 표음화 운동은 '切音字运动'이라고 불리기도 한다.

2. 백화문이 문언문을 대신해야 한다는 주장

1898년 백화문 신문《无锡白话报》가 창간되면서 습정량[裘廷梁]은《论白话为维新之本》에서 백화를 숭상하고 문언문을 폐기해야 한다고 주장하였다. 1899년 교육 개혁가 진영곤[陈荣衮] 역시《论报章宜改用浅说》에서 백화의 사용을 주장하였다. 이후 1917년 호적[胡适], 진독수[陈独秀], 전현동[钱玄同], 노신[鲁迅] 등은 '문학혁명(文學革命)'의 구호 아래 백화문 운동을 전개하였는데, 호적의《文学改良刍议》, 진독수[陈独秀]의《文学革命论》 등을 통해 백화가 문학의 정통이 되어야 한다는 학설이 형성되기 시작하였다. '5·4운동' 아래 백화문 운동이 가속화됨에 따라 교육부는 1924년 북경음을 표준음으로 제정하는《国音常用字汇》를 편집하여 1932년 출판하였고 이때부터 초등학교 어문 수업을 백화문으로 고치고 '國語'로 과목명을 바꾸었다. 이렇게 백화문이 주도적 현대 문체가 됨으로써 중국어의 변천은 새로운 단계로 들어서게 되었다.

3. 한자의 표음과 문자 개혁

한자의 개혁은 한자의 표음 문제와 한자의 표기 문제로 나누어 진행되었다.

1) 한자의 표음

한자는 서면(書面) 부호로써 문언과 백화에 모두 공통적으로 사용되는 문자이다. 또한 한자는 표음 문자와 비교해볼 때 학습과 기억이 쉽지 않다는 특징을 가지는 문자이기도 하다. 이에 한자의 표음 문제가 늘 토론의 대상이 되었다.

중국어의 표음화를 위한 토대 작업으로 1913년 정부는 '读音统一会'에서 제정한《读音统一会章程》을 통해 처음으로 주음자모를 제정하여(후에 주음부호로 개정) 1918년 정식으로 공표하였다. 이때부터 초등학생들은 주음자모를 먼저 배우고 한자를 배우기 시작했다. 이후 1922년 전현동[钱玄同]과 조원임[赵元任]이 한자의 표음화를 주장하였고 1925년에는 여금희[黎锦熙]와 더불어 '国语罗马字拼音法式'를 제정하여 1928년 남경정부 대학원(교육부)에서 공표하여 '注音字母第二式'로 삼았다. 노신[鲁迅]처럼 한자의 표음화는 찬성하되 그 병음을 로마자로 표기하는 데는 반대하는 이들도 있었으나 1929년 구추백[瞿秋白]이《中国拉丁化字母》를 출판하였고 오옥장[吴玉章]과 임백거[林伯渠]가 이를 기초로 하여《中国拉丁化新文字方案》을 제정하였다. 이러한 작업들이 후에 구체적인 중국어 표음 방안에 대한 초석이 되었다고 할 수 있다.

2) 한자의 가로쓰기

한자는 원래 위에서 아래로 내려쓰는 것이었으나 5·4운동 때 왼쪽에서 오른쪽으로 가로쓰기를 주장하여 일부 과학 서적에서 사용되다가 1956년부터 가로쓰기 운동이 시작되어 고문서적과 특별한 상황을 제외하고 모든 출판 인쇄물은 가로쓰기를 시작하였다.

3) 한자의 간화정책

중화인민공화국이 건립된 후 중국 정부는 한자의 간체화 정책이 문자

개혁에서 가장 중요한 일임을 인식하고 이에 간체화 정책을 추진하였다.

1952년 '中国文字改革研究委员会'가 성립되고, 1954년《汉字简化方案(草案)》을 발표하였다.[91] 이 초안에는《798个汉字简化表草案》,《拟废除的400个异体字表草案》,《汉字偏旁手写简化草案》의 세 가지 내용이 포함되어 있다. 1955년 이를 수정하여《汉字简化方案修正草案》을 만들어 798개의 간화자를 512개로 조정하고《第一批异体字整理表草案》을 통과시켰다. 이후 이 초안은 512개의 간화자를 515개로 증가시키고, 간화편방 56개를 54개로 감소하는 등의 정리를 거쳐 1956년 국무원 전체회의에서 정식으로 통과되었고 이로써《汉字简化方案》이 공표되었다.

1964년 '中国文字改革研究委员会'는《汉字简化方案》에서 일부 간체자를 편방(偏旁)으로 쓸 때 역시 같은 방법으로 간화시킬 것을 제안하고 이에 근거하여《简化字总表》를 출판하였다.《简化字总表》역시 세 개의 '자표(字表)'로 나눌 수 있는데 첫 번째 표는 간화되지 않은 편방을 사용하는 간체자 352개, 두 번째 표는 간화된 편방을 사용하는 간체자 132개와 간체화된 편방 14개를 나열하고 있다. 세 번째 표는 두 번째 표를 응용하여 나열한 간체자와 간화 편방으로 유추해 만든 1,754개의 간체자를 수록하고 있다. 이 세 개의 표에 나타난 글자는 모두 2,238개이다.

1977년에는《第二次汉字简化方案(草案)》이 다시 발표되었다. 이 초안에는 두 개의 '자표(字表)'를 포함하고 있는데 첫 번째 표에는 간체자 248자가 있고 두 번째 표는 간체자 605자가 있으며 그 외 간화된 편방 61개가 있다. 초안을 발표한 후 여러 의견들이 제시되면서 계속 수정이 거듭되었다.

1980년 왕력[王力], 엽뢰사[叶籁士]등이 '5·4운동'이래 한자의 전면적이고 체계적인 정리를 다시 한 번 요구하며 '四定' 즉, '字有定量, 字有定形, 字有定音, 字有定序(글자의 수량, 글자의 표준 형태, 글자의 표준 독음, 글자의 배열순서[92]를 규정한다)'의 원칙을 주장하였다.

이후 1986년 국무원은《第二次汉字简化方案(草案)》을 폐지하고 같은 해《简化字总表》를 다시 발표하였다.[93]

---

91) 중국 정부가 주도하는 어문 정책은 '보통화의 보급', '문자간화(簡化)', '표음문자화'의 세 방향으로 추진되었으나, '표음문자화'는 실패하였다. 그 중 '문자간화'는 번체자(繁體字)를 간화(簡化)하는 작업과 대량의 이체자(異體字)를 정리하는 작업으로 진행되었다.

92) 여기서 '순서'란 수 만 개에 이르는 한자들을 배열할 때 필요한 기준으로서의 순서를 말하는 것으로 표준적인 검자법(检字法)을 제정하기 위해서이다.

93) 원래의 《简化字总表》와 이후 발표된 《简化字总表》의 차이 중 일례는 아래와 같다.
① '叠', '覆', '像'은 '迭', '复', '象'으로 간화하지 않는다. '囉'의 간체자는 '罗'가 아니고 '啰'이다. '當', '噹'의 간체자는 '当'이다.
② '瞭'자는 liǎo라고 발음할 때는 '了'로 간화하지만, liào라고 발음할 때는 간화하지

4. 건국 이후 보통화[普通话]의 보급

한자 개혁은 중화인민공화국이 건립된 후 더욱 가속화되었다. 당시 가장 급선무로 부각되던 사업이 민족 공통어를 제정하고 이를 보급하여 전 국민의 문화적 소양을 향상시키는 것이었다. 이에 따라 1955년 '中国文字改革委员会'가 설립되고 문자 개혁과 관련된 '한자의 간화', '보통화 보급', '한어병음방안 시행'의 3대 임무가 부여되었다. 같은 해 열린 '现代汉语规范问题学术会议'에서 중국어의 규범화 기준을 '북경의 음운을 표준음으로 하고, 북방 방언을 기초 어휘로 정하여 전형적인 현대 백화 저작을 문법적 규범으로 하는 보통화'라고 명확히 하였다. 1957년 라틴 자모로 된 중국어 표음 방안이 제정되어 '全国人民代表大会'에서 정식으로 공표되었다. 한어병음방안은 초등학생들을 위한 '한자의 음과 보통화 쓰기 교육'에 활용되어 기존의 주음자모와 로마자를 대신하게 되었다.

1957년에서 1962년까지, '普通话审音委员会'는 세 번에 걸쳐《普通话异读词审音表初稿》을 발표하여, 1,800여개의 이독어(異讀語) 독음을 심사 선정하였고, 1985년《普通话异读词审音表》을 정식으로 발표하였다. 이는 중국어의 어음 규범과 보통화의 보급에 큰 영향을 미쳤다.

2 한자 간화(簡化)의 방침과 방법

1950년대 한자의 간화 방침이 확정되면서 그 원칙은 사회적으로 이미 통용되고 있는 간체자를 채택하여 사용자들이 보다 쉽게 받아들일 수 있도록 하는 것이었다.

1. 간체자의 근원

①옛글자

- 고체자 — 云 ¦ 从 ¦ 电
- 고대 이체자 — 礼 ¦ 尔 ¦ 弃
- 고대 통용자 — 才 ¦ 后

②대중들 사이에 이미 통용되던 간체자

体 ¦ 声 ¦ 铁

③초서가 해서화된 한자

书 ¦ 为 ¦ 东 ¦ 专

않고 '瞭'라고 쓴다. 예) 了解 liǎojiě 瞭望 liàowàng

④새로 만든 글자

拥 ¦ 护 ¦ 灭

2. 간화의 방침

간화의 규칙은 크게 '생략', '변화', '대체'의 세 가지 방법으로 진행되었다.

①글자의 일부분으로 전체를 대신한다. 글자의 일부를 생략한다.

産 → 产 ¦ 寧 → 宁 ¦ 廠 → 厂 ¦ 聲 → 声 ¦ 蟲 → 虫 ¦ 鄕 → 乡 ¦ 飛 → 飞

②복잡한 편방을 기호화시켜 간략하게 한다.

鄧 → 邓 ¦ 對 → 对 ¦ 鷄 → 鸡 ¦ 漢 → 汉 ¦ 難 → 难 ¦ 觀 → 观 ¦ 種 → 种

③회의의 방법으로 글자를 만든다.

漏 → 泪 ¦ 陽 → 阳 ¦ 陰 → 阴 ¦ 筆 → 笔 ¦ 塵 → 尘 ¦ 體 → 体 ¦ 竈 → 灶

④형성의 방법으로 글자를 만든다.

驚 → 惊 ¦ 護 → 护 ¦ 膚 → 肤

⑤초서나 해서로 바꾼다.

爲 → 为 ¦ 書 → 书 ¦ 專 → 专 ¦ 鳥 → 乌 ¦ 馬 → 马 ¦ 當 → 当 ¦ 齊 → 齐

⑥획수가 많은 한자를 같은 발음의 획수가 적은 글자로 대체한다.

瞭 → 了 ¦ 幹 → 干 ¦ 幾 → 几 ¦ 穀 → 谷

⑦해당하는 고문자(古文字)로 대체한다.

氣 → 气 ¦ 電 → 电 ¦ 雲 → 云 ¦ 禮 → 礼

3. 한자 간화의 장점과 단점

1) 한자 간화의 장점

①필획 수를 줄여 쓰고 기억하기에 편리하도록 하였다. 《简化字总表》(1986년)에 수록된 한자는 2,235자, 필획의 총수는 23,025획이므로 한 글자당 평균 필획은 10.3획이 된다. 대체된 번체 2,261자의 필획 총수가 36,236획이므로 한 글자당 평균 필획은 16획이다. 이 번체자와 비교해볼 때 평균 5.7획이 감소하였으므로 이를 더 확대하여 2,000자의 간체자를 쓴다면 번체자를 쓸 때보다 10,000획을 덜 쓰게 되는 셈이다.

②복잡하지 않은 형태이므로 읽기에 편리하다. '亂→乱', '龜→龟', '竈→灶' 등과 같이 시각적으로 그 명확도가 확연하게 차이난다.

③통용하는 한자의 자수를 감소시켰다. 간화의 규칙 중 하나가 자음(字

音)이 같고 필획이 더 간단한 글자로 그렇지 않은 글자를 대체하는 것이었다. 예를 들면, '滙'와 '彙'를 모두 '汇'로 통일시키는 것과 같은 방법으로 102개의 번체자가 감소하게 되었다.

④일부 형성자는 성부(聲符)를 교체하여 번체자보다 더 명확하게 자음(字音)을 나타낼 수 있도록 하였다. 예를 들면, '態→态('太'가 성부)', '證→证('正'이 성부)'과 같은 경우이다.

⑤일부 간체자는 번체자보다 더 명확하게 분해할 수 있다. '慶'이나 '滅'는 부건의 분석이 쉽지 않은데 이들 간체자 '庆', '灭'는 각각 '广+大'로, '一+火'로 쉽게 분석할 수 있다.

2) 한자 간화의 단점

①비슷한 자형의 번체자가 간화한 후 확연히 구별되기도 하지만, 분명히 구별되던 번체자가 간화한 후 오히려 비슷해지는 경우가 더 많다.

畵 → 画, 晝 → 昼 (변별력이 높아짐)
攏 → 拢, 擾 → 扰 (변별력이 낮아짐)

②획수가 많은 번체자를 같은 음의 획수가 적은 글자로 대체하는 방법은 오히려 의미 구별을 어렵게 하였다. 예를 들면, '干'은 '幹', '乾'의 간체자로 쓰여 '干'으로만은 의미 구별을 어렵게 하였다.

没干(幹): 하지 않았다.
没干(乾): 마르지 않았다.

③분해하기 쉬웠던 글자를 지나치게 필획을 줄여 간화함으로써 오히려 분해하기 어려워진 글자가 많다. 예를 들면, '農(曲+辰)'이 '农'으로 간화된 것과 같은 경우이다.

④상용자임에도 간화하지 못하여 여전히 매우 복잡한 글자들이 있다. 예를 들면, '嘴', '舞', '霸', '翻'과 같이 획수가 많은 글자들이다.

3 이체자(異體字)의 정리

일반적으로 자형(字形)은 다르지만 자음(字音)과 자의(字義)는 정자(正字)와 같은 한자를 이체자(異體字)라고 한다. 한자는 장기간 많은 사람들이 사용함에 따라 많은 이체자가 생겨나게 되었다. 이는 한자의 학습과 사용에 많은 부담을 주며 한자의 규범화를 저해하는 요소가 되기도 한다.

1. 이체자의 형태

이체자는 구성 형태에 따라 아래 세 가지로 나눌 수 있다.

(1)음과 뜻이 완전히 일치하는 한자.

睹 — 覩 ¦ 痴 — 癡

(2)어느 한 글자의 의미 항목이 다른 글자의 여러 의미 항목 중 일부와 같은 한자.

豆(dōu) — ①콩 ②모양이 콩과 같은 물건 ③고대 음식을 담는 기구
荳(dōu) — 콩

'豆'와 '荳'는 '콩'이라는 의미로 쓰일 때 서로 이체자가 된다.

(3)어느 한 글자의 음이나 뜻이 다른 글자의 음이나 뜻과 같은 한자.

夹 — ① jiā 양쪽에서 집다, 겨드랑이에 끼다. ② jiá 겹, 이중.
挟 — ① jiā 겨드랑이에 끼다. ② xié 겨드랑이에 끼다, 원한 등을 마음에 품다.

'夹'와 '挟'는 'jiā'라는 음으로 읽고, 동시에 '겨드랑이에 끼다'라는 의미로 쓰일 때 서로 이체자가 된다.

2. 이체자의 정리 원칙

(1)사회적으로 통용되는 글자를 선택한다.

僊 → 仙 ¦ 鍼 → 针

(2)필획이 간략한 글자를 선택한다.

貓 → 猫 ¦ 綑 → 捆 ¦ 陞/昇 → 升

3. 이체자의 정리 방식

(1)여러 개의 이체자 중 가장 규범이 되는 글자를 선택하고 나머지는 모두 버린다.

蜨 → 蝶 ¦ 籐 → 藤

(2)이체자와 정자가 의미 항목을 서로 분담하도록 하여 이체자 수를 줄인다.

帐(zhàng) — ①장막 ②장부
账(zhàng) — 장부

이 둘의 의미 항목을 아래와 같이 분담하도록 한다.

帐(zhàng) — 장막, 账(zhàng) — 장부

第六章

한자의 정보 처리 — 중국어와 컴퓨터

인류는 정보를 전달하는 수단으로 음성 언어를 가졌지만 음성 정보는 시간과 공간의 제약을 받는다. 따라서 인류는 소리 정보의 취약점을 보완하기 위하여 문자를 창조하였다. 문자 정보는 수천 년간 인류의 지식을 전달하고 축적하는데 가장 효율적인 역할을 담당하였다.

전기의 발명에 이은 전자 활용 기술이 급속도로 발전하면서 정보의 전달과 축적은 물론이고 그것의 처리까지도 기계가 대신하는 시대가 되었다.

컴퓨터의 발명은 인간의 문자 생활을 완전히 바꾸어 놓았다. 기록하고 보관하며 검색하고 인쇄하며 전달하고 전파하던 모든 문자의 기능을 컴퓨터가 대신하게 되었기 때문이다.

한자는 모양으로 의미를 구별하는 문자이고 그 숫자가 많음에도 불구하고 음절수가 극히 적어 동일 음절에 속하는 한자의 숫자가 너무 많다. 따라서 한자를 코드화하고 이를 입출력하는 것은 표음문자에 비해 상대적으로 쉽지 않다.

처음 컴퓨터가 개발되었을 때에 비하면 지금의 하드웨어는 상상을 초월할 정도로 발전하였고, 이에 맞추어 소프트웨어도 급속도로 발전하였다. 한자의 전산화뿐만 아니라 한자의 국제적 호환문제까지도 유니코드가 개발됨으로써 완전히 해결되었다.

컴퓨터로 중국어 정보를 원만히 처리하는 능력은 중국어를 전공하는 사람에게 필수가 된지 상당히 오래 되었다.

1 각국 한자 코드

1. ASCII code

1byte(8bit)로 나타낼 수 있는 문자의 수는 실제로 제어비트 1개를 뺀 2^7(128)자인데 처음 컴퓨터를 개발한 사람들의 영어권에서는 이 정도이면 충분하다고 여겼으며, 실제로 이때의 램(640Kb)이나 CPU 수준에서는 이 정도면 충분하였다. 그래서 ASCII는 이러한 환경에서 라틴 알파벳, 숫자, 특수 문자 등의 배열 정수를 그에 대응되는 7비트 이진수로 표현하게 된 것이다.

加油

미국정보교환표준부호를 아스키(ASCII: American Standard Code for Information Interchange)라고 한다. 라틴자모를 기준으로 한 컴퓨터 코드 시스템으로 영어와 유럽 각국의 언어에 쓰이도록 설계된 코드이다. 가장 기본적인 1 byte 시스템으로 1967년에 표준으로 제정되어 1986년에 마지막으로 개정되었다. 아스키는 7비트 인코딩으로, 128개의 코드가 정의되어 있는데, 출력할 수 없는 33개 제어 문자와 95개의 출력 가능한 문자들로 이루어져 있다. 제어 문자들은 더 이상 사용하지 않지만 역사적인 이유로 남아 있으며, 출력 가능한 문자들은 52개의 영문 알파벳 대소문자와 10개의 숫자, 32개의 특수 문자, 하나의 공백 문자로 이루어져 있다. 아스키는 국제표준 ISO646과 일치한다. 이후 확장 아스키(Extended ASCII)가 나왔는데, 아스키의 7비트를 8비트로 확장하여 만들었으며, 0에서부터 255까지 모두 256개의 코드로 이루어져 있다. 확장 아스키의 부호는 도표, 계산, 희랍자모 외에 특수한 라틴부호로 이루어져 있다. ISO/IEC 8859가 가장 많이 쓰이는 8비트 코드이다.

2. 한국

①KS5601 — 표준연구소에서 국가 행정의 전산을 위해 만들었던 이른바 '행정 전산망 코드'이다. 수없이 많은 문제점이 있음에도 불구하고 행정 전산망을 제외한 다른 분야에 이르기까지 결국 이 코드가 표준으로 자리 잡게 되었다. 이 코드에는 2,350자의 한글과 4,620자의 한자가 배정되어 있다. 실제로 한글의 모든 글자 수는 11,172자이므로 이 코드는 2,350자의 범위를 넘어서면 입출력할 방법이 없게 된다. 완성된 글자를 코드에 배정해 두었기 때문에 '완성형'이라고 한다. CAA1에서 ECFE까지 4,888개의 코드에 한자가 부여되어있지만 실제로는 268자가 중복되어 4,620자가 있다. 이에는 '畓', '乶', '乭'과 같은 한국식 한자도 약 400자가 있다.

②KS5657 — 한자 2,588자가 선정되었으나 1991년 12월 공고만 되고 실제로 사용되지 않았다.
③흔글 — KS는 4000부터 5317까지, 확장한자는 5318부터 7D97까지 모두 15,500자의 한자가 배정되어 있다.

3. 중국

중국에서는 '语言文字工作委员会'와 '国家标准化管理委员会'에서 엄격한 표준을 정하고 있다. 글자의 필획 하나하나에까지 표준을 정하고 엄격하게 심사하게 된다. 중국에서 쓰이는 기본 서체인 '송체(宋體)', '방송체(仿宋體)', '흑제(黑體)', '해체(楷體)'는 엄격한 국가의 심사를 거쳐 검정을 받은 경우에만 사용이 가능하다. 중국 국가표준의 식별부호는 '国家标准'의 줄임말인 '国标'의 한어병음방안 머리글자 'GB'이다.

①GB1988-80, GB2311-80, GB2312-80 — 1980年에 《信息交换用汉字编码字符集基本集》(GB2312-80)을 공표하여 3021부터 777E까지 1급 3,755자, 2급 3,008자 합계 6,763자의 한자와 682개의 각종 자모 부호를 배정하였다. 1급 한자는 한어병음방안 순으로 나열되어 있으며, 2급 한자는 편방과 부수 순으로 나열되어 있다. 1급 한자만으로도 근대문헌 한자의 누계사용빈도(累計使用頻度)가 99.9% 수준이며, 1급과 2급의 누계사용빈도는 99.99% 이상이다.
②GB7590-87 — 1987년 GB-80에 더해 7,039자를 배정하였다.
③GBK13000 — 간체자에 번체자를 추가하여 20,902자 배정하였다. 여기의 K는 '扩展'의 한어병음방안 머리글자이다. GB2312-80과 호환되도록 설계 되었고, 국제규격 ISO10646.1에 부합하도록 하였으며, 한어병음방안으로 입력할 수 있도록 하였다.
④GBK18030 — 2000년 12월 간체자 번체자를 유니코드로 재배치하여 27,484자 배정하였다. Windows XP 이후에 탑재되었다.

加油

컴퓨터에 저장된 글자의 모형을 '字模(character font)'라고 하며 '字模'의 집합을 '字模库', 줄여서 '字库(font)'라고 한다. 플로피 디스크에 저장된 한자 폰트는 '软字库(soft font)'라 하고 ROM 형태의 한자 폰트는 '硬字库' 혹은 '汉卡(Chinese card)'라고 한다. 글자의 형태(glyph)는 '字形'이라 하고, 글자체(typeface)는 '字体'라고 하며, 글자(Character)는 '字符' 혹은 '字元', 문자집합(Character set)은 '字符集' 혹은 '字元集'이라고 한다.

4. 대만

①BIG-5 — 5대 컴퓨터회사가 협의하여 규정한 코드로 A440부터 C67E까지 5,401개의 상용한자와 C940부터 F9D5까지 7,652개의 차용한

자, 합계 13,053자가 등록되어 있으며, 5대 컴퓨터 회사 중 하나였던 宏碁(ACER)가 자기 회사 이름에 쓰인 '碁'자를 넣어 13,054자가 되기도 한다. 이 코드는 2자가 중복되어 있으며, 흔글에 등록된 한자와 상호 비교해 보면 24자가 차이 난다.

②國家標準碼 — 1986년 3월 '通用漢字標準碼交換碼'를 공포하였으나 실용되지 않았다.

③公會碼 — 1988년 12월 위의 '通用漢字標準碼交換碼'의 불편을 해소하기 위해 컴퓨터회사와 정부 연합으로 '公會推薦中文內碼'를 제정하였다. 92A0부터 AF67까지 상용자, B030부터 D3C3까지 7,650자를 배정하여 BIG-5 코드의 순서와 차이가 없으며 차용자에서 2자의 차이가 날뿐이다.

5. 일본

①JIS90 — 1990년 '日本工業規格協會'의 규격 코드이다. 1수준은 3021부터 4E53까지, 2수준은 5021부터 7424까지 6,355자, 보조 한자는 3021부터 6D63까지 5,801자이다.

②Shift JIS — 8840부터 EA40까지 JIS를 재배열한 추가 코드이다.

6. 유니코드(Unicode)

①1byte로 표현할 수 있는 문자는 2^8(256)자에 국한되므로 문자의 수가 이를 능가하는 나라에서는 2byte(2^{16}=65,536)로 문자를 표현하는 수밖에 없다. 그래서 한국의 KSC5601, 중국의 GB2312-80, 대만의 Big-5와 같은 코드를 만들어 사용하게 되었으나, 동일한 한자일지라도 서로 다른 코드에 배정되어 있어서 코드 호환이 불가능하였다. 이러한 불편을 없애기 위해서 동일 한자는 하나의 코드에 배정하는 방법 등으로 세계 문자를 모두 포괄하는 통일코드의 제정이 필요하게 되었다.

②처음 ISO(국제표준화기구:International Standardization Organization)에서 유니버설 코드체계를 제정하고자 하였으며, 이의 진행에 불만을 가진 IBM과 MS가 유니코드협회(Unicode Consortium)를 결성하여 유니코드 제정에 가세, 1991년 이후로 동일한 표준을 만들었다. 이렇게 제정된 동일 표준안은 ISO/IEC10646으로 명명되었다.

③처음 유니코드는 2^{16}(65,536)개 정도의 부호면 충분하리라 보고 2byte로 제정하게 되었으며, 16bit 영역을 BMP(기본다중언어판;Basic Multilingual Plane)라고 하였으며. Unicode3.0 버전까지는 여기에만 문자 코드가 부여되어 있었다.

④한국, 중국, 일본 등에서의 고문서 전산화 등에서는 2^{16}(65,536)에서

배정할 수 있는 문자로도 부족하다. 따라서 Unicode3.0부터 보충언어판(Supplementary Planes)을 정의하고 4byte로 문자를 표현하게 하였다. 2byte체계에서 4byte로 표현하기 위해 BMP의 D800에서 DB7F까지를 상위대행코드(High Surrogates)로, DC00에서 DFFF까지를 하위대행코드(Low Surrogates)로 지정하여 이들의 조합으로 하나의 문자를 등록하는 방법을 채택하였다. 이렇게 하면 결국 상위대행코드의 2^{10}(1024)자와 하위대행코드의 2^{10}(1024)자의 조합으로 문자를 등록할 수 있으므로 결국 $2^{10} \times 2^{10} = 2^{20}$(1,048,576)자의 문자를 추가할 수 있게 된다. 따라서 유니코드는 기본언어판 1개, 보충언어판 16개로 구성되어 있으며, 각 언어판은 2^{16}(65,536)개의 문자를 지정할 수 있으므로 유니코드에서 지정할 수 있는 문자의 수는 17×65,536 =1,114,112개이지만, 대행코드영역(Surrogates) 2048개에는 문자가 지정되어 있지 않으므로 1,112,064개의 문자를 지정할 수 있다. 실제로 Unicode3.1에서부터 이 영역에 문자를 할당하였다.

加油

유니코드의 중요 언어판

0000~007F Basic Latin 기본 라틴(영어 알파벳)
0080~00FF Latin-1 Supplement
0100~017F Latin Extended-A
0180~024F Latin Extended-B
0250~02AF IPA Extensions
02B0~02FF Spacing Modifier Letters
0300~036F Combining Diacritical Marks
1100~11FF Hangul Jamo 한글 자모
2E80~2EFF CJK Radicals Supplement 한자 부수
2F00~2FDF Kangxi Radicals 강희자전 부수
3000~303F CJK Symbols and Punctuation
3130~318F Hangul Compatibility Jamo 한글 호환 자모
3300~33FF CJK Compatibility 한중일 호환
3400~4DB5 CJK Unified Ideographs Extension A 한자 확장 A
4E00~9FFF CJK Unified Ideographs 한중일 공통 한자
AC00~D7A3 Hangul Syllables 한글
F900~FAFF CJK Compatibility Ideographs 한중일 호환
20000~2A6D6 CJK Unified Ideographs Extension B 한자 확장 B

② 각국의 한자 입력방법

1. 한국

①한국음 한자 전환 선택 방법.
②낱말 단위 한자 전환 선택 방법.
③흔글의 훈 입력법 — 훈과 음으로 입력하는 방법. 예를 들면, '집가'라고 치면 '家'가 입력되는 방법.
④SSC의 四角号码 입력법 — 중국의 상무인서관(商務印書館)에서 만든 한자 분류법을 활용한 입력법으로 한 때 족보 입력 등에 쓰였으나 이후 개발된 뿌리법 때문에 도태되었다.
⑤SSC의 뿌리법 — 한자의 부건을 270여 개로 나누고 이를 35개 키보드에 배당하여 서로 중복되지 않고 한자를 1타 내지 4타로 입력할 수 있도록 고안된 입력법.
⑥OCR 입력 및 수정 방법.

2. 일본

①훈독음 입력법
②한자 어휘 자동인식 입력법

3. 중국

⑴한자입력법 발전사

①1960년대 지병이[支秉彝][94]가 처음으로 '见字识码法' 창안하였다.
②1978년 7월 19일 '文汇报'에 처음으로 지병이[支秉彝]의 방법에 대해

94) 지병이[支秉彝](1911년 9월~1993년 7월):1935년 절강대학[浙江大学]을 졸업하고, 1940년 독일에서 물리학 박사학위를 취득하였다. 2차 대전 종전 후 귀국하여 일본이 버린 기기를 이용하여 각종 계측기를 개발하면서 절강대학[浙江大学] 동제대학[同济大学]의 전기과에서 교수생활을 하였다. 문화대혁명(文化大革命) 때 '反动学术权威'로 몰려 격리 수용되었을 때, 한자를 분해한 요소를 알파벳 26개에 배당하여 입력하는 방안을 창안하였다. 이때 지병이는 종이가 없어 찻잔의 뚜껑에 글을 쓰고 지우기를 수백만 번 반복하였다고 한다. 1969년 9월 지병이는 수용소에서 풀려나 폐품창고 관리를 맡게 되었는데 이때 구미(歐美), 일본, 대만의 한자 입력법에 대해 공부한 후, 한자의 음, 형, 필획 등을 종합하여 글자를 보고 바로 키보드를 칠 수 있으며, 한 글자를 4타 이내로 입력할 수 있는 방법을 창안하였다. 이후 약 6년간의 연구 끝에 '见字识码'를 완성하였는데, 이는 1977년 상해시[上海市] 전화국에서 처음으로 채택하여 실용화되었다.

대대적인 소개를 하게 되고 동년 12월 청도[青岛]에서 '汉字编码研究会'를 개최하였다.

③1981년 지병이의 주도로 '中国仪器仪表学会' 산하에 '汉字信息处理系统研究会'를 조직하게 된다. 1981년 처음으로 '笔形输入法' 감정회가 열리고 국내외 발명특허를 획득하였다.

④1986년 3월 '国家科委' 등이 공동으로 '全国汉字输入方案的评测'를 개최하고 우수 입력법을 선정하였다.

⑤1987년 '汉字编码输入方法'이 처음으로 '国家七五重点科技攻关项目'으로 선정되었다.

⑥1990년 PJY(普及型拼音汉语变换系统), PJX(普及型拼形汉语变换系统), PJYH(普及型英汉变换系统)으로 구성된 'PJS普及型中文输入系统'이 감정을 거쳐 인공지능의 특색이 있다고 우수 기술로 인정되었다.

⑦1991년 PJS의 자매편인 'TLS普及型中文输入系统'이 감정을 받게 되었다.

(2)현재 널리 쓰이고 있는 입력법

한자의 입력방법은 자동 입력법과 수동 입력법의 두 가지로 나눌 수 있으며, 자동 입력법은 필기 입력법, 음성 입력법, 광학 입력법의 세 가지로 나눌 수 있다. 수동 입력법은 키보드를 활용하는 방법으로 지금까지 수백 종이 개발되었다. 하나의 한자를 1-4개 정도의 키보드에 배당하는 방법으로 자음, 자형, 혹은 자형과 자음의 혼합 형식을 참고하여 특정 키보드에 배당하는 방법이다. 자음 입력법은 한어병음방안을 활용하는 방법으로 '智能ABC', '微软拼音', '全拼', '简拼', '双拼' 등이 있으며, 자형을 활용하는 방법으로는 '五笔字型', '五笔划' 등이 있고, 자음과 자형의 혼용방법으로는 한어병음방안과 자형을 참고하여 코드를 생성하는 방법으로 '自然码' 등이 있다. 현재 널리 쓰이는 입력법은 아래와 같은 것들이 있다.

- 普及型 PJS 中文输入系统
- 普及型 TLS 中文输入系统
- 王永民 '五笔字型输入法'
- 郑易里 '郑码输入法'
- 周志农 '自然码输入法'
- 长城集团公司 'CW输入法'
- 陈岱宇 '大衆码输入法'
- 扶良文 '金奖智能码输入法'
- 郭淑珍 '声韵声声输入法'
- 粟兴民 '声形四笔输入法'

· 陈国斌 '层次四角码输入法'
· 李公宜 'JDL输入法'
· 戴銮谟 '六笔声形输入法'
· 搜狐公司 '搜狗输入法'(인터넷 기반의 자동 어휘 등록 입력법)

4. 대만

①주음부호 입력법
②宏碁電腦公司 '天龍中文輸入法' — 최초의 자형을 보고 입력하는 방법.
③倚天資訊股份有限公司 '倉頡輸入法' — 대만에서 가장 많이 쓰이는 입력법이나 학습이 쉽지 않다.
④安利資訊股份有限公司 '大易輸入法' — 한자의 구성요소를 보고 입력하도록 하였으며, 입력속도는 1분에 150자 정도로 빨라 급속도로 보급되었다.
⑤行易有限公司 '嘸蝦米輸入法' — 입력속도가 빨라 1분에 약 200자 정도 입력이 가능하다.

5. 한·중·일·대만 혼합문서 작성

한·중·일·대만의 문자 코드가 중복되기 때문에 한 문서에서 이를 동시에 처리하기 위해서는 각 국의 폰트를 지정해서 쓰는 수밖에 없으며, 이러한 경우 폰트의 출력은 가능하지만 데이터로 활용할 수는 없게 된다. 하지만 원활한 문서작성을 위해 서로 다른 운영 체계에서 문자를 입력할 수 있도록 하는 소프트웨어가 개발되었었다. 이러한 소프트웨어는 다음과 같은 것들이 있었다.

· 페이지스타-PageStar — 다중언어의 문서 작성 인쇄 출판 소프트웨어
· SCMONDO.EXE — MS사에서 배포한 중국어 GB 코드 입력기
· TCMONDO.EXE — MS사에서 배포한 대만의 BIG-5 코드 입력기
· JAMONDO.EXE — MS사에서 배포한 일본의 JIS 코드 입력기
· 中文之星(Chinese Star) — 北京大学의 方正에서 만든 중국어 OS
· 南极星(NJStar) — GB, BIG-5, KS, JIS 등으로 전환 입출력 할 수 있음.
· 双桥(TwinBridge) — 한글과 중국어를 편하게 입력할 수 있음.
· 리치윈(RichWin) — 한글과 중국어를 편하게 입력할 수 있음.

6. 유니코드 한자 입력기

유니코드에서는 한·중·일·대만 등에서 쓰는 한자의 자형이 다르면 다른 코드에 등록하였기 때문에 간체자와 번체자도 서로 다른 코드에 등록되어 있다. 따라서 유니코드로 한자를 입력한다면 코드의 중복현상을 피할 수 있을 뿐만 아니라 데이터의 호환에도 전혀 문제가 생기지 않는다.

하지만 지금까지의 한자 입력기는 한·중·일·대만이 각기 자기의 코드의 한자 입력기만을 개발하였기 때문에 다중언어 입력을 하기 위해서는 이들 코드의 입력기를 중복적으로 사용하면 된다. 하지만 한자의 경우 자형에 따라 코드를 부여하였기 때문에 한자의 코드가 대폭 증가하였고, 이를 모두 입력할 수 있는 입력기는 아직 개발 단계에 있다. 유니코드 한자의 입력기는 MS사에서 개발하여 배포하고 있는데 다음과 같다.

(1) GB18030 Support Package(GBK18030 4byte 지원 패키지)

- SimSun18030.ttc(GBK18030의 서체 2종)
- c_g18030.dll(코드표 지원 파일, Windows2000에서 작동)
- gbunicnv.exe(GB코드와 유니코드의 컨버터 툴)
- ms4bsp.dll(MS의 4byte 문자 코드 지원 파일)

(2) Microsoft Pinyin IME 2003(GBK18030 문자 입력 방식 편집기)

- 全拼输入(한어병음방안으로 입력하는 방식. 성조는 생략하고 알파벳만 입력하면 해당 한자가 선택 상자에 9개씩 나열됨. PageUp/PageDown으로 선택상자 교체. 'ü'는 'v'로 입력함. 한자를 선택할 때 번체자와 간체자가 다른 코드에 있으므로 구별하여 사용할 수 있음)
- 整句转换方式(문 단위의 입력방식)
- 词语转换方式(낱말 단위의 입력 방식)
- 双拼输入以及双拼方案自定义(한어병음방안의 축약 입력 방식)
- 中英文混合输入(영문과 한자의 동시 입력 방식)
- 不完整拼音输入(한어병음방안의 전부를 정확하게 입력하지 않아도 입력 가능한 방식)
- 模糊拼音输入以及模糊拼音自定义(인공지능 한어병음방안 입력 및 사용자 정의)
- 拼音带调输入(성조를 표함한 한어병음 입력 방식)
- 逐键提示(키보드에 따라 중요 사항을 제시하는 기능)
- 横、竖排候选窗口(횡서, 종서를 미리 선택하는 기능)
- 输入法自学习(입력법 자습서)
- 软键盘(키보드에 배당된 각종 부호 나열 및 입력 기능)
- 在线用户自造词(즉석 낱말 등록기능)
- 用户自造词工具(사용자 낱말 정의 툴)
- 手写识别插件(필기체 인식 툴)
- 字典查询插件(사전 검색 툴)

第四編

중국어와 어휘

第一章 형태소
第二章 낱말과 낱말의 구조
第三章 낱말의 의미
第四章 숙어

第一章
형태소

어휘는 수만 개에 달하는 낱말, 고정된 구, 숙어 등으로 구성된 집합체를 말한다. 따라서 건축물을 짓는 재료처럼 어휘는 언어 혹은 문장을 구성하는 가장 직접적인 재료이다. 어휘는 기준에 따라 여러 범위로 나눌 수 있다. 언어별로 중국어 어휘, 영어 어휘 등으로 구분할 수 있고, 지역에 따라 표준 어휘, 방언 어휘로, 용도에 따라 문언 어휘, 입말 어휘 등으로 분류할 수 있다. 또한 언어를 다루는 작가에 따라 '노신[鲁迅]의 어휘', '《红楼梦》의 어휘' 등으로 나누어 작가나 작품 속의 어휘를 지칭할 수도 있다.

어휘의 기본 단위인 낱말[词]을 구성하는 요소인 형태소[语素]를 살펴보고 중국어의 낱말이 만들어지는 원리를 이해하는 것은 매우 중요하다. 중국어의 형태소는 낱말의 구성 요소이긴 하지만 때로 독립적으로 활용되어 낱말이 되기도 한다. 따라서 형태소와 낱말의 개념적 차이를 이해하는 것도 중요하다.

형태소(形態素: morpheme)[语素]란 소리와 뜻이 결합된 가장 작은 언어 단위로서, 낱말을 구성하는 기본 성분이 된다.[95] 중국어에서 하나의 형태소는 하나의 음절로 이루어지는 경우가 가장 일반적이며, 하나의 형태소는 하나의 한자일 수도 있으며 때로는 하나의 형태소가 바로 하나의 낱말을 이룰 수도 있다. 따라서 형태소 분석은 음절, 한자와의 관계, 의미 역할, 낱말과의 구별 방법 등 다양한 방식으로 이루어지게 된다.

1. 형태소와 음절과 한자

①하나의 한자가 여러 가지 형태소로 활용될 수 있으며 형태소에 따라 각기 다른 낱말을 만들어낼 수 있다.

ⓐ동일한 한자가 각기 다른 자음(字音)으로 다른 형태소가 되는 예

- 乐 : lè (즐겁다) — 快乐(kuàilè) ¦ 乐观(lèguān)
  yuè (음악) — 音乐(yīnyuè) ¦ 乐器(yuèqì)
- 长 : zhǎng (외모) — 长相(zhǎngxiàng)
  zhǎng (맏이) — 长子(zhǎngzǐ)
  cháng (길다) — 长短(chángduǎn) ¦ 长期(chángqī)

ⓑ동일 자형(字形), 자음(字音)이지만 품사를 달리하여 다른 형태소나 낱말이 되는 예

- 光 : 光彩(아름답고 찬란한 빛－형태소)
  很光(아주 반짝인다: 형용사－낱말)
  光着脚(발을 드러내다: 동사－낱말)
  光靠你们两个人(너희들 단 두 사람에 의지해서: 부사－낱말)
- 会 : 会议(회의: 형태소)
  开会(회의를 열다: 명사－낱말)
  会汉语(중국어를 할 줄 안다: 동사－낱말)
  会说汉语(중국어를 구사할 줄 안다: 조동사－낱말)

②중국어의 형태소는 '多', '大', '动', '吃', '天', '土', '而', '吗'와 같이 대부분 일음절이지만 두 개 이상의 음절로 이루어지는 예도 있다. 두 개 이상의 음절로 이루어진 형태소는 연면어와 음역어가 많다.

- 연면어 — 荒唐 ¦ 踌躇 ¦ 参差
- 음역어 — 咖啡 ¦ 尼龙 ¦ 巧克力 ¦ 奥林匹克 ¦ 布尔什维克

③하나의 한자가 상황에 따라 형태소로 활용될 수도 있고 그렇지 않을 수도 있다.

- 沙 : 沙丘(사구 — 형태소로 활용)

95) 중국언어학에서는 이를 '단어소'라는 의미에서 '词素'라고도 한다.

沙发(소파 — 비형태소로 활용)

④낱말[词]은 독립적으로 운용되는 가장 작은 의미 단위이다. 형태소와 낱말의 차이점은 아래와 같다.

ⓐ형태소의 의미는 낱말에 비해 명확하지 않으며 안정적이지 않다. 예를 들면, '亲切'의 두 형태소 '亲(친하다)'과 '切(자르다)'를 떼어 그 독립적인 의미를 생각하면 '亲切(친절하다)'의 의미를 이해하기 쉽지 않다.

ⓑ형태소는 독립적으로 운용되지 못하며 다른 낱말과 자유롭게 결합하지도 못한다. 예를 들면, '美丽'와 '工作'에서 '丽'와 '工'은 독립적으로 쓰이지 못하며 다른 낱말과 자유롭게 결합하지 못하는 형태소인 반면에 '美'와 '作'는 독립적으로 쓰일 수 있으며 '壮丽', '作业'에서처럼 다른 형태소와 자유롭게 결합하여 낱말이나 문장을 이루기도 한다. 그러나 '美'와 '作'가 독립적으로 쓰인다면 낱말이고, 이들이 다른 형태소와 결합하여 낱말을 구성하는 성분이 되면 형태소이다. 형태소는 언제나 낱말을 구성하는 성분일 뿐이며 일단 독립적으로 활용이 된다면 그것은 낱말이다.

2. 형태소의 구별 방법－동형대체법[同形替代法]96)

중국어를 기록하는 한자는 거의 대부분 의미를 가지고 있으며, 실제로 의미가 없는 한자일지라도 중국인들은 의미가 있다고 생각하는 경우가 많다. 예를 들면, '现在'의 '现'과 '在'를 형태소라고 생각하는 사람도 있을 것이며 '现在' 전체가 하나의 형태소라고 생각하는 사람도 있을 것이다. '葡萄'는 두 글자가 하나의 형태소이지만 일음절 형태소에 익숙한 중국인들은 '葡'와 '萄' 각각을 모두 형태소라는 여기고 다른 형태소로 대체하여 '葡桃'라고 쓰기도 한다. '파인애플(pineapple)'을 '菠萝'로 음역할 경우 이 두 글자가 하나의 형태소이지만, '凤梨'로 음역할 경우에는 '凤'과 '梨'가 각각 형태소인 것으로 착각하게 된다. 또한 '黑客'는 '검은 손님'이 아니라 '해커(hacker)'의 음역어 임에도 중국인들은 이 두 음절을 각각의 형태소로 여겨 이들을 분리하고 조합해서 '레드해커(red hacker：정치나 애국을 표방하는 해커)'를 '红客'라고 하고 '블루 해커(blue hacker：특별한 목적 없이 하는 해커)'를 '蓝客'라고 하는 등 새로운 낱말을 만들어내기도 한다.

(1)낱말을 구성하고 있는 성분이 다른 낱말에 대체(代替)되어도 같은 의미를 유지하면서 낱말을 형성할 수 있다면 형태소이다.

·蜡(초/밀랍) → 蜡烛(양초) ¦ 蜡人(밀랍 인형) ¦ 蜡纸(파라핀지) ¦ 蜡染(납염)

96)'동형대체법'에 대해서는 육지위[陆志伟], 《北京话的单音词词汇》(北京：人民出版社, 1951) 및 육지위[陆志伟], 《汉语的构词法》(北京：科学出版社, 1964年) 참조.

· 烛(초) → 蜡烛(양초) ¦ 花烛(화촉) ¦ 香烛(향촉) ¦ 火烛(등화)

위의 동형대체에서 '蜡烛(양초)'의 '蜡'와 '烛'는 다른 형태소와 결합하여 낱말이 형성되었고, '蜡'와 '烛'의 본래 의미가 달라지지도 않았으므로 모두 형태소이다.

(2)낱말을 구성하고 있는 성분이 다른 낱말을 더 이상 형성할 수 없다면 형태소가 아니다. 예를 들면, '馄饨(작은 물만두)'을 구성하는 '馄'과 '饨'은 각각 다른 형태소와 결합할 수 없으므로 '馄饨' 자체가 하나의 형태소이다.

(3)낱말을 이루고 있는 두 성분 중의 어느 하나라도 다른 형태소와 대체 결합할 수 없으면 이는 두 개의 형태소로 이루어진 낱말이 아니고 두 음절로 이루어진 하나의 형태소이다. 아래의 예에서 보듯 '蝴蝶'의 '蝴'는 다른 형태소와 결합하여 낱말을 이루지 못하므로 형태소가 되지 못하지만 '蝶'는 '粉蝶', '彩蝶'와 같이 다른 낱말의 형태소로 활용된다. 따라서 '蝴蝶'는 '蝴'와 '蝶'의 두 개의 형태소로 이루어진 낱말이 아니라 '蝴蝶'전체가 하나의 형태소이다.

· 蝴蝶 : 蝴 → 蝴× ×蝴
蝶 → 粉蝶 彩蝶

(4)두 개의 성분이 다른 낱말 속에 대체된다고 해도 대체된 낱말 속에서의 의미가 달라진다면 두 개의 음절이 하나의 형태소이고, 의미가 달라지지 않는다면 두 음절은 각각 형태소이다. 아래의 예에서 보듯 '马鞍', '老虎' 등에서는 본래의 의미를 그대로 유지하던 '马(말)'와 '虎(호랑이)'가 '马虎'에서는 그 의미를 그대로 유지하지 못하고 다른 의미를 표현하게 된다. 따라서 '马虎'는 두 개의 형태소가 아니라 두 개의 음절로 이루어진 하나의 형태소이다. 반면 '礼貌'의 '礼'와 '貌'는 다른 낱말 속에 대체되어도 '礼貌'의 의미에서 벗어나지 않는다. 따라서 '礼'와 '貌'는 각기 형태소이고, '礼貌'는 두 개의 형태소로 이루어진 낱말이다.

· 马 → 马虎(소홀하다) ¦ 马鞍(말안장) ¦ 马蹄(말굽)
· 虎 → 马虎(소홀하다) ¦ 老虎(호랑이) ¦ 猛虎(맹호)
· 礼 → 礼节(예절) ¦ 礼堂(식장) ¦ 礼拜(예배)
· 貌 → 相貌(용모) ¦ 容貌(용모) ¦ 外貌(외모)

(5)원래 의미가 없던 음절이 의미를 가지게 되면서 형태소 역할을 하게 되는 경우를 음절의 '형태소화 현상[词素化现象]'이라고 한다. 이는 주로 인명이나 지명 및 보통명사의 음역어에서 나타나는 현상이다. 예를 들면, 'bus', 'taxi'의 음역어인 '巴士', '的士' 속의 '巴', '的'는 원래 의미가 없는 음절이었지만, 이 음역어에 사용된 후 형태소화되어 '大巴', '中巴', '面的', '打的' 등의 낱말에 형태소로 쓰였다. 이러한 형태소

화 현상은 연면어에도 보이는 현상이다.

· 鸳鸯 → 鸯侣 ¦ 骆驼 → 驼毛

(6)'儿化'된 낱말 속의 '儿'이 의미를 가질 때도 있고 그렇지 않을 때도 있는데 '儿'이 의미를 가질 때는 형태소이다. 예를 들면, '画(그리다)－画儿(그림)', '盖(짓다)－盖儿(덮개)'처럼 '儿'이 앞 음절 뒤에 결합하여 음운상의 변동과 더불어 의미나 기능의 변화까지 일으킨다면 그 '儿'은 비록 독립된 음절을 구성하지 못하고 앞 음절에 흡수되었다 하더라도 하나의 형태소로 인정한다. 따라서 '画儿', '盖儿'은 두 개의 형태소로 이루어진 낱말이다.

(7)'儿化'된 낱말 속의 '儿'이 의미를 가지지 못할 때는 형태소가 아니다. 예를 들면, '鸟儿', '花儿' 등의 '儿'은 음운상의 변동만 일으킬 뿐이지 의미 작용은 하지 못한다. 따라서 이때의 '儿'은 형태소가 될 수 없으므로 '鸟儿', '花儿' 자체가 하나의 형태소이다. '儿'은 앞 음절의 음운을 변동 시킬 뿐 독립된 음절도 아니고 어떤 의미 작용도 하지 못하므로 '儿'을 '비음절 형태소'라 부르기도 한다. '－们'과 '－么' 역시 빨리 발음할 때 성모 'm'이 앞 음절에 흡수되고 그 운모는 심하게 약화되므로 비음절 형태소라고 할 수 있다. 예를 들면, '我们 wǒm', '什么 shénm'와 같이 발음되는 경우이다.

(8)합음(合音)이란 원래 두 개의 형태소였던 것이 하나의 음절로 변한 것이다. 예를 들면, '甭', '俩', '仨', '咱' 등은 원래 두 글자였으나 합음되어 하나의 글자로 변한 것이다. 이들은 그 어원으로 보면 두 개의 형태소였지만 이미 하나의 음절로 변하여 하나의 음절, 하나의 한자, 하나의 형태소로 이루어진 단순어이다.

3. 형태소의 분류

(1)형태소의 음절수에 따른 분류

①일음절 형태소

'人', '天', '动'과 같이 하나의 음절로 구성된 형태소. 의미 분화가 없는 '儿化'로 구성된 낱말인 '花儿', '眼儿'은 두 글자이지만 하나의 형태소이다.

②이음절 형태소

두 개의 음절로 이루어진 형태소. 음절 구성에 따라 연면형태소, 음역형태소, 의성형태소로 나눌 수 있다.

· 연면형태소 — 尴尬 ¦ 踌躇 ¦ 灿烂 ¦ 轰隆
· 음역형태소 — 的士 ¦ 巴士 ¦ 尼龙 ¦ 吉普
· 의성형태소 — 叮当 ¦ 扑通 ¦ 唧唧

③다음절 형태소

세 음절 이상으로 이루어진 형태소. 음절 구성에 따라 음역식과 중첩식으로 나눌 수 있다.

- 음역식 — 蒙太奇(Montage) ; 苏维埃(Soviet) ; 歇斯底里(Hysteria)
- 중첩식 — 干巴巴

(2)낱말 구성능력에 따른 분류

①자립형태소(free morpheme) [自由语素/成词语素]

단독으로 운용될 수 있는 형태소. 단독으로 운영될 수 있다는 의미에서 '自由语素', 낱말이 될 수 있다는 의미에서 '成词语素'라고 한다.

地 ; 牛 ; 走 ; 跑 ; 分 ; 运 ; 重 ; 行 ; 我 ; 你 ; 谁 ; 不 ; 又 ; 葡萄 ; 橄榄

②의존형태소(bound morpheme) [不自由语素/黏着语素/不成词语素]

단독으로 운용될 수 없는 형태소. 단독으로 운용될 수 없다는 의미에서 '不自由语素', 단독으로 낱말이 될 수 없다는 의미에서 '不成词语素'라고 한다.

- 民 → 民主 ; 民权 ; 民心 ; 民间
- 语 → 语法 ; 语序 ; 语气 ; 语文

어떤 형태소는 의미항목에 따라 자립형태소가 되기도 하고 의존 형태소가 되기도 한다.

- 热: 덥다. 뜨겁다. → 자립형태소 — 这儿 太 热 了
- 热: 열기. 붐(boom). → 의존형태소 — 出国热 ; 英语热 ; 电脑热

③반자립형태소[半自由语素]

단독으로 운용될 수 있지만 다른 낱말의 형태소는 될 수 없는 형태소.

- 吗 → 你 经常 踢 球 吗?
- 吧 → 我们 坐 飞机 去 吧!
- 啦 → 这 太 好 啦!

고대 중국어에서는 일음절 낱말이 대부분이었으나 현대 중국어에서는 이음절 낱말이 가장 많다. 고대 중국어에서는 낱말로 쓰였으나 현대 중국어에서는 낱말이 되지 못하고 단지 형태소로 쓰이는 한자가 매우 많다. 예를 들면, '祖', '语', '言'과 같은 한자들이다.

祖传秘方 ; 数典忘祖 ; 语无伦次
三言两语 ; 不言不语 ; 你一言, 我一语

⑶형태소의 결합 위치에 따른 분류97)

①고정위치형태소[定位语素]

· 전치형태소[前置定位语素] — 다른 형태소의 앞에만 쓰이는 형태소
第- ; 初- ; 最- ; 更- ; 就- ; 还- ; 国际- ; 中华-

· 후치형태소[后置定位语素] — 다른 형태소의 뒤에만 쓰이는 형태소
-的 ; -了 ; -着 ; -子 ; -儿 ; -吧 ; -头 ; -么 ; -们 ; -呢 ; -吗 ; -啊 ; -化

· 간치형태소[间置定位语素] — 두 형태소의 사이에만 쓰이는 형태소
-哩-(糊哩糊涂) ; -得-(看得见) ; -不-(看不见)

②비고정위치형태소[不定位语素] — 대부분의 형태소는 앞이나 뒤에 다른 형태소가 첨가 될 수 있다.

· 民→民主 ; 人民
· 男→男生 ; 丑男
· 椅→椅子 ; 桌椅

⑷나타내는 의미에 따른 분류

①실질형태소 — 사물이나 현상 등에 대한 구체적인 어휘 의미를 나타내는 형태소.

马 ; 书 ; 跑 ; 哭 ; 大 ; 白 ; 三

②형식형태소 — 구체적인 의미는 없지만 문법 기능을 하는 형태소.

吗 ; 吧 ; 啊 ; 呢 ; 的

---

97) 여기에 쓰인 '고정형태소', '비고정형태소', '전치형태소'등의 용어는 중국에서 쓰고 있는 용어를 기준하여 필자가 만든 것이다.

第二章

낱말과 낱말의 구조

낱말[词]은 어휘를 구성하는 가장 기본적인 단위로서 어휘의 대부분을 차지한다. 중국어의 상용낱말 3,000개는 일반 어휘의 86%에 해당하며, 이에 2,000개를 더한 5,000개를 '상용사[常用词]'라고 하는데 일반 어휘의 91%에 해당한다. 이에 다시 3,000개를 더한 8,000개는 일반 어휘의 95%에 해당하는 수량이다.

낱말과 관련된 개념을 이해하고, 중국어 낱말의 구성과 체계를 비롯한 전반적인 특징을 이해하는 것은 매우 중요하다.

중국어의 낱말은 그 구성에 따라 단순어와 합성어로 나눌 수 있으며 합성어는 다시 파생어와 복합어로 나눌 수 있다. 이 복합어는 결합구조에 따라 주술관계, 수식관계, 술목관계, 술보관계, 연합관계 등의 유형으로 분류할 수 있는데 이들은 형태소가 낱말을 구성하는 방식, 낱말이 낱말을 구성하는 방식, 낱말 및 구가 문장을 구성하는 방식에 이르기까지 모두 공통적으로 적용되는 결합구조이다.

일음절 낱말이 대부분을 차지하던 고대중국어와 달리 현대중국어는 이음절 낱말이 전체 어휘의 대부분을 차지하고 있다. 따라서 낱말의 구성 및 구조를 이해하는 것은 중국어 어휘 연구의 가장 중요한 영역이라 할 수 있으며, 그 구조를 이해하는 것은 낱말의 의미를 분석하고 이해하는데 역시 큰 작용을 하게 될 것이다.

1 낱말[词]과 구[短语]

형태소로 이루어지는 낱말은 소리와 뜻을 가지며 독립적으로 운용될 수 있는 가장 작은 언어 단위이다. 어떤 성분이 낱말인지 여부를 판단하기 위해서는 두 가지 측면을 고려할 수 있다.

①독립적으로 쓰일 수 있는지의 여부 — 만일 독립적으로 쓰일 수 있고 단독으로 대답할 수 있으면 그것은 실사(實辭)이다. 만일 그렇지 않다면 그것은 허사(虛辭)이거나 불완전형태소이다.

②형태소와 형태소 사이에 다른 성분을 삽입할 수 있는지의 여부 — 음절 중간에 다른 성분이 삽입되어 의미가 통한다면 그것은 '구[短语]'이고 의미가 통하지 않으면 낱말이다.

冰箱 → 冰的箱子(×)　过去 → 过的去(×)　子女 → 子和女(×)

따라서 위의 '冰箱', '过去', '子女'는 모두 낱말이다. 그러나 아래의 예처럼 다른 성분이 삽입되어 확장될 수 있다면 그것은 하나의 낱말이 아니라 두 개의 낱말 혹은 구이다.

洗澡 → 洗了个澡　见面 → 见朋友的面　说清楚 → 说得清楚

이처럼 조사나 다른 성분의 삽입이 가능하고 그래서 다른 의미를 만들어 낼 수 있으므로 위의 예들은 구이다.

구[短语]는 하나 이상의 낱말들이 조합하여 만드는 언어 단위이다. 낱말과 마찬가지로 일정한 의미를 가지고 있고 문장을 만드는 구성요소가 될 수 있다. 다만 독립적으로 쓰일 수 있는 가장 작은 단위는 아니므로 낱말보다는 상위 단위이며 문장보다는 하위 단위라고 할 수 있다.

加油

글자, 형태소, 낱말, 구에 대해 아래와 같이 나타낼 수 있다.

<table>
<tr><td>글자</td><td>我</td><td>很</td><td>喜</td><td>欢</td><td>减</td><td>肥</td><td>咖</td><td>啡</td><td>8개 글자</td></tr>
<tr><td>형태소</td><td>我</td><td>很</td><td>喜</td><td>欢</td><td>减</td><td>肥</td><td colspan="2">咖啡</td><td>7개 형태소</td></tr>
<tr><td>낱말</td><td>我</td><td>很</td><td colspan="2">喜欢</td><td colspan="2">减肥</td><td colspan="2">咖啡</td><td>5개 낱말</td></tr>
<tr><td>구</td><td>我</td><td colspan="3">很喜欢</td><td colspan="4">减肥咖啡</td><td>3개 구</td></tr>
</table>

낱말 역시 형태소와 마찬가지로 그 분류 기준에 따라 여러 가지 명칭으로 설명할 수 있다. 형태소가 낱말 속에서 실질적인 의미를 나타낸다면 이는 '어근[词根]'이고 실질적인 의미를 나타내지는 못하지만 의미를 좀 더 분명히 할 수 있는 역할을 하는 형태소를 '접사[词缀]'라고 한다. 접사는 낱말 속에서의 위치에 따라 접두사[前缀], 접미사[后缀], 접요사[中缀]

로 나눌 수 있다.

2 단순어[单纯词]

하나의 형태소로 이루어진 낱말을 단순어라 하며, 음절의 수는 하나 이상일 수 있다.

1. 일음절어

일음절 단순어의 대부분은 형태소이자 낱말인 경우가 많은데 단독으로 쓰였는지, 다른 형태소 혹은 성분과 결합하였는지에 따라 낱말 혹은 형태소로 규정할 수 있다. 단독으로 쓰인 경우는 낱말이고, 다른 성분과 결합하여 사용되면 형태소이다.

天 ¦ 江 ¦ 好 ¦ 累 ¦ 跑 ¦ 飞 ¦ 块 ¦ 最 ¦ 由 ¦ 按 ¦ 向

· 天 : 형태소 — 天才 ¦ 天气 ¦ 天真
  낱말 — 天冷了。 ¦ 过了冬至，天越来越长了。

· 江 : 형태소 — 江水 ¦ 江风 ¦ 江边
  낱말 — 这条江的宽度大。 ¦ 在江的上流那边

· 好 : 형태소 — 好在 ¦ 好脸
  낱말 — 准备好了吗？ ¦ 你说我穿哪件衣服好呢？

2. 이음절어[98]

1) 연면어

의미가 없는 두 개의 음절이 하나의 형태소를 이루는 낱말. 각 음절은 쌍성(雙聲), 첩운(疊韻), 첩음(疊音)의 관계를 이룬다.

①쌍성연면어[双声联绵词] — 두 음절의 성모가 서로 같은 낱말.

仿佛(fǎngfú) ¦ 伶俐(línglì) ¦ 弥漫(mímàn) ¦ 吩咐(fēnfù)

②첩운연면어[叠韵联绵词] — 두 음절의 운모가 서로 같은 낱말.

彷徨(pánghuáng) ¦ 从容(cóngróng) ¦ 逍遥(xiāoyáo)

③쌍성겸첩운연면어[双声兼叠韵联绵词] — 쌍성과 첩운을 겸하는 낱말.

丁当(dīngdāng) ¦ 乒乓(pīngpāng)

④비쌍성첩운연면어[非双声叠韵联绵词] — 두 음절의 성모와 운모가 같

98) 두 개 이상의 음절로 이루어진 형태소를 말하는데 중국어의 경우 그 예가 상당히 적다. 중국어 어휘에서 다음절어는 일음절어에 상대되는 개념으로 이 이음절어도 포함해서 말하는 경우가 많다.

지 않은 낱말.

蝴蝶(húdié) ¦ 芙蓉(fúróng) ¦ 鸳鸯(yuānyāng) ¦ 蛤蚧(géjiè)

연면어에 대해서는 몇 가지 주의해야 할 점이 있다.

①쌍성의 경우 성모가 모두 같아야 하며 '犹豫(yóuyù)'와 같이 두 개의 음절이 영성모인 경우에도 쌍성으로 인정할 수 있다.

②자음(字音)은 변하는 것이기 때문에 고대어에서 쌍성이나 첩운일지라도 현대어에서는 아닐 수 있으며, 현대어에서 쌍성이나 첩운이라도 고대어에서는 아닐 수 있다.

③연면어는 발음을 기준으로 설정하는 것이므로 자형과는 관계가 없다.

④원래 연면어는 하나의 낱말로 중간에 다른 성분의 삽입을 허용하지 않는다. 그러나 고대에서부터 지금까지 전해져 오는 일부 연면어 중에는 합성어처럼 인식되어 한두 가지 다른 형태로 확장되기도 한다.

伶俐 → 伶牙俐齿　慷慨 → 慷国家之慨

그러나 이에 해당하는 연면어와 그 확장 내용은 대부분 관용적인 경우가 많다.

2)음역어

외국어의 발음을 번역하여 만든 외래어를 음역어라고 한다. 음역어는 번역하는 방법에 따라 다시 여러 유형으로 나눌 수 있다.

①전체 음역

咖啡(kāfēi:coffe) ¦ 坦克(tǎnkè:tank)
沙发(shāfā:sofa) ¦ 巧克力(qiǎokèlì:chocolate)

②전체 음역+형태소 첨가

啤酒(beer(啤:pí)+酒) ¦ 酒吧(酒+bar(吧:ba)) ¦ 摩托车(motor(摩托:mótuō)+车)

③음역과 의역의 겸어

幽默(yōumò:humor) ¦ 可口可乐(kěkǒukělè:cocacola)

3)첩음어

음절 전체가 중첩되어 만들어진 낱말을 첩음어라고 한다. 이 첩음어를 구성하는 형태소는 단독으로는 활용되지 못하고 중첩되어 쓰일 때만 의미를 표현할 수 있다.

依依 ¦ 切切 ¦ 姥姥 ¦ 猩猩 ¦ 蛐蛐 ¦ 咕咕

4) 의성어

자연계 혹은 인간의 소리를 흉내 내어 만든 낱말을 의성어라고 한다.[99] 이 의성어는 무엇을 모방하느냐에 따라 다시 두 가지 유형으로 나눌 수 있다.

- 소리를 모방하는 것 — 扑通 | 哗啦 | 丁当 | 乒乓 | 知了
- 감탄을 모방하는 것 — 哎呀 | 呜呼 | 哎哟 | 嘀咕 | 呜咽

3 합성어[合成词]

두 개 혹은 두 개 이상의 형태소로 이루어진 낱말을 합성어라 하며 크게 복합어와 중첩어, 파생어의 세 가지로 나눌 수 있다.

1. 복합어

서로 다른 형태소를 결합시켜 만든 낱말들이다. 중국어는 복합식 낱말을 구성하는 방법이 문장을 구성하는 방법과 동일하기 때문에 실제로 하나의 낱말[词]인지 아니면 하나의 구[词组/短语]인지를 판별하기는 쉽지 않다.

抽烟(낱말) | 喝汤(구: 동사+목적어) | 说话(구: 동사+목적어)

각 형태소 사이의 관계에 따라 아래의 다섯 가지 유형으로 나눌 수 있다.

(1) 병렬관계[联合式]

의미가 같거나 가까운, 혹은 상반된 어근이 병렬되어 만들어진 것으로 병렬식이라고도 한다.

①두 개의 어근이 의미가 같거나 동등한 것.

途径(경로) | 道路(길) | 语言(언어) | 收获(수확하다) | 帮助(돕다)
停止(멈추다) | 美丽(아름답다) | 丰富(풍부하다) | 善良(착하다)

②두 개의 어근이 서로 의미상 관련이 있지만 조합하면 새로운 의미의 낱말을 만들어 내는 것.

矛盾(창과 방패–모순) | 骨肉(뼈와 살–혈육)

③두 개의 다른 어근이 서로 반대 혹은 대립되는 의미인 것.

高低(높다 ↔ 낮다–높이) | 长短(길다 ↔ 짧다–길이)

---

99) 한국어에는 이러한 의성어 외에 '꿈틀꿈틀', '엉금엉금'과 같이 모양이나 상태를 묘사하는 의태어가 있으나 중국어에서는 의태어를 따로 두지 않는다.

加油

반의어의 형용사가 병렬되어 만들어진 복합식 명사들은 대체로 긍정적, 적극적인 의미의 형용사가 앞에 위치한다.

好坏 | 高低 | 高矮 | 大小 | 快慢 | 长短 | 厚薄 | 冷热 | 真假 | 粗细 | 硬软

반의어 병렬식 명사는 '这么', '那么', '多么', '一样', '同样'으로 수식할 수는 있지만, '很', '多'로 수식할 수는 없다.

多么粗细? | 多粗? | 多细? | *多粗细?

很大 | 多大 | 很长 | 多长 | *很大小 | *很长短

④두 개의 어근이 낱말을 만든 후 하나의 어근만이 의미로 작용하고, 나머지 어근의 의미는 소실되는 것.

忘记(잊어버리다) | 动静(동정) | 干净(깨끗하다) | 人物(인물)

'忘记'는 '忘'의 의미만 있고, '动静'은 '动'의 의미만 부각되었다.

⑵ 수식관계[偏正式]

앞의 어근이 뒤의 어근을 수식한다. 낱말 전체의 의미 중심은 뒤의 어근에 있다.

①관형어와 명사 중심어의 관계

- 명+명 → 火车 | 手表 | 马路
- 형+명 → 黑板 | 红花 | 好球
- 동+명 → 烤鸭 | 开水 | 住宅

②부사어와 동사 중심어의 관계

- 명+동 → 席卷 | 响应
- 형+동 → 深入 | 微笑 | 重视
- 부+동 → 暂停 | 胡闹 | 再生

③부사어와 형용사 중심어의 관계

- 명+형 → 火红
- 형+형 → 嫩绿
- 동+형 → 飞快

⑶ 동보관계[述补式]

뒤의 어근이 앞의 어근을 보충 설명하는 형식을 동보관계라고 한다.

- 동+동 → 放开 | 推翻 | 打倒
- 동+형 → 缩小 | 改正 | 提高

⑷ 동목관계[述宾式]

앞의 어근이 동사의 역할을 하고, 뒤의 어근이 목적어 역할을 하는 구조이다.

- 동+명 → 管家 | 伤心 | 毕业
- 동+형 → 失明 | 举重 | 讲和
- 동+동 → 取笑 | 抱怨 | 怀疑

동목관계 복합어의 첫 번째 어근이 동작과 행위를 표시한다고 해서 이들 복합어가 모두 동사의 성질만 가지는 것은 아니다. 때로 명사나 부사로 쓰이는 경우도 있다.

- 명사로 쓰인 경우 → 当局 | 炒饭 | 行政 | 当差 | 枕头
- 부사로 쓰인 경우 → 当时 | 照样 | 照常 | 转眼 | 到底

동목복합어는 그 구성요소가 분리될 수 없는 것이 일반적이지만 제한적인 환경에서 분리되기도 한다. 이렇게 분리되어 쓰이는 낱말을 동목 이합사라고 한다.

①의존형태소가 있고 제한된 환경에서 분리되는 경우. 숙어적인 성격이 강하다.

伤风 → 伤大风 → 伤了风
睡觉 → 睡一觉 → 睡了三个钟头的觉 → 我睡了觉了

②동목복합어가 분리되는 경우는 다음과 같다.

- 동태조사에 의한 분리 → 毕了业了 | 理过发
- 양사에 의한 분리 → 理了一次发 | 行了一个礼
- 목적어 앞의 수식어에 의한 분리 → 生他的气 | 诉什么苦
- 목적어의 전치(前置)에 의한 분리 → 他连舞都不跳 | 这个谎我们不能说

③동목복합어는 목적어를 자체적으로 가지고 있기 때문에 다른 직접목적어를 가질 수 없다. 따라서 동작의 대상이 되는 목적어는 다음과 같은 방법으로 표현한다.

- 전치사를 써서 나타내는 경우
  → 医生**给他**开刀 | 我**给他**照相
- 목적어의 소유격으로 나타내는 경우
  → 我开**他的**玩笑(나는 그를 놀린다) | 他吃**我的**豆腐(그는 나를 희롱했다)
- 일부의 동목복합어는 직접목적어를 더 취하기도 한다.
  → 我很关心**他** | 他注意**那件事**

(5)주술관계[主谓式]

앞의 어근이 뒤의 어근의 진술 대상인 구조이다.

- 명+동 → 心酸 | 年轻 | 事变
- 명+형 → 地震 | 自动 | 耳鸣

(6)보충관계[补充式]

보충관계는 다시 아래의 두 경우로 나눌 수 있다.

①'명사+명사'의 형태 — 뒤의 명사가 앞의 명사에 대해 보충 역할을 하는 것.

雪花 ¦ 月球 ¦ 脑海 ¦ 熊猫

'雪花'의 중심어는 '雪'이고 뒤의 어근 '花'는 눈의 형상을 보충 설명한다. '雪景'의 중심어는 '景'이고 앞의 어근 '雪'은 수식어이다.

②'명사+양사'의 형태 — 앞의 어근이 사물을 표시하고 뒤의 어근이 표시된 사물의 단위를 나타내는 집합 명사이다.

车辆 ¦ 书本 ¦ 马匹 ¦ 纸张

2. 중첩어

같은 어근이 중첩되어 만들어진 낱말을 중첩어라고 한다. 중첩되는 방식에 따라 아래와 같이 두 가지로 나눌 수 있다.

(1)AA형

- 부+부 → 仅仅 ¦ 常常 ¦ 刚刚 ¦ 渐渐 ¦ 偏偏
- 명+명 → 爸爸 ¦ 妈妈 ¦ 哥哥 ¦ 星星 ¦ 宝宝
- 형+형 → 明明 ¦ 好好 ¦ 美美 ¦ 久久 ¦ 多多

'AA형'중첩어에는 '爸爸', '猩猩'과 같이 형태소가 중첩된 합성어도 있지만 '猩猩', '隆隆', '娓娓'와 같이 형태소가 아닌 음절이 중첩된 단순어도 있다. '爸爸', '猩猩'속의 '爸', '猩'은 각각 의미가 있는 형태소이지만 '猩猩'의 '猩'은 형태소가 아니다. '猩', '隆', '娓'처럼 하나의 음절로는 어떤 의미도 나타내지 못하므로 형태소가 될 수 없고 각 음절이 중첩되어 '猩猩', '隆隆', '娓娓'가 되어야 비로소 의미를 가지며 형태소가 된다.

加油

①중첩식 친족 호칭어의 두 번째 음절은 경성이다. 첫 음절이 제3성인 경우 반상(半上)으로 변한다. '姐姐'와 '可以'의 변화를 대비해 보면 아래와 같다.

姐+姐:상성+상성(∨+∨)→ 전반상+후반상(∨+∨)→ 전반상+경성(∨+·)

可+以:상성+상성(∨+∨)→ 후반상+상성(∨+∨)→ 후반상+경성(∨+·)

②일음절 부사가 'AA'식으로 중첩된 부사는 발음의 변화가 없다.

常常(chángcháng) ¦ 稍稍(shāoshāo) ¦ 渐渐(jiànjiàn)

③일음절 형용사가 'AA(儿)'식으로 중첩되어 부사어가 되며, 여기에 다시

'的'가 첨가되면 상태형용사가 된다. 이때 두 번째 음절은 제1성으로 발음한다.
好好儿(hǎohāor)) | 远远儿(yuǎnyuār)

⑵AABB형

大大咧咧 | 形形色色 | 花花绿绿 | 密密麻麻 | 轰轰烈烈

'AABB' 중첩어는 '大大咧咧'와 같은 합성어이다. '漂漂亮亮', '整整齐齐', '大大方方'과 같은 'AB'형 낱말의 문법적 중첩과는 다르다. '大大咧咧'는 '大咧'가 중첩된 것이 아니고 '大大咧咧' 전체가 하나의 중첩식 합성이지만 '漂漂亮亮'은 '漂亮'이라는 낱말이 중첩되어 그 정도가 심함을 나타내는 것이다.

3. 파생어

어근과 접사로 구성된 낱말을 파생어라고 한다. 어근 앞에 놓이는 접사를 접두사, 어근 뒤에 놓이는 접사를 접미사라고 하며 어근 사이에 놓이는 접사는 접요사(接腰辭)라고 한다. 접사는 완전히 허화(虛化)되어 그 위치가 고정되고 음이 약해진 전형적인 접사도 있으며, 아직 완전히 허화(虛化)되지 않아 의미가 변화하고 있거나 아직 원래의 음을 유지하고 있는 유사접사도 있다.

접사는 어근으로부터 진화한 것이기 때문에 어떤 것은 형식적으로 어근과 동일하므로 이들을 구별할 수 있어야 한다. 예를 들면, '老虎'의 '老'는 접사이지만 '老人'의 '老'는 '나이가 많다'는 의미의 형태소이며, '杯子'의 '子'는 접미사이지만 '长子'의 '子'는 형태소이다.

⑴접두사

①'老-'와 '小-'
성(姓) 앞에 붙여 애칭으로 쓰이며, '老-'가 '小-'보다는 경칭의 정도가 높다. '老-'는 숫자 앞에 쓰여 형제나 자매의 순서를 나타낸다.

老张 | 小李 | 老大 | 老二 | 老总

②'第-'
숫자 앞에 쓰여 서수를 만든다.

第一 | 第二 | 第三

③'初-'
음력 초순의 날짜를 나타낸다.

初一 ; 初二 ; 初三

⑵접미사

'普通话'에 특별히 '－子', '－头'와 같은 의미 없는 접미사가 붙은 명사가 많은 이유는 음절수의 감소로 일음절의 변별력이 떨어지게 되자 다음절 낱말이 다수 등장하게 되고 이에 따라 일음절 낱말에 접미사를 붙여 이음절 낱말을 만들기 때문이다.

石 → 石头 ; 石板
孩 → 孩子 ; 小孩

①'－儿'

'－儿'은 의미를 분화하기도 하고 품사를 전환시키기도 한다. '－儿'이 붙은 낱말의 발음은 '－儿化'의 발음 규칙에 따른다.

ⓐ의미 분화

眼 － 眼儿(눈 － 구멍) ; 门 － 门儿(문 － 방법)

ⓑ품사의 전환

· '－儿'은 명사, 양사, 형용사, 동사 등에 붙어 명사나 양사가 되도록 한다.

· 명사+儿 → 桃儿 ; 棍儿 ; 盹儿 ; 蛐蛐儿 ; 刀儿 ; 嘴儿 ; 字儿 ; 心儿
· 형용사+儿 → 尖儿 ; 黄儿
· 동사+儿 → 画儿 ; 盖儿 ; 本儿 ; 片儿
· 양사+儿 → 口儿 ; 根儿 ; 串儿

· '－儿'이 붙은 동사는 극소수이다.

玩儿 ; 嗤儿chīr ; 火儿

· '－儿'은 부사와 상태형용사의 접미사로 쓰인다.

慢慢儿 ; 远远儿 ; 好好儿 ; 小小儿的

· '－儿'은 날짜를 나타내는 낱말의 접미사로 쓰인다.

今儿 ; 明儿 ; 后儿('儿'은 '日'의 변음)

· '－儿'은 '这' '那' '哪'의 접미사로 쓰인다.

这儿 ; 那儿 ; 哪儿('儿'은 '里'의 변음)

②'－们'

인칭대명사나 사람을 나타내는 낱말에 붙어 복수를 만들며, 경성으로 발음한다.

我们 ; 你们 ; 他们 ; 老师们 ; 学生们

③'－子'

명사와 양사 다음에 쓰이며 경성으로 발음된다. '－子'가 접미사로 쓰인 낱말에서 '－子'가 하는 역할이나 의미의 공통점이 뚜렷하지는 않다.

老子(아버지)
椅子 ; 胡子 ; 包子

그러나 '－子'가 자기 뜻을 가지고 있을 때는 접미사가 아니고 형태소이므로 본래의 제3성으로 발음해야 한다.

老子(노자:'子'는 '선생님'이란 뜻)
君子 ; 仙子 ; 原子 ; 孔子 ; 鸡子 ; 五味子

④'－头'

ⓐ명사의 접미사로 쓰인다.

馒头 ; 木头 ; 石头

ⓑ방위사의 접미사로 쓰인다.

后头 ; 前头 ; 里头

ⓒ형용사의 접미사로 쓰여 추상명사를 만든다.

甜头 ; 苦头

ⓓ동작동사의 접미사로 쓰여 추상명사를 만든다. 주로 '有/没有＋동작동사＋头'의 형식으로 쓰이며 이때는 '…할 가치가 있다'라는 뜻으로 쓰인다.

念头 ; 看头 ; 吃头 ; 听头
有看头(볼 만한 것이 있다)
没什么吃头(뭐 별로 먹을 것이 없다)

⑶접요사

里 → 傻里傻气 ; 古里古怪
乎 → 难乎其难 ; 微乎其微

이외 동사와 보어의 사이에 들어가 가능여부를 나타내는 '得'와 '不'가 있는데 이 둘을 '가능접요사'라고도 한다. 그러나 이들은 조사 '的', '地'와 마찬가지로 문법적 기능을 주로 하는 의존 형태소이므로 조사로 취급하기도 한다.

⑷유사접사

위에 제시된 접사들은 전형적인 접사로 이미 허화(虛化)된 것이지만 어떤 접사는 허화가 시작되긴 하였으나 아직 완전히 접사화되지 못한 것들이 있는데 이를 '유사접사'라고 한다.

①유사접두사

可 → 可笑 ; 可信 ; 可惜 ; 可怜 ; 可恶
非 → 非法 ; 非礼 ; 非凡 ; 非卖品 ; 非金属
自 → 自求 ; 自立 ; 自强
有 → 有趣 ; 有意 ; 有害
半 → 半自动 ; 半封建 ; 半殖民地
反 → 反作用 ; 反封建 ; 反比列

②유사접미사

者 → 作者 ; 学者 ; 读者 ; 劳动者 ; 唯物主义者
员 → 职员 ; 会员 ; 委员 ; 研究员 ; 售货员
家 → 作家 ; 画家 ; 专家 ; 政治家 ; 思想家
手 → 生手 ; 骑手 ; 旗手 ; 猎手
师 → 法师 ; 厨师 ; 技师 ; 调音师
才 → 天才 ; 人才 ; 秀才 ; 奴才
生 → 书生 ; 考生 ; 门生 ; 旁听生
头 → 丫头 ; 骨头 ; 对头
迷 → 球迷 ; 影迷 ; 戏迷 ; 音乐迷
族 → 上班族 ; 打工族 ; 工薪族
化 → 磁化 ; 美化 ; 腐化 ; 规范化 ; 现代化
性 → 硬性 ; 弹性 ; 理性 ; 原始性 ; 创造性
式 → 中式 ; 西式 ; 喷气式
型 → 大型 ; 重型 ; 全能型
界 → 教育界 ; 理论界 ; 科技界

접미사가 첩음되어 결합되는 예도 있는데 이들을 '生动式'이라고 한다.

乎乎 → 惜乎乎 ; 胖乎乎
蒙蒙 → 黑蒙蒙 ; 迷蒙蒙
溜溜 → 酸溜溜 ; 光溜溜
油油 → 黑油油 ; 绿油油

4 동음어(同音語)

소리가 서로 같으나 의미는 전혀 다른 낱말을 동음어라고 한다. 중국어는 음절수가 많지 않아 동음어가 지나치게 많다. 따라서 표의문자인 한자를 써서 자형(字形)으로 의미를 분별한다.[100] 음절에 따라 동음자의 수는

100) 현대 중국어에는 1,200여개의 음절이 있고 7,000자 정도의 통용한자가 사용된다. 따라

크게 차이가 난다.

· 동음자가 없는 음절 — běi-北
dà-大

· 소수의 동음자 음절 — chōng-冲 | 充
gǔ-股 | 谷 | 骨 | 鼓

· 다수의 동음자 음절 — bì- 必 | 币 | 逼 | 毕 | 闭 | 避 | 壁 | 毙 | 婢 | 畀

이 동음어는 자형에 따라 두 가지 유형으로 나눌 수 있다.

1) 동형동음어

자형과 자음은 같지만, 의미를 여러 개 지닌 낱말을 동형동음(同形同音語)어라고 한다.

别bié — 别了，我的母校 (이별하다 — 안녕, 나의 학교)
别去了 (…하지 마라 — 가지 마라)
会huì — 他正在开会 (회의 — 그는 지금 회의를 하고 있다)
他会说汉语 (…할 수 있다 — 그는 중국어를 할 수 있다)

동형동음어는 의미상의 차이가 크기 때문에 문장 속에서 쉽게 구별해낼 수 있으므로 의사소통에는 크게 문제되지 않는다.

2) 이형동음어

자음은 같지만 자형과 자의가 다른 한자나 이러한 한자로 구성된 낱말을 이형동음어(異形同音語)라고 한다.

zhī — 知 | 之 | 支 | 枝 | 织
qīng — 年轻 | 年青
shì — 正视 | 正式 | 人事 | 人氏 | 人世 | 人士

동음어의 한자가 증가하는 원인은 첫째, 중국어의 음절수의 감소이다. 북방중국어에서는 유성음 성모가 무성음화되고, 입성운미(入聲韻尾) 〔-p〕, 〔-t〕, 〔-k〕가 소실되고, 양성운미(陽聲韻尾) 중 〔-m〕가 〔-n〕와 합류하게 되어 음절수는 대폭 감소하게 된다. 따라서 같은 음절 내의 한자가 대폭 증가하게 된다. 둘째, 동음자는 원래 여러 개의 의미항목을 지닌 다의어였으나 의미항목의 소실과 증가 등으로 새로운 의미항목을 담당하는 한자가 생겨난 것이다. 셋째, 한자가 외래어의 음역에 쓰여 새로운 의미를 추가하게 되는 것인데, 영어의 'meter'를 '米'로 음역하여 '大米'의 '米'와 동음어 관계를 만들게 된 경우와 같은 것이다.

서 하나의 음절에 평균 5.8개의 한자가 있다. 실제로는 1개의 한자만 있는 음절도 많으므로 상당수의 음절에는 평균 15-16개의 한자가 있다.

동음어는 의미 전달의 오해를 불러일으킬 수도 있지만 문학 작품 등에서는 수사(修辭)의 효과를 가져 오기도 한다.

3) 다음어와 이독어

하나의 낱말이 두 개 혹은 두 개 이상의 독음을 가지는 것을 동형다음어(同形多音語), 줄여서 다음어(多音語)라고 한다. 그러나 이 다음어는 대체로 음이 달라지면서 그 의미 또한 달라지는 낱말을 가리키는 것이며, 음은 달라도 그 의미는 여전히 같은 낱말 즉, 이독어(異讀語)와는 본질적으로 다른 성질의 것이다. 다음자(多音字)의 개별 음은 중국어로 '音项'이라고 한다. 하나의 다음자가 가진 여러 개의 '音项'들은 사용 빈도수가 다르며 그 빈도에 따라 세 단계의 '音级', 즉 '常读(상용독법)', '次常读(차상용독법)', '罕读(비상용독법)'으로 나눌 수 있다. 예를 들면, '区'의 '常读'는 'qū', '罕读'는 'ōu'이다.

(1) 다음어

- 差 — chà : 나쁘다. 표준에 못 미치다. 좋지 않다
  chā : 다르다. 차이가 있다. 어긋나다
  chāi : (사람을) 보내다. 파견하다.
  cī : 参差(일정하지 못하다)의 구성 한자
- 和 — hé : 조화롭다. 화목하다. 화애롭다. 어울리다
  hè : 다른 사람을 따라 (말)하다. 부화(附和)하다
  huó : 이기다. 반죽하다
  huò : 섞다. 젓다. 배합하다. 혼합하다 개다.
- 星星 — xīngxīng (작고 분산된 점과 같은 물건)
  xīng·xing(별)
- 东西 — dōngxī (동서의 방향)
  dōng·xi (물건)

이런 다음어는 아래의 원인에서 만들어졌다.

①낱말의 뜻이 인신(引伸)되어 만들어진 경우

- 长 — 성장하다는 의미로 'zhǎng'으로 발음됨. 성장의 결과 그 대상은 길어진다는 특성을 가지므로 '길다'라는 의미로 인신되고 이때는 'cháng'으로 발음함.

②문자의 가차(假借)로 만들어진 경우

- 发 — 출발하다/발표하다는 의미로 'fā'로 발음함. 머리털을 의미하는 '髮'대신 '发'를 간체자로 쓰게 되어 이때는 'fà'로 발음함.

③원래의 글자를 빌어 음역어를 만들고 그 중 일부 음이 다음자로 변한 경우

- 打 — '때리다'의 의미는 'dǎ'로, 12개를 나타내는 단위 타스(dozen)의 음역어로 쓰일 경우 'dá'로 발음함.

(2)이독어

하나의 한자가 두 개 혹은 두 개 이상의 독음을 가지면서도 그 뜻은 동일한 글자를 말한다.

机械 — jī xiè / jī qiè
剥削 — bō xuè / bāo xuè
共给 — gōng gěi / gōng jí

이러한 현상은 아래 세 가지 원인에서 비롯된다.

①문언문과 백화문에서의 음이 다를 때 — 熟(shú)를 'shóu'로 읽는 경우
②방언의 영향으로 음이 달라질 때 — 质(zhì)를 'zhǐ'로 읽는 경우
③잘못 읽은 음의 영향이 클 때 — 档(dàng)을 'dǎng'으로 읽는 경우

이러한 이독어는 음운의 규범화 및 보통화의 보급을 저해하는 요소가 되기 때문에 중국 정부는 1957년부터 1985년까지 여러 차례 이독음을 정리하였는데 1985년 《普通话异读词审音表》에서는 이독음의 69%를 정리하였다.

5 이체어(異體語)

다른 한자를 쓴 동일한 독음과 뜻의 낱말을 이체어라고 한다. 이체어는 이체자와는 다른 뜻이다. 이체자는 자음과 자의가 같지만 자형만 다른 정자(正字) 외의 글자이고 같은 낱말을 단지 다른 한자로 표기한 것이 이체어이다. 이체어의 사용은 문자 오용으로 인한 혼란을 일으키므로 당연히 자제되어야 하고 표준형을 따라야 한다. 예를 들면, '交代'를 '交待'로 표기하는 것과 같은 것이다.

이체어는 음절, 독음, 낱말 구성 등의 기준으로 아래와 같이 나눌 수 있다.

(1)음절 기준 분류

- 일음절 이체어 : 粘-黏
- 이음절 이체어 : 仓促-仓猝-仓卒
- 다음절 이체어 : 百叶窗-百页窗

(2)독음 기준 분류

- 동음이체어(同音異體語) : 标志-标识
- 이음이체어(異音異體語) : 包票-保票 跟斗-跟头

⑶낱말 구성 방법 기준 분류

①단순이체어(單純異體語)

- 연면이체어(聯綿異體語) : 仓皇－仓惶
- 음역이체어(音譯異體語) : 冬不拉－东不拉
- 의성이체어(擬聲異體語) : 丁当－叮当

②복합이체어(複合異體語)

淫雨－霪雨 ¦ 笔画－笔划 ¦ 溜达－蹓跶

加油

이체어에 속하는 것은 아니지만 글자의 형태가 비슷해서 착오를 불러일으키는 경우도 있다. 이 때 자형의 세부적인 차이에 대해 숙지해야 한다.

已经 — 自**己** — **巳**年
分**析** — 打**折** — **拆**开
戊年 — **戌**年 — **戍**守 — **戎**马 — **戒**严

6 축약어[缩略词]

표현의 간결함을 위해 사람들은 비교적 긴 명칭, 혹은 긴 내용의 구는 그 형식을 줄여 쓰는 것이 일반적이다. 축약은 그 방법에 따라 크게 두 가지 형태로 나눌 수 있다.

1. 약칭

약칭은 비교적 복잡한 명칭을 간략하게 하는 형식이다. 대부분 대표적 성질을 지닌 형태소를 취하여 만들지만 그 구체적인 방법은 아래와 같다.

⑴각 낱말의 형태소를 하나씩 선택한 것

①낱말의 첫 번째 형태소를 선택한 것

家用**电**器 → 家电 ¦ **公**共**关**系 → 公关

②앞의 낱말에서 앞의 형태소를, 뒤의 낱말에서는 뒤의 형태소를 선택한 것

外交部**长** → 外长 ¦ **扫**除文**盲** → 扫盲

③앞의 낱말에서 뒤의 형태소를, 뒤의 낱말에서는 앞의 형태소를 선택한 것

香**港澳**门 → 港澳 ¦ 预**防治**疗 → 防治

⑵낱말이나 구의 일부를 선택한 것

人民公社 → 公社 | 中国人民解放军 → 解放军

⑶낱말이나 구에서 제일 중요한 형태소를 새로 조합한 것

上海师范大学 → 上师大 | 第九国营棉纺厂 → 国棉九厂

⑷대표적인 형태소 혹은 음절로 나머지 전체를 대체한 것

中国人民政治协商会议 → 政协
农副产品贸易市场 → 农贸市场
安全理事会 → 安理会

⑸나란히 놓인 몇 낱말 중에서 서로 동일한 형태소를 생략한 것

中学, 小学 → 中小学 | 出境, 入境 → 入境
中医, 西医 → 中西医 | 陆军, 海军, 空军 → 陆海空军

⑹외래어가 포함된 명칭에서 외래어 앞의 음절을 취한 것

哈尔滨市 → 哈市 | 奥林匹克运动会 → 奥运会

최근 중국어에서는 'VCD', 'CD', 'CT[X线计算机断层扫描]', 'SOS[国际莫尔斯电码救难信号]', 'HSK', 'WTO'와 같은 라틴 자모 약칭이 증가하고 'B超[超声波]', 'BP机[寻呼机]', '维E[维生素E]', 'T恤[T-shirt]', 'AA制[代数平均制]'와 같이 라틴 자모 앞뒤에 한자를 붙여 쓰기도 한다. 급속하게 진보하는 기술로 개발된 제품을 빠르게 수용하고 간편하게 표현할 수 있어 점점 많이 쓰고 있는 추세이다.

2. 수사(數詞) 약칭

각 항목의 공통 성분을 선택하고 그 항목의 수를 더하여 만든 것을 수사 약칭이라고 한다.

⑴항목의 수와 공통되는 형태소를 선택한 것

· 三军 → 陆军, 海军, 空军
· 三好 → 理想好, 学习好, 身体好
· 四化 → 工业现代化, 农业现代化, 国防现代化

⑵항목의 수와 공통되는 의미를 선택한 것

· 五味 → 酸, 甛, 苦, 辣, 咸
· 五金 → 金, 银, 铜, 铁, 锡
· 七情 → 喜, 怒, 哀, 乐, 悲, 恐, 惊

(3)항목의 수와 공통되는 형태소 뒤에 개괄적 표현을 부가한 것

· 七不规范 → 不随地吐痰, 不乱扔垃圾, 不损害公物, 不破坏绿化, 不乱穿马路, 不在公共场所吸烟, 不说粗话和脏话

이러한 수사 약칭은 공통 형태소가 없어도 가능하다는 점이 구[短语]의 축약어와 다르다. 또한 이들은 시대적인 환경에 따라 그 내용이나 의미가 달라지기도 한다. 예를 들면, '三大件'은 아래와 같이 그 항목이 달라졌다.

· 1970년대: 自行车, 手表, 缝纫机
· 1980년대: 冰箱, 彩电, 洗衣机
· 1990년대: 空调, 电脑, 录像机
· 2000년대: 房子, 车子, 票子(저금통장)

第三章

낱말의 의미

낱말은 소리와 뜻이 결합되어 단독으로 활용되는 최소 단위이므로 낱말의 의미는 빼놓을 수 없는 중요 요소이다. 낱말의 집합인 어휘 속에는 문법적 의미만을 가지는 낱말도 있고 어휘적 의미를 가지는 낱말도 있다.

어휘적 의미를 나타내는 낱말을 실사[实词]라고 한다.

실사의 어휘적 의미는 여러 가지 복잡한 의미 관계 속에서 형성된다. 이를 분석하기 위해서는 낱말의 의미가 가지는 특징을 살펴보아야 한다. 첫째, 낱말의 의미는 사람들의 인식 속에 반영된 객관적 사물과 현상을 가리킨다. 둘째, 낱말의 의미는 개괄적이면서도 구체적이어야 한다. 낱말의 의미를 정확하게 반영하기 위해서는 낱말의 의미가 나타내는 대상의 범위에서 공통적이고 본질적인 특징들을 개괄해야 한다. 예를 들면, '车子'라는 낱말은 '바퀴로 움직이는 육로용 교통수단'이라는 공통적 특성을 개괄하고 있다. 이러한 개괄성이 사람들로 하여금 그 낱말의 의미를 쉽게 파악할 수 있도록 하는 것이다. 또한 동시에 낱말이 지시하는 대상이 명확하고 구체적이지 않으면 의사소통에 장애가 발생할 수 있다. "我的车子不见了。"라는 문장에서는 '车子'가 가지는 개괄성만 드러나고 구체성이 드러나지 않아 어떤 종류의 '车子'인지 청자에게 전달되지 않는 현상이 나타나는 것이다. 즉, 낱말의 의미는 이러한 성질을 가지고 운용되어야 문장의 형성과 의사 전달에 장애가 없다. 낱말의 의미 역시 이러한 개념에 기초하여 알아보게 될 것이다.

1 낱말 의미의 종류

어휘적 의미를 표현하는 실사[实词]들은 모두 개념과 관련된 핵심적 의미를 가지고 있는데 이것은 사람들이 이성적으로 판단하고 이해할 수 있는 기본 의미이다. 이렇게 저마다 이성적으로 설명할 수 있는 의미를 낱말의 개념 의미라고 한다. 또한 낱말은 이 개념 의미에 부속되는 부가적인 의미도 가지고 있는데 이를 색채 의미라고 한다. 색채 의미는 모든 낱말들마다 다르게 적용되는 것으로 구체적인 색채 의미를 설명할 수 없는 낱말들도 있고 색채 의미가 너무 많거나 혹은 거의 없는 낱말들도 있을 수 있다.

1. 이성적 의미

개념과 관련된 낱말의 의미를 이성적 의미라고 하며 논리 의미라고도 한다. 이는 지시하는 대상이나 현상이 다른 것과 구별되는 특징을 개괄적으로 설명하는 것으로 주로 사전에서 낱말을 설명하는 내용을 말한다.

- 꽃 — 종자식물의 번식 기관. 모양과 색이 다양하며, 보호 기관과 긴요 기관으로 이루어지는데 보호 기관에는 꽃받침과 꽃잎, 긴요 기관에는 암술과 수술이 있다.
- 花 — 被子植物的繁殖器官，由花冠、花萼、花托、雌雄蕊群组成，有多种形状和颜色，有的有香味。

위의 예는 국어사전과 중국어 사전에 표기된 '꽃'과 '花'에 대한 설명으로 이 내용들이 '꽃'과 '花'의 이성적 의미이다.

2. 색채 의미

낱말은 개념 의미 외에 이에 부속된 다른 의미도 가지고 있는데, 낱말에 대해 사람과 언어 환경이 부여하는 특정한 느낌 또한 낱말이 표현하는 의미 중 하나가 될 수 있다. 이를 색채 의미라고 하며 개념 의미에 부가된 의미라는 뜻에서 부속 의미라고도 한다. 대체로 지시하는 대상에 대한 평가 및 주관적 태도를 말하는 것으로 대상에 대한 화자의 감정을 표현하기도 하고, 문체적 특징을 설명하기도 하며 생동감이나 형상성을 표현하기도 한다.

1)감정 색채

어떤 낱말은 지시하는 사물에 대한 화자의 감정 상태를 나타낼 수 있다. 좋은 의미의 말을 '褒义词'라고 하고, 나쁜 의미의 말을 '贬义词'라고 한다.

· 褒义词 — 英雄(영웅) | 烈士(열사) | 解放(해방) | 康复(강복) | 牺牲(희생)
· 贬义词 — 叛徒(반역자) | 走狗(앞잡이) | 盗版(해적판) | 邪门(이상한 일)

감정 색채가 전혀 없는 중성적 낱말들도 있다. 좋은 의미도 없고 폄하하는 의미도 없는 낱말들이다.

山脉(산맥) | 河流(하류) | 个体(개체) | 理由(이유) | 结论(결론)

이렇게 낱말 자체는 중성적 의미를 가지지만 구나 문장을 형성하게 되면 다른 통사적 장치의 작용을 받거나, 발화 환경의 영향을 받아 전체적 내용이 포폄(褒貶)의 감정 색채를 가지는 표현으로 변하기도 한다.

水平(수준 — 중성적) → 有水平(수준이 있다 — 이에 대한 흡족한 느낌)
朋友(친구 — 중성적) → 够朋友(친구로서 도리를 하다 — 이에 대한 흡족한 느낌)
年轻(젊다 — 중성적) → 他有点儿年轻(그는 좀 어리다 — 다소 불만스러운 느낌)

2) 문체 색채

문체 색채는 어떤 낱말이 특정한 상황에 자주 쓰여 형성된 특유의 색채로, 크게 문어체(文語體)와 구어체(口語體)로 나눈다. 문어체는 대체로 규범적이고 정중한 느낌을 주게 되며 구어체는 생동적이고 자연스러운 느낌을 주게 된다.

· 문어체 — 机遇 | 凝聚 | 心态 | 反思
· 구어체 — 明儿 | 脑袋 | 爱人 | 热心

3) 형상 색채

낱말이 지시하는 대상의 생긴 모습이나 상태로부터 느끼는 색채 의미를 형상 색채라고 한다. 예를 들면, 색상, 소리, 움직임 등을 묘사할 때 관련 낱말을 활용해 드러내고자 하는 형상을 효과적으로 표현할 수 있다.

· 형태 — 喇叭花 | 白头翁 | 美人鱼
· 동작 — 失足 | 撞车 | 闯江湖
· 색상 — 黑鱼 | 红叶 | 绿油油
· 소리 — 布谷鸟 | 噼里啪啦 | 笑哈哈

형상 색채는 일반적이고 보편적인 내용에 근거해야 하며 주관적인 느낌만을 강조한다면 청자가 알아차리지 못할 수도 있다.

4) 문화 색채

지역이나 계층상의 특정한 사회 구성원에게서 보이는 문화적 특징을 나타낼 수 있는 낱말이 가지는 색채 의미를 문화 색채라고 한다.

卡通片(카툰) ¦ 芭蕾舞(발레) ¦ 红娘(중매쟁이) ¦ 孙悟空(손오공)

이들은 낱말이 만들어진 배경을 알고 있어야 이성적 의미와 문화 색채의 의미까지 모두 알 수 있다.

2 의미항목[义项]에 따른 분류

하나의 낱말이 늘 하나의 의미만 가지고 있는 것은 아니고 여러 개의 의미를 가지는 낱말도 있는데, 낱말이 가지고 있는 각 의미들을 '의미항목'이라고 한다. 예를 들면, '难题'는 '어려운 문제'라는 하나의 의미항목만을 가지지만 '难看'은 '(모양이) 추하다', '떳떳하지 못하다', '(기색이) 정상적이지 않다'등 여러 의미항목을 가지고 있다. 낱말이 가지는 의미항목은 낱말이 나타내는 언어 환경과 연관시켜 고려해야 한다.

1) 단의어[**单义词**]

단지 하나의 의미항목만 있는 낱말을 단의어라고 한다. 대체로 낱말이 만들어진 초기에는 하나의 의미로 쓰이게 되는데 이런 의미를 기본 의미라고 한다. 그러나 장기간 사용되는 과정 중에 일부 낱말들은 기본 의미에서 파생된 다른 의미를 가지기도 하는데 이런 낱말은 다의어가 된다.

①단순어 단의어

鸟 ¦ 懂 ¦ 马虎 ¦ 垃圾 ¦ 沙发李白

②합성어 단의어

明晰 ¦ 清凉 ¦ 亲眼宇宙

2) 다의어[**多义词**]

둘 이상의 의미 항목을 가진 낱말을 다의어라 한다. 다의어는 단의어에서 발전하고 파생된 것이 대부분이다. 제한적인 음성 형식으로 무한한 표현 욕구를 충족시키기 위해 하나의 음성 형식에 더 많은 의미를 부여하게 된 것이다. 따라서 사용 빈도가 높은 낱말들이 대체로 다의어인 경우가 많다.

⑴낱말의 의미 변화 및 분화 방법

①확장

기본 의미에 관련이 있는 다른 의미 항목이 추가되어 쓰이는 경우이다. 예를 들면, '嘴'는 사람의 '입'이라는 기본 의미 이외 다음과 같은 낱말에서 확장되어 쓰인다.

· 입과 같이 생긴 물건 — 瓶嘴儿(병 주둥이), 烟嘴儿(담배 파이프)
· 먹는 것 — 零嘴(간식)
· 말과 관련된 것 — 多嘴(쓸데없는 말을 하다), 插嘴(말참견을 하다)

②비유

기본의미로 다른 종류의 사물을 비유함으로써 생겨난 의미이다. 예를 들면, '帽子'의 기본 의미는 '머리 위에 써서 머리를 보호하거나 장식하는 용품'이지만 '扣帽子(죄를 덮어 씌우다)'라고 할 때는 '죄명 혹은 악평'에 비유되어 쓰인다.

(2)의미 항목의 오해

두 개의 의미항목이 동일한 환경 속에 사용될 때 의미 항목 간의 오해를 일으킬 수 있다. 예를 들면, '借'는 '빌려주다'와 '빌려오다'라는 두 개의 의미 항목이 있기 때문에 아래와 같은 경우 그 정확한 의미를 파악하기 힘들다.

他借我那本书，还没看完呢。
ⓐ → 그는 나의 책을 빌려갔는데 아직 다 보지 못했다.
ⓑ → 그는 나에게 책을 빌려 주었는데 나는 아직 다 보지 못했다.

따라서 위의 문장은 아래와 같이 다른 성분의 도움을 받아 의미를 명확하게 해준다.

ⓐ → 他借走了我的那本书，他还没看完呢。
(借走：빌려가다)
ⓑ → 他借给我那本书，我还没看完呢。
(借给：빌려주다)

3 의미장[义场]에 따른 분류

여러 낱말의 의미항목들 중에는 서로 공통된 것도 있고 대립되는 것도 있다. 공통된 의미항목을 가진 낱말을 모은 집합을 의미장이라고 한다. 예를 들면, '색채어'라는 상위어 아래 '노랑, 빨강, 파랑, 보라, 초록'등의 낱말들이 모여 하나의 의미장을 형성한다. 마찬가지로 '文学, 音乐, 绘画, 歌剧' 등의 낱말들은 예술이라는 공통된 의미항목이 있으므로 이 낱말들은 '艺术'라는 의미장에 속하게 된다. 만일 여러 개의 의미항목을 가진 낱말이라면 여러 개의 의미장에 속할 수도 있을 것이다. 이 의미장 속의 낱말들이 가지는 공통적 속성에 근거하여 낱말은 다시 아래와 같이 분류할 수 있다.

1. 동의어

형태는 다르지만 같은 의미를 가진 낱말을 동의어(同義語)라 하고 동의어들이 형성한 의미장을 동의 의미장이라고 한다.

엄밀한 의미에서 동의어는 문맥 속에서도 서로 대치될 수 있을 만큼 완전히 동일한 의미를 지녀야 한다. 하지만 이런 동의어는 극히 드물기 때문에 일반적으로 의미영역과 문장구성에 있어서 일치하는 점이 많고, 모든 경우는 아니지만 어느 정도 같은 문맥에서 대치될 수 있는 낱말을 동의어라고 한다.

1) 동의어의 조건

동의어 여부를 판단할 때는 다음 세 가지 사항에 대해 유의해야 한다.

(1) 동의어는 낱말과 낱말의 관계

동의어는 낱말과 낱말의 관계에서 형성되는 것이므로 형태소와 낱말 간에는 동의어 관계가 성립되지 않는다. 예를 들면, '活'와 '生'에는 모두 '살다'라는 의미가 있고 하나의 음절이어서 외형적으로는 낱말과 형태소로 구분되지 않지만, 독립적 운용여부로 판단하면 '活'는 낱말이고 '生'은 형태소에 불과하다. 따라서 이 둘은 같은 의미항목을 가진다고 해도 서로 동의어라고 할 수 없다.

(2) 동의어의 의미항목

엄밀한 의미에서의 동의어는 두 낱말의 의미항목까지 동일해야겠지만 실제 이런 낱말은 거의 없기 때문에 의미항목이 서로 같은 경우도 동의어로 취급하게 된다. 따라서 각기 낱말의 의미항목마다 다른 동의어를 가질 수 있다. 예를 들면, '打击'는 몇 개의 의미항목을 가지며 각 의미항목에 해당하는 동의어가 다르다.

打击 : ① 치다. 두들기다. = 敲打, 撞击
② 공격하다. = 攻击, 攻打

(3) 등의어[等义词]와 유의어[近义词]

동의어는 낱말들 간의 의미가 어느 정도까지 동일한지에 따라 완전동의어와 부분동의어로 구분할 수 있는데, 완전동의어를 등의어[等义词]라 하고 부분동의어를 유의어(類義語)[近义词]라고 한다. 완전동의어는 낱말의 의미가 완전히 동일한 것이지만 유의어와 대비하여 그냥 동의어라고도 하며, 부분동의어는 기본적으로는 동일한 의미를 나타내지만 색채 의미나 실제의 운용에서 얼마간의 차이를 보이는 동의어이다. 일반적으로 의미장을 기준으로 동의어라고 할 때는 두 가지가 모두 포함된다.

- 辽阔(평야, 벌판 등이 넓다) : 동의어 → 宽广(면적이나 범위가 넓다)
  유의어 → 宽阔(폭이 넓다)
- 真相(진상. 실상) : 동의어 → 真情, 真像(진상. 실상. 실정)
  유의어 → 内幕, 底细(내막. 속사정)

2)동의어의 구성

동의어는 낱말의 구성 성분인 형태소의 동의 여부에 따라 다시 아래와 같이 나눌 수 있다.

①형태소 전체가 동의관계인 경우

感情－情感 ¦ 计算－算计 ¦ 察觉－觉察

②일부 형태소만 동의관계인 경우

完成－完毕 ¦ 安顿－安置 ¦ 干涉－干预

③형태소 모두가 동의관계가 아닌 경우

干净－清洁 ¦ 观点－见解 ¦ 同意－赞成

3)동의어 간의 차이

동의어라고 해서 의미상의 차이가 전혀 없는 것은 아니며, 중요한 의미소가 공통적이다. 따라서 세부적인 의미에서는 이들이 서로 구별될 수도 있다.

愉快 — 高兴 : 공통되는 의미 요소 — 기분이 좋음
구별되는 의미 요소 — 기분이 좋은 정도의 차이

①범위의 크기 — 지시하는 대상의 범위가 크거나 작을 수 있다.

粮食〉食粮
气候〉天气
战争〉战役〉战斗
家族〉亲属〉家属〉家眷

②정도나 의미의 경중 — 표현하는 의미 혹은 정도가 서로 다를 수 있다.

嗜好〉爱好
钻研〉研究
优异〉优秀〉优良
盼望〉渴望〉希望
哀求〉乞求〉恳求〉请求

③총칭성 여부 — 같은 의미장에 속하는 집합명사와 개체명사도 동의어가 될 수 있으나, 총칭성을 가지느냐 그렇지 않느냐의 차이가 있다.

개체명사　집합명사
書 — 书本
马 — 马匹
纸 — 纸张
船 — 船只
花 — 花卉

④감정 색채의 차이 — 낱말에 대해 느끼는 감정 색채는 보편적인 것으로 화자와 청자 간에 이미 용인된 색채 의미이다. 만일 화자가 자의적으로 해석한다면 의사소통에 장애를 일으킬 수도 있다.

·포의[褒义] — 成果 ¦ 果断 ¦ 爱护
·폄의[贬义] — 后果 ¦ 武断 ¦ 庇护
·중성[中性] — 效果 ¦ 决断 ¦ 保护

⑤문체의 차이 — 주로 서면어와 구어의 차이를 말하지만 서면어와 구어에 모두 쓰여 특별한 문체적 색채를 보이지 않는 통용어를 설정할 수도 있다.

·서면어[书面语] — 母亲 ¦ 若干 ¦ 踌躇
·구　어[口　语] — 妈妈 ¦ 一些
·통용어[通用语] — 妈咪 ¦ 犹豫

⑥완곡(婉曲)의 차이 — 비슷한 의미의 낱말이지만 부드럽거나 점잖은 정도의 차이가 있다.

직설적 표현　　완곡한 표현
大便/小便 — 方便
失业 — 待业

⑦적용대상의 차이 — 기본적인 의미는 동일하지만 적용할 수 있는 대상이나 운용할 수 있는 문법상의 차이가 있다.

爱戴(아랫사람이 윗사람에게) — 爱护(윗사람이 아랫사람에게)
维持(+秩序/治安) — 保持(+清洁/记录/习惯)
改善(+关系/生活/环境) — 改正(+缺点/错误/坏习惯)
发挥(+作用/威力/力量) — 发扬(+精神/作风/传统/民主)

⑧품사의 차이 — 동의어는 의미항목의 동일 여부가 가장 중요한 요소이긴 하지만 낱말의 품사가 달라 문법적으로 크게 차이가 날 때도 있다. 예를 들면, 예를 들면, '猛然'과 '突然'은 '갑작스럽다'는 공통적 의미가 있어 동의어라 할 수 있지만, '突然'은 형용사이고, '猛然'은 부사이기 때문에 그 용법이 크게 다르다. 이 둘은 '他突然转过身来。', '他猛然转过身来。'와 같이 모두 부사어로 활용되지만 '突然'은 '情况很突然', '突然事变', '感倒突然'에서처럼 서술어, 관형어, 목적어로 활용되는 반면

'猛然'은 그렇지 못하다.

永久(영원하다: 형용사) — 永远(영원히: 부사)
刚刚(방금: 부사) — 刚才(방금전: 명사)
聪明(영리하다: 형용사) — 智慧(지혜: 명사)

4) 동의어의 작용 및 효과

중국어의 낱말들은 수천 년 동안 쓰이면서 의미항목을 추가하여 왔기 때문에 동의어가 매우 풍부하고, 표의문자의 특성으로 인해 동의어 관계의 낱말들 사이에서도 미묘한 차이가 있다. 따라서 적당한 동의어를 선택하여 풍부한 표현 효과를 나타낼 수 있다.

①정확한 표현

같은 의미를 가진 동의어라 할지라도 구체적인 의미에서 미세한 차이가 나는 동의어가 있으므로 더 정확한 표현을 위해서는 잘 가려 쓸 필요가 있다. 예를 들면 '杀害'와 '虐杀'는 '살해하다'라는 공통적 의미소가 있지만, 이 둘은 서로 다른 세부적인 차이가 있기 때문에 구분해서 쓰인다.

这不但是**杀害**，简直是**虐杀**。
(이것은 단지 살해가 아니라, 정말 학살입니다)

②생동감 있는 표현

하나의 문장이나 텍스트 안에 동일한 낱말을 중복 사용하면 표현의 신선함을 떨어뜨린다. 적당한 동의어의 선택은 수사학적 효과를 가져와 더욱 생동감 있게 표현할 수 있게 한다.

单丝不成线，**独木**不成林。
(생사 하나로 실을 만들 수 없고, 나무 한 그루로 숲을 이룰 수는 없다)

③완곡한 어조 표현

지나치게 직설적 표현을 지양하고 완곡한 어조를 나타내기 위해 다른 색채의 동의어를 사용할 수 있다.

爸爸**死**了。(아버지가 죽었다) — 爸爸**去世**了。(아버지가 돌아가셨다)

④동의어의 연용으로 인해 강화된 표현력

동일한 의미를 가진 형태소를 중복하여 낱말을 만들기도 하고, 두 개의 동의어를 분리 혹은 교차 결합하여 숙어를 만들기도 한다. 이 경우 의미가 분명해지고 표현력이 더욱 풍부해진다.

朋友 → 朋(벗) - 友(벗) | 道路 → 道(길) - 路(길)
心满意足 → 心/意(마음/뜻) - 满/足(만족하다)
改头换面 → 改/换(바꾸다) - 头/面(머리/얼굴)
花言巧语 → 花/巧(아름답다) - 言/语(말)

2. 반의어

의미가 서로 상반되거나 대립되는 낱말을 반의어(反義語)라 하고 반의어들이 형성한 의미장을 반의 의미장이라고 한다. 반의어가 나타내는 의미상 대립은 '大(크다)'-'小(작다)', '白(희다)'-'黑(검다)'와 같이 완전히 객관적일 수도 있고, '手(손)-脚(발)', '春(봄)-秋(가을)'와 같이 어떤 범주 내에서만 대립의 의미를 가진 반의어도 있을 수 있다.

1)반의어의 분류

반의어는 두 낱말의 내부 관계에 따라 아래와 같이 나눌 수 있다.

①절대적 반의어 — 완전한 대립 관계를 이루어 양자의 중간 존재가 허용되지 않는다.

存－亡 ¦ 对－错 ¦ 生－死 ¦ 有－无
同－异 ¦ 动－静 ¦ 男－女 ¦ 公－私

②상대적 반의어 — 서로 대립되는 개념을 이루고 있기는 하지만 양자의 중간 존재가 하나 혹은 하나 이상 있을 수 있는 경우이다.

忙－闲 ¦ 贫－富 ¦ 高－低
大－中－小 ¦ 胜－平－败

2)반의어의 작용 및 효과

①반의어를 잘 선택하여 시비(是非)와 경중(輕重) 등의 대비적 면모를 선명하게 보여 주어 더 좋은 표현 효과를 거둘 수 있다. 이를 활용하여 좋은 대구(對句)를 만들기도 한다.

痛苦是暂时，幸福是长久的。
(고통은 잠시이지만 행복은 오래이다.)

'痛苦'와 '幸福', '暂时'와 '长久'는 서로 모순되는 반의어이다. 하지만 두 낱말을 적절히 활용하여 행복과 고통에 대해 인간이 느낄 수 있는 시간적 개념을 극명하게 보여주었다. 반의어를 적절히 사용하면 서로 대조되는 사물의 특징을 더욱 두드러지게 표현할 수 있다.

②반의어를 중복 사용하여 새로운 의미의 낱말을 만들기도 한다.

动(움직이다)＋静(조용하다) → 动静(동태. 낌새)
始(처음)＋终(끝) → 始终(한결같이)
出(나가다)＋入(들어오다) → 出入(오차)
多(많다)＋少(적다) → 多少(얼마. 몇)

第四章

숙어

숙어(熟語)는 사람들이 일상에서 자주 사용함으로써 정형화된 낱말과 구이다. 숙어는 두 낱말 이상으로 이루어진 구절로서, 그 낱말들이 지닌 기본적인 의미로는 전체 의미를 알기 어려우며, 설사 각 낱말과 구절 전체의 뜻을 기본의미만으로 이해한다고 해도 그 낱말들끼리 어울려 만들어 내는 특별한 구조도 숙어라고 할 수 있다.

우리나라에서는 일반적으로 관용어(慣用語)와 숙어를 구별하지 않고 같은 개념으로 보거나, 좁은 의미로서의 숙어를 관용어의 하위개념으로 보거나 혹은 넓은 의미로서 숙어와 관용어를 동의어로 인정하는 경향이 있다. 관용어는 의미나 구조상 관습적으로 특별히 굳어진 단어나 구절이라는 뜻에서 보면 관용어 속에는 숙어·속담·고사성어·금기어·길조어·수수께끼·비유어·은어 등등이 모두 포함되어야 한다는 주장도 있다.

중국에서는 관용어를 숙어의 한 종류로 보고 숙어에는 관용어[惯用语]·성어[成语]·속담[谚语]·헐후어[歇后语]·격언[格言] 등이 있다고 보는 것이 일반적이다. 성어·관용어·헐후어는 고정된 구[短语]이지만, 속담은 일반적으로 하나의 문장[句子]으로 이루어져 있다. 이들이 비록 낱말보다 큰 단위인 구와 문장으로 구성되어 있긴 하지만 모두 고정된 형식을 갖추고 있어서 임의적으로 구성성분이나 구조를 바꿀 수는 없는 것이 문법적 특징이다.

1 성어[成语]

성어는 대체로 역사적인 사건·신화·고전(古典) 시가(詩歌) 등에서 비롯되어 오랫동안 전해져 내려오는 표현 방식으로 구조와 의미가 굳어진 숙어이다. 서면어 색채가 매우 농후하고 넉 자로 구성된 것이 일반적이다.

1. 성어의 근원

성어는 대부분 여러 고전에서 비롯되었다.

(1)신화·우언(寓言)

画蛇添足 《战国策(전국책)》
(뱀을 그리는데 다리를 그려 넣다 - 쓸데없는 일을 덧붙여 오히려 일을 망치다)
狐假虎威 《战国策》
(여우가 호랑이의 위세를 빌리다 - 남의 권세를 빌려 위세를 부리다)

(2)역사

纸上谈兵 《史记·廉颇蔺相如列传(사기·염파린상여렬전)》
(지면상으로 군사전략을 논하다 - 실현 가능성이 없다)
三顾茅庐 《出师表(출사표)》
(세 번이나 찾아가다 - 성심성의를 다하여 모셔오다)

(3)시·산문의 어구

进退维谷 —《诗经·大雅·桑柔(시경·대아·상유)》
(들어가도 나가도 이 깊은 계곡이다 - 이러지도 저러지도 못하는 처지이다)
亦步亦趋 —《庄子·田子方(장자·전자방)》
(남이 걸으면 걷고 남이 뛰면 뛴다 - 주관 없이 남이 하는 대로 따라 한다)

(4)민간 속어

민간에서 만들어져 오랫동안 광범위하게 사용된 성어이다. 문헌에 인용되어 전해져 오기도 하며, 사람들의 입을 통해 전해져오기도 한다.

三心二意(세 가지 마음, 두 가지 뜻 - 마음속으로 정하지 못하고 망설이다)
说三道四(3이라고 말하다가 4라고 말한다 - 이러쿵저러쿵 마음대로 지껄이다)

성어는 고전에서 비롯된 것이 대부분이며, 직접 그대로 인용된 것도 있고 변형된 것도 있다. 특히 신화나 역사적 사건에서 비롯된 성어들은 사건이나 이야기 구성에 개괄적인 것을 더해 이루어진 것이 많다.[101)]

---

101) 성어는 일종의 관용구로 정형화된 형태이나 절대로 변하지 않는 것은 아니다. 시대에 따라 의미가 변하기도 하고 구성 성분이 변하기도 한다.

2. 성어의 특징

(1)의미의 총체성

성어는 성어를 구성하는 낱말 혹은 형태소의 단순한 조합으로 의미를 나타내는 것이 아니라 성어 전체가 종합적으로 하나의 의미를 나타낸다. 따라서 겉으로 드러나는 문자적·사전적 의미 외의 다른 심층적 의미를 내포하고 있다. 예를 들면, '狐假虎威'의 표면적 의미는 '여우가 호랑이의 위세를 빌린다'이지만 이는 이 성어의 본질적 의미가 아니며 이러한 상황을 비유적으로 빗대어 '다른 사람의 권세에 기대어 사람을 억누른다'라는 함축적 의미를 나타내는 것이다.

①성어에는 지금의 중국어에서는 더 이상 쓰지 않는 고대의 형태소가 많기 때문에 해당 글자가 나타내는 근원적 의미를 정확하게 파악해야 한다.

始终不**渝**(→ 变更)(처음부터 끝까지 변하지 않는다)
一**蹴**而就(→ 踏)(단번에 성공한다)

위의 예에서 '渝'와 '蹴'는 현대 중국어에서는 활용되지 않는 형태소이기 때문에 그들이 나타내는 의미가 무엇인지 알아야 한다.

반면 현대 중국어에도 쓰이는 형태소이지만 성어에서는 고대 중국어의 형태소로 쓰인 것이기 때문에 의미가 다른 경우도 있다. 따라서 현대 중국어의 의미로 잘못 오해할 수도 있으니 주의할 필요가 있다.

走马观花(→ 跑)
(말을 타고 가면서 꽃구경을 한다 - 대충 대충 둘러보고 지나가다)
明**察**秋毫(→ 视力好)
(가을 새의 가는 털까지 볼 수 있을 정도로 눈이 좋다 - 눈이 예리해서 작은 것도 살핀다)

위의 예에서 보듯 '走'와 '察'를 현대 중국어로 이해할 경우 성어 전체의 의미가 통하지 않는다.

②성어의 구성이 기존의 문법과 다른 특수한 문법현상을 보이는 경우도 있다.

春风风人 — 명사가 동사로 활용됨
(봄바람이 사람들에게 불어 온다 - 시기적절하게 훌륭한 교육과 도움을 준다)

明目张胆 — 대담하고 기개가 있다 → 공개적으로 대담하게 나쁜 일을 한다(감정 색채의 변화)
揠苗助长 → **拔**苗助长(글자의 변화)
每**下**愈**况** → 每**况**愈**下**(어순의 변화)

高枕无忧 — 명사가 사동적으로 활용됨
(베개를 높이고 걱정 없이 잔다 - 마음이 편안하고 근심 걱정이 없다)
日积月累 — 명사가 부사어로 활용됨
(날마다 쌓이고 달마다 쌓인다 - 갈수록 더해 간다)
时不我待 — 목적어의 전치사로 활용됨
(시간은 나를 기다리지 않는다 - 촌음을 아껴 써야 한다)

③대부분의 성어들이 신화나 역사적 사건에서 비롯되었으므로 해당 성어의 배경이 되는 신화나 역사 및 문학 작품들에 대한 이해가 동반되어야 한다. 예를 들면, '风声鹤唳'는 비수(淝水) 전쟁에서 진(秦)왕 부견[苻坚]이 이끄는 병사들이 동진(東晋)의 명장 사현[谢玄]에게 대패하고 도망갈 때 바람소리와 학의 울음소리조차도 뒤쫓아 오는 병사들의 함성으로 잘못 알아듣고 겁에 질려하는 모습에서 비롯된 성어로 너무 놀라고 두려워하는 모습을 의미한다. 이처럼 성어는 형태소나 낱말의 단순한 이해에서 벗어나 여러 각도에서 살피고 그 의미를 이해해야 한다.

⑵구조의 정형성

성어는 대부분 네 글자로 구성되어 있어 사자(四字)성어라고도 한다. 실제로는 네 글자보다 글자 수가 많거나 적은 것들도 많이 있다.

五十步笑百步 ; 四海之内皆兄弟 ; 青出于蓝而胜于蓝

또한 성어의 구조 형식은 정형화되어 있으므로 구성 성분과 형식을 임의로 바꿀 수는 없다.

任重道远 → 道远任重(×) 任重路远(×) 任重又路远(×)
提纲挈领 → 提领挈纲(×) 提纲举领(×) 提纲带领(×)

그러나 두 가지의 예외적인 경우가 있다. 첫째, 일부 성어 중에서 병렬식으로 만들어진 예들은 어순을 바꾸기도 한다.

正大光明 — 光明正大 ; 天涯海角 — 海角天涯

둘째, 이 성어들이 전해오는 과정에서 한자 자체가 고대 중국어의 것이기 때문에 쉽게 이해할 수 없는 경우 이해하기 쉬운 다른 성분으로 바꾸기도 한다.

揠苗助长 → 拔苗助长 ; 覆车之鉴 → 前车之鉴

⑶운율의 조화

중국어는 운율(韻律)의 조화를 매우 중요시하는 경향이 있는데 성어에도 이러한 특성이 반영되기도 한다. 넉 자로 이루어진 성어들은 앞뒤 각 두 자씩 서로 대칭을 이루어 리듬감을 더해주기도 한다.

实事 ‖ 求是　　暗箭 ‖ 伤人
赴汤 ‖ 蹈火　　闻鸡 ‖ 起舞

3. 성어의 구조

성어의 구조는 앞뒤 두 글자의 관계에 따라 연합관계[联合关系]와 비연합관계[非联合关系]로 나눌 수 있다. 연합관계는 앞과 뒤에 있는 두 글자의 관계가 동일한 문법구조로 이루어져 전체 성어 내에서 대구를 이루고 있는 것이고, 비연합관계는 앞과 뒤에 있는 두 글자의 관계가 동일한 문법구조로 이루어져 있지 않아 앞뒤 두 글자가 대구를 이루지 않은 구조이다.

⑴연합 관계

①병렬구조

古今中外 → 古/今 ‖ 中/外
(옛날과 지금, 중국과 외국 → 동서고금)

金石丝竹 → 金/石 ‖ 丝/竹
(금속 악기, 석기 악기, 현악기, 관악기 → 여러 종류의 악기)

②주술구조

地广人希 → 地(주)广(술) ‖ 人(주)希(술)
(땅은 넓고 사람은 적다 → 넓은 지역에 인가가 드물다)

口是心非 → 口(주)是(술) ‖ 心(주)非(술)
(입은 옳다고 하고 마음은 아니라고 한다 → 겉과 속이 다르다)

③술목구조

跋山涉水 → 跋(술)山(목) ‖ 涉(술)水(목)
(산을 넘고 물을 건너다 → 고생스럽게 먼 길을 가다)

节衣缩食 → 节(술)衣(목) ‖ 缩(술)食(목)
(입는 것을 줄이고 먹는 것을 아끼다 → 절약하다)

④술보구조

起早贪黑 → 起(술)早(보) ‖ 贪(술)黑(보)
(아침 일찍 일어나서 밤늦게 자다 → 매우 부지런하고 근면하다)

⑤수식구조

이 구조는 관형어와 중심어 및 부사어와 중심어 구조로 나눌 수 있다.

虎头蛇尾 → 虎(관)头(중) ‖ 蛇(관)尾(중)
(호랑이 머리와 뱀 꼬리 → 시작은 좋으나 끝이 좋지 않다)

粗枝大叶 → 粗(관)枝(중) ‖ 大(관)叶(중)
(엉성한 가지와 큰 잎 → 일처리를 대충 대충하다)

朝令夕改 → 朝(부)令(중) ‖ 夕(부)改(중)
(아침에 법령을 공포하고 저녁에 그 법령을 다시 바꾼다 → 변동이 너무 잦다)

⑵비연합 관계

①주술구조

八仙过海 → 八仙(주) + 过海(술)
(여덟 신선이 바다를 건너다 → 제각기 자기 솜씨를 보이다)

狼狈为奸 → 狼狈(주) + 为奸(술)
(이리가 간사한 짓을 하다 → 서로 결탁하여 나쁜 일을 하다)

②술목구조

颠倒黑白 → 颠倒(술) + 黑白(목)
(흑백을 뒤바꾸다 → 사실을 왜곡하다)

动人心弦 → 动(술) + 人心弦(목)
(사람의 심금을 울리다)

③술보구조

危在旦夕 → 危(술) + 在旦夕(보)
(위험이 조석에 있다 → 매우 위급하다)

轻于鸿毛 → 轻(술) + 于鸿毛(보)
(기러기 털보다 더 가볍다 → 가치 없는 죽음)

④수식구조

이 구조는 관형어와 중심어 및 부사어와 중심어 구조로 나눌 수 있다.

百年大计 → 百年(관) + 大计(중)
(백년대계 → 백 년 동안의 큰 계획)

雨后春笋 → 雨后(관) + 春笋(중)
(비 온 후의 죽순 → 새로운 사물이 한 때 많이 생겨나다)

话里有话 → 话里(부) + 有话(중)
(말 속에 말이 있다 → 말 속에 또 다른 뜻이 있다)

对牛弹琴 → 对牛(부) + 弹琴(중)
(소귀에 거문고를 뜯다 → 소귀에 경 읽기, 아무리 말해도 소용없다)

⑤연동구조

卖身投靠 → 卖身(제1동사구) + 投靠(제2동사구)
(몸을 팔아 남에게 의탁하다 → 적에게 빌붙어 앞잡이가 되다)

见风使舵 → 见风(제1동사구) + 使舵(제2동사구)
(바람을 보고 키를 조정하다 → 상황 변화를 보아 가며 태도를 바꾸다)

⑥겸어구조

调虎离山 → 调(술) + 虎('调'의 목적어/'离山'의 주어) + 离山(술)
(범을 조정하여 산을 떠나게 하다 → 적을 유리한 장소로 유인해 공략하다)

引狼入室 → 引(술) + 狼('引'의 목적어/'入室'의 주어) + 入室(술)
(늑대를 끌어들여 집에 들이다 → 화를 자초하다)

⑦복문구조

百折不挠 → 百折(양보) + 不挠(결과)
(백번 부러져도 굴복하지 않는다 → 수많은 좌절에도 꺾이지 않는다)

一触即发 → 一触(조건) + 即发(결과)
(화살에 손만 대어도 발사되다 → 몹시 위험한 상태에 놓여 있다)

操刀必割 → 操刀(가설) + 必割(결과)
(칼을 뽑았으면 반드시 잘라야 한다 → 일은 제때에 처리해야 한다)

물론 모든 성어가 이와 같이 정형화된 구조로 이루어지는 것은 아니다. '乱七八糟'와 같이 수사를 이용하는 표현도 있고, '口口声声'과 같이 형태소를 중첩한 것도 있다. '依样(画)葫芦'와 같이 형태소를 생략하여 더 함축적인 의미를 가지도록 하는 경우도 있고 일부 낱말이나 형태소를 변화시켜 다른 의미를 생성하기도 한다.

4. 성어의 작용 및 효과

성어는 독음이 매우 운율적이어서 듣기 좋으며 의미가 풍부하여 강력한 표현 효과가 있다. 성어는 몇 개의 형태소로 풍부한 의미를 표현하기 때문에 정확한 자형과 독음으로 운용하도록 신경을 써야 한다. 예를 들면, '焕然一新'의 '焕'을 '换'으로 바꾼다거나 '好逸恶劳'의 '恶(wù)'를 'è'로 틀리게 발음해서는 안 된다. 하지만 이에 반하여 '急流勇退'를 '急流勇进'으로 활용하면 원래 성어가 가진 의미와 반대의 의미를 만들어 더 큰 표현 효과를 낼 수도 있다.

加油

주의해야 할 성어의 한자와 독음

아래 성어에서 괄호 속의 글자들은 음이나 자형의 유사성으로 인해 자주 사용되지만 틀린 글자들이므로 유의해둘 필요가 있다.

按部(步)就班 | 变本加厉(利) | 不假(加)思索 | 高屋建瓴(领)
既往不咎(究) | 草菅(管)人命 | 各行其事(是) | 大声疾(急)呼
一筹(愁)莫展 | 走投(头)无路 | 并驾齐驱(躯) | 川(穿)流不息
痴心妄(忘)想 | 动辄(辙)得咎 | 断章取义(意) | 风靡(糜)一时
趋之若鹜(骛) | 汗流浃(夹)背 | 鞠躬尽瘁(粹) | 戒骄戒躁(燥)

어떤 성어들은 원래 두 개 혹은 두 개 이상의 글자를 허용해서 쓰는 경우도 있다.

夫**唱**妇随/夫**倡**妇随　　如雷**贯**耳/如雷**灌**耳

때로는 한 번 틀리게 쓰인 글자가 오랫동안 고쳐지지 않아 원래의 글자를 버리고 오히려 틀린 글자를 계속 쓰게 된 성어도 있다. 이 경우 둘 다 허용하기도 한다.

名不**符**实 — 名不**副**实 | 装腔**作**势 — 装腔**做**势

성어를 구성하는 형태소가 두 개 이상의 독음을 가지는 경우 해당 성어가 표현하는 의미에 맞는 독음을 선택해야 하는데 이에 대해 제대로 이해하고 있지 않으면 틀린 독음으로 발음하는 경우도 많다. 아래의 예들은 독음에 주의해야 하는 성어들이며 괄호 안의 한어병음방안이 해당 한자의 정확한 독음이다.

安然无恙(yàng) ; 别出机杼(zhù) ; 咄咄逼人(duō) ; 风驰电掣(chè)
风声鹤唳(lì) ; 河清难俟(sì) ; 恪(kè)守不渝 ; 苦心孤诣(yì)
安马齐喑(yīn) ; 一抔(pōu)黄土 ; 涸(hé)泽而渔 ; 喟(kuì)然长叹

2 관용어[惯用语]

관용어는 구어에서 만들어져 습관화된 간단한 구[短语]로 이루어진 숙어이다. 관용어는 대체로 비유나 파생의 방법으로 의미를 나타내기 때문에 글자 자체의 뜻만을 조합하여 전체의 의미를 파악하기는 어렵다. 관용어는 간단명료한 형식으로 해학적이고 생동감 넘치게 표현할 수 있다.

(1)관용어의 구조

관용어는 대부분 석 자로 구성되어 있으며 대부분 술목구조로 이루어져 있으며, 수식구조로 이루어진 경우도 다수이다. 그 문법적 구조에 따라 아래와 같이 나눌 수도 있다.

①술목구조

咬 + 耳朵(귀를 깨물다 → 귓속말을 하다)
碰 + 钉子(못에 부딪히다 → 난관에 부딪히다)
开倒 + 车(차를 거꾸로 몰다 → 시대에 역행하다)
拉下 + 马(말을 끌어내리다 → 권력자를 권좌에서 끌어내리다)
吃 + 豆腐(두부를 먹다 → 사람을 놀리다)

②수식구조

鸽子 + 窝(비둘기 둥지 → 매우 작고 한데 몰려 있는 집)
铁饭 + 碗(철밥통 → 확실한 직업)
上 + 风头(바람이 불어오는 쪽 → 유리한 위치)
长 + 舌头(긴 혀 → 쓸데없이 말을 하거나 시비를 거는 행위)
耳旁 + 风(귀 옆에서 부는 바람 → 지나가는 말. 건성으로 듣는 말)

③주술구조

鬼 + 画符(귀신이 부적을 쓰다 → 글씨를 못 쓰다. 거짓말)
狗 + 咬狗(개가 개를 물다 → 내분이 벌어지다)
耳朵 + 软(귀가 연하다 → 귀가 얇다. 남의 말을 잘 믿는다)
脸皮 + 厚(낯가죽이 두껍다 → 뻔뻔하다)
黄河 + 清(황하가 맑다 → 불가능하다)

관용어와 성어는 어느 정도의 유사성은 있지만 분명히 다른 특징을 가진 다른 범주의 숙어이다. 관용어는 구어적 색채가 강하고 성어는 서면어적 색채가 강하며, 관용어는 함축적 의미가 단순하고 성어는 함축적 의미가 풍부하다. 성어는 고정성이 강하여 성어 내의 문자가 문법적 활용을 거의 할 수 없지만 관용어는 성어에 비해 구조의 정형성이 약해 관형어, 보어를 삽입하는 등 문법적 활용이 가능하다.

碰钉子(난관에 부딪히다) → 碰了个大钉子(큰 난관에 부딪히다)
打交道(교제하다) → 打了几次交道(여러 차례 교제하다)
扣帽子(죄를 덮어씌우다) → 扣了个大帽子(큰 죄를 덮어씌우다)

그러나 어떤 관용어는 '巴不得(갈망하다)', '不管三七二十一(물불을 가리지 않다)'와 같이 완전히 고정된 형식으로 쓰여 구성 성분을 바꾸거나 다른 성분을 첨가하는 등의 문법적 활용이 불가능하다.

⑵관용어의 특징

①관용어는 대부분 고정적인 방식을 구성되어 있어 임의적으로 바꾸어 쓰지는 못하지만 문장 속에서 다른 성분의 삽입을 허용하여 융통성 있게 활용되기도 한다.
②관용어는 비유와 의미 파생 등의 방법을 통한 수사적 기능이 있다.
③관용어는 생동감 있는 구어 색채가 강하여 일상생활 언어에서 폭넓게 사용된다.

3 헐후어[歇后语]

헐후어는 앞뒤 두 부분으로 구성된 고정 형식의 숙어이다. 전반부에서 비유나 은유적 표현을 한 후, 후반부에서 전반부에 대해 설명하는 형식으로 구성되어 있으며 후반부가 표현하고자 하는 구체적 내용이다. 일반적으로 앞부분은 수수께끼 문제와 유사하고 뒷부분은 그 답을 말하는 형식과 같다. 전반부와 후반부 사이에 뜸을 들이기 위해 약간 멈추게 되고, 멈춘 후 상황을 보아 듣는 사람이 무슨 뜻인지 추측하도록 후반부를 말하지 않기도 한다. '歇后'란 중간에 잠시 멈춘 후 후반부를 줄이기도 한다는 의미이다. 따라서 '끝 줄임말'이라고 할 수도 있고 또 내용이 매우 익살스럽기 때문에 '유머(humor)[俏皮话]'라고도 한다.

헐후어는 표현 양상에 따라 아래와 같이 두 가지로 나눌 수 있다.

1)비유형

앞부분이 비유를 나타내고 뒷부분은 그에 대래 해석하는 형식이다.

大海里捞针 — 无处寻
(바다 속에서 바늘 건지기) – (찾을 방법이 없다)
哑巴吃黄连 – 有苦说不出
(벙어리가 쨍쨍이 풀을 먹다) – (고통이 있어도 말을 못 한다)
木头眼睛 – 看不透
(나무 안목) – (알아차리지 못하다)
兔子尾巴 – 长不了
(토끼 꼬리) – (길지 않다. 오래 갈 리 없다)

2) 해음[**谐音**]형

전반부에 대한 해설을 위해 후반부에 등장한 낱말이 실제로 말하고자 하는 낱말과 동일하거나 유사한 발음의 낱말이어서 청자가 추측할 수 있도록 하는 형식이다

老母鸡抱空窝 — 不**见蛋** (⇒ 不**简单**)
(어미 닭이 빈 둥지를 안고 있다 – 계란이 보이지 않는다) (⇒ 간단하지 않다)
孔夫子搬家 — 尽是**书** (⇒ 尽是**输**)
(공자가 이사 가다 — 모두 책뿐이다) (⇒ 언제나 지기만 한다)

‘不见蛋(계란이 보이지 않는다)’과 ‘不简单(간단하지 않다)’, ‘书(책)’와 ‘输(지다)’의 발음이 유사함을 활용한 헐후어이다.

헐후어의 형식과 내용은 매우 통속적이며 중국의 문화와 풍속 등과 관련된 내용이 많아 중국 민족의 특성을 잘 반영하고 있다. 헐후어는 일반적으로 구어체나 통속 문학 작품 속에서 비롯된 것이 대부분이므로 비교적 쉽게 이해할 수 있으며, 말을 생동감 있게 하여 비교적 좋은 표현 효과를 거두게 한다.

第五編

중국어의 역사

第一章 시기 구분 및 운서의 구성과 관련 명칭
第二章 음운의 변천
第三章 어휘와 문법의 변천

第一章
시기 구분 및 운서의 구성과 관련 명칭

일반적으로 언어는 어휘가 가장 빠르게 변하고 그 다음이 음운이며, 문법이 가장 느리게 변천한다. 언어는 그 시대의 문화를 반영하는 새로운 어휘를 끊임없이 만들거나 수입하게 되고, 음운은 주로 언어 내부의 영향으로 변천하게 되며, 문법은 그 언어 체계의 골간이므로 쉽게 변천하지는 않는다.

한자의 자형(字形)과 자의(字意)는 진시황[秦始皇]의 통일 이후 크게 변하지는 않아 시공을 초월하여 통용되었지만 자음(字音)은 통일을 이루지 못하고 공간적, 시간적 차이를 그대로 반영하고 있었다.

중국어도 고대에는 복자음이 있었고, 다양한 종성(終聲) 자음(子音)이 존재하는 등 음절 구조가 지금보다는 다양하여 분절음의 음절수 역시 매우 많았던 것으로 추측된다. 따라서 고대에는 성조가 필요 없었을 것으로 추정되지만 이후 복자음이 사라지거나 종성 자음이 제한되어 분절 음절수가 축소되면서 강약 혹은 장단의 두 요소로 대립되는 초분절소가 나타났을 것으로 추정할 수 있다. 장단이나 고저의 2분되는 초분절소가 아닌 고·저·하강·상승 등으로 뚜렷하게 대비되는 소리의 고저현상 즉, 성조가 나타난 이유가 여기에 있는 것이다. 음절 수 감소를 만회할 수 있는 수단으로 현대 중국어에서는 성조 외 낱말의 복음절화도 있다.

과거 중국어 음운은 시경(詩經)과 같은 운율을 반영한 운문이나 운서(韻書)를 통하여 어렵지 않게 추적할 수 있다. 특히 중고 이후의 음운을 가장 잘 반영하고 있는 문헌은 운서이다. 따라서 운서의 구성 원리와 운서를 이해하기 위한 각종 용어는 중국어의 옛 모습을 밝히는데 매우 중요하다.

1 중국어의 시기 구분 및 변천 개괄

1. 상고시기(上古時期)

기원전 18세기부터 3세기에 이르는 시기로 상(商), 주(周), 진(秦), 한(漢)에 해당한다. 이를 다시 세분한다면 상(商)을 상고 전기, 주(周)와 진(秦)을 상고 중기, 양한(兩漢)을 상고 후기로 나눌 수 있다. 이 시기의 중국어에는 아래와 같은 특징이 있다.

①발음 — 경순음(輕唇音)과 설상음(舌上音)이 없다.
②어휘 — 일음절 위주의 어휘가 발달하였다.
③문법 — 판단문을 나타내는 계사 '是'가 없었으며 부정문과 의문문에서 대명사는 대체로 동사 앞에 놓여 중국어의 기본 어순인 '주어+동사+목적어'와 다른 모습이었다.

2. 중고시기(中古時期)

4세기부터 12세기 전후에 이르는 시기로 육조(六朝), 당(唐), 송(宋)에 해당한다. 이 중 육조(六朝)는 중고 전기에 해당하는데 소수 민족이 북방 지역을 통치하던 시기로서 중국어와 북방의 소수 민족 언어가 융합되어 중국어의 방언에 많은 변천이 있었다고 볼 수 있다. 당대(唐代)를 중고 중기, 송대(宋代)를 중고 후기로 나눌 수 있다.

①발음 —《切韵(절운)》을 참고하여 중고시기 음운구조를 알아볼 수 있다. 이에 따르면 평(平) · 상(上) · 거(去) · 입(入)의 사성(四聲)이 확실하게 분립(分立)되어 있었으며, 상고시기에는 없었던 경순음(輕唇音)과 설상음(舌上音)이 나타났다. 대량의 입성자(入聲字)가 거성(去聲)으로 변하였다.
②어휘 — 복음절어가 많아지고 외래어 또한 유입되었다.
③문법 — 3인칭 대명사 '他'가 출현하고 상(相:aspect) [动态]을 표현하는 구조도 점차 생겨났다. 계사 '是'가 등장하여 판단문 형식이 새로이 형성되었고 부정문과 의문문의 대명사 목적어 또한 동사 뒤로 옮겨지는 시기이다. '被'로 표현되는 피동문이 출현하고 '将'과 '把'를 표지사로 삼는 처치식 문장도 출현하였다.
④언어생활이 문언과 백화(白話)로 나누어졌다. 상고시기의 문언이 유지되고 구어를 반영하는 백화가 형성되기 시작한다. 백화는 변문(變文)이나 어록(語錄) 등에 광범위하게 사용되었다.

3. 근대시기(近代時期)

13세기부터 20세기에 이르는 시기로 원(元), 명(明), 청(淸)에 해당한다. 원(元)은 근대 전기, 명(明)과 청(淸)은 근대 중기로 나눌 수 있으며 1841년의 아편전쟁부터 5·4운동까지를 근대 후기로 나눈다.

①발음 — 유성음 성모가 무성음화되어 유성음이 완전히 소실되었다. 설상음(舌上音)과 정치음(正齒音)이 합병되어 권설성모가 나타났다. 〔-m〕 운미가 〔-n〕 운미와 통합되면서 사라진다. 입성이 평·상·거성의 3성으로 분화 및 합병하면서 소실되고, 평성은 다시 음평(陰平: 제1성)과 양평(陽平: 제2성)으로 나뉜다.
②어휘 — 백화(白話)가 보편화되어 구어체의 낱말들이 대거 문학 작품에 등장하게 된다. 중기 이후 서양문화의 유입과 더불어 외래어 및 신조어가 대량으로 생겨난다.
③문법 — 상(相: aspect)[动态]을 나타내는 조사 '着'와 '了'가 정착되고 더불어 시작태, 지속태 등의 표현법도 생겨난다. 구조조사 '的'와 '地' 또한 보편화되며 더불어 새로운 각종 어조사가 나타난다.

2 운서(韻書)의 구성과 관련 명칭

1. 운서(韻書)의 구성

운서는 중국어의 음운과 한자에 대한 정보를 시대별로 가장 많이 포함하고 있는 자전이다. 따라서 중국어의 시대별 모습을 보기 위해서는 운서에 대해 이해하는 것이 매우 중요하다.

한시(漢詩)를 지을 때 운복·운미·사성이 같은 운자(韻字)를 시구의 같은 위치에 놓아 운율적(韻律的) 조화를 이루게 하는 작업을 압운(押韻)이라고 하는데 이런 동운자(同韻字)를 한데 모아 검색할 수 있도록 엮은 일종의 한자 발음자전(發音字典)이 운서이다. 가장 기본적인 운서의 구성은 먼저 한자들을 평(平)·상(上)·거(去)·입(入)의 사성별(四聲別)로 나누고, 같은 사성 내의 한자는 운복과 운미가 같은 동운자(同韻字)끼리 모은 후, 동운자 내에서는 성모(聲母)가 같은 한자들끼리 모아 두어, 사성별 → 운복과 운미 별 → 성모별의 순서에 따라 필요한 한자를 검색하여 작시(作詩)에 활용하기 편리하도록 구성되어 있다.

운서에는 운복·운미·성조뿐 아니라 운두와 성모 등에 대한 정보도 내포하고 있어 이를 바탕으로 당시의 음운체계를 재구성할 수도 있다.

운서는 한자의 음절 요소인 성모 · 운두 · 운복 · 운미 · 사성 중 배열의 기준과 선후를 어떻게 정하느냐에 따라 운서의 구성뿐만 아니라 관련된 명칭의 의미도 약간 달라진다.

대부분의 운서는 편찬된 시대의 음운 체계를 반영할 수도 있지만, 시간과 공간적 차이를 크게 고려하지 않고 고금음(古今音)과 남북음(南北音)을 모두 반영한 운서도 있다.

2. 수성[收声], 운각[韵脚], 압운[押韵]

중국어의 음절은 성모 · 운모 · 성조로 구성되어 있으며, 운모는 다시 운두 · 운복 · 운미로 구성되어 있다. 이 중 운복과 성조는 반드시 있어야하는 음절의 구성요소이므로 실제로 운복과 운미는 한 음절을 마무리하는 음소이다. 따라서 중국에서는 소리를 거두어들인다는 의미로 이를 '수성[收声]'이라고 한다. 운복과 운미 및 성조는 한 음절의 마지막 요소로 청각적 여운을 남기기 때문에, 같은 운에 속하는 한자를 시(詩) · 부(賦) · 사(詞), 곡(曲) 등 운문(韻文)의 구말(句末)에 배치하여 운율(韻律)의 조화를 이루도록 하였는데 이러한 운의 조화를 이루도록 한 한자를 '운각[韵脚]'이라고 하며, 운의 조화를 이루도록 하는 일을 '압운[押韵]'이라고 한다.

운서(韻書)는 한시(漢詩)를 지을 때, 서로 압운(押韻)할 수 있는 한자를 검색하기 쉽게 한자를 일정한 한자음의 기준에 따라 분류하고 배열한 자전이다. 운서에는 자음(字音)의 운복 · 운미 · 성조뿐 아니라 성모 · 운두 등에 대한 정보도 내포하고 있어 이를 바탕으로 당시의 음운체계를 재구성할 수 있다.

3. 운[韵], 운목[韵目], 운부[韵部], 운기[韵基]

중고시대의 대표적 운서인 《广韵(광운)》에서는 수록 한자를 사성별(1차) → 운복 운미 별(2차) → 성모별(3차)의 3단계로 분류하였다.

수록 한자들은 1차적으로 평(平) · 상(上) · 거(去) · 입(入)의 사성(四聲)에 따라 나눈 후, 한자 수가 많은 평성은 평성상(平聲上)과 평성하(平聲下)의 2권(卷)으로, 거성 · 상성 · 입성은 각 한 권, 모두 5권으로 나누어 묶었다. 평성상을 상평(上平), 평성하를 하평(下平)이라고도 하는데 이는 글자 수가 많아 두 권으로 나누어 묶었을 뿐이며 음평(陰平: 제1성)과 양평(陽平: 제2성)과는 무관하다.

평 · 상 · 거 · 입에 속하는 한자들은 다시 운복과 운미가 같은 한자들을 함께 모아 일정한 순으로 배열하였다. 따라서 사성 · 운복 · 운미가 같은 글자들이 함께 모이게 되는데 이 한자들을 '동운자[同韵字]'라고 하며 사성·운복·운미를 '운[韵]'이라 한다. 나열된 동운자의 첫 글자가 그 운을 대표하는 명칭이 되는데 이를 '운목[韵目]'이라고 한다. 예를 들면, 《广韵》에는 평성 57운, 상성 54운, 거성 60운, 입성 34운 등 모두 206개의 운으로 나누어져 있으며, 평성에는 '东韵(동운)', '冬韵(동운)', '锺韵(종운)', '江韵(강운)' 등의 순서로 동운자를 모아 두었는데 '东', '冬', '锺', '江' 등이 운목이다.

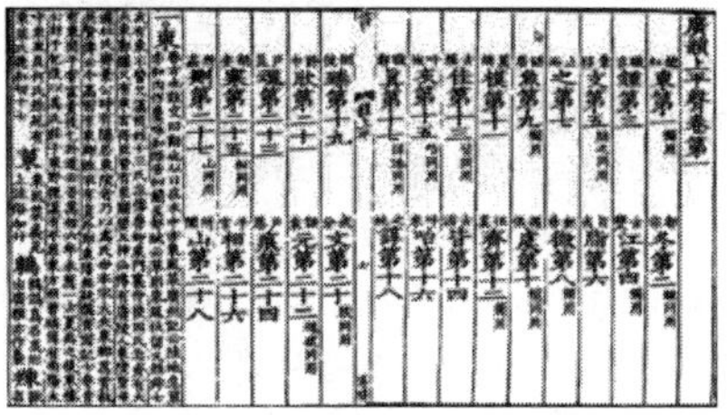

《广韵》

운(韻)의 부류(部類)를 '운부[韵部]'라고 한다. 《广韵》에는 206종으로 운(韻)을 나누었으니 206개의 운부가 있는 셈이다.

관습적으로 중고(中古)의 운부는 '운[韵]'이라 하고 상고(上古)의 운부는 '부[部]'라고 한다. 상고의 용운(用韻)을 대표할 수 있는 《诗经(시경)》은 22부(部), 23부(部), 28부(部), 29부(部) 등으로 압운했다는 다양한 연구 결과가 있다.

운부는 실제로 압운할 수 있는 운의 종류를 나타내므로 이를 반영한 운서에 따라 달라진다.

송대(宋代)의 사(詞)나 원대(元代)의 곡(曲)은 사성이 다르더라도 운복과 운미만 같으면 압운할 수 있었기 때문에 《中原音韵(중원음운)》(1324년)이나 《韵略易通(운략이통)》(1442년) 등의 운서에서는 이를 반영하여 운복과 운미만을 기준으로 운(韻)을 나누었다. 예를 들면, 《韵略易通》에서는 운복과 운미별(1차:20운부) → 성모별(2차:20성모) → 운류별(3차:운두별) → 사성별(3차:평상거입별)의 4단계로 분류하였다. 《广韵》과는 달리 1차 분류에서 사성을 제외한 운복과 운미를 기준으로 '东洪', '江阳', '真文', '山寒' 등과 같이 20운부로 나누었다. 이와 같이 사성을 제외한 운복과 운미만으로 운(韻)을 나누었기 때문에 편의상 운복과 운미를 합하여 '운기[韵基]'라고도 한다.

일반적으로 상고운(上古韻)에서는 운복과 운미가 분운(分韻)의 기준이었으나 입성만을 따로 분운하기도 하였으며, 중고(中古)의 운서에서는 운복·운미·사성이 분운의 기준이 되었고, 송원대(宋元代)이후 입성이 소실되기 시작하면서 운복과 운미만을 기준으로 분운한 것으로 보인다.

4. 소운[小韵], 성류[声类], 운류[韵类]

동일한 사성·운복·운미의 동운자도 일정한 배열순서가 없으면 필요한 한자를 검색하기가 불편해지므로 동운자 간에도 일정한 기준에 따라 배열하고 작은 동그라미 ‘○’로 성모간의 경계선을 표시하였다. 따라서 ‘○’과 ‘○’의 사이에 있는 한자들은 사성 · 운복 · 운미 · 성모가 같은데 이를 ‘소운[小韵]’이라고 한다. 《广韵》에서는 성모를 나타내는 자모(字母)의 순으로 배열하고 소운의 첫 번째 한자 밑에는 반절(反切)로 소운 내 한자의 성모와 운모를 나타내었다.

《广韵》의 반절상자(反切上字)를 모두 귀납하면 성모가 재구성되어야 하고, 반절하자(反切下字)를 모두 귀납하면 운모가 재구성되어야 한다. 이러한 반절들을 귀납하여 성모나 운모를 재구성하는 방법을 ‘반절계련법[反切系聯法]’이라고 한다.

《广韵》의 반절하자를 계련하여 얻은 분류를 ‘운류[韵类]’라 하고, 반절상자를 분류하여 얻은 분류를 ‘성류[声类] 혹은 ‘성뉴[声纽]’, ‘음뉴[音纽]’, ‘뉴[纽]’라고도 한다. 예를 들면, 《广韵》의 ‘东韵’ 내 반절하자를 계련하면 ‘红’, ‘东’, ‘公’과 ‘弓’, ‘戎’, ‘中’, ‘融’, ‘宫’, ‘终’의 두 종류로 나누어지는데, ‘东韵’ 내의 한자들은 운복과 운미가 동일하므로 결국 운두에 의해 나누어진 것으로 볼 수 있어 그 운모는 ‘uŋ’과 ‘ĭuŋ’임을 쉽게 추정할 수 있다. 이런 현상은 운도(韻圖)에도 그대로 반영되어 ‘东韵’에 속하는 한자는 1등(uŋ)과 3등(ĭuŋ), ‘屋韵’은 1등(uk)과 3등(ĭuk)으로 나누어져 있다. 《广韵》의 각 운은 1개 내지 4개의 운류로 나누어져 전체적으로 약 293개 정도의 운류가 있다.

《广韵》의 반절상자를 계련하면 36자모[102]의 범위를 초과하는 반절상자 부류가 나타나게 된다. 예를 들면, 見[견]〔k〕, 溪[계]〔k‘〕, 群[군]〔g〕, 疑[의]〔ŋ〕에 속하는 반절상자를 계련하면 등운의 1등, 2등, 4등과 3등에 속하는 반절로 나누어져 2종의 성류가 나타난다. 실제로 《广韵》을 36자모를 기준으로 계련하여 40－51종의 성류가 있음이 밝혀져 있다.

《韵略易通》에서는 1차의 운부별, 2차의 성모별, 3차의 운두별 분류를 거쳐서 동일 분절음 음절이 모이게 되고 다시 4차의 사성별 분류를 거치면 사성 · 성모 · 운모가 동일한 동음자(同音字) 집합이 된다. 그런데 특이한 것은 평성을 음평과 양평으로 나누고 그 사이에 작은 동그라미 ‘○’로 경계선을 표기하여 결국 음평 · 양평 · 상성 · 거성 · 입성의 다섯 가지 성조로 분류하였다.

102) 36자모(字母)에 관한 자세한 내용은 ‘第二章 음운의 변천’을 참고.

5. 등운도[等韵图], 청탁[清浊], 등[等], 전[转], 운섭[韵摄]

⑴등운도[等韵图]

등운도는 운도[韵图]라고도 하는데, 가로로 성모를, 세로로 운을 배열하고 운을 다시 사등[四等]으로 나눈 후 가로와 세로의 교차점에 해당하는 한자를 기입한 일종의 한자 음절배합표이다.

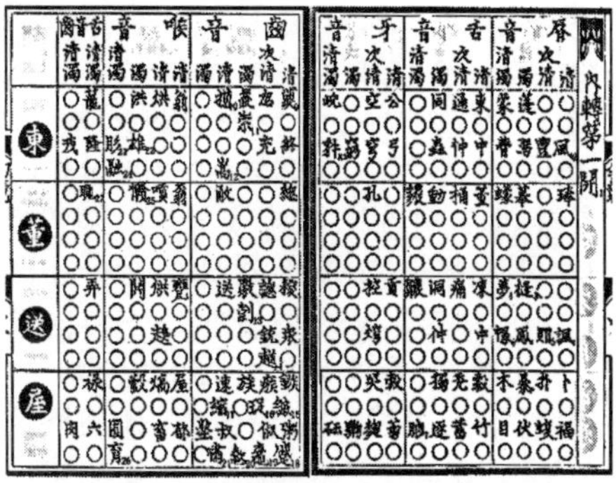

《韵镜》

⑵청탁[清浊]

등운도에서는 가로로 성모를 순음 · 설음 · 아음 · 치음 · 후음과 같은 조음위치별 혹은 36자모(字母)순으로 분류하였으며, 이를 다시 조음방법에 따라 전청[全清](무성무기파열음), 청[清](무성무기파찰음, 무성마찰음), 차청[次清](무성유기파열, 무성유기파찰음), 전탁[全濁](유성파열, 유성파찰음, 유성마찰음), 차탁[次濁](비음, 설측음, 반모음)등으로 나누었다.

⑶등[等]

등운도에서는 위의《韵镜》에서 보듯 먼저 세로로 평 · 상 · 거 · 입의 4단을 나누고 각 단에 하나의 운목(韻目)을 배치하였으며, 각 운목을 다시 4행으로 나누었는데 위로부터 일등[一等] · 이등[二等] · 삼등[三等] · 사등[四等]이라고 한다. 이러한 등(等)을 나누는 기준에 대해서는 여러 가지 견해가 있는데, 대체적으로 운두 'i'의 유무 및 운복을 발음할 때 혀의 고저전후(高低前後)로 형성되는 개구도(開口度)에 따른 분류라고 보는 경향이 많다. 운모의 개구도에 따른 분류는 성모의 차이를 나타내는 경우도 있다. 예를 들면, 설음(舌音) 중에는 일등과 사등운에 배치된 글자와 이등과 삼등운에 배치된 글자가 있는데, 이는 설두음(舌頭音:端t, 透t', 定d, 泥n)과 설상음(舌上音:知ȶ, 徹ȶ', 澄ȡ, 娘ȵ) 뒤에 올 수 있는 운모의 개구도가 서로 다르기 때문에 운모에 의한 분등(分等)이 성모에 의한 분등(分等)으로 나타난 것이다. 이런 예는 치음(齒音)에도 나타난다. 치음 중에는 이등, 삼등, 사등에 배치된 글자('精組'라고 함)와 이등, 삼등에 배치된 글자('莊組'라고 함) 및 삼등에만 배치된 글자('章組'라고 함)가 따로 있다. 만약 이들이 하나의 도표에서 서로 충돌할 때는 정조[精组]의 삼등 한자는 사등으로 옮기고, 장조[庄组]의 삼등 한자는 이등으로 옮겼다.

⑷전[转]

운도에서는 한 지면(紙面)이 하나의 도면(圖面)인데 이를 '전[转]'이라고 한다. 이는 도면의 상단(上段)에 나열된 성모를 기준으로 그 성모와 결합되는 운모가 도면을 바꾸어 계속 돌아가기 때문에 붙여진 명칭일 것이다. 따라서 하나의 '전[转]'에는 평·상·거·입이 나누어진 네 개의 운[韵]을 기록한 것이 대부분이지만 어떤 경우에는 평·상·거·입이 나누어지지 않은 하나의 운에서 입성의 자리에 거성까지 겹쳐놓은 방법으로 다섯 개의 운을 기록한 것까지 있다.

동일 '전' 내 동일 사성의 각 한자는 운미가 같고 운복이 같거나 비슷한 글자이며, 특수한 운두가 포함되었다고 여겨지는 이등이 포함된 '[外转]'과 이등이 포함되지 않은 '내전[内转]'으로 나누어져 있다.

⑸운섭[韵摄]

송원대(宋元代)의 등운학에서는 사성과 운복 및 운미가 동일한《广韵》의 206운 한자들을 사성을 제외하고 운미가 동일하고 운복이 같거나 비슷한 한자들로 통합하여 16종으로 재분류하게 되는데 이를 '섭[攝]' 혹은 '운섭[韵摄]'이라고 한다. 이러한 분류 기준은 등운도의 '전'에서 사성을 제외한 원칙과 같은 것이다. 예를 들면,《广韵》의 '元韵', '寒韵', '山韵', '先韵', '仙韵' 등은 운복이 비슷하고 운미가 모두 〔-n〕으로 동일하여 '산섭[山摄]'으로 통합하였다.

다만 입성 운미에 대해서는 따로 분리하지 않고 병행된 동일 운복에 포함하였다. 예를 들면,《广韵》의 평성 '东韵', '冬韵', '锺韵'과 상성의 '董韵', '肿韵', 거성의 '送韵', '宋韵', '用韵'과 병행되어 있는 입성의 '屋韵', '沃韵', '烛韵' 등 11운을 통합하여 '통섭[通摄]'이라 하였다.

⑹대전[对转]과 방전[旁转]

대전이란 한자의 자음(字音)이 원래의 음절에서 '음성운[阴声韵](운미가 모음인 음절), '양성운[阳声韵]'(운미가 〔-m〕, 〔-n〕, 〔-ŋ〕인 음절), '입성운[入声韵]'(운미가 〔-p〕, 〔-t〕, 〔-k〕인 음절)의 음절로 상호 바뀌는 음운변화를 말하는데, 운복은 유지한 채 운미가 동일 조음위치의 운미로 변하거나 탈락하는 현상이다. 예를 들면, '特'(ziə → dək → t'ə), '等'(ziə → təŋ)[103], '埋'(mái → mán), '癌'(yán → ái)과 같은 경우이다.

방전이란 한자의 자음(字音)이 음성운, 양성운, 입성운으로 상호 바뀌

103)'特'와 '等'의 성부(聲符)는 '寺'이고 이의 고대음은 'ziə'이다.

지는 않고 운복에서만 음운변화를 일으키는 현상이다. 예를 들면, '夜'(ia → ie)와 같은 경우이다.

일반적으로 대전이 일어나기 전에 방전이 먼저 일어나는 것으로 보인다. 예를 들면, '慢'의 자음이 'man(隋代音) → mɛn → mɛ(지금의 苏州音)으로 변한다든지, '兼'의 자음이 'kiem → tɕiɛn(北京音) → tɕiɛ(지금의 吴方言)'으로 변하는 경우이다.

加油

혼돈하기 쉬운 운과 관련된 용어
서입[舒入] — 서성[舒声]은 평 · 상 · 거성 을 말하며, 입성[入声]은 운미[韵尾]가 〔-p〕, 〔-t〕, 〔-k〕인 음절.
음양[阴阳] — 음성[阴声]은 운미가 모음인 음절, 양성[阳声]은 운미가 〔-m〕, 〔-n〕, 〔-ŋ〕인 음절.
《广韵》을 기준으로 상호 관계를 나타내면 아래와 같다.

	韵头	韵腹	韵尾	阴阳	舒入	四声	合计
韵摄	×	△	△	○	×	×	16
韵部	×	○	○	○	○	×	95
韵母	○	○	△	○	×	×	91
韵母	○	○	○	○	○	×	142
韵	×	○	○	○	○	○	206
韵基	×	○	○	○	○	×	
韵类	○	○	○	○	○	○	293
小韵	×	○	○	○	○	○	3874

第二章

음운의 변천

중국어는 음운 구조가 단순해지면서 계속 음절수가 감소하였다. 성모·운모·성조도 계속 소실되거나 병합되면서 그 수가 점차적으로 감소하여 지금과 같은 음운체계를 형성하게 된다. 중국의 과거 음운 체계는 현존하는 문헌기록에 의거해 재구성하게 된다. 운서가 나오기 전의 음운을 재구성하기 위해서는 《诗经》과 같은 운문의 압운 현상을 분석하여 귀납하기도 하며, 각종 운서(韻書)와 운도(韻圖), 고서(古書) 중의 표음 방법인 '직음[直音]'·독약['读若']·'반절[反切]' 등을 참고하여 과거의 음운을 추정하거나 그것의 변천 양상을 추적한다.

1 성모의 변천

중국어의 성모는 상고시기부터 지금까지 여러 형태의 분화와 병합을 거듭하여 지금의 21종으로 정착되었다. 상고시기 성모의 수는 대체로 30여종에 이르며 이후 중고(中古) 시기의 수(隋)에 이르면 육법언[陸法言]의《切韵(절운)》에 36종의 성모가 존재하였음을 확인할 수 있다. 당말(唐末)에는 수온[守温]이 30종의 자모(字母)를 설정하였고 송대(宋代)에는 수온의 30자모를 근거로 하여 36자모를 만들었다. 13세기부터 음운 측면에서 남북의 차이가 확연해지는데 이때 북방어는《中原音韵(중원음운)》에 근거, 24종으로 줄었음을 확인할 수 있다.《韵略易通(운략이통)》에 따르면 15세기에 들어 성모는 20종에 이른다.

1. 상고시기

상고시기의 성모는 해성자(諧聲字)와 고서(古書)의 표음(表音) 등에 근거하여 추론한 결과이기 때문에 그 수와 종류를 정확히 알 수는 없다. 지금의 중국어와 비교하여 볼 때 상고시기 성모 체계의 가장 큰 특징은 경순음(輕唇音)과 설상음(舌上音)이 없다는 것이며, 복자음(複子音)의 존재 여부가 논란이 되기도 한다.

(1)순음이 중순음(重唇音)과 경순음으로 분화되기 이전으로 /p/, /p'/, /b/, /m/와 무성비음[104] /mh/이 있었던 것으로 추정된다. 무성비음 /mh/이 경순음으로 분화된 것은 이후 중고시기에 이르러서이다.

(2)설상음이 생기기 이전으로 이 시기의 설음(舌音)은 설두음(舌頭音)이었다. 청대(清代) 전대흔[钱大昕]은 이에 대해 다음과 같이 설두음과 설상음의 구분이 없었다고 하였다.

> 古无舌头舌上之分, 知彻澄三母, 以今音读之, 与照穿床无别也:求之古音,则与端透定无异。[105]
>
> (옛날에는 설두와 설상의 구분이 없었는데 '知, 彻, 澄'의 세 성모는 지금 음으로 읽으면 '照, 穿, 床'과 다르지 않고, 옛 음으로 읽으면 '端, 透, 定'과 다르지 않다)

설상음 '知〔ȶ〕', '彻〔ȶ'〕', '澄〔ȡ〕'을 '端〔t〕', '透〔t'〕', '定〔d〕'으로 발음하였다는 것이다.

---

104) 무성비음이란 〔mh〕, 〔nh〕, 〔ŋh〕에서 〔h〕를 뺀 자음이다. 〔mh〕의 존재는 같은 성부(聲符) '每'가 있는 글자 중에 '每', '梅', '莓', '霉', '酶'의 성모는 〔m〕이며, '海', '悔', '晦', '诲'의 성모는 〔h〕임에서 짐작할 수 있다.

105) 전대흔[钱大昕], 〈舌音类隔之说不可信〉, 《十驾斋新录》(上海:上海书店出版社, 2011年)

⑶상고음계에는 〔kl-〕, 〔pl-〕 등의 복자음이 있었다고 추정되는데, 이는 '各(ko)'과 '洛(lo)', '監(kam)'과 '藍(lan)', '變(pien)'과 '戀(lien)' 등이 서로 해성관계였던 흔적이 있기 때문이다. 이에 베른하르트 칼그렌(Bernhard Karlgren)은《中国音韵学研究》에서 19종의 복자음을 재구하였는데 그 중 일부를 예로 들어보면 아래와 같다.

*kl- → k- : 監 ¦ 兼 ¦ 京 ¦ 各
*k'l- → k'- : 課 ¦ 嗛 ¦ 慊 ¦ 客
*gl- → l- : 呂 ¦ 濫 ¦ 藍 ¦ 蘭 ¦ 樂 ¦ 立
*pl- → p- : 變 ¦ 筆 ¦ 稟
*p'l- → p'- : 品
*bl- → l- : 戀 ¦ 臨

2. 중고시기

중고시기는《切韵》계의 운서나 송대(宋代)의 운도(韻圖) 등이 간행되어 그 자료가 상고시기에 비해 구체적이다. 수(隋)에는《切韵》의 성모가 대표적이고, 당말(唐末)에는 승려 수온[守溫]이 제정한 30자모(字母)가 대표적이며, 송대(宋代)에는 수온의 30자모를 근거로 하여 36자모가 형성된다. 36자모는 누가 만들었는지 분명하지 않지만 송대(宋代)의 등운도(等韻圖)에서는 아주 광범위하게 적용되고 있다. 그 구체적인 특징을 살펴보면 다음과 같다.

⑴경순음이 나타난다.

서기 601년에 완성된《切韵》에서도 순음은 중순음과 경순음으로 분화되지 않고 있었으나 송대(宋代)의 36자모에 이르면 순음에서 경순음이 분화되었다. 중고시기에는 여전히 유성음[浊音]이 남아 있었기 때문에 이 경순음은 지금의 중국어와는 달리 '〔f〕, 〔f'〕, 〔v〕, 〔ɱ〕'의 4개라고 추정된다.

⑵설상음이 나타난다.

설상음은 이미《切韵》에서도 설두음과 분화되어 '知〔ȶ〕', '彻〔ȶ'〕', '澄〔ȡ〕'로 발음되었다. 설상음은 근대에 이르기까지 계속 유지되었다.

중고시기의 36자모와 재구음은 다음과 같다.

		全清	次清	全濁	次濁	又全濁	又次濁
		清音	送氣音	濁音	鼻音	清擦音	濁擦音
脣音	重脣音	幇 p	滂 p'	幷 b	明 m		
	輕脣音	非 f	敷 f'	奉 v	微 ɱ		
舌音	舌頭音	端 t	透 t'	定 d	泥 n		
	舌上音	知 ȶ	徹 ȶ'	澄 ȡ	娘 ȵ		

齒音	齒頭音	精 ts	清 ts‘	從 dz		心 s	邪 z
	正齒音	照 tɕ	穿 tɕ‘	床 dʑ		審 ɕ	禪 ʑ
牙音		見k	溪k‘	群g	疑ŋ		
喉音		影ø			喩j	曉x	匣ɣ
半舌					來l		
半齒					日ʑ		

3. 근대시기

13－14세기에는 중국어의 음운 체계에 많은 변천이 나타난다. 근대 음운 체계는 원대(元代) 주덕청[周德清]이 편찬한 《中原音韵(중원음운)》에 잘 반영되어 있다.

(1)탁음청화[浊音清化] — 전탁[全浊](유성음) 성모가 일률적으로 청화[清化](무성음화) 된다. 유성음들이 같은 조음위치의 무성음과 병합되는데 평성(平聲)은 유기무성음으로, 측성(仄聲)은 무기무성음으로 변한다.

(2)유성음이 소실됨에 따라 경순음 '非〔f〕, 敷〔f'〕, 奉〔v〕'가 합류되어 '〔f〕'가 된다.

(3)설상음 '知', '彻', '澄'이 치음(齒音)의 '照', '穿' 그리고 일부 '床'모와 합류하여 현대의 권설음 〔tʂ〕, 〔tʂ'〕, 〔ʂ〕로 변한다.

(4)'喻母'와 '疑母'에 속하는 대부분의 글자가 '影母'에 합류하여 영성모(零聲母)로 변하여 일부 비음성모(鼻音聲母)가 사라지기 시작한다.

(5)현대의 중국어와 비교해볼 때 '见母'와 '溪母'에 속하는 글자는 아직 완전히 구개음화되지 않았다. 이후 현대에 이르면 '见母', '溪母', '群母'에 속하던 글자가 두 갈래로 나눠는 데 각각 〔k〕, 〔k'〕, 〔x〕의 제치호(齊齒呼)와 〔tɕ〕, 〔tɕ'〕, 〔ɕ〕의 촬구호(撮口呼)로 변한다. 또한 순치반원음 /v/가 아직 영성모로 변하지 않고 있는데 이 또한 현대에 이르러서 영성모로 변하게 된다.

《中原音韵》의 성모는 아래와 같이 21개로 재구하는 것이 일반적이다.

双唇音	帮 p	滂 p‘		明 m	
唇齿音	非 f			微 v	
舌尖中音	端 t	透 t‘		泥 n	来 l
舌尖前音	精 ts	清 ts‘	心 s		
卷舌音	知 tʂ	彻 tʂ‘	审 ʂ	日 ʐ	
舌根音	见 k	溪 k‘	晓 x	疑 ŋ	
零声母	影 ø				

2 운모의 변천

중국어의 음절을 구성하는 3가지 요소 중 운모는 그 변천이 가장 많으며 불규칙하다. 이는 운모의 수가 성모나 성조에 비해 많으며, 동시에 운모는 성모와 성조의 변화에 민감하게 반응하기 때문이다. 중국어의 운모의 변화는 주로 운두와 운미에서 일어난다.

고대 중국어의 운모는 현존하는 운서(韻書)를 중심으로 재구할 수 있다. 다만 상고시기에는 당시의 음운 체계를 기록하고 있는 운서가 없기 때문에 중고시기의 운서인 《切韵(절운)》 등을 근거로 하여 중고음(中古音)에서 출발, 《诗经》 등의 운각(韻腳)을 분석·귀납하여 상고시기 운모를 재구성하게 된다. 따라서 자료와 분석 방법에 따라 재구음도 많이 달라진다. 상고시기에는 대체로 30여개의 운부(韻部)가 있다고 추정되며 하나의 운부(韻部)는 여러 개의 운류(韻類)를 포함하게 된다. 이 운부(韻部)는 주요원음과 운미의 종류에 따라 음성운(陰聲韻), 양성운(陽聲韻), 입성운(入聲韻)으로 나누어진다.

중고시기에 이르면 당시의 음운을 기록하고 있는 운서들 중 현존하는 것들을 중심으로 재구할 수 있어 그 내용이 상고시기에 비해 다소 명확하다고 할 수 있다. 이 역시 그 음을 분석한 학자들마다 다소 다른 견해를 보이는데 진례[陈澧](1810－1882)의 《切韵考(절운고)》에서는 《广韵》(1008년)의 운모를 311류로 분류하였고, 베른하르트 칼그렌(Bernhard Karlgren)은 《中国音韵学研究》에서 《广韵》의 운모를 290류로 분류하였다. 왕력[王力]이나 동동화[董同龢]와 같은 학자들도 대체로 베른하르트 칼그렌의 견해에 동의하며 290류로 분류하였다. 중고시기 운모의 가장 두드러진 특징은 양성운미(陽聲韻尾) 〔-n〕, 〔-m〕, 〔-ŋ〕와 입성운미(入聲韻尾) 〔-p〕, 〔-t〕, 〔-k〕 및 음성운미(陰聲韻尾) 〔i〕, 〔u〕가 여전히 존재하고 있다는 점이다.

중고시기 이후 근대에 이르기까지 운모는 점차 간단한 구조로 변하는데 운미가 같거나 운복이 비슷한 운모들은 하나의 운모로 병합되는 경향이 짙다. 이와 반대로 하나의 운모가 분화되어 여러 개로 분류되는 예도 있었다. 근대는 현대 중국어의 운모 체계를 형성해나가는 시기로 가장 변천이 많았는데 그 구체적인 내용은 다음과 같다.

(1)모음 〔y〕의 형성

지금의 운두(韻頭) 〔y〕는 《中原音韵》(1324년)에는 나타나지 않았던 것으로 보이며, 아직 〔iu〕로 발음 되었다. 이후 《韵略易通》(1442년)에 이르러서 〔y〕음이 형성되었다.

⑵등호(等呼)의 변화

중고시기의 이호(二呼)가 명청(明清) 시기에 이르면 사호(四呼)로 나누어지고 이는 현대 중국어에까지 그대로 이어진다. 변천 과정을 보면 아래와 같이 사호로 나뉘면서 〔y〕가 운두 위치로 이동하였음을 알 수 있다.

중고시기		근대시기
개구(開口)홍음(洪音)	→	개구호(開口呼)[106]
개구(開口)세음(細音)	→	제치호(齊齒呼)
합구(合口)홍음(洪音)	→	합구호(合口呼)
합구(合口)세음(細音)	→	촬구호(撮口呼)

⑶입성운미 〔-p〕, 〔-t〕, 〔-k〕와 비음운미 〔-m〕의 소실

《中原音韵》(1324년)에서는 이미 입성운미 〔-p〕, 〔-t〕, 〔-k〕가 거의 소실된 것으로 보이지만 운미 〔-m〕은 남아 있었다. 이 〔-m〕도 명대(明代)의 《韵略易通》(1442년)에 이르면 소실되어 폐음절 운미가 모두 사라지게 된다. 〔-m〕의 소실은 〔-p〕, 〔-t〕, 〔-k〕가 완전히 사라지고 난 다음 〔-n〕과 예외 없이 합류하게 된다.

⑷설첨모음과 권설모음의 출현

'儿', '二', '而'등이 권설모음으로 발음되기 시작한 것은 정확하지는 않지만 명초(明初) 즈음이다. 이 부류의 한자가 권설음임을 가장 먼저 기록한 운서는 명말(明末)의 《西儒耳目资(서유이목자)》(1626년)이다.[107]

아래의 표들은 각 시기별 운모표이다. 운모는 성모나 성조에 비해 종류가 많고 그 변천이 복잡하여 시기별로 분석의 근간이 되는 자료나 관점에 따라 여러 가지로 다르게 재구될 수 있다. 대표적인 견해를 보면 아래와 같다.

---

106) 송원대(宋元代)에는 운모를 개구(開口)와 합구(合口) 두 종류로 나누었고, 이를 다시 1, 2, 3, 4등(等)으로 나누었는데 개음 〔i〕가 없는 1, 2등은 발음할 때 구강이 비교적 크게 벌어지기 때문에 홍음(洪音)이라 하였고, 개음 〔i〕가 있어 발음할 때 구강이 비교적으로 작게 벌어지는 운모를 세음(細音)이라고 한다.

107) 그러나 사실 그보다 먼저 우리나라의 운서인 《사성통해(四聲通解)》에 부록으로 붙어 있는 《사성통고범례(四聲通攷凡例)》에 '凡齒音齒頭則擧舌點齒故其聲淺正齒則卷舌點腭故其聲深……(치음 중 치두음은 혀를 들어 치아에 대는 것으로 그 소리가 얕고, 정치음은 혀를 꼬부려 입천장에 대는 것으로 그 소리가 깊다. ……)라고 하여 《홍무정운역훈(洪武正韻譯訓)》(1445년) 시기에 이미 권설음임을 분명히 말하고 있다.

1) 상고시기

상고시기의 31운부는 다음 표와 같다.[108)]

주요원음	阴声韵部	入声韵部	阳声韵部
ə	之 əg 幽 əgw 微 əd	职 ək 觉 əkw 物 ət 缉 əp	蒸 əŋ 中 əŋw 文 ən 侵 əm
a	鱼 ag 宵 agw 祭 ad 歌 ar	铎 ak 药 akw 月 at 叶 ap	阳 aŋ 元 an 谈 am
i	脂 id 支 ig	质 it 锡 ik	眞 in 耕 iŋ
u	侯 ug	屋 uk	东 uŋ

2) 중고시기

중고시기를 대표하는《广韵》의 운목과 운모를《广韵》의 배열 순서에 따라 정리하면 아래와 같다.[109)]

韵目:平上去	운모	韵目:入	운모
东董送	uŋ, juŋ	屋	uk, juk
东〇宋	uoŋ	沃	uok
锺肿用	jwoŋ	烛	jwok
江讲绛	åŋ	觉	åk
支纸寘	jě, jwě		
脂旨至	ji, i, jwi, wi		
之止志	ï		
微尾未	jěi, jwěi		
鱼语御	jwo		
虞麌遇	ju		
模姥暮	uo		
齐荠霁	iei, iwei		
〇〇祭	jäi, jwäi		
〇〇泰	âi, wâi		
佳蟹卦	aï, waï		
皆骇怪	ăi, wăi		
〇〇夬	ai, wai		
灰贿队	uậi		
咍海代	ậi		
〇〇废	jɐi, jwei		
真轸震	jěn	质	jět

108) 이방계[李方桂],《上古音研究》(北京:商务印书馆, 1980년) 참고

谆準稕	juĕn	术	juĕt
臻○○	jɛn	栉	jɛt
文吻问	juən	物	juət
欣隐焮	jən	迄	jət
元阮愿	jɐn, jwɐn	月	jɐt, jwɐt
魂混慁	uən	没	uət
痕狠恨	ən		
寒旱翰	ân	曷	ât
桓缓换	uân	末	uât
删潸谏	an, wan	点	at, wat
山产裥	ăn, wăn	鎋	ăt, wăt
先铣霰	ien, iwen	屑	iet, iwet
仙狝线	jän, jwän	薛	jät, jwät
萧筱啸	ieu		
宵小笑	jäu		
肴巧效	au		
豪皓号	âu		
歌哿箇	â		
戈果过	uâ, jâ, juâ		
麻马祃	a, wa, ja		
阳养漾	jaŋ, jwaŋ	药	jak, jwak
唐荡宕	âŋ, wâŋ	铎	âk, wâk
庚梗映	ɐŋ, wɐŋ, jɐŋ, jwɐŋ	陌	ɐk, wɐk, jɐk
耕耿诤	ɛŋ, wɛŋ	麦	ɛk, wɛk
清静劲	jäŋ, jwäŋ	昔	jäk, jwäk
青迥径	ieŋ, iweŋ	锡	iek, iwek
蒸拯证	jəŋ, -	职	jək, jwək
登等嶝	əŋ, wəŋ	德	ək, wək
尤有宥	jəu		
侯厚候	əu		
幽黝幼	jiəu		
侵寝沁	jəm	缉	jəp
覃感勘	ậm	合	ập
谈敢阚	âm	盍	âp
盐琰艳	jäm	叶	jäp
添忝掭	iem	帖	iep
咸豏陷	ăm	洽	ăp
衔槛鉴	am	狎	ap
严俨酽	jɐm	业	jɐp
凡范梵	jwɐm	乏	jwɐp

3) 근대시기

근대의 북방 현실음을 반영하고 있는《中原音韵》의 46운모는 다음 표

109) 주광경[周光庆]·양합명[杨合鸣],《古代汉语教程》(武汉:华中师范大学出版社, 2008) 276-279쪽 참고.

와 같다.[110)]

韵部	韵母及例			
东锺	uŋ 东 风	iuŋ 穹 松		
江阳	aŋ 刚 王	iaŋ 江 章	uaŋ 光 壮	
支思	ï 资 枝			
齐微	ei 悲 笔	i 逼 低	uei 对 雷	
鱼模			u 布 粥	iu 书 居
皆来	ai 开 客	iai 楷 挨	uai 乖 画	
眞文	ən 衬 文	iən 宾 人	uən 孙 论	iuən 君 春
寒山	an 班 万	ian 奸 闲	uan 还 纶	
桓欢	on 端 潘			
先天		iɛn 边 眠		iuɛn 全 软
萧豪	au 包 高	iau 交 约 iɛu 焦 雀		
歌戈	O 歌 浊	io 学 弱	uo 夺 禾	
家麻	a 马 袜	ia 家 牙	ua 瓜 耍	
车遮		lɛ 爹 车		iuɛ 月 劣
庚青	əŋ 登 生	ləŋ 京 声	uəŋ 肱 朋	iuəŋ 兄 荣
尤侯	ou 偸 贸	iou 修 周		
侵寻	əm 森 簪	iəm 今 寻		
盐咸	am 男 衫	iam 衔 监		
廉纤		iɛn 店 纤		

3 성조의 변천

1) 상고시기

성조는 비록 초분절소이기는 하지만 모든 음절의 의미를 분화하는 가장 중요한 음절의 구성 요소이다. 성조의 구체적인 발생 시기는 알 수 없으나 상고시기에 이미 평(平)·상(上)·거(去)·입(入)의 사성(四聲)이 존재했던 것으로 여겨진다. 하지만 당시 사성의 조치(調値)는 현대 중국어의 사성(四聲)과 동일하지 않았을 것으로 각종 고대 음운 관련 자료들을 종합적으로 분석하여 추정하고 있다.[111)]

110) 주광경[周光庆]·양합명[杨合鸣], 《古代汉语教程》(武汉:华中师范大学出版社, 2008) 285쪽 참고.

111) 상고시기의 성조에 관해서는 학자들마다 견해가 다르다.
- ⅰ) 성조가 없다.(진제[陈第])
- ⅱ) 중고의 사성과 동일하다.(고염무[顾炎武], 강영[江永])
- ⅲ) 거성이 없다.(단옥재[段玉裁])
- ⅳ) 평상거입의 사성이 모두 있다.(왕염손[王念孙], 강유고[江有诰] 등)

상고시기의 사성에 관한 추론은 크게《诗经》과 같은 시문이나 해성자(諧聲字)를 통해 이루어진다. 사존직[史存直]은 강유고[江有诰]의《诗经韵读(시경운독)》과 고염무[顾炎武]의《诗本音(시본음)》 등을 참고로 하여《诗经》의 305편, 1,141장에 대하여 총 1,679개의 압운 단위를 설정한 뒤 사성의 분압(分押)과 통압(通押)에 따라 통계 분석하였는데, 그 결과 평성 714개, 상성 284개, 거성 135개, 입성은 운미가 3종이며 247개로 모두 1,380의 압운 단위가 있음을 알게 되었다. 이는 전체 압운 단위 중 82.2%에 달하는 것이다. 이로 상고시기에서도 성조가 있었다고 추정할 수 있는데 이는《广韵》의 성조 체계와 크게 다르지 않은 것이었다.

이외에도 상고시기의 성조를 서성(舒聲)[112]과 입성(入聲)으로 나누기도 하는데 베른하르트 칼그렌은 입성의 세 가지 운미 〔-p〕, 〔-t〕, 〔-k〕외에 서성에도 〔-d〕, 〔-g〕, 〔-r〕의 입성 운미가 있다고 보았다.

2) 중고시기

중고시기의 성조는《切韵》,《广韵》,《七音略(칠음략)》등의 운서를 근거로 평(平)·상(上)·거(去)·입(入)의 사성으로 분화되었음을 알 수 있고, 수당(隋唐) 시대 시인들의 용운(用韻)을 살펴보아도 이와 같은 사실을 입증할 수 있다. 이 사성은 당(唐)에 이르러 성모의 청탁[清浊](무성음과 유성음)에 따라 다시 음양[阴阳]으로 나누어 모두 8개로 나누어진다. 청음(清音)과 탁음(濁音)은 조음방법이 다르고 음의 고저 또한 다소 차이가 나기 때문에 이것이 성조에 영향을 미친다고 여겨져 이와 같이 나눈 것이나 실제로 그 차이가 크지 않아 하나의 조류(調類)로 인정한다. 이 시기의 사성은 근대시기의《中原音韵》에 보이는 큰 변화가 조금씩 일어나고 있는데 일부 입성이 거성으로 변하고 평성과 상성 또한 그 전과 다른 모습을 많이 보이고 있다.

3) 근대시기

⑴평성이 음평과 양평으로 분화

주덕청[周德清]은《中原音韵·序》에서 평성은 음평[阴平]과 양평[阳平] 두 가지로 다시 나뉘고 상성과 거성은 음양의 구분이 따로 없다고 하였다. 음평과 양평의 구분 기준에 대해서는 특별히 언급하고 있지 않으나 그 경향을 살펴보면 음평은 고대 평성자 중 성모가 청음[清音](무성음)인 것이고, 양평은 고대 평성자 중에 성모가 탁음[浊音](유성음)인 것이 대부분이다.

---

112) 평(平)·상(上)·거(去) 3성의 총칭.

(2)입성의 소실

원대(元代)에 이르러 입성 운미 〔-p〕, 〔-t〕, 〔-k〕가 소실되며, 이로 인해 운모의 구조에 커다란 변천을 겪게 된다. 《中原音韵》에서는 입성 운미가 사라진 운모들이 각각 양평 · 상성 · 거성으로 편입되는 양상을 보여주는데 다만 음평으로 편입되는 운모가 없다는 것이 특이하다. 입성의 소실 과정은 크게 두 가지 단계로 나눌 수 있는데 우선 〔-p〕, 〔-t〕, 〔-k〕 세 가지 운미가 서로 혼용되다가 그 다음 평(平) · 상(上) · 거(去)의 세 가지 성조로 귀속된다. 이를 '입파삼성[入派三声]'이라고 한다. 입성이 음평 · 상성 · 거성으로 귀속되는 양상을 살펴보면 대체로 전탁[全浊]의 입성자는 양평, 차탁[次浊]의 입성자는 거성, 청음[清音]의 입성자는 상성으로 귀속되었다.

(3)탁음 상성의 거성으로 변화

당대(唐代)부터 탁음 상성이 거성과 혼합되기 시작한 것으로 보이는데 이런 현상을 '양상작거[阳上作去]'라고 한다. 여러 시인의 용운(用韻)을 분석한 결과도 이러한 변화 현상을 보이고 있다. 송대의 등운도(等韻圖)에서는 전탁의 상성자가 여전히 상성에 배열되어 있으나 《中原音韵》에서는 이를 수정하여, 중고시기의 전탁 상성자를 거성에 귀납시키고 있다.

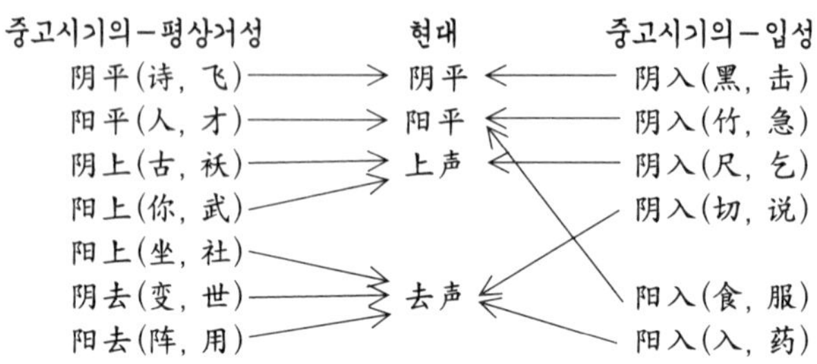

4 현대 중국어의 음운체계 형성

상술한 상 · 중 · 근고 세 시기의 성모 · 운모 · 성조의 음운 체계는 현대에 이르기까지 여러 가지 변천 과정을 거치게 된다.

《中原音韵》 이후 성모가 현대 중국어의 22개로 정착 된 후에도 몇 가지 변천 과정을 겪는데, 첫째, 설면음 〔tɕ〕, 〔tɕʻ〕, 〔ɕ〕가 출현하고, 둘째, 권설음이 완전한 형태를 갖추게 되고, 셋째, 의모[疑母]〔ŋ〕와 미모[微母]〔ɱ〕가 완전히 사라지면서 영성모(零聲母)로 변한 것이다.

운모 역시 첫째, 비음운미 중 〔-m〕가 〔-n〕 운미에 완전히 합류하게 되고 둘째, '儿化韵'이 정착되고, 셋째, 모음 〔o〕가 다양하게 변천하면서 동시에 모음 〔ɤ〕가 출현한다.

성조는《中原音韵》시기의 '입파삼성[入派三声]'이 다시 조정되어 음평으로 귀속되지 않았던 입성자 중 일부가 음평에 귀속 되면서 지금과 같은 성조 체계를 갖추게 된다.

第三章

어휘와 문법의 변천

언어의 3가지 요소인 음운, 어휘, 문법 중 그 변화가 가장 빠른 것은 어휘이고 가장 느린 것은 문법이다. 중국어는 단음절적 특성 때문에 거의 모든 음절(한자)이 하나의 형태소이고, 이런 형태소(한자)가 결합하여 어휘를 만드는 방법은 문장을 구성하는 방법과 일치하여 매우 간단하다. 따라서 중국어 문법은 형태론보다는 통사론에 치중하여 연구하게 된다.

어휘의 변화는 시대에 따라 새로운 어휘가 등장하기 때문에 쉽게 파악할 수 있으며, 새로 등장한 어휘의 문법적 기능을 파악하면 문법적 변화도 어렵지 않게 파악할 수 있다. 따라서 어휘와 문법의 변화를 따로 분리하지 않고 함께 살펴보는 것도 좋은 방법이다.

1. 상고 중국어

⑴단음절어

고대 중국어는 단음절어적 특징이 아주 우세하여 한 음절이 하나의 낱말인 경우가 대부분이다. 갑골문에 쓰인 글자의 약 70% 이상이 하나의 글자가 하나의 품사인 명사이다. 이런 현상은 상고 중국어가 단음절적이라는 특성을 잘 나타낸다.

⑵품사의 겸류

품사가 완전히 분화되지 않고 여러 품사로 겸용되는 겸류(兼類) 낱말이 많아 명사가 동사로 쓰이거나, 형용사가 동사로 쓰이는 일이 잦았다. 품사의 구분은 사성으로 이루어지기도 한다.

⑶대명사의 미분화

인칭대명사와 지시대명사가 분화되지 않고 혼용된다.

⑷어순

상고시기의 어순은 현대 중국어와 다소 다르다.

①목적어로 쓰인 의문사는 동사나 전치사의 앞에 놓인다.
②부정문에서 목적어로 쓰인 대명사는 동사 앞에 놓인다.
③목적어+'之', '是'+동사와 같은 어순도 있다.

2. 중고 중국어

위진남북조(魏晋南北朝)부터 당(唐)에 이르는 시기의 중국어를 중고 중국어라고 한다. 이때는 다음과 같은 변화가 일어난다.

⑴접사의 발달

접두사와 접미사가 발달하여 이러한 접사와 결합한 명사가 증가하였다.

阿爹 ¦ 瓮子 ¦ 石头

⑵양사의 증가

명량사는 상고 시대에 이미 60여개가 있었으나 중고시기에 이르면 일부는 소실되고 일부는 그 의미가 변화하며 새로운 양사가 나타나기도 한다. 동량사는 한대(漢代)에 쓰이기 시작하였으며 위진(魏晋) 이후에는 광범위하게 사용되었다. 이 시기에 자주 보이는 동량사로 '遍', '场', '次', '度', '过', '回', '下' 등이 있다.

·상고시기 양사 — 把 | 发 | 封 | 家 | 间 | 口 | 块 (현대 중국어에서도 사용)
被 | 皮 | 章 (중고시기에 이미 소실된 양사들)

·의미가 변한 양사 — 枚 | 所 | 通

·중고시기 양사 — 包 | 部 | 处 | 串 | 滴 | 点 | 对 | 顿 | 幅 | 根 | 件

⑶대명사의 변천

기존의 대명사의 용법이 확정되고 새로운 대명사가 만들어지면서 대명사 전체의 종류와 수에 변화가 생긴다. '我'와 '吾' 중 '我'가 더 보편화되고, '尔'이 후기에 들어 '你'로 대체된다. 또한 '伊'와 '渠'가 3인칭 대명사로 쓰였는데 후기에 '他'로 대체된다.

⑷계사 '是'의 판단문의 구조 변화

계사가 등장하여 판단문의 구조가 크게 변화한다. 판단을 나타내는 '是'는 상고 중국어에서 주로 대명사로 쓰여 주어와 술어 사이에서 다시 주어를 가리키는 역할을 하였다. 이는 일종의 삽입사 역할인데 이것이 이후 판단을 나타내는 계사로 발전하였다.

·대명사 是 — 富与贵，是人之所欲也。(부와 귀, 이것은 사람이 바라는 바이다)《论语 · 学而》

·계사 是 — 余是所嫁妇人之父也。(나는 시집 간 여인의 아버지이다)《论衡 · 死伪》

⑸상(相: aspect) [动态] 표현의 등장

어떤 시간 범위 내에서 일어난 동작의 모습을 언어형식으로 표시하는 동사의 문법범주를 '상(相)'이라고 하는데, 이즈음에 완성을 표현하는 형식이 등장한다. '了', '已', '却' 등이 시간과 관련된 표현에 쓰였으며, '了'는 한대(漢代)부터 주로 동사 뒤에 보어로 쓰이면서 허화(虛化)되기 시작하였다. 송대(宋代)를 거치면서 '了'는 동사와 목적어 사이에 쓰이게 되고, 이로써 어조사 '了'와 동태조사 '了'가 그 기능을 분화하게 되었다. 경험을 나타내는 '过'와 가까운 과거를 나타내는 '来' 등도 이 시기에 출현하였다.

⑹보어의 발달

①동사 뒤에 동사가 추가되어 결과보어로 쓰이는 형식은 한대(漢代)를 거쳐 위진(魏晋)에 이르러 광범위하게 나타난다. 결과보어로 형용사가 쓰이게 된 것은 한대(漢代)에 시작하여 당송(唐宋)시기에 보편화된다.
②단순방향보어는 선진 시기에 이미 쓰였으나 육조(六朝) 이후 더 보편화되었다. 중고시기, 특히 당송(唐宋)에 이르면 복합방향보어도 비교적 광범위하게 사용된다. 또한 이때 방향보어의 의미는 확장되어 동작의 방향 이외의 다른 의미로 쓰이기도 하였다.

⑺'把字句'의 출현

상고시기에도 처치의 의미를 나타내는 문장 형식은 있었으나 목적어를 도치하는 전치사로는 '以'가 사용되었다. 당(唐)에 이르러 '把'나 '将'이 공구를 나타내거나 처치식 문장의 목적어를 동사 앞으로 도치하는 전치사로 쓰이면서 '以'는 더 이상 처치식의 전치사로 쓰이지 않게 되었다.

이 시기 처치식 문장의 부정 부사는 '把'나 '将' 앞뒤에 자유로이 올 수 있었다. 이는 근현대 중국어 처치식의 부정 부사는 반드시 '把'나 '将'의 앞에 위치해야 하는 점과 다르다.

⑻피동식의 출현

이때의 피동문은 '为…所…' 형식이 쓰였으며, '被' 피동문은 주로 '被+동사'의 형식으로 쓰였다. '被+동작자+동사' 형식의 피동문은 한(漢) 이후에 나타난다. '被'가 주어 앞에 나타나기도 하는데, 이는 피동의 의미가 아닌 의외의 사건이나 원치 않는 사건의 발생을 나타낸다.

⑼부정사의 단순화

상당히 많았던 부정사가 점차 단순화 된다. 상고 중국어의 부정사들이 대체로 정리되어 이 시기에는 '不', '勿', '无', '弗'가 주로 쓰인다. 한대(漢代)에 이르면 '弗'의 사용은 줄어들고 '莫'가 금지를 나타내는 부정사로 대체되는 경향이 나타난다.

3. 근대 중국어

송(宋)에서 청말(淸末)에 이르는 시기의 중국어를 근대 중국어라고 한다. 이때는 다음과 같은 변화가 일어난다.

⑴복음절어의 증가

중국어는 대부분의 단음절이 형태소이거나 낱말이었지만, 유성음의 무성음화, 입성 운미의 소실 등으로 음절수가 대폭 줄어들게 된다. 따라서 단음절이 낱말을 구성하기는 어려운 지경이 되었고 이를 극복하려는 수단으로 두 음절을 겹쳐 새로운 낱말을 만드는 경우가 많아졌다.

何 → 什么 ¦ 自 → 自己 ¦ 言 → 语言

⑵접미사의 발전

낱말이 복음절화되는 현상이 강해지면서 단음절 낱말 역시 접미사를 붙여 복음절화함으로써 이미 복음절화된 낱말과의 형평성을 유지하려는 경향이 강해진다.

木 → 木头 ¦ 木板 ¦ 木炭
孩 → 孩子 ¦ 小孩 ¦ 女孩

특히 복수 접미사는 당대(唐代)부터 등장하기 시작하여 '门', '满', '瞒', '每', '们' 등과 같이 다양한 형식이 혼용되다가 원대(元代)에는 주로 '每'를 쓰고 이후 명대(明代)에 이르러 '们'으로 통용되기 시작한다.

⑶대명사의 통일

여러 개의 형태로 혼용되던 대명사가 통일된다.

①인칭대명사 — 2인칭대명사 중 '尔'나 '汝'는 사라지고 원명(元明) 이후 '你'만 남게 된다. 청말(清末)에 이르러서는 2인칭 경칭의 '您'이 등장한다.

②지시대명사 — '这', '遮', '者' 등의 지시대명사는 근대에 이르러 '这'로 통일된다. '这'는 당대(唐代)에는 '这边', '这里', '这般'과 같은 복합어에 주로 활용되었으나 송대(宋代)에는 단독으로 쓰이게 된다. '那'로 구성된 '那个', '那边', '那样' 등의 복합어도 마찬가지이다.

⑷동사중첩 형식

상고나 중고시기에도 동사의 중첩 형태는 있었으나 현대 중국어의 동사 중첩과는 그 의미가 달랐다. 현대 중국어에서 동사의 중첩은 '잠시 … 하다'라는 의미를 나타내지만 고대 중국어에서는 이런 용법이 없었다.

參辰皆已没，去去从此辞。《古诗十九首》
(별들이 모두 지고 날이 새려 하는데 멀리 떠나려고 이별을 고하네. → '去去'는 '远去' 즉 멀리 가다라는 의미)

동사 중첩의 이런 용법은 송원(宋元)에 이르러서야 나타난다. 원명(元明)에 이르면 일음절 동사 뿐 아니라 이음절 동사 중첩형까지 나타난다. 중첩 형식 역시 'VV', 'V一V', 'V了V' 등으로 더욱 다양해진다.

⑸조사의 발달

①구조조사 '底'와 '地'가 '的'로 통일된다.
②보어를 유도하는 '得'가 나타나기 시작한다.
③조사 '了'가 동사 어미로 보다는 어기조사로 더 많이 활용되어 완성태의 표지사로서의 기능이 강화된다.
④지속을 나타내는 '着'의 용법이 후기에 나타난다.
⑤의문을 나타내는 '吗', '呢'가 청대(清代)부터 활용되며, 다른 어조사 '的', '罢了', '着呢' 등이 새롭게 나타난다.

⑹부정 부사의 분화 및 정리

부정부사가 부정과 금지를 나타내는 것으로 양분 된다. 고대 중국어에서는 부정사가 '不', '勿', '毋', '无', '弗', '莫', '亡', '匪', '罔', '微', '未', '非'등으로 매우 다양하였으나, 중고시기에 이르면 '不', '勿', '毋', '无', '未', '非', '莫' 등만 남고 나머지는 사라진다. 이 중 '莫'는 금지를 나타내는 부사로 자주 쓰여 부정부사가 부정과 금지를 나타내는 것으로 양분되는 양상을 띠기 시작한다. '别'는 명대(明代)에 생겼으나 이때는 '别要'로 더 많이 쓰이고 이후 '别'로 정착한다.

⑺보어의 어순 정리

근대시기에 이르러 다양하던 보어와 목적어의 위치가 한 가지 형식으로 통일되기 시작한다. 원명(元明) 시기 이후 목적어가 동사와 보어 사이에 위치하는 문장이 점점 줄어들어 동사와 보어의 뒤에 위치하게 되며, 경우에 따라 현대 중국어에서 볼 수 있듯 목적어가 동사 앞으로 전치(前置)되기도 한다.

⑻'把字句'의 어순 정착 및 사동의미 등장

처치식 문장의 어순이 중고시기와 달라진다. 중고시기의 '把字句'는 현대 중국어의 처치식 문장과 달리 일음절 동사 단독으로 술어가 되기도 하고 부정부사가 '把'나 '将' 뒤에 위치하기도 하였다. 그러나 근대시기에 이르면 술어의 구조적 형식이 더욱 복잡해지기 시작했고, 부정사의 위치 또한 '把'와 '将' 앞으로 고정된다. 아울러 이 시기에 '把字句'가 처치가 아닌 사동의 의미를 나타내기 시작한다.

妇人听了此言，便把脸红了。《金瓶梅 · 二十三回》
(부인은 이 말을 듣고, 얼굴을 붉히게 되었다)

⑼새로운 피동 표지사의 등장

'教', '叫', '给' 등이 새로운 피동 표지사로 쓰이기 시작한다. 이 중 '给'는 근대 이후부터 피동 표지사로 쓰인 것으로 추측된다.

4. 아편전쟁에서 5·4운동까지의 중국어

⑴3인칭 대명사 분화

3인칭 대명사가 성별에 따라 구분되어 쓰이게 된다. 5·4운동 이후 영어의 제3인칭 형식의 영향을 받아 중국어 또한 3인칭 대명사를 성별에 따라 구분하기 시작하였다. 남성은 '他', 여성은 '她', 중성은 '它' 혹은 '牠'를 사용하게 되었다.

⑵동사의 상(相) 표현 발달

동사의 상을 나타내는 형식은 중고시기에 만들어져 근대에 기본적인 틀을 갖추게 된다. 그런데 5·4운동 이후 의식적으로 동사의 상 범주를 나타내기 위한 형식을 취하는 경향이 짙어진다.

⑶구조조사 '地'와 '底'의 분리와 통일

구조조사 '地'와 '底'는 중고시기부터 이미 있었으나 근대에 이르러 '的'로 통일하기에 이른다. 그러나 현대에 이르러 이들은 다시 분화되기 시작하여 '的', '地', '底' 중에서 '的'는 묘사적 성격의 관형어 조사로, '底'는 소유를 나타내는 관형어 조사로 활용되며, '地'는 부사어 조사로 쓰이게 된다. 다만 '的'와 '底'는 그 기능이 철저하게 분리되지 않아 혼용되다가 1950년대 이후 '底'는 더 이상 사용하지 않게 된다.

⑷어순의 변천

5·4운동 이후 중국어 문장 성분의 순서가 이전에 비해 상당히 자유로워졌다. 중국어는 근본적으로 관형어와 부사어와 같은 수식어가 피수식어 앞에 위치하고, 종속절이 주절의 앞에 위치하게 되는데, 5·4 이후 서양 언어의 영향으로 수식어와 피수식어, 종속절과 주절의 위치가 서로 바뀌기도 한다. 이 때 쉼표와 같은 문장부호를 삽입하여 순서의 변화를 표시하기도 하는데, 순서를 바꾸는 의도는 대체로 강조하기 위함이다.

第六編

중국언어학의 역사

第一章 중국의 중국언어학
第二章 조선시대의 중국언어학

第一章

중국의 중국언어학

중국의 언어학 연구는 시기별 학문적 풍토와 관련된 분야를 중심으로 활발하게 수행되었다. 왕력[王力]은 《中国言语学史》에서 선진(先秦)부터 한말(漢末)까지를 경학 위주의 '훈고학이 성행한 시기'로, 육조(六朝)부터 송명(宋明)까지를 불교와 이학(理學) 중심의 학술 사상과 '운서 위주의 어학'이 성행한 시기로, 청대(清代)를 문자·성운·훈고 등의 '어학 전반의 발전 시기'로 보았다.

중국의 초기 언어학은 문자에 관련된 연구에 치중되어 있었다. 예로부터 문자와 관련된 학문을 '소학(小學)'이라 하여 문학과 철학을 위한 기초 학문으로 여겼기 때문이다. 문자에 관한 연구는 경전을 바르게 이해하기 위한 수단이었으며, 오늘날과 같은 순수한 의미의 언어학은 아니었다. 동서양을 막론하고 언어 연구는 문헌을 해석하고 기록하고자 하는 목적에서 출발하였다. 한자는 표의문자이고 지구상의 문자 중에 가장 오래된 문자이다. 따라서 한자의 자형·자음·자의에 대한 공시적 및 통시적 연구는 심도 있는 연구의 대상이 되었으며 그 연구의 역사와 업적 또한 유구하고 방대하다.

중국인들이 이룩한 중국언어학의 업적을 시대에 따라 살펴보는 것도 매우 흥미 있는 일이다.

1 선진(先秦) 시기

선진 시기에는 갑골문이나 청동 금문과 같은 원시적인 형태의 한자가 사용되었으며, 사회의 발전에 따라 언어와 문자도 발전하게 되어 이를 가르치고 배우는 일이 필요하게 되었다.《大戴礼记·保傅(대대례기·보부)》[113]에도 당시에는 '소학(小學)'이라는 교육제도로 언어와 문자를 학습하였다고 기록하고 있다. 진(秦)나라 혹은 서한(西漢)에 이르면 이사[李斯]의《仓颉篇》, 조고[赵高]의《爰歷篇(원력편)》, 호무경[胡毋敬]의《博学篇(박학편)》, 사마상여[司马相如]의《凡将篇(범장편)》, 사유[史游]의《急就篇(급취편)》, 양웅[扬雄]의《训纂篇(훈찬편)》등의 소학과 관련된 저술이 간행되었다.

문자의 기원에 관한 가장 오래된 기록은《易经·繫辞传(역경·계사전)》에서 볼 수 있다. 포희씨[包羲氏]가 천자가 되어 조수(鳥獸)의 무늬가 땅에 새겨진 것을 살피고 이로 팔괘를 지었다는 내용으로 그 사실의 진위 여부는 막론하고 문자의 기원에 대해 문자의 창조 과정과 집단적 창조 등을 거론하였다는 점에서 의미가 있다. 중국언어학사에서 언어에 대한 최초의 접근은 이와 같이 문자의 창조에서부터 시작된다고 할 수 있다.

뿐만 아니라 춘추 전국시대의 많은 철학자들은 언어와 문자에 대한 토론을 즐겼는데 인간의 사상을 교류하는 가장 직접적인 수단이 바로 언어이고 그것을 기록하는 것은 문자이므로 언어에 대한 학자들의 관심은 당연한 것이라고 할 수 있다.

1) 선진 학자들의 '명'과 '실'에 관한 논의

춘추(春秋: 기원전 770－기원전 403)와 전국(戰國: 기원전 403－기원전 221) 시대에는 겉으로 드러나는 '名(이름)'과 속에 숨어있는 '實(실상)'에 대한 논쟁이 본격화 되었는데 이는 인식론과 논리학의 발전에 기여하는 계기가 된다.

> 孔子: 君君 臣臣, 父父, 子子。
> (공자가 말하길: 임금은 임금다워야 하고, 신하는 신하다워야 하고, 어버이는 어버이다워야 하며, 자식은 자식다워야 한다)

---

113) 한대(漢代)의 학자 대덕[戴德]이 한초(漢初)의 유향[刘向]이 수집한 130편을 정리하여 85편을 묶었는데 이를《大戴礼记》라고 한다. 이후 그의 조카인 대성[戴圣]이《大戴礼记》중의 46편에 다시 3편을 더하여 49편으로 편찬하였는데 이를《小戴礼记》라고 하며,《大戴礼记》는 이후 실전(失傳) 되었다.《小戴礼记》를 오늘날《礼记》라고 한다.

공자[孔子]의 '정명(正名)'사상은 명분이 바로 서지 않으면 정치적 혼란이 일어나는 것으로 보고, '실(實)'이 '명(名)'을 위반함으로써 많은 모순이 일어나므로 이를 바로하기 위해서는 '명(名)'에 대한 정확한 인식이 있어야만 한다고 강조하였다.

> 老子：名可名，非常名。无名，天地之始。 有名，万物之母。
> (노자가 말하길: 이름을 지을 수 있는 이름은 참 이름이 아니다. 이름이 없는 것이 천지의 본질이요, 이름이 있음은 만물의 모체이다)

노자[老子]는 '명(名)'을 실상과는 관련이 없는 단순한 외형만의 개념을 표현하는 부호라고 여겨, '无名, 天地之始'라고 한 것이다. 명칭과 객관사물은 필연적 연관성 보다는 일종의 사회적 약속임을 암시하였다고 볼 수 있다. 그러나 노자 역시 '명(名)'의 의미와 역할에 대해서는 '有名, 万物之母'라고 지적함으로써 '명(名)'과 '실(實)'을 불가분의 것으로 여기고 있음을 알 수 있다. 이렇게 노자는 중국언어학사상 처음으로 명칭과 객관사물간의 관계, 즉 '명(名)'과 '실(實)'의 관계에 대해 지적하였다고 할 수 있다.

이후 공손용자[公孙龙子](조(趙)나라 사람: 기원전 325－기원전 250)는《名实论(명실론)》에서 보다 더 실질적으로 '명(名)'과 '실(實)'에 대해 토론하고 있다.

> 正其所实者，正其名也，其'名'正则唯乎其彼此焉。谓彼而彼，不唯乎彼，则彼谓不行。谓此而此，不唯乎此，则此谓不行。
> (그 실체를 바르게 한다는 것은 그 이름을 바르게 하는 것이다. 명칭을 올바르게 하면 이것과 저것을 정확하게 부를 수 있다. 저것을 저것으로 정했는데 저것이라고 부르지 않는다면 이는 옳지 않다. 이것을 이것으로 정했는데 이것이라고 부르지 않는다면 이 역시 옳지 않다)

공손용자의 이 말은 객관 사물의 이름은 사람들이 정하여 부르기로 한 것이니 명칭을 정한 후에는 임의적으로 다른 명칭으로 불러서는 안 된다는 것이다.

2) 순자의 '정명'

'명(名)'과 '실(實)'에 대한 논의는 순자[荀子]에 이르러 더욱 명확하게 전개되어 언어의 본질과 사용 및 발전 등에 관해 언급하였다.

순자[荀子]는 〈正名(정명)〉 편에서 언어란 인류가 사상을 교류하는 도구이며, 또 명(名)과 실(實)의 관계에 대해 '名无固宜，约之以命，约定俗成谓之宜，异于约则谓之不宜。(명칭은 본래 정하여진 것이 없고 약속에 따라 부르게 된 것이다. 약속이 확정되어 습관이 되었을 때 그것을 합당한 명칭이라고 하며, 약속과 다르다면 그것은 합당한 이름이 아니다)'라고 하여 언어의 사회적 약정성(約定性)에 대해 설명하였다.

이렇듯 선진시기에는 언어나 문자에 관한 구체적인 연구가 본격적으로 수행되었다고 할 수는 없어도 언어의 본질을 규명하려고 노력하였음을 알 수 있다.

2 진한(秦漢)과 진(晋) 시기

진대(秦代)와 한대(漢代)는 중국언어학에 대해 많은 연구 업적을 나타낸 시기이다. 특히 한대에 이르면 진으로부터 가해진 사상의 압박으로부터 해방되고 춘추전국 시대의 학문의 복구 운동으로 인해 많은 언어학자가 나오고 언어학 관련 저서들이 간행된다.

진(秦)의 통일로 중국은 중앙집권 체제가 확립되었고 뒤이은 문자와 제도의 개혁은 어휘와 문법의 통일성을 제고하였다. 각자의 방언과 문자를 쓰던 사람들이 통일된 한자와 서면어를 통해 상호 교류할 수 있게 되었으며, 결국 공동 언어의 형성과 발전을 촉진하는 결과를 가져오게 되었다.[114]

이런 정치 및 사회적 배경으로 '소학(小學)'을 통한 식자교육(識字教育)과 금고문경(今古文經)에 대한 연구와 논쟁이 언어 연구를 촉진하게 된다. 그 결과 한대(漢代)에는 《尔雅(이아)》, 《方言(방언)》, 《说文解字(설문해자)》, 《释名(석명)》과 같은 주요 언어학 저작이 연이어 출현하게 된다.

《尔雅》는 훈고(訓詁)의 시작으로, 《方言》은 방언 및 비교언어학의 시초로, 《说文解字》는 문자학의 각도에서 언어를 연구한 것으로, 《释名》은 성음(聲音)으로 뜻을 풀이하여 성훈(聲訓)의 영역을 창출하였다는 점에서 모두 독보적 가치가 있다.

1) 《尔雅》

《尔雅(이아)》[115]는 대략 주진(周秦) 무렵에 만들어져 후대로 이어지면서 수정되고 보완되었다고 여겨진다. 저자 역시 특정 시기의 한 사람이

114) 진시황이 중국을 통일한 후 '书同文, 车同轨(글은 통일된 문자로, 수레의 두 바퀴 사이 길이는 서로 같게)'정책을 실시하고, 이사의 《仓颉篇》, 조고의 《爰历篇》, 호무경의 《博学篇》을 아동의 문자 교육의 규범 저서로 삼았다. 이 세 부의 책을 《仓颉篇》이라고 하며, 모두 3,300자를 수록하고 있다.

115) 한대(漢代)에는 경학을 숭상하여 '훈고(訓詁)'가 크게 성행하였다. 《汉书》에는 "(古文读应尔雅, 故解古今语可知也。 (고문을 읽을 때는 마땅히 바름에 가까워야 한다, 그러므로 고금의 말을 이해해야만 알 수 있다)"라 하였는데, 여기의 '尔'는 '가깝다(近)'는 뜻이고 '雅'는 '바르다(正)'는 뜻으로 책이름은 여기에서 유래되었다.

아니라 여러 사람의 손을 거쳐 이루어진 것으로 고증되고 있다. 《尔雅》는 모두 19편으로 이루어져 있으며 수록된 낱말은 모두 4,300개이다. 그 중 자주 쓰이는 낱말은 모두 2,000여개로 〈释诂〉, 〈释言〉, 〈释训〉의 세 편에 나뉘어져 수록되어 있는데 이들의 내용은 대체로 경전에 자주 쓰이는 낱말, 일상에 자주 쓰이는 낱말, 각지의 풍속에 맞는 낱말들이다. 〈释诂〉는 예전 사람들이 쓰던 동의어를 열거하여 마지막에 하나의 낱말로 해석하고 있고, 〈释言〉에서는 대부분 일상적인 상용어를 담고 있으며 〈释训〉에서는 사물의 모양을 묘사하는 낱말들을 주로 수록하였다.

林、烝、天、帝、皇、王、后、辟、公、侯, 君也。〈释诂〉
('임·증·천·제·황·왕·후·벽·공·후'는 어른이다)
告、谒, 请也。〈释言〉
('고와 알'은 청하는 것이다)
明明、斤斤, 察也。〈释训〉
('명명·근근'은 살피는 것이다)

《尔雅》는 중국 고대 언어학 최초의 훈고서인 동시에 글자와 낱말의 의미를 연구한 최초의 언어학 전문 사전이다. 《尔雅》의 언어학사적 가치는 아래와 같다.

①선진(先秦) 시기의 고대 문자의 의미를 보존하고 있을 뿐 아니라 그 의미의 변천까지 알 수 있도록 해주고 있다.
②낱말의 의미에 따라 어휘를 배열하는 방법을 가장 먼저 채택하였다. 2,000여개의 낱말을 의미에 따라 19부로 분류하였는데, 이후 많은 어휘 수록 사전은 《尔雅》와 같은 배열 방법을 채택하고 있다.
③천문(天文), 지리(地理), 역법(曆法), 동식물 등 다방면에 걸친 어휘들을 수록하여 전국시대(戰國時代)의 자연과학 연구의 성과를 엿볼 수 있다.

이러한 언어학사적 가치 이외 고대 사회문물제도와 사물에 대한 고대 중국인들의 인식도 살펴볼 수 있게 해주는 자료라고 할 수 있다.

이러한 언어학적 가치가 있음에 반하여 때로 실사(實辭)와 허사(虛辭)가 섞여 있다거나 가차자(假借字)를 본래 글자로 잘못 기록하는 등의 몇 가지 오류가 발견되기도 한다.

2)《方言》

《方言(방언)》[116]은 서한(西漢)의 철학자이자 언어학자인 양웅[扬雄](기원전 53－서기 18)이 쓴 책이다. 《方言》은 중국어 방언 어휘를 비교한 최초의 방언학 전문 서적으로 개별 낱말에 해당하는 다른 지역의 방언과

116) 전체 서명은 《輶轩使者绝代语释别方言》임.

통용어, 고어(古語) 등을 분명하게 지적하고, 이들이 서한(西漢) 시대에 이르기까지 어떻게 변천하였는지에 대해 기록하고 있다.

《方言》은 원래 15권으로 구성되어 있었으나 현재 13권만 남아있다. 여기에는 낱말 풀이, 의복과 제도에 관한 풀이, 기물 · 짐승 · 병기 · 곤충 등에 관한 풀이로 구성되어 있다.

> 恩者, 子也。湘沅之会, 凡言是子者谓之恩, 若东齐言子矣。
> ('恩'은 아들이다. 湘水, 沅水 일대에서는 무릇 아들을 '恩'이라 했는데, 이는 东齐에서 '子'라고 하는 것과 같다)

《方言》의 체제는《尔雅》를 모방하였으나《尔雅》가 글자의 의미를 풀이한 훈고서이고,《方言》은 살아 있는 방언과 구어체 언어를 조사 · 비교한 전문서적이다.

3)《尔雅注》와《方言注》

진(晋)의 곽박[郭璞](서기 276－324)이 양웅의 언어 사상과 방언 연구 방법을 살펴《尔雅》와《方言》에 주를 달아《尔雅注(이아주)》와《方言注(방언주)》를 편찬하였다.《方言注(방언주)》는 당시의 언어로 고대 어휘를 해석하였는데, 이는 문자와 관련 없이 어휘의 변천을 대조의 방법으로 기술하고 있으며, 여기의 주해는 진대(晋代) 중국어가 일음절어에서 다음절어, 특히 이음절어로 변해가는 경향을 보여주고 있어 문법 연구의 좋은 자료가 된다. 또한 '通语', '方言', '古今语'를 구별하고 '通语'로 '方言'과 '古语'를 해석하여 방언이나 고어를 쉽게 이해할 수 있도록 하였다.

4)《说文解字》

《说文解字(설문해자)》(서기 100년)는 한대(漢代) 허신[许慎][117]이 편찬한 자전(字典)이다. 이 자전은 허신이 전대(前代) 자서(字書) 등에서 단순히 한자를 수집하고 열거한 것이 아니라 과학적으로 한자의 구조를 분석하고 그 구조에 따라 분류하였다는 점에서 큰 언어학적 가치가 있다.

허신은 이 자전에서 최초로 '부수(部首)'를 도입하여 9,000여 한자를 540부로 나누어 체계적으로 수록하여 기존 자서의 의미별 분류 방법을 최초로 자형(字形)을 근거로 분류하는 방법으로 전환하였다.

허신이《说文解字》와 같은 자서를 저술할 수 있었던 것은 당시의 사회

---

117) 허신은《说文解字》,《五经异义(오경이의)》,《淮南子注(회남자주)》등을 저술하였다. 허신에 대해서는 동한(東漢)의 정사(正史)《后汉书》에는 열전(列傳)이 없으며,《儒林列传》에 간략하게 기술되어 있다. 자(字)는 숙중[叔重]이고 동한(東漢)의 광무제[光武帝] 건무(建武) 31년(서기 55)에 태어나 안제[安帝] 연광(延光) 4년(서기125)경에 타계한 것으로 추정된다.

적, 학술적 분위기와 무관하지 않다. 한대에는 경학에 대한 연구가 성행하였고, '今古文经'의 논쟁으로 서로 다른 유파 간의 대립이 격화되었다. 고문 경학가들은 고문자학의 중요성을 제기하였고 허신이 이에 동감하며 고문경학에 대한 연구를 고무시키고자 이 자서를 지은 것으로 보인다. 또한 허신은 언어와 문자의 발전과 한자의 형성원리 등에 대해 매우 수준 높고 구체적인 언어학적 식견을 가지고 있었기 때문에 이런 자전의 집필이 가능했던 것으로 보인다.

加油

금고문(今古文) 논쟁

진시황의 분서갱유(焚書坑儒)로 경서(經書)는 대부분 소실되었다. 진이 멸망한 뒤 금서령(禁書令)이 해제되자 감추어 두었던 경서가 나타나기 시작하였다. 이때 공자의 옛 집 벽 속에 감추어 두었던 경서들이 발견되어 이를 '벽중서(壁中書)'라고 하였고 여기에 적힌 문자는 한대에 유행하던 예서가 아니어서 이들을 고문이라 하였다. 이 벽중서의 출현은 이후 경학가 사이에 금문이냐 고문이냐의 논쟁이 시작되는 계기가 되었다.

금문경(今文經)은 예서로 구전(口傳)을 기록한 경서이기 때문에 전서(篆書字)로 쓰여진 고문경과는 경의(經義)나 문자 상의 차이가 날 수 밖에 없었고 따라서 고문 경학자와 금문 경학자 사이에 논쟁이 지속적으로 벌어지게 되었다.

《说文解字》는 원래 15권으로 구성되었으나 현재 전해지고 있는 판본은 매 권이 상·하로 나뉘어져 모두 30권이라고 할 수 있다. 모두 9,353자가 수록되어 있고, 주문(籒文)과 이체자 1,163자를 모아 중문(重文)이라고 하였다. 이들 수록자들은 540부로 나눈 부수로 분류하고 배열하였다. 부수의 배열은 '一'부에서 시작하여 '亥'부로 끝이 난다. 부수의 차례는 자형과 자의가 같거나 비슷한 것을 함께 배열하여 한자의 구조와 의미의 연관성을 고려하였다.

《说文解字》는 한자의 형성 원리, 즉 육서(六書)에 근거하여 동일한 의부(意符)를 가진 글자는 동일한 부수 안에 모아 두었다. 그리고 한 부수 안의 글자들은 필획 수에 따라 순서를 정함으로 글자를 찾는 데 편리하도록 하였다.

《说文解字》에서는 먼저 부수를 분석하고 이 부수에 속하는 글자들이 모두 같은 부수에서 비롯된다고 설명한다.

> 一，惟初太始，道立于一，造分天地，化成万物，凡一之属皆从一。
> ('一'은 태초의 시작이다. '道'는 '一'에서 세워지고 하늘과 땅을 나누어 만물을 생겨나게 하였다. 무릇 '一'에 속하는 것들은 모두 '一' 아래에 둔다)

그 다음 매 글자의 의미, 형체구조, 독음에 대해 설명하였다.

> 鸟，长尾禽总名也。象形，鸟之足似匕，从匕，凡鸟之属皆从鸟。

('鸟'는 긴 꼬리를 가진 짐승의 총칭이다. 상형인데 새의 발이 '匕'과 비슷하므로 '匕'을 그 형부(形符)로 삼는다. 무릇 '鸟'가 있는 글자는 모두 '鸟'에 속한다)

《说文解字》는 당시에 남아 있던 고문자를 모두 수록하고 있고 선진(先秦)의 고문자를 해독하고 연구하는데 가장 중요한 자료이다.

《说文解字》의 언어학적 가치는 첫째, 한자의 형태 · 의미 · 음운의 관계에 대해 기존의 자서(字書)에서는 볼 수 없는 획기적인 견해를 가졌으며, 둘째, 당시 복잡하기 이를 데 없는 수많은 한자를 자형(字形)에만 근거하여 분류할 수 있도록 부수를 창안하고 배열 방법을 고안했으며, 셋째, 자의(字義) 해석에서도 많은 창조적 견해를 제시하였다는 점 등을 들 수 있다.

加油

《说文解字》 이후 이를 모방한 자서(字書)들이 많이 출간 되었다. 진(晋) 여침[吕忱]의 《字林(자림)》, 양(粱) 고야왕[顾野王]의 《玉篇(옥편)》, 송대 사마광[司马光]의 《类篇(유편)》 등이 《说文解字》의 영향으로 출간된 자전이다. 《说文解字》에 대한 연구는 줄곧 이루어져 왔으나 청대(清代)에 가장 활발하였다. 단옥재[段玉裁]의 《说文解字注(설문해자주)》, 주준성[朱骏声]의 《说文通训定声(설문통훈정성)》 18권, 계복[桂馥]의 《说文解字义证(설문해자의정)》 50권, 왕균[王筠]의 《说文句读(설문구독)》 30권 등이 대표적 저작이며 이 학자를 '설문사대학자(說文四大家)'라고 한다.

5)《释名》

《释名(석명)》은 한말(漢末)의 훈고학자 유희[刘熙]가 사물의 이름을 분류하고 해석한 자전이다. 《釋名》의 자서(自序)에서 유희는 저술 목적과 방법에 대해 다음과 같이 말하고 있다.

夫名之于实, 各有义类, 百姓日称而不知其所以之意, 故撰天地, 阴阳, 四时, 国, 都鄙, 车服, 丧纪, 下及民庶应用之器, 论叙指归, 谓之《释名》, 凡二十七篇。

(무릇 실물에 이름을 붙이는 데는 의미에 따라 나눈 종류가 있다. 백성들은 매일 그것에 대해 말하면서도 그것이 의미하는 것을 알지 못하니 천지, 음양, 사시, 나라, 변경, 수레와 복장, 장례, 아래로는 서민들이 쓰는 그릇에 이르기까지 서술하고 귀납하여 《释名》이라고 이름 짓고 모두 27편으로 만들었다)

《释名》에서 풀이한 명물(名物)과 전례(典禮)는 모두 1,502가지이며, 그 낱말의 어원(語源)을 위주로 해설하였다. 동음자 혹은 음이 비슷한 글자로 낱말의 의미를 해석하는 성훈법(聲訓法)을 활용하였고, 낱말의 의미를 연구하면서 형체의 분석에 얽매이지 않고 의미 분류와 성부(聲符)의 관계에 기초하였다는 점에서 큰 의의를 지닌다.

雅, 义也。义, 正也。 ('雅'는 '义'이고, '义'는 '正'이다)
光, 晃也。晃晃然也。 ('光'은 '晃'이다. 번쩍 번쩍 빛나는 모양이다)

3 한말(漢末) 위진(魏晋) 시기

한대에 이어 한말에서 위진에 이르는 시기에는 문자와 훈고 영역의 연구 업적이 뛰어나다. 문자 훈고 영역의 저술로는《字林(자림)》,《广雅(광아)》,《小尔雅(소이아)》가 간행되었으며, 음운 연구서로는《声韵(성운)》,《声类(성류)》,《集韵(집운)》 등이 있다. 13편으로 이루어진《小尔雅》는《尔雅》의 부족한 면을 보충한 것으로 고대 자의(字義)와 훈고의 주요 저술이다.

위(魏)의 장읍[张揖]이《尔雅》를 계승 보충하여《广雅》를 간행하였는데《广雅》는《博雅(박아)》라고도 하며 10권으로 구성되어 있다.《广雅》는 중국 최초의 백과사전이라고 할 수 있으며《尔雅》의 체재를 모방하여 만든 훈고의 어휘 사전이라고 할 수 있다.

진(晋)의 여침[吕忱]이《说文解字》를 보충하여《字林》을 저술하였는데《说文解字》의 부수와 마찬가지로 540부로 나누어 모두 12,824자를 수록하고 해설하였다.

4 남북조(南北朝) 시기

남북조 시기에 중국언어학은 문자와 훈고에서 음운의 연구로 전환되지만 전대(前代)에 이은 문자와 훈고학 연구 업적도 적지 않다.

1. 남북조 시기의 문자학 연구

1)《玉篇》

양(梁) 고야왕[顾野王]의《玉篇(옥편)》은《说文解字》다음으로 가장 오래된 자서(字書)이며 최초로 해서(楷書)를 기준으로 기술한 자서이다.《玉篇》의 원본은 현재 전해오지 않고 있다. 오늘날 전해지는《玉篇》은 송대(宋代) 진종[真宗]이 진팽년[陈彭年]에게 수정하도록 명하여 만든《大广益会玉篇(대광익회옥편)》의 중수본(重修本)이거나 원대(元代)의 절주본(節注本)이다.

《玉篇》의 자서(自序)에서 고야왕은 아래와 같이 진술하는데《玉篇》은 모두 원서(原書)에서 증거를 찾아 제시하고, 방대한 고서(古書)를 참고하였으며, 정확하게 해설하였다.

六书、八体，今古殊形。或字各而训同，或文均而释异，百家所谈，差互不少。字书卷轴，舛错尤多，难用寻求，易生疑惑。猥承明命，预缵过庭，总会众篇，校雠群籍，以成一家之制，文字之训以备。

('육서(六書)'와 '팔체(八體)'118)는 지금과 옛날의 형태가 다르다. 다른 글자이지만 풀이가 같은 것이 있고, 문자가 같으나 풀이가 다른 것도 있으며, 많은 학자들이 이야기하는 것이 차이가 크고 자서와 같은 서적들도 착오가 많아 찾아서 이용하기 어렵고 의혹도 생기기 쉽다. 이에 명을 받들어 전대(前代)의 업적을 대대로 계승하고자 여러 편들을 모두 모아 서적들을 교감하여 문자의 훈고를 두루 갖춘 일가의 저작을 이루고자 하였다)

《玉篇》은 《说文解字》와 같은 자서(字書)이지만 그 유형이나 체제가 동일하지는 않다. 《说文解字》는 자형의 설명을 위주로 하여 본의를 밝히는 데 그쳤으나 《玉篇》은 자음과 자의의 설명을 위주로 하여 반절(半切)로 음을 달고 본의를 밝혔으며, 파생된 의미까지 열거하여 문자의 훈고에 치중하였다. 또한 《玉篇》은 모두 30권으로 나누어져 있고 전체 수록 글자는 22,561자이다. 542부의 부수가 《说文解字》와 다르게 배열되어 있다.

2) 《五经正义》

수당(隋唐)시대의 공영달[孔颖达]은 당시의 문자와 훈고의 연구 성과를 계승하여 《五经正义(오경정의)》를 편찬하였다. 《五经正义》는 《周易正义》, 《尚书正义》, 《毛诗正义》, 《礼记正义》, 《春秋正义》의 다섯 가지 경서(經書)의 주석본으로 언어와 문자 연구에 대한 공영달의 관점이 잘 반영되어 있다. 이 다섯 가지 주석은 '소(疏)'의 형식으로 《十三经注疏(십삼경주소)》에 들어가 있다. 훈고학 방면에서 공영달은 '义存于声(뜻은 소리를 나타내고), 借声为义(소리를 빌려 뜻을 나타낸다)'를 주장하며 이를 근거로 '同源字'와 '通假字'의 개념을 세웠다. 이처럼 공영달은 문자의 소리와 뜻의 관계를 잘 설명하였는데 이러한 주장은 이후 청대(清代)에까지 큰 영향을 미치게 된다.

3) 서현[徐铉]과 서개[徐锴]의 《说文解字》 연구

서현[徐铉]과 서개[徐锴]는 오대(五代)와 송초(宋初)의 문자학자로 수 백 년 간 원래의 모습을 잃게 되었다고 여긴 《说文解字》를 칙명을 받아 교정하였다. 송(宋) 태종(太宗) 때, 서현[徐铉]이 칙명을 받아 구중정[句中正], 갈단[葛湍]과 함께 교정한 것을 '大徐本'이라고 하고 서개[徐锴]가 교정한 현존하는 《说文解字系传(설문해자계전)》 40권을 '小徐本'이라고 한다. 이들은 원서의 오탈자를 바로 잡기도 하고 증보 수정하여 원래 1편의 서문과 14편의 본문으로 구성된 것을 간결하게 개정하기 위해

118) 팔체(八體)는 대전(大篆), 소전(小篆), 각부(刻符), 충서(蟲書), 모인(摹印), 서수(署書), 수서(殳書), 예서(隸書)를 말하는 것으로 이는 진(秦)의 8가지 자체(字體)이다.

매권을 상하로 다시 나누었으며 반절을 증가하여 정확한 표음(表音)에 힘을 썼다. 또한 미비한 주(注)에는 자세한 해석을 첨가하고, 정자(正字)와 이체자를 세밀하게 분별하고, 세속에서 통용되었으나 《说文解字》에 실리지 않은 글자 420자를 보태기도 하였다.

2. 남북조에서 수당(隋唐)까지의 음운 연구와 운서

한자는 기본적으로 표의문자이기 때문에 고대 중국언어학에서는 문자와 훈고에 가장 많은 관심이 있었다. 한자도 당연히 중국어를 표음하였기 때문에 한자의 자음(字音)에 대한 연구도 피할 수 없었을 것이며, 사회적 교류가 활발해지는 이 시기에는 음운의 연구가 성행하게 되었다.

한자의 음을 표기하기 위해 상고시기에는 '…, 读若…(…는 …와 같이 읽는다)'와 '…, …也(…음은 …이다)'와 같은 형식의 직음법(直音法)이 주된 표음(表音) 방법으로 활용되었다. 그러나 이들 표음 방식은 한계가 있고 명확하게 표현할 수 없었다. 이후 '반절법(反切法)'을 활용하면서 자음을 비교적 정확하게 표음할 수 있었을 뿐 아니라 음운의 연구도 활발해진다. 반절법(反切法)은 한대(漢代) 이전부터 있었으나 동한(東漢) 말년부터 정식으로 사용되기 시작하였다.

동한(東寒) 이전에는 한자음이 통일되지 않아 고음(古音)이나 방언음도 혼재하였으나 손염[孙炎]의 《尔雅音义(이아음의)》가 출판된 후 여기에 사용한 반절자가 이후 운서의 편찬에 많은 참고가 되어 한자음의 통일에 기여하게 되었다. 이렇게 통일된 반절이 보급되고 음운학 연구가 시작되자 사성(四聲)에 대해 인식하면서 이후 각종 운서에서는 운을 사성과 부수에 따라 배열하기도 하였다.

반절(反切)이 등장하고 난 후 간행된 최초의 운서는 위(魏)의 이등[李登]이 저술한 《声类(성류)》이며, 진(晋)의 여정[吕静]은 《声类》를 모방하여 《韵集(집운)》 5권을 편찬하였는데, 이 두 운서는 '宫', '商', '角', '徵', '羽'의 '五声'[119]으로 편을 나누고 각 편마다 동음자를 모아서 배열하고 반절과 주석을 달았다. 이러한 체제는 후대의 운서에 기반이 된다.

육조(六朝)[120]에 이르면 운서가 대량으로 간행되는데 이는 당시의 문학 사조와 깊은 연관이 있다. 당시의 운문에는 형식미가 강조되어 성률론(聲律論)이 등장하였는데, 시운(詩韻)을 검색하기 위해서는 운서가 필요

119) 오성(五聲)인 '宫 · 商 · 角 · 徵 · 羽'는 음정을 나타내는 용어이나 운서에서도 추상적인 분류 항목으로 쓰이기도 하였다.

120) 육조(六朝)는 후한(後漢)이 멸망한 뒤 수(隋) 나라가 통일할 때까지 금릉[金陵] (지금의 남경 부근)에 도읍했던 여섯 조대(朝代)를 말한다. 즉, 오(吳) · 동진(東晋) · 송(宋) · 제(齊) · 양(梁) · 진(陳)을 일컫는 것이다.

했었기 때문이다.

위진(魏晋) 시대에는 인도로부터 유입된 범어(梵語)로 이루어진 불경을 중국어로 번역하는 과정에서 자음과 모음, 그것의 분류와 종류 및 사성과 같은 음운론적 지식을 자각하여 음운론이 대거 발전하게 된다.

육조의 대표적 운서는 수(隋) 육법언[陸法言]의《切韵》이다. 이 운서는 시문 창작을 위한 운자(韻字) 검색과 음운론적 체계를 바로 세우기 위하여 편찬되었다. 남북과 고금(古今)의 음운론적 차이를 인식하고 이를 종합하는 방법으로 운서를 편찬하여 음운의 규범이 되도록 하였다. 이후 왕인후[王仁煦]의《刊谬补缺切韵(간류보결절운)》, 손면[孙愐]의《唐韵(당운)》 등이《切韵》의 계보를 이어 출판되었다.

1)《切韵》

수(隋)의 육법언[陸法言]은 고금음(古今音)의 시비(是非)를 가리고, 남북음의 통용성을 고려하여《切韵(절운)》을 편찬하였는데 실은 그의 단독 집필은 아니다. 수(隋)의 개황(開皇) 초기 안지추[顔之推]를 비롯한 여덟 사람이 언어의 고금 변천과 남북 방언 차이에 대해 논한 적이 있는데, 후에 이를 정리 수정하여 서기 601년에 완성하였다.

《切韵》은 중고기(中古期)의 '雅言(당시의 표준어에 해당)'의 음운 체계를 분석하여 이를 체계화하여 운서의 체제를 확립하였다.

《切韵》은 5권으로 이루어져 있으며 총 12,158자를 193개의 운으로 분류하여 수록하였다. 평성 54운(평성은 글자 수가 너무 많아 평성상에 26운, 평성하에 28운으로 나누었다), 상성 51운, 거성 56운, 입성 32운으로 나누어 각 운목 앞에 '一东', '二冬'과 같이 숫자를 표기하여 운의 순서를 나타내었다. 각 운목 아래 소운(小韻)을 두어 동음자를 모아 두었는데 소운의 첫 번째 글자아래에 반절(反切)로 표음(表音)하고 소운 아래 귀속된 동음자 수를 명시해두었다.

당송 시대의 대부분 운서가《切韵》을 기반으로 편찬되었음을 볼 때 이《切韵》은 중국 음운학사상 가장 중요하고 모범이 되는 운서라고 할 수 있으나 대부분 산실되고 서문만 전해 온다. 다만 다른 고서(古書)에서《切韵》의 흔적을 찾아 그 체제와 내용을 고증할 수 있을 따름이다.《切韵·序》에는《切韵》의 편찬 목적과 원칙 등이 기록되어 있는데, 이에 따르면《切韵》의 편찬 목적은 시문의 창작을 위한 용운(用韻)과 어음(語音)을 살피고 바로 잡는데 있으며 그 원칙은 '捃选精切, 除削疏缓。(정확한 것은 수집하고 엉성하고 산만한 것은 제거한다)'는 것으로 음운을 매우 치밀하게 분석하였다.

2)《刊谬补缺切韵》

왕인후[王仁煦]의《刊谬补缺切韵(간류보결절운)》는《切韵》에 글자를 보태고 주해를 더하여 편찬한 운서이다. 왕인후는 이 운서의《刊谬补缺切韵·序》에서《切韵》에 근거하여 증보하고 운에 따라 주(注)와 훈(訓)을 달았다고 하여《切韵》의 부족한 부분을 보충하고자 하였음을 밝히고 있다.

육조시대에는 이 두 운서 외에도 손면[孙愐]의《唐韵(당운)》이 그 계보를 이어 편찬되었다.

5 송대의 운서

1)《广韵》

북송(北宋) 진종(真宗) 때 진팽년[陳彭年], 구옹[丘雍] 등이 칙명을 받아 서기 1008년에 발간한 운서로 원명은《大宋重修广韵(대송중수광운)》이다. 육법언(陸法言) 등의《切韵》을 증보하여 편찬한《唐韻(당운)》을 다시 증보하여, 글자와 주해를 추가하고 운목도 약간 수정하는 방법으로 편찬하여, 송대 이전의 운을 집대성하였다.

《广韵》에는 모두 26,194자가 206운에 귀속되어 있다. 206운 중 평성 57운은 상하로 분권하여 상평성에 28운, 하평성에 29운을 배정하였고, 상성 55운, 거성 50운, 입성 34운으로 나누어 모두 5권으로 나누어 발행하였다.

매권에 배열된 운의 대표자인 운목(韻目)의 순서를 '一东', '二冬', '三钟'과 같이 나타내었고, 동일운에 포함된 글자는 자모(字母) 순으로 배열하였다. 같은 자모 내의 글자를 '소운(小韻)' 혹은 '뉴(紐)'라고 하는데 약 3,800여개가 있다. 소운 내의 글자들은 모두 동음자이며, 소운과 소운의 사이에는 동그라미 'ㅇ'로 경계를 나타내었다. 소운 중의 첫 번째 글자 밑에 자의(字義)를 기록하고 반절로 표음한 뒤에 소운에 포함된 글자 수를 숫자로 표시하였다.

《广韵》은 운서이긴 하지만 자의(字義)를 기록하고 자형(字形)을 분석하여 문자학과 훈고학으로서의 학술 가치도 매우 높다.

2)《集韵》

《集韵(집운)》은 송(宋) 인종(仁宗) 때인 서기 1037년 송기[宋祁]와 정전[郑戬] 등이 황제에게《广韵》이 옛글자가 많다고 상소하고, 동시에 가창조[贾昌朝] 역시《韵略》의 설명문이 너무 적고 소리가 뒤섞여 있거나 중첩되어 오용하는 경우가 많다고 상소하자, 인종이 정도[丁度]에게 이 두 운서를 중수하라고 명하여 1039년에 완성한 운서이다.

《集韵》의 운은《广韵》과 완전히 동일하다. 다만 운목을 나타내는 글자와 일부 운목의 차례와 운목 아래 표기된 동용(同用)과 독용(獨用)의 규정이 조금씩 다를 뿐이다. 모두 53,525자를 수록하여《广韵》보다 27,331자가 더 많아 수록자가 가장 많은 자서(字書)로 인정받고 있다.

이어 송대(宋代)에는 구옹[丘雍] 등이 편찬한《韵略(운략)》, 정도[丁度]의《礼部韵略(예부운략)》, 모황[毛晃] 부자(父子)의《增韵(증운)》등이 이어 발간된다.

송대(宋代)에는 화본(話本)과 같은 산문과 운문이 섞인 강창체(講唱體) 문학이 등장하기 시작하며, 송말에 이르면 완전한 구어체 문학이 등장하게 되는데 이 시기의 구어체를 근대백화(近代白話) 혹은 조기백화(早期白話)라고 한다.

加油

《汉语大字典》의 사천대학[四川大学] 편집실의 〈集韵通检〉의 통계에 의하면《集韵》의 실제 수록자는 32,381자인데, 이는 47,000여자를 수록하고 있는《康熙字典》보다 적으며, 동시기에 출판된《类篇》의 31,319자와도 크게 차이나지 않는다.《集韵》의 글자가 5만 여자라는 오해는 다음자(多音字)가 여러 운에 속하여 중복되어 기록되었기 때문으로 보인다.

《集韵》을 연구한 주요 저작으로 청(清)나라 방성규[方成珪]의《集韵考证(집운고증)》10권, 단옥재[段玉裁]의《集韵校本稿(집운교본고)》, 황간[黄侃]의《集韵声类表(집운성류표)》, 시칙경[施则敬]의《集韵本(집운본)》, 백조주[白涤洲]의《集韵声类考(집운성류고)》가 있다.

6 금(金) 원(元) 명(明)의 운서 개혁

《切韵》과 이후의《切韵》계통의 운서들은 대부분 관찬(官撰)으로 당시의 현실음을 반영하기 보다는 단순히《切韵》의 운을 추종하였을 뿐이었다. 따라서 이들 운서들이 반영하고 있는 운은 현실음과의 괴리가 갈수록 커짐에 따라 현실음을 반영한 운서가 필요하게 되었다.

금(金)의 한도소[韩道昭]는 당시의 현실음을 반영하여 206운이었던《切韵》계통의 운을 160으로 축소하여《五音集韵(오음집운)》15권을 간행하였다. 이어 원대(元代) 웅충[熊忠]이 편찬한《古今韵会擧要(고금운회거요)》30권 역시 형식면에서는 전통적인 분운(分韻) 방법을 택하였으나 성류(聲類)와 운류(韻類)를 나눌 때는 당시의 현실음을 반영하였다.

원대(元代)에 이르면 몽고인의 정치적 지배하에 있던 한족(漢族)은 대중예술에 힘을 써 무대공연(舞臺公演)인 희곡(戲曲)을 유행시키게 된다. 이렇게 희곡에 쓰인 구어는 대도(大都: 지금의 北京)를 중심으로 한 북방어로 당시에는 '무대어(舞臺語)'라고 하였으며, 동시에 백화체로 쓴 장회소설(章回小說)이 대거 등장하여 당시에 '天下通语'라고 하였던 근대백화로 기록하는 것이 보편화되었다. 그래서 원명(元明) 시기에 이르면 현실음을 반영하기 위한 운서의 개혁이 본격적으로 이루어지는데 가장 먼저 전통 운서에 대해 과감한 혁신을 시도한 운서가 북음(北音) 운서(韻書)인 《中原音韵(중원음운)》이다.

명대에는 《洪武正韵(홍무정운)》이 악소봉[乐韶凤], 송렴[宋濂]등에 의해 관찬(官撰)으로 발행되었다. 여기에서도 역시 《切韵》의 체계를 비판하고 중원의 아음(雅音)을 반영하고자 하였다. 《洪武正韵》은 고금과 남북이 통하는 운서를 만든다는 실현하기 어려운 목적을 추구하다보니 앞서의 원대(元代)에 간행된 《中原音韵》보다 오히려 북방 현실음의 반영률은 낮았다.

1)《中原音韵》

원(元)의 주덕청[周德清]은 1324년 당시의 현실음을 적극 반영하여 사곡(詞曲) 등의 통속문학의 운(韻)을 19운부로 대별하고, 성조를 음평(陰平)·양평(陽平)·상(上)·거(去)의 사성으로 나눈 혁신적인 운서 《中原音韵》 2권을 간행하였다.

《中原音韵》은 북곡(北曲)의 곡운(曲韻)을 위한 전문 운서였다. 처음으로 《切韵》 계통 운서의 체제를 완전히 탈피하여 오늘날 북경어의 모체인 음운체계(音韻體系)가 14세기의 북방에 이미 실현되었다는 사실을 보여주는 실질적이고도 직접적인 귀중한 자료이다.

《中原音韵》은 입성 소실을 반영하고 있으며, 기존의 운서가 평·상·거·입의 사성별로 분운하여 편성한 반면 《中原音韵》은 먼저 19운부로 나누고 두 개의 한자로 운목(韻目)을 표시한 19운부 아래 새로 설정한 사성에 따라 소속 한자를 배정하였다. 당시의 북방음에는 이미 입성이 사라져 실제음을 반영할 경우 더 이상 입성이 포함되어 있는 사성으로 운을 나눌 수 없었던 것이다. 평성(平聲)을 음평(陰平)과 양평(陽平)으로 나누고 이에 상성(上聲)과 거성(去聲)을 더한 사성으로 편찬하였다.

2)《韵略易通》과 《韵略汇通》

《韵略易通(운략이통)》은 명대(明代)의 난무[兰茂]가 1442년 편찬한 북음 계통의 운서이다. 명대(明代) 초기 관화의 어음 체계를 비교적 완전하게 묘사하고 있다는 점에서 중요한 중국음운학 자료이다. 평성을 20부로 나누고 상·거·입성을 그 아래 두었으며, 입성이 있는 10부를 상권으로, 입성이 없는 10부를 하권으로 편찬하였다.

특히《中原音韵》의 영향으로 당시의 성모를 20개로 보고 "东〔t〕风〔f〕破〔pʰ〕早〔ts〕梅〔m〕, 向〔x〕暖〔n〕一〔ø〕枝〔tʂ〕开〔kʰ〕。冰〔p〕雪〔s〕无〔v〕人〔ʐ〕见〔k〕, 春〔tʂʰ〕从〔tsʰ〕天〔tʰ〕上〔ʂ〕来〔l〕"라는 '早梅詩'로 성모를 나타내는 자모(字母)를 만들었다.

《韵略汇通(운략회통)》은 명대 필공신[毕拱宸]이 1642년 어린이 교육을 위하여《韵略易通》을 개정하여 편찬한 운서이다.《韵略易通》의 20부와는 달리 16부로 분운(分韻)하였다.

3)《韵镜》과《七音略》

송원(宋元)시기는 등운학(等韻學)[121]이 성행한 시기이다. 등운학은 중국어의 음운을 조음위치, 조음 방법 등에 따라 도표식으로 분류하는 학문이다. 등운학에서는 성모를 조음위치에 따라 '등호(等呼)' 및 '칠음(七音)'으로 나누고, 조음방법에 따라 '청탁[清浊]'으로 나누었다. 대표적인 등운서(等韻書)로는《韵镜(운경)》과《七音略(칠음략)》이 있다.

《韵镜》은 현존하는 최초의 등운서이나 그 작자와 편찬 연대 등이 불확실하다.《韵镜》은《切韵》계통의 운서가 나타내고 있는 성모, 운모, 사성의 배합에 따라 모두 43도(圖)로 이루어져 있다. 책머리 36자모(字母)를 열거하고 그에 대해 자세하게 설명하고 있다.《七音略》은 남송(南宋) 정초[鄭樵]가 쓴 책으로《韵镜》과 더불어 현존하는 가장 오래된 등운서이다. 이 등운도는《韵镜》과 같은 도표 형식을 이용하여《切韵》을 분석하여 형식과 내용면에서는 서로 일치하나 배열방법이나 차례 등이 다르다.

4)《字汇》

명대(明代)의 대표적 자서(字書)는 매응[梅膺]의《字汇(자휘)》와 장자렬[张自烈]의《正字通(정자통)》이다.

《字汇》는 모두 14권으로 이루어져 있다.《说文解字》의 540부수를 214부로 줄였고, 모두 33,179자를 수록하였다. 각 부수 아래 글자들은 필획의 수에 따라 배열하였고 상용자 외에도 많은 속자(俗字)를 수록하였다.《说文解字》,《玉篇》과 더불어 가장 중요한 자전(字典)이라고 할 수 있다. 특히 목차에서는 한자의 형(形), 음(音), 의(義) 각 방면에 규범적 형태를

121) 등운과 관련된 각종 용어에 대해서는 第五编 중국어의 역사, 第一章 시기 구분 및 운서의 구성과 관련 명칭 참조.

취함으로 이 분야의 전형을 만들었다고 할 수 있으며, 이후《正字通》,《康熙字典》에 큰 영향을 미쳤다.

7 청대(清代)

청대(清代)는 고증학 위주의 한학(漢學)이 유행했던 시기로 언어학 역시 시대적 학문 풍토와 맞물려 많은 성과를 나타낸다.

경서(經書)와 사적(史籍)들을 철저히 고증하여 주해하고, 고문경학의 훈고 방법을 계승하여 발전시켰다. 이는 고서적(古書籍) 정리와 언어 문자 연구에까지 영향을 미쳐 고증학(考證學)이라는 학문을 형성하기도 하였다. 청대(清代)는 문자, 성운(聲韻), 훈고(訓詁) 등의 다방면에 걸쳐 발전을 이룩한 시기이다.

1) 청대의 운서와 자서

청초(清初)에는《五方元音(오방원음)》과 서양인의 손에 의해 쓰여진 독특한 체제의《西儒耳目资(서유이목자)》가 편찬되었다.

번등봉[樊腾凤](1601－1664)은 청나라 군대가 중국에 들어오자 이에 항거하다가 실패하자 지하 움집에 3년 동안 숨어 지내면서《五方元音》을 저술하였다. 이 운서에서는 12개의 운모와 20개의 성모로 반절법으로 표음하였다. 20개의 성모를 나타내는 반절상자는 '梆' '匏' '木' '风' : '斗' '土' '鸟' '雷' : '竹' '虫' '石' '日 : '剪' '鹊' '系' '云' '金' '桥' '火' '蛙'이며, 12개의 운모를 나타내는 반절하자는 '天', '人', '龙', '羊', '牛', '獒', '虎', '驼', '蛇', '马', '豺', '地' 등이다. 이 운서는 검색이 편리하여 전국적으로 널리 보급되었다.

《西儒耳目资(서유이목자:A Help to Western Scholars)》는 1626년 프랑스 선교사 니콜라스 트리고(Nicolas Trigault:1577－1628)가 한자 발음을 로마자로 표기한 최초의 자전으로 항주[杭州]에서 발행하였다. 총론(總論) 격인《译引首谱(역인수보)》, 발음 자전(字典) 격인《列音韵谱(열음운보)》, 자획(字畫) 색인(索引) 격인《列边正谱(열변정보)》등의 3편으로 구성되어 있다. 그의 선배였던 마테오 리치(Matteo Ricci:이탈리아의 예수회 선교사, 1552－1610)의 생각을 발전시켜 포르투갈식 철자법으로 중국어를 표음하였다. 20개의 자음과 5개의 모음 및 5개의 성조 부호를 활용하여 표음하였는데, 반절법(反切法)이라는 표음 수단 밖에 없던 중국어를 표음문자로 표기하여 이후 상당한 영향을 미쳤으며, 중국음운 연구의 중요한 자료가 된다.

2)고음학

청대의 고음학(古音學) 연구는 고염무[顾炎武](1613-1682)에 의해 기초가 마련되었다. 고염무는《音论》,《诗本音》,《易音》,《唐韵正》,《古音表》의 이른바《音学五书(음학오서)》에서 음학(音學)의 원류를 분석하고 고운(古韻)의 부목(部目)을 밝혔다. 이어 청대의 학자들이 음운 연구에 치중한 결과 고음학(古音學)의 전성기를 이루었다. 강영[江永](1681-1762), 대진[戴震](1724-1777), 단옥재[段玉裁](1735-1815) 등이 청대 음운학의 계보를 이어 전대(前代)의 언어학 관련 저서들을 새롭게 해석하여 고대 언어학을 전통을 계승 발전시켜 나갔던 시기이기도 하다.

고염무[顾炎武]에게 많은 영향을 미쳤던 고음학자 진제[阵第](1540/1541-1617)는《毛诗古音考(모시고음고)》,《屈宋古音义(굴송고음의)》등을 저술하였고, 대진[戴震]은《声韵考(성운고)》,《声类表(성류표)》를, 단옥재[段玉裁]는《六书音均表(육서음균표)》를, 왕염손[王念孙](1744-1832)은《诗经群经楚辞韵谱(시경군경초사운보)》를 저술하여 이들은 모두 청대의 걸출한 음운 연구서로 꼽힌다.

3)문자학

《说文解字》에 대한 본격적인 연구는 청대(清代)에 이루어졌으며 단옥재[段玉裁]의《说文解字注》가 가장 뛰어나며, 이 주해서(註解書)에서는《说文解字》원본의 내용을 해설하고 보충하고 수정하였다. 허신의 학문적 업적에 압도되지 않고 잘못된 점을 지적하고 고쳤으며, 글자의 의미는 시대에 따라 변하기도 한다는 점에 주의를 기울여 의미의 역사적 변천과 파생에 관심을 두었다. 단옥재 이외에도 계복[桂馥](1736-1805)의《说文解字义证(설문해자의증)》, 주준성[朱骏声](1788-1858)의《说文通训定声(설문통훈정성)》, 왕균[王筠](1784-1854)의《说文句读(설문구독)》역시《说文解字》에 대한 주석으로 유명하다.

4)훈고학

훈고학 분야에 뛰어난 성과를 거둔 학자로는 왕염손[王念孙], 왕인지[王引之](1766-1834), 학의행[郝懿行](1757-1825) 등이 있다.

왕염손[王念孙]의《广雅疏正(광아소정)》은 장읍[张揖]의《广雅》에 주해(註解)를 더한 것이다.《广雅》의 오류를 각종 경전(經典)을 근거로 수정하고, 비교적 과학적인 방법으로 기존의 관습과 체제에서 탈피하였다는 점에서 언어학사적인 인정을 받는다.

청말(清末)에 이르면 1898년 마건충[马建忠](1844-1900)의《马氏

文通(마씨문통)》은 전통적 고증학의 범위에서 벗어난 새로운 언어학 연구의 지평을 열게 된다. 서양의 문법학의 영향을 받아 만들어진《马氏文通》은 중국 최초의 현대적 의미의 비교적 체계적인 문법 저술로 중국 문법 연구의 새 장을 열게 된 저서라고 할 수 있다.[122] 마건충은 서양의 문법 연구에 영향을 받아 중국 최초로 전면적이고 체계적으로 낱말과 문장의 구조에 대해 분석하여 근대 중국어의 문법 체계를 구축하였다.

122) 한대(漢代)에도 훈고학이 유행하면서 고대 중국어의 '虛字', '助字'에 대한 연구가 이미 시작되어, 유협[刘勰](465－520)은 '虛字'의 작용에 대해 주의를 기울이기 시작하였다. 원대(元代)에는 이 '虛字'에 대한 전문 연구서로 노이위[卢以纬]의《语助(어조)》가 저술되었고, 청대(清代)에는 유기[刘淇]의《助字辨略(조자변략)》, 왕인지[王引之]의《经传释词(경전석사)》, 유월[俞樾]의《古书疑义举例(고서의의거례)》가 간행되어 허자를 중심으로 연구한 문법서로 인정된다.

第二章

조선시대의 중국언어학

한자가 우리나라에 유입된 것은 대체로 기원전 5세기에서 2세기 사이라고 알려져 있다. 우리나라는 중국과 인접해 있고, 정치, 문화적 교류가 빈번하였으며, 우리만의 문자가 따로 없었기 때문에 한자는 저술·문서·사서(史書) 등 각종 기록물에 필수적으로 적극 활용될 수밖에 없었다.

또한 유학(儒學)을 하고, 과거를 보고, 시를 짓기 위하여 한문 공부를 하였고 중국과의 교류를 위하여 한어(漢語)를 익히지 않을 수 없었다.

따라서 고려·조선 시대에는 한어를 교육하고 연구하며 서적을 편찬하는 기관을 설립하였다. 여기에서는 많은 인재를 양성하고 한자 및 중국어 학습과 관련된 학술 활동이 있었으며 많은 연구서와 학습서가 출간되기도 하였다.

자서(字書)와 운서(韻書)는 한자 공부와 작시(作詩)를 위한 필수 참고서였으며, 한어를 학습하기 위해서는 적당한 교재도 필요하였다. 조선시대에 이르면 중국의 자전과 운서를 복각하여 활용하는데 그치지 않고 자체적으로 독자적인 체제로 발간하기도 한다. 특히 훈민정음이 창제된 후에는 한글로 한자를 표음하고 번역하는 완전한 체계를 갖추게 되어 중국어에 대한 많은 저술들이 쏟아져 나온다. 조선시대의 한어 연구는 문자, 음운, 어휘, 교육 등 모든 방면에 걸쳐 수행되고 관련 서적이 출간되었다. 이러한 저작물은 중국에서는 찾아볼 수 없는 한어 연구의 좋은 자료이다.

1 중국어 교육 및 연구기관

우리나라에서는 일찍이 한자가 들어오고 이를 배우고 가르쳤지만 한자 및 한어를 교육하기 위한 정부 기관의 설립은 신라 말기 태봉(泰封)의 사대(史臺)가 최초의 기록이다. 이어서 고려의 한어도감(漢語都監), 한문도감(漢文都監), 통문관(通文館)과 사역원(司譯院), 조선의 사역원 등이 있다. 특히 조선시대 사역원의 외국어 교육과 연구를 위한 활동은 매우 활발하였다.

1. 신라, 고려의 교육기관

1) 사대

《삼국사기 · 열전 · 궁예조(三國史記 · 列傳 · 弓裔條》에는 신라 말기 궁예(弓裔)가 태봉(泰封)(901－918)을 건국하고 외국어의 학습을 관장하게하기 위하여 중앙관서인 사대(史臺)를 설치하였다고 기록하고 있는데, 이 사대가 우리나라 최초의 외국어 교육을 위한 중앙정부 기관일 것이다. 이를 통하여 우리나라는 고대사회에서도 중국어 등의 외국어 학습을 매우 중요시하였음을 알 수 있다.

2) 통문관과 사역원

고려를 점령했던 몽고와의 강화로 사신이 빈번하게 내왕하는데, 당시 통역을 맡았던 사람인 설인(舌人)들이 통역을 하면서 사리(私利)를 도모하는 폐단이 많아 이를 시정해야 한다는 건의에 따라 1276년에 통문관(通文館)을 설치하고, 40세 미만 6품 이하의 관리 중에 선발하여 외국어를 습득하고 통역을 맡게 하였지만, 실제로는 몽고에 살고 있는 고려인이나 고려에 살고 있는 몽고인이 통역을 맡는 일이 많았다. 고려말 통문관을 번역 · 통역 · 외국어 교육과 연구 및 출판을 담당하는 기관인 사역원(司譯院)으로 개편하며, 역관(譯官)을 두는 것은 물론이고 전문적으로 한어 · 거란어 · 여진어 · 몽골어 · 일본어 등에 대해서도 교육 및 연구하였으며, 1389년에는 십학(十學)을 설치해 사역원에 이학교수(吏學教授)를 두고 이학(吏學)[123]과 역학(譯學)을 담당하게 하였다.

---

123) 이학(吏學)은 하급 관리들이 사무를 보는데 필요한 지식에 관련된 과목이다. 1390년(공양왕 1년)에 이학은 사역원에서 관장하게 하였는데, 이때의 이학은 외교 및 사대교린(事大交隣) 업무와 관련된 과목이었다.

3) 한어도감과 한문도감

고려 시대에는 중국어의 교육을 담당하는 기관으로 한어도감(漢語都監)이 있었는데 이를 1391년 한문도감(漢文都監)으로 개칭하였다. 여기에는 교수관(教授官)을 두고 중국어 및 한문 교육을 담당하게 하였다.

2. 조선시대의 사역원(司譯院)

1276년(충렬왕 2년)에 설립되었던 통문관을 고려 말에 사역원(司譯院)으로 개편하고, 이학과 역학을 담당하게 했었는데, 조선에서는 고려의 이 제도를 계승하여 1393년 다시 설치하였다. 초기에는 한학(漢學)만을 교습하였으나, 태조 때 몽학(蒙學: 몽골어)이, 태종 때 왜학(倭學: 일본어)이, 세종 때 여진학(女眞學: 여진어)이 설치되었다. 현종(顯宗) 때에는 여진학이 청학(清學: 만주어)으로 바뀌어 이조 말까지 계속 되었다. 이들 4개 외국어 학과를 사학(四學)이라고 한다.

사역원에서는 사대교린에 필요한 인재를 양성하기 위해 4개 외국어를 교육하고, 외국어의 번역과 통역을 관장하면서 이와 관련된 저술도 편찬하였다. 주로 사용된 교재는 각국어로 저술된 회화교재인 《노걸대(老乞大)》 등이었으며, 강독, 어휘, 음운서 등도 출판하였다.

加油

사역원의 원생 생활

사역원 원생들은 시험으로 선발하고 전원 기숙사에서 생활하면서 종일 쉬지 않고 공부만 하였다.

사역원의 시험을 고강(考講)이라고 하였는데, 여기에는 이육고강(二六考講)과 서도고강(書徒考講)이 있었다. 이육고강은 매월 2일, 12일, 22일과 6일, 16일, 26일에 시행되는 시험이다. 시험 성적은 사학우어청(四學偶語廳)에 기록하고, 5회 연속 합격한 사람에게는 상을 주고, 3번 연속 불합격한 사람과 계속 시험에 응시하지 않은 사람은 모두 강등시켰다. 서도고강은 3개월에 한차례, 1년에 4번 보는 정기 시험이다. 이 시험은 짝을 지어 외국어로 말을 주고받게 하는 회화시험, 돌아서서 외우는 배송(背誦)과 책 없이 읽고 풀이하는 배강(背講), 암송해서 기록하는 사자(寫字)로 이루어졌었으며. 성적에 따라 서로 다른 업무가 주어졌다. 사역원 안에 해당 외국어로만 말하게 하는 우어청(偶語廳)을 두었는데, 이곳은 오늘날의 회화교실이나 외국어마을과 비슷한 곳이었다.

2 운서(韻書)의 간행

고려 광종(光宗)부터 시부(詩賦)가 과거 과목이 되자 이를 계기로 한시(漢詩)와 한문은 사대부가 출사(出仕)하는데 꼭 필요한 과목임과 동시에 학문적 소양이었다. 한시를 규범에 맞게 짓기 위해서는 운서가 가장 중요한 공구서가 되었다. 고려 중기 이후 주로 사용된 중국의 운서는《礼部韵略(예부운략)》과《古今韵会擧要(고금운회거요)》가 있었다. 이들 운서는 원래 과거를 위하여 편찬된 것이었기 때문에 문인들 사이에서 널리 이용될 수밖에 없었다. 그러나 우리나라에 전래된 한자음은 차츰 우리말의 어음(語音)에 동화되어 중국 본토의 자음(字音)과 거리가 멀어지게 되었고, 이에 중국에서 편찬된 중국 운서는 더 이상 우리의 한자음과 잘 맞지 않게 되었다. 따라서 당시의 한자음은 중국어에서 유입된 중국어의 음과 우리말에 동화된 우리의 한자음으로 나눌 수가 있었고 훈민정음 창제를 계기로 이에 대한 대대적인 정리 작업이 진행되기도 하였다. 따라서 조선에서 출간된 운서는 중국음을 기록한 것과 우리 음을 기록한 것의 두 가지로 나눌 수 있다. 훈민정음 창제 이후 중국 운서에 수록된 한자의 중국음도 훈민정음으로 표음할 수 있게 되자, 중국의 운서《洪武正韵》을 훈민정음으로 풀이하여《홍무정운역훈(洪武正韻譯訓)》(1445년)을 간행하였고, 조선에서 직접 제작한 중국음 운서인《사성통고(四聲通攷)》와《사성통해(四聲通解)》(1517년)를 간행하였다.

우리나라에 들어와 우리 음으로 정착된 한자음을 우리 음운 체계에 부합하도록 편찬한 운서로는《동국정운(東國正韻)》(1447년)이 있다.《동국정운》은 훈민정음이라는 표음문자로 우리의 한자음을 처음으로 표기한 운서이다. 이후 조선에서 출간된 운서들은 중국에서 편찬된 것을 조선에서 재간행하여 한자로만 구성된 운서, 조선에서 제작하였으나 표음하지 않은 운서, 중국 운서에 중국음을 한글로 표음한 운서, 우리의 한자음을 한글로 표음한 운서 등으로 나눌 수 있다.

1. 조선에서 재출간한 중국 운서

《礼部韵略》,《排字礼部韵略》,《古今韵会擧要》,《洪武正韵》 등은 중국에서 간행한 운서를 조선에서 복각하여 활용한 운서이다.《礼部韵略》은 과거용 축약본 운서였기 때문에 일찍부터 조선에서 재간행되어 왔고,《古今韵会擧要》는 당시의 북방 현실음을 반영하고 있었기 때문에 조선에서 이후 운서를 제작할 때 많은 참고가 된 운서이다.《古今韵会擧要》는 글자에 대한 해설이 있었기 때문에 한자 자전으로도 활용되었다.《洪武正韵》은 중국의 관방(官方)에서 발행한 규범 운서였기 때문에 조선에서도 이를 수용하여 훈민정음으로 번역하여 간행하였다.[124)]

---

124) 운서는 시를 짓는데 필요한 운(韻)을 찾는데 활용되는 책이지만 조선에서는 이러한 기능 외에 글자에 대한 해설도 첨가하여 운서의 활용도를 더욱 높였다. 이처럼 운서가 자전의 역할까지 할 수 있도록 그에 대한 검자(檢字)용 옥편(玉篇)을 추가 제작하기도

2. 조선에서 편찬한 무표음(無表音) 운서

조선에서 우리의 실정에 맞추어 자체적으로 제작하였으나 한자 이 외의 표음 형식이 없는 운서들이다. 대표적인 것으로 《삼운통고(三韻通考)》가 있다. 그 구체적인 발행 연대와 저자는 알 수는 없으나 조선에서 제작하고 발행한 운서로는 가장 오래되었다. 수록자 밑에는 직음(直音)이나 반절(反切) 형식의 표음도 없고, 한자만 나열하고 그 아래 2-3자 정도의 간단한 주석만 붙여두었다. 《排字礼部韵略》, 《배자예부운략옥편(排字禮部韻略玉篇)》과 더불어 과거 준비용 공구서로 가장 많이 활용되었다. 이후 《삼운통고(三韻通考)》에서 누락된 글자를 보충하고 해설상의 오류를 수정하여 나온 것이 《삼운보유(三韻補遺)》(박두세: 1702년)이다. 《삼운보유(三韻補遺)》에 1,827자를 추가하고, 중복된 글자는 삭제하였으며, 2-3字의 간략한 주석을 달아 출간된 운서가 《증보삼운통고(增補三韻通考)》(김제기 · 성효기: 18세기)이다.

3. 중국음을 한글로 표음한 운서

1)《홍무정운역훈》

《洪武正韵》은 명대(明代) 홍무(洪武) 7년(1375년) 황제의 명을 받고 악소봉[乐韶凤] · 송염[宋濂] 등이 지은 운서로 《礼部韵略》의 운을 개편하여 평 · 상 · 거성은 각각 22운, 입성은 10운, 모두 76운으로 분운(分韻)하였다. 《中原音韵》(1324년) 보다 나중에 간행되었음에도 불구하고 입성 운미 〔-p〕, 〔-t〕, 〔-k〕가 유지되고, 평성을 음양(陰陽)으로 나누지 않았으며, 성모에 유성음이 존재하여 모두 31자모가 되는 점 등으로 보아 북방어를 반영한 것이 아니고 남북방어가 혼재된 것으로 보인다.

《洪武正韵》은 명나라 태조의 칙령에 의해 제작된 관찬(官撰) 운서이기 때문에 조선의 세종대왕에게 직접적인 영향을 미쳤다. 세종이 신숙주(申叔舟) · 성삼문(成三問) 등에게 이 운서의 한자에 훈민정음으로 중국 음을 표기하도록 하여 단종(端宗) 3년(1455년)에 완성한 운서가 《홍무정운역훈(洪武正韻譯訓)》이다. 《洪武正韵》 자체가 당시의 현실음을 반영하지 못하였지만 어느 정도의 전통음과 현실음을 절충하고 있었기 때문에, 이를 번역하여 운서와 중국어 학습을 위한 공구서로 활용하고자 한 것으로 보인다. 《홍무정운역훈》에는 현실음을 '속음(俗音)'이라 표기하고 추가하

하였는데 《삼운성휘옥편(三韻聲彙玉篇)》, 《전운옥편(全韻玉篇)》, 《운회옥편(韻會玉篇)》 등이 이에 해당한다.

여 현실 중국어 학습용으로도 활용할 수 있도록 배려하였다.

2)《사성통고》와 《사성통해》

《사성통고(四聲通考)》는 신숙주 등이 《홍무정운역훈》에 수록된 한자를 따로 모아 훈민정음으로 중국 음을 표기한 운서이다. 현재 전해지지 않고 있으나 이를 증보한 운서 《사성통해(四聲通解)》(최세진:1517년)의 서문을 통해 《홍무정운역훈》의 검자(檢字)용으로 만들어져 글자에 대한 주석은 없고 훈민정음으로 표음만 하였다는 것을 알 수 있다. 이후 최세진(崔世珍)이 중국의 현실음을 표기하기 위하여 《사성통고》에 음을 보충하고 주석을 덧붙여 《사성통해》를 출간하였다. 《사성통해》는 《홍무정운역훈》에서 한글로 표음한 중국음(正音:홍무정운의 음), 속음(俗音:15세기경 중국 북방의 음), 금속음(今俗音:16세기 중국 북방 지역의 현실음)을 모두 표기하고 있다는 점에서 근세 중국어 연구에 아주 중요한 자료로 활용된다.

4. 조선 한자음을 한글로 표음한 운서

《동국정운(東國正韻)》은 1448년 신숙주·최항(崔恒)·박팽년(朴彭年) 등이 조선식 한자음을 훈민정음으로 표기한 운서이다. 《홍무정운역훈》은 규범화된 중국음을 훈민정음으로 표음한 것이고, 《동국정운》은 이미 중국음과 달라진 조선의 한자음을 표기한 것이다.

《동국정운》

중국으로부터 우리나라에 한자가 유입된 후 그 독음이 우리말에 동화되면서 중국 한자음과는 다른 독자적인 체제를 갖추게 되자, 중국의 전통음, 중국의 현실음, 우리의 독자적 한자음이 혼재된 현실을 타개하고 우리의 통일된 표준음을 정해야 할 필요성이 제기되었다. 이와 동시에 훈민정음이 창제되어 한자음을 표기할 수 있는 표음문자가 갖추어졌기 때문에 《동국정운》을 편찬하게 되었다.

《동국정운》은 작시(作詩)를 위한 검운(檢韻) 용보다는 한자와 조선식 독음을 검색하기 편리하도록 기존의 운서와는 달리 훈민정음 자모를 참고하여 분운(分韻)·배열하는 등 독특한 체제로 편집되어 있다.

5. 중국음과 조선 한자음을 병기한 운서

조선의 한자음이 중국의 현실음과 많이 달라져 이를 상호 비교하고 그 차이점을 비교 구분할 필요가 있게 되자 한자의 중국음과 조선음을 병기(倂記)한 운서를 발행하게 되었다.《화동정음통석운고(華東正音通釋韻考)》(박성원:1747년)는 그 최초의 운서이다. 수록자는《삼운통고(三韻通考)》에 비해 늘어났으나 그 체제가《礼部韵略》이나《삼운통고》와 동일하고 중국의 전통적인 운서 형식을 그대로 따르고 있다. 이외에도 양국음 병기 운서로는《삼운성휘(三韻聲彙)》(홍계희:1751년),《어정규장전운(御定奎章全韻)》(1796년)이 있다. 이들은 한글 자모의 순서에 따라 한자를 배열하였다는 것이 특징이며,《어정규장전운》은 조선 후기까지 비교적 권위 있는 운서로 통용되었다.

3 자서(字書)의 간행

운서가 작시(作詩)에 활용하기 위해 압운(押韻)할 수 있는 한자들을 검색할 수 있도록 운(韻)에 따라 한자를 분류해 놓은 발음용 사전이라고 한다면, 한자를 일정한 기준에 따라 배열하고 그 글자의 음과 뜻을 표기한 사전은 자서(字書) 혹은 자전(字典)이라고 한다.

우리나라에서는 중국의 자서를 수입하여 그대로 복각하여 출간하기도 하였고, 자체적으로 제작하여 간행하기도 하였다. 전자에 해당하는 것으로《龙龛手鑑(용감수감)》,《大广益会玉篇(대광익회옥편)》,《玉篇直言(옥편직언)》,《新刊排字礼部韵略玉篇(신간배자예부운략옥편)》등이 있으며 조선에서 편찬한 것은《운회옥편(韻會玉篇)》,《삼운성휘옥편(三韻聲彙玉篇)》,《전운옥편(全韻玉篇)》 등이 있다. 이들은 모두 자음(字音)을 기준으로 운을 먼저 찾고 다음에 글자를 찾는 운서의 검색상의 불편함을 해소하기 위해 자형(字形)을 기준으로 글자를 찾는 색인(索引) 역할의 자전이다. 이 중《운회옥편》(최세진:1536년)과《삼운성휘보옥편(三韻聲彙玉篇)》(홍계희:1751년)은 각각《古今韵会擧要》와《삼운성휘(三韻聲彙)》(홍계희:1751년)의 색인용으로 편찬되었으며 모두 중국음을 표기하고 있으나,《전운옥편》(편찬 연대 미상)만은 조선 한자음을 표기하였다. 이후 1900년대에 이르러 우리의 한자음이 정리되어 정착기에 접어들고 한글이 보편화되면서 한자에 대한 음과 뜻을 한글로 표기하는 자서들이 간행되기 시작하였다. 이런 종류의 자서로는《신자전(新字典)》(조선광문회:1915년),《국한문신옥편(國漢文新玉篇)》(정익로:1908년),《자전석요(字典釋要)》(지석영:1909년),《언음첩고(諺音捷考)》(석범:1846년),《한선문신옥편(漢鮮文新玉篇)》,《음운첩고(音韻捷考)》(미상),《음운반절휘편(音韻反切彙編)》 등이 있다. 이 중《국한문신옥편(國漢文新玉篇)》은 최초의 한글로 이루어진 한자사전이다.

4 중국어 학습서의 간행

조선시대에는 사역원(司譯院)을 중심으로 중국어에 대한 연구와 교육이 이루어졌다. 많은 중국어학자와 역관이 배출되었고, 중국어 학습을 위한 공구서가 상당히 전문적으로 간행되기도 하였다.

가장 널리 쓰였던 중국어 회화 교습서인《노걸대(老乞大)》는 고려 때부터 중국의 북방에 널리 유행하였었다. '老'는 '노련하다'는 뜻이며, '乞大'는 '거란(契丹)'이란 뜻이다. 거란족(契丹族)은 퉁구스족과 몽골족의 혼혈로 형성된 유목민족인데 916년 야율아보기(耶律阿保機)가 여러 부족을 통합하고 황제가 되어 거란을 건국하고, 947년에 국호를 요(遼)로 개칭하였다. 당시에는 거란족이 워낙 강성하여 거란이 중국을 대표하였고 실제로 거란이란 명칭이 중국을 지칭하기도 하였다. 따라 '老乞大'란 말은 '노련한 중국' '중국통'이란 의미이며, 이후 수백 년 동안《청어노걸대(清語老乞大)》(만주어 회화책),《倭語老乞大》(일본어 회화책)과 같이 회화 교과서를 대표하는 명칭으로도 쓰였다.《노걸대》보다는 수준이 높은 중국어 교습서로는《박통사(朴通事)》가 널리 유행하였다. '朴通事'는 '朴씨 通事(역관)'란 의미이다.

이후 조선 초기에 간행된《직해소학(直解小學)》,《훈세평화(訓世評話)》를 시작으로, 기존의《노걸대》와《박통사》를 최세진(崔世珍)이 1517년 훈민정음으로 한자음을 표기하고 번역하여《번역노걸대(飜譯老乞大)》와《번역박통사(飜譯朴通事)》를 간행하였다. 최세진은 이 책에서 하나의 한자 아래 왼쪽에는 중국 전통음을, 오른쪽에는 중국 현실음을 동시에 표기하였다. 성조까지 방점(傍點)으로 표기하고, 어절마다 조선어로 번역하였으며《사성통해》에 붙어 전해지는 〈老乞大朴通事凡例〉에는 중국어의 발음, 어휘, 문법 등에 관한 해설까지 하였다.

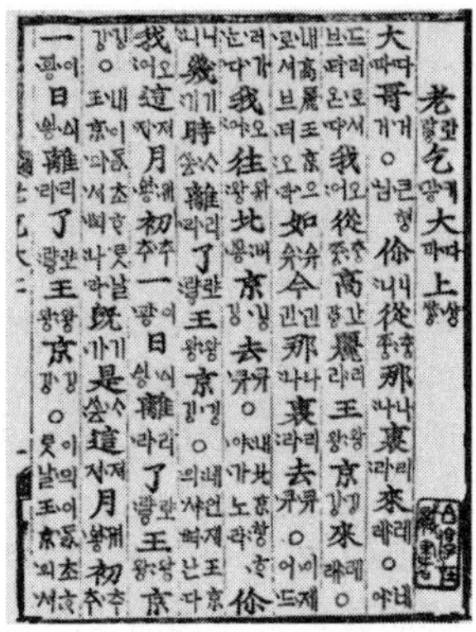

《번역노걸대》

이후《노걸대》와《박통사》는 중국음의 변천을 반영하여《노걸대언해(老乞大諺解)》(1670년),《박통사언해(朴通事諺解)》(1677년),《구간노걸대(舊刊老乞大)》(1745년),《노걸대신석(老乞大新釋)》(1761년),《박통사신석(朴通事新釋)》(1765년),《중간노걸대(重刊老乞大)》(1795년) 등이 계속해서 출간되었다.《노걸대》,《박통사》는 고려와 조선의 대표적인 중국어 학습서였고 동시에 과거 시험용 교재로도 쓰였다. 두 책의 최초 명칭, 작가, 제작 연대 등은 정확히 알 수 없으나 상술하였듯 이후 450여 년간 몇 차례의 표음, 번역 등의 수정을 거쳐 지금까지 전해져 왔다. 동일한 내용에 대한 시대별 수정 사항이 450년간 여러 개의 판본에 반영되어 있어 중국어의 시대별 음운·어휘·문법의 변천을 알 수 있고, 수록되어 있는 내용을 통해 문화적인 내용까지 연구할 수 있어 그 연구 가치가 아주 높다고 할 수 있다. 그 외 16세기의《오륜전비기(伍倫全備記)》가 중국어 강독 교본으로 많이 활용되었으며 언해본《오륜전비기언해(伍倫全備記諺解)》(1720년) 또한 대표적인 중국어 학습서로 크게 활용되었다.

5 중국어 어휘 사전의 간행

조선에서는 중국어 어휘에 대해 발음과 의미 및 그 용법 등을 해설한 일종의 어휘 풀이 사전도 발간되었다.《노박집람(老朴集覽)》은 1517년 최세진(崔世珍)이 《번역노걸대(飜譯老乞大)》, 《번역박통사(翻譯朴通事)》의 어려운 어휘를 뽑아 의미를 풀이함은 물론이고 문법적인 설명까지 보태었으며, 고유명사 등에 대해서는 이해하기 쉽도록 해설하였다. 이 책은 〈범례(凡例)〉, 〈단자해(單子解)〉(한 글자 어휘에 대한 해설), 〈누자해(累字解)〉(두 글자 이상으로 된 어휘에 대한 해설)로 구성되어 있으며, 《노걸대집람(老乞大集覽)》은 상하 2부로, 《박통사집람(朴通事集覽)》은 상중하 3부로 구성되어 있다.

《역어유해(譯語類解)》는 1682년 사역원 역관인 신이행(愼以行), 김경준(金敬俊), 김지남(金指南) 등이 저술한 중국어 어휘사전이다. 이 사전에서는 중국어 어휘를 문항별로 배열하고 중국어 발음과 뜻을 한글로 표기하였다. 이후 중국 사람인 문가상(文可尙), 정선갑(鄭先甲) 등에게 교정을 부탁하여 1690년에 사역원 역관 정창주(鄭昌周), 윤지흥(尹之興), 조득현(趙得賢) 등이 간행하였다. 1775년 김지남의 손자인 김홍철(金弘喆)은 이 책의 보편(補篇)인《역어유해보(譯語類解補)》를 간행하였다.

《역어유해》가 간행된 뒤에 사역원에서는 몽고어 어휘집인《몽어유해(蒙語類解)》, 일본어 어휘집인《왜어유해(倭語類解)》, 만주어 어휘집인 《동문유해(同文類解)》를 발간하기도 하였다.

【참고문헌】

공재석 《중국언어학》(신서원, 2002)
구석규 저, 이홍진 역 《중국문자학》(신아사, 2001)
김방한 《언어학의 이해》(민음사, 1995)
김진우 《언어》(탑출판사, 1991)
이규갑 《중국언어학사》(보성, 1999)
이상억 《언어와의 만남》(학연사, 2006)
이선규 《중국고대음운학》(민음사, 1990)
이재돈 《중국어음운학》(학고방, 2007)
임지룡 《인지의미론》(탑출판사, 1997)
임윤 저 권택룡 역 《중국문자학 개설》(형설출판사, 1988)
황덕관 저, 하영삼 역 《한어문자학사》(동문선, 2000)
J.노먼 저 전광진 역 《중국언어학총론》(동문선, 1996)
Ronald Wardhaugh 저 박의재 역 《현대사회언어학》(한신문화사, 1999)

董同龢 《汉语音韵学》(中华书局, 2004)
耿振生 《声韵学》(三民书局, 1997)
郭锦桴 《汉语声调语调阐要与探索》(北京:北京语言学院出版社, 1993)
后　觉 〈声调究竟有没有用处〉, 《国语月刊》(第一卷 第八期, 1922)
李方桂 《上古音研究》(商务印书馆, 1980)
刘凤君 《骨刻文发现与研究丛书·昌乐骨刻文》(山东画报出版社, 2008)
刘凤君 《骨刻文发现与研究丛书:龙山骨刻文》(山东画报出版社, 2012)
黎锦熙 《新著国语文法》(商务印书馆, 1924(초판) 湖南教育出版社, 2007)
钱大昕 《十驾斋新录》(上海书店出版社, 2011年)
邵荣芬 《汉语语音史讲话》(中华书局, 2010)
邵敬敏 《现代汉语通论》(上海教育出版社, 2001)
施正宇 〈现代形声字形符意义的分析〉(《语言教学与研究》 1994年04期)
史存直 《汉语史纲要》(中华书局, 2008)
向　熹 《简明汉语史》(高等教育出版社, 1993)
徐通锵 《历史语言学》(商务印书馆, 1991)
王　力 《汉语史稿》(中华书局, 1980)
王　力 《王力文集(中国语言学史,清代古音学)》(山东教育, 1990)
王显春 《汉字的起源》(上海:学林出版社, 2003)
吴宗济·林焘 《李方桂全集》第12卷 《中国音韵学研究》(清华大学, 2007)
张　会 〈论古今汉字形音义之关系〉 (《语文学刊》, 2006年13期)
张　会 〈古今汉字理据的差异〉 (《广西社会科学》, 2005年11期)
赵元任 〈五声的标準〉 《国语月刊》(第一卷 第八期, 1922)

周光庆·杨合鸣 主篇 《古代汉语教程》(华中师范大学出版社, 2008)

André Martinet, Eléments de linguistique Générale(Paris:Librairie Armand Colin, 1961)

Avram Noam Chomsky, 《Aspects of the Theory of Syntax》(Cambridge, MA:The MIT Press, 1965)

Avram Noam Chomsky, 《Syntactic Structures》(The Hagne/Paris:Mouton & co, 1957)

Bernhard Karlgren[高本汉] 《Études sur la phonologie chinoise(《中国音韵学研究》)》(Ordet och Pennan i Mittens Rike, 1918), 《Sound and symbol in Chinese》(London,Oxford University Press, 1923)

Charles Francis Hockett, A Course in Modern linguistics(New York: Macmillan, 1958)

Edward Clodd, 《The Story of the Alphabet》(California.:University of California Libraries, 1900)

Kenneth, L. Pike, 《Tone Languages》(Ann Arbor, Michigan:University of Michigan Press, 1948)

Philip Lieberman, 《On the Origin of Language》(New York:Macmillan, 1975)

강식진

國立臺灣師範大學 문학박사(중국어학 전공)
부산대학교 중어중문학과 교수(1980년–현재)
여러 중국 관련 학회 회장 역임

대표 편저서

《老乞大朴通事硏究》(臺灣學生書局, 1985년)
여러 종의 《中韓辭典》과 《韓中辭典》
중학교 및 고등학교 중국어 교과서
어학관련 논문·저서 다수

이수진

부산대학교 문학박사(중국어학 전공)
부산대학교 중어중문학과 강사(2007년–현재)
부산대학교 문법, 작문, 교직과정 및 임용 강좌 담당

대표 편저서

《현대중국어 주제어의 통사적 성분화 연구》(2008년 부산대학교)
《신선한 중국어문법(공저)》(2013년 신아사)
〈중국어 존현동사구문의 비대격성과 격 문제〉(《중국어문학논집》, 2010년)
〈중국어 존현문의 의미 구조와 논항 실현〉(《중국어문학》, 2010년)
〈현대 중국어 어휘 사동의 의미 구조〉(《중국어문학논집》, 2011년)
〈중국어 사동 표현과 거리 도상성〉(《중국어문학》, 2012년) 외 다수

신선한
중국어학개론
现代汉语总论

1판 1쇄 찍음 • 2013년 10월 5일
1판 3쇄 찍음 • 2016년 2월 25일

공편저자 • 강식진 · 이수진
발 행 인 • 정 현 걸
발 행 • 신 아 사
인 쇄 • 예지인쇄
출판등록 • 1956년 1월 5일 (제9–52호)
주 소 • 서울특별시 은평구 통일로 59길 4(2F)
전 화 • (02)382-6411 • 팩스 (02)382-6401
홈페이지 • www.shinasa.co.kr
E-mail • shinasa@daum.net

ISBN 978-89-8396-834-0(93720)

정가 *13,000* 원